高等教育房地产类专业精品教材

房地产策划

主　编　陈英存　项　勇
副主编　敬春菊　邹继雪　陈国铁
　　　　薛　婷　魏　瑶　薛　明
主　审　陈国胜　周国军

北京理工大学出版社
BEIJING INSTITUTE OF TECHNOLOGY PRESS

内容提要

本书是一本按照理论和实践相结合教学方法编写的涵盖当前房地产策划全过程的教学用书,具有较强的针对性和实用性。全书各章结合典型房地产策划案例进行分析,主要包括房地产策划概论、房地产项目环境分析、房地产策划主题、房地产形象策划、房地产前期市场策划、房地产产品设计策划、房地产投资策划、房地产营销策划、房地产销售策划、房地产促销活动策划、房地产广告策划、房地产策划报告等。

本书可作为高校房地产开发管理专业、工程管理专业、土地资源管理专业等房地产类专业和其他相近专业的教材,也可作为建筑类相关专业的教学用书,还可作为房地产开发管理人员的培训及参考用书,特别适用于相关职业资格认证考试培训。

版权专有　侵权必究

图书在版编目(CIP)数据

房地产策划 / 陈英存,项勇主编 .—北京:北京理工大学出版社,2021.6(2021.7 重印)
ISBN 978-7-5682-9975-6

Ⅰ.①房… Ⅱ.①陈… ②项… Ⅲ.①房地产—策划 Ⅳ.① F293.35

中国版本图书馆 CIP 数据核字(2021)第 130788 号

出版发行 / 北京理工大学出版社有限责任公司
社　　址 / 北京市海淀区中关村南大街 5 号
邮　　编 / 100081
电　　话 /(010)68914775(总编室)
　　　　　(010)82562903(教材售后服务热线)
　　　　　(010)68944723(其他图书服务热线)
网　　址 / http://www.bitpress.com.cn
经　　销 / 全国各地新华书店
印　　刷 / 北京紫瑞利印刷有限公司
开　　本 / 787 毫米 ×1092 毫米　1/16
印　　张 / 20　　　　　　　　　　　　　　　　责任编辑 / 钟　博
字　　数 / 489 千字　　　　　　　　　　　　　文案编辑 / 钟　博
版　　次 / 2021 年 6 月第 1 版　2021 年 7 月第 2 次印刷　责任校对 / 周瑞红
定　　价 / 55.00 元　　　　　　　　　　　　　责任印制 / 边心超

图书出现印装质量问题,请拨打售后服务热线,本社负责调换

编写委员会

组织编写　中国建设教育协会
　　　　　中国房地产业协会

顾　　问　王凤君　胡安东　张永岳

主　　任　丁祖昱

副 主 任　严　安　张　燕　宗　磊　高　志
　　　　　何　仕　周　霞　周　滔　焦爱英

主　　编　陈英存　项　勇

副 主 编　敬春菊　邹继雪　陈国铁　薛　婷
　　　　　魏　瑶　薛　明

编　　委　张　引　林娟娟　齐振华　陈　哲
　　　　　余　凯　刘　忠　姜志法　王　强
　　　　　林振思　申雪飞　袁文静

主　　审　陈国胜　周国军

前　言

房地产策划伴随着房地产市场的兴起蓬勃发展，房地产策划行业也随之走进大众的视野，房地产策划的专业性与重要性与日俱增。

房地产策划是房地产业和现代服务业的重要组成部分，房地产策划服务的核心要素是房地产策划专业人员。房地产策划的职业化和专业化决定了房地产策划行业的发展水平，而目前房地产策划的职业化和专业化水平并不理想。为推动房地产策划职业培训和职业技能鉴定工作的开展，在房地产策划从业人员中推行职业资格证书制度，在中国建设教育协会、中国房地产业协会的指导下，房教中国组织全国高校专家编写了本书。

本书针对即将步入职场的在校大学生、职场新人或基层员工，将房地产理论和实务结合，重点突出，简单明了，方便实用。学习《房地产策划》是高校大学生走向社会，融入房地产行业的捷径，能让大学生快速、全面地熟悉房地产策划的主要知识和流程，掌握需要的专业技能，提高专业水平，为房地产行业输送合格的人才。

本书可作为高等院校房地产相关专业的教材，也可作为房地产策划培训教材或房地产策划人员学习的参考书。

本书由福建工程学院陈英存、西华大学项勇担任主编，福建工程学院陈国铁、张引、林娟娟、齐振华、林振思、余凯、陈哲、姜志法、刘忠、王强，山西财经大学敬春菊、魏瑶，西安欧亚学院薛婷、邹继雪，房教中国袁文静，上海立信会计金融学院薛明参加编写，由易进文化陈国胜、房教中国周国军担任主审。

本书在编写中参考了相关的文献和国家有关的法律、法规及规范等，并得到了易居企业集团的大力支持和协助，在此深表谢意。

本书为福建工程学院"产业化制造与建筑企业模块化技术创新共生演化研究"（E1600127）、教育部产学合作协同育人（Y91）项目、福建省教育厅课题"福州市住宅产业化发展战略研究"（E1700036）、福建工程学院房地产特色专业建设项目"服务产业特色专业——房地产开发与管理"（E0800062）的阶段性研究成果。

由于编者的理论水平和实践经验有限，书中错误及不妥之处在所难免，恳请各位专家和读者批评指正。

编　者

目录

第1章 房地产策划概论 ... 1
1.1 房地产策划概述 ... 1
1.2 房地产策划简史 ... 2
1.3 房地产策划创意与理念 ... 6
1.4 房地产策划程序 ... 12
1.5 房地产策划师 ... 26

第2章 房地产项目环境分析 ... 38
2.1 经济环境分析 ... 38
2.2 政策法律环境分析 ... 41
2.3 区位环境分析 ... 44
2.4 社会文化环境分析 ... 52
2.5 技术环境分析 ... 55
2.6 五力分析（微观环境分析） ... 56

第3章 房地产策划主题 ... 63
3.1 房地产策划主题与主题策划 ... 63
3.2 房地产策划主题作用 ... 64
3.3 房地产主题策划基本原则和要求 ... 66
3.4 房地产策划主题分类 ... 68
3.5 房地产主题策划具体运作 ... 70
3.6 房地产主题策划案例分析 ... 71

第4章 房地产形象策划 ... 76
4.1 房地产形象策划概述 ... 76
4.2 房地产文化定位 ... 76
4.3 房地产形象定位 ... 78
4.4 楼盘命名策划 ... 79
4.5 楼盘形象设计 ... 84
4.6 楼盘形象包装 ... 86

第5章 房地产前期市场策划 ... 96
5.1 房地产前期市场策划概述 ... 96
5.2 房地产项目区域市场分析 ... 98
5.3 竞品楼盘分析 ... 99
5.4 城市房地产市场研究 ... 100
5.5 房地产项目市场定位 ... 105

第6章 房地产产品设计策划 ... 111
6.1 房地产产品设计策划概述 ... 111
6.2 房地产产品概念设计 ... 114
6.3 房地产产品内容与规模策划 ... 117
6.4 房地产产品设计的环境策划 ... 120
6.5 房地产产品设计的功能和空间策划 ... 124
6.6 房地产产品设计的户型策划 ... 128
6.7 房地产产品设计的配套策划 ... 130
6.8 房地产产品设计的新材料、新工艺策划 ... 133

第7章 房地产投资策划 ... 137
7.1 房地产投资策划概述 ... 137
7.2 项目投资环境分析和评价 ... 137
7.3 项目投资时机分析和选择 ... 138
7.4 项目投资区位分析和选择 ... 138
7.5 项目投资内容分析和选择 ... 140

7.6 项目投资模式与开发模式的
　　　选择 ················ 143
7.7 项目投资的经济分析与评价 ···· 144
7.8 房地产投资策划应用案例 ······ 150

第8章　房地产营销策划 ········ 171
8.1 房地产营销与营销策划 ······ 171
8.2 房地产营销发展阶段 ········ 173
8.3 房地产营销策划的作用 ······ 176
8.4 房地产营销策划的基本原则 ···· 177
8.5 房地产营销策划的理念体系 ···· 178
8.6 房地产营销策划的模式类型 ···· 180
8.7 房地产营销策划的组织与设计 ·· 181
8.8 房地产营销策划的创新 ······ 189

第9章　房地产销售策划 ········ 193
9.1 房地产销售策划概述 ········ 193
9.2 房地产销售计划与周期 ······ 201
9.3 房地产项目市场分析与定位 ···· 205
9.4 房地产定价策划 ············ 215
9.5 房地产推广与公关活动策划 ···· 227
9.6 房地产销售渠道策划 ········ 241

第10章　房地产促销活动策划 ···· 250
10.1 房地产促销活动策划概述 ···· 250
10.2 房地产促销活动策划流程 ···· 251
10.3 房地产促销活动目标确定 ···· 252
10.4 房地产促销活动主题
　　　与表现手法 ············ 253

10.5 房地产促销活动媒介选择
　　　与运用 ················ 255
10.6 房地产促销活动设计与创意 ·· 255
10.7 房地产促销活动安排与预算 ·· 258
10.8 房地产促销活动效果与反馈 ·· 261
10.9 房地产促销活动策划应用案例 · 263

第11章　房地产广告策划 ········ 271
11.1 房地产广告策划概述 ········ 271
11.2 房地产广告策划流程 ········ 272
11.3 房地产广告目标确定 ········ 275
11.4 房地产广告主题与表现 ······ 276
11.5 房地产广告媒介选择与运用 ·· 281
11.6 房地产广告设计与创意 ······ 283
11.7 房地产广告预算与安排 ······ 293
11.8 房地产广告效果与反馈 ······ 295

第12章　房地产策划报告 ········ 300
12.1 房地产策划报告的重要性
　　　及编制原则 ············ 300
12.2 房地产策划报告的编写要求 ·· 300
12.3 房地产市场策划报告 ········ 300
12.4 房地产设计策划报告 ········ 302
12.5 房地产投资策划报告 ········ 304
12.6 房地产营销策划报告 ········ 305
12.7 房地产广告策划报告 ········ 307

参考文献 ···················· 309
网络文献 ···················· 312

第 1 章　房地产策划概论

1.1　房地产策划概述

狭义的房地产是指土地、建筑物及固着在土地、建筑物上不可分离的部分。它包括单纯的土地、单纯的建筑物及土地与建筑物合成一体的"房地"三种形态。房地产的特征是：位置固定性、长期使用性、大量投资性、政策限制性、相互影响性和保值增值性。广义的房地产是指社会生产活动中为人们提供入住空间或物质载体的一种服务性行业。

"策划"的概念具有悠久的历史，在中国古文中，"划"与"画"相通，因此"策划"又称为"策画"。如《后汉书·隗嚣传》中，"是以功名终申，策画复得"一句中的"策画"就是指"策划"。随着经济与社会的发展，策划活动已经深入现代社会日常生活的方方面面，如商业广告策划、企业形象策划、公共关系策划、娱乐演出策划等。但是，对于策划的概念一直是"仁者见仁，智者见智"，策划专家至今也没有统一的看法。

哈佛企业管理丛书编纂委员会认为："策划是一种程序。在本质上是一种运用脑力的理性行为。基本上所有的策划都是关于未来事物的，也就是说，策划是针对未来要发生的事情作出当前的决策。换而言之，策划是找出事物的因果关系，衡量未来可采取之途径，作为目前决策之依据。然后订出策略、政策，以及详细的内部作业计划，以求目标之达成，最后还包括成效的评估和反馈，而返回到起点，开始了策划的第二次循环。"

策划的特征是程序性、未来性、目的性、创造性和方案性。其包括行业策划、区域策划及其他策划等。现在楼盘的供给需求随着消费者人气不断调整，许多房地产老板为了征土地，开发项目，开始组建自己的开发公司。在组建公司时，房地产策划这一职务就油然而生了。同时，问题也摆在了面前，例如，它应该在什么时候组建？摆在什么位置？该行使怎样的职能？该不该有这个职能？诸多问题困扰着老板，如果聘用高薪的策划职业经理人，能否为企业创造利润及价值？如果委托房地产策划专业机构来做项目，到底有没有效果？能否做到老板所想达到的效果？这些问题都是由于老板们对房地产策划这一领域认识不深，单纯地认为策划就是花钱做广告而产生的，如果以这种想法来做，企业必将失败。

房地产策划是一项基于市场情况，为房地产项目从项目定位、产品设计到营销定位、推广、销售等一系列工作提供合理化建议和策略，以及具体执行方案的工作。它根据市场、产品及销售要求，根据项目不同阶段、不同情况提供不同的解决方案，是一项综合性很强的工作。

王志刚认为房地产策划就是寻找一条创造良好经济效益的"路"，并且这条"路"是最好的、最快的。

黎振伟认为："策划是激发创意，有效地运用项目中的有限资源，选定可行方案，达成预定目标，解决难题的过程。"

柏伟、韦达认为："房地产策划就是为实现房地产投资开发的具体目标，提出创造性的思维对策，并制定出具体的实施计划方案的活动，包括房地产战略策划、房地产广告策划、房地产营销策划、房地产物业管理策划等。"

房地产策划一般由开发商聘请专业的房地产策划公司来执行。从广义上来说，房地产策划主要包括项目的前期定位策划（即房地产开发项目的可行性研究，包括市场调研、项目定位、项目的经济效益分析等）、项目的推广整合策划（包括项目的VI设计，项目推广期、促销期、强销期、收盘期投放多种媒体的广告方案设计和各种促销活动的策划方案等）、项目的销售招商策划（包括售楼人员培训、销售手册的编制、分阶段销售价格的确定等，对项目的商业部分还要进行业态定位策划和招商策划）等。

1.2 房地产策划简史

纵观房地产策划史，从运用各种策划技术手段使房地产开发项目成功推向市场的角度看，可分为单项策划阶段、综合策划阶段和复合策划阶段三个阶段。

1.2.1 单项策划阶段（1993年6月—1997年3月）

单项策划阶段是以著名策划家王志刚先生成功策划顺德碧桂园作为标志、起点的。此前，房地产策划正处于孕育时期，未真正引入策划的理念。但是，人们还是感受到了房地产策划的萌芽。1990年至1992年间，一位从我国台湾请来的销售专家仇福宪小姐，对广州世界贸易中心大厦进行推广销售。她精心培育销售队伍，倡导按揭贷款楼盘，首推"卖楼花"理念等，使世界贸易中心大厦的销售大获全胜。仇福宪小姐带来全新的销售风格和销售技巧，可以说是房地产策划的滥觞。

1993年6月，顺德碧桂园因王志刚先生的加入而使房地产策划在项目开发中起到了关键作用，开创了房地产策划实践成功的先河，王志刚先生因而成为房地产策划的开山祖师。王志刚先生秉持"名牌的背后是文化"的理念给碧桂园项目赋予"给你一个五星级的家"的全新生活方式，并整合和调动了强大的新闻资源将这一思想传播出去。特别是推出"可怕的顺德人"系列悬念广告，使碧桂园在人们的心目中瞬间变成了"成功人士的家园"。

此阶段房地产策划的主要特点是运用各种单项技术手段进行策划，并采用某种技术手段深入拓展，规范操作，取得了良好的效果。如获得广州首届房地产营销成功案例奖杯的"文昌广场"项目，就是投资策划的经典之作。被多次评为"全国优秀住宅小区"的名雅苑，其最大的优点是设计策划有独到之处。如"骑楼"与"架空层"融于一体的新颖岭南特色，让每户分享绿地的绿化理念，建筑群体变化丰富的空间设计，人车分流动静兼顾的功能分区等。另外，具有代表性的策划个案还有广州太阳广场品字户型的设计策划、广州天河城广场出租的市场策划、番禺金业别墅花园前期的投资策划等。

随着房地产策划实践的日益深入，通过房地产策划成功的个案不断增多，房地产策划的理论思想也逐渐形成，其代表人物首推王志刚先生。他指出，"好项目不是找来的，而是策划出来的"，强调策划在项目开发中的重要性。"名牌的背后是文化——文化承载量越大的项目，其效益释放量越大。"他将每个房地产项目文化内涵作为策划的切入点，强调项目蕴含的文化对产生"名牌"项目的主导作用。他认为"精确的市场定位是成功策划的核心，对社会大趋势的精妙把握是准确定位的前提""思路决定出路——正确的思路可使'跳楼项目'

起死回生,迷乱的思路常会弄巧成拙"。他还提出策划人以"智力"创造出生产力的思想。由于王志刚先生这一阶段忙于房地产策划实践,因而系统理论总结不多,但这些从他房地产策划实践中产生的真知灼见,在房地产策划界影响很大,具有一定的理论意义。

由于房地产开发项目在各个阶段引入策划的理念和手段获得了成功,因而房地产策划普遍得到了人们的认可。于是,发展商在企业内部设立策划部,专业策划代理公司、物业顾问公司也应运而生,以房地产策划为谋生手段的自由策划人也比比皆是。此阶段出现了几个知名的策划代理机构,如以前期投资策划著称的广州珠江恒昌房地产顾问公司、以销售策划代理闻名的广州经纬房产咨询公司、以设计策划著名的深圳万创建筑设计顾问公司等。

房地产策划在实践中创造出典范项目并为企业创造了可观的经济效益,引起了人们的极大兴趣和关注,以致出现对房地产策划和策划人的神化、无限夸大策划的作用等思潮,使之后房地产策划的发展受到不同程度的影响。

1.2.2　综合策划阶段(1997年4月—1999年6月)

综合策划阶段是以广州锦城花园成功销售作为标志的。此阶段房地产策划的主要特点是各项目根据自己的情况,以主题策划为主线,综合运用市场、投资、广告、营销等各种技术手段,使销售达到理想的效果。锦城花园项目开发成功,堪称房地产综合策划的典范,它以主题策划为主线(品质、价格、舒适与和谐),贯穿投资策划(写字楼变更为住宅)、市场策划(占领十二层带电梯小高层住宅的市场份额)、设计策划(欧陆立面设计、集中共用绿地、合理安排建筑户型、结构设备满足建筑功能及美观要求)、营销策划(淡季入市、显示身份的高尚住宅)、广告策划(连登悬念广告、积聚人气)、形象策划(寓意深刻的标识、标志),整个策划手段整合得十全十美,一气呵成。

自此之后,以主题策划为主线的综合策划手段在广州、深圳乃至全国各地都流行起来,出现了综合策划成功的不少典范楼盘,如以"成功的白领人士"为主题概念的广州碧桂园,以"和谐社区文化"为主题概念的番禺丽江花园等。在各种策划手段的整合中,各项目还根据自己的特点有所侧重和创新。广州翠湖山庄的主题概念是"一般度假或生活居所",其他手段则是园林设计策划(万象翠园)、独特营销策划(搭单大行动、试住大行动、减价大行动)、公关活动策划(目标品酒会、万象翠园开放日)。

广州颐和山庄的主题概念是"绿色、空气、空间加文化",其他手段则侧重自然环境策划(山顶公园)、山庄文化策划(电影浪漫音乐会、科技记者学术交流会)、人文活动策划(专家聚会评定楼盘、重阳节登高)。广州中旅广场则侧重建筑设计策划(古典风情与现代韵味于一体)、商业功能策划(商业形式选择和布局)、销售推广策划(实实在在营销)、楼盘形象策划(大型电脑喷画包装整个楼盘)。

随着房地产策划实践的不断深入,各种策划思想、策划理论、策划流派层出不穷。最具代表性的房地产策划思想是王志刚先生的"概念地产"思想。他认为"很多项目都是先给它们一个概念,这个概念被社会接受以后,这个概念所支持的硬件就能被消费者对象所接受,基本上是不愁市场的"。从"概念地产"思想出发,王志刚先生提出房地产项目要进行"概念设计"或"理念设计"。"概念设计"影响项目的成败,是项目"成功策划的核心";"理念就是项目的灵魂"。王志刚先生的"概念地产"思想,对整个房地产策划领域产生了很大影响,不少房地产项目策划就是在"概念地产"思想的指引下,通过独特的概念(理念、主题）设计（策划）使开发的楼盘顺利走向市场，获得成功。

此阶段产生的主要策划理论有王志刚先生的"策划基本理论"和冯佳先生的"全程策划理论"。王志刚先生的"策划基本理论"大都散见于他的巡回演讲中。"策划基本理论"的内容主要包括策划的"四个"理论基础、策划的"生产力"本质、策划的"辩证"作用、策划的"三因"与"三性"原则、策划成功的"四出"目标和标准、策划的"十大"流程以及策划人的思维特征和素质等。王志刚先生的"策划基本理论"阐述精辟，内容丰富，深入浅出，富有创见，基本涵盖了策划基本原理的范畴。

冯佳先生的房地产"全程策划理论"主要强调两个方面：一方面是房地产策划应从市场调研、项目论证、概念设计、规划布局、建筑设计、工程控制、营销推广、售后服务等一系列环节进行"全过程"策划，各个环节相互连贯，缺一不可；另一方面是在每一个策划环节中以提高产品价值为主要目的，强调项目开发提升价值的手段和空间。冯佳先生的房地产"全程策划理论"从策划实践中产生，是综合策划阶段理论研究的结晶，为房地产策划领域提供了一种全新的模式，影响深远，被广泛采用。

经过深入的房地产策划实践，此阶段逐渐形成不同的策划流派，共同引领房地产策划的发展。例如，以王志刚先生为首的"战略策划"流派，以"王志刚工作室"作为阵地，对项目从大势上进行战略把握和监理；以冯佳先生为首的"全程策划"流派，以深圳国际企业服务公司为依托，对项目提供标本兼治的全程策划服务；以曾宪斌先生为首的"品牌策划"流派，以"自由策划人"的身份，转战南北，从楼盘品牌的挖掘、塑造来提升楼盘的价值；以黎振伟先生为首的"投资策划"流派，强调项目的市场调研和投资论证；以周勇先生为首的"实战策划"流派，强调实战操作、技术规范来提高策划水准。各种流派各有特色、各有所长，以自己的智慧和毅力，创造出精彩绝妙的成功案例，共同促进房地产策划的多元化发展。

此阶段各种房地产策划研讨活动也在不断出现。一是各种房地产策划巡回演讲活动。影响最大的是1997年年底王志刚先生在广州、上海、深圳等几大城市进行的"王志刚策划实践和理论演讲会"。他将几年来积累的策划实践案例与理论原汁原味地奉献给房地产界，使人们真真正正地领会到策划家的风采。二是各种与房地产策划有关的研讨活动。首届和第二届中国策划峰会分别于1997年11月和1999年11月在上海举行，全国著名的策划家王志刚、李光斗、余明阳等相继参加，并将自己多年的策划心得进行了交流。这两次峰会对策划业乃至房地产策划都产生了积极影响。1998年11月6日，中国房地产南方峰会在广州举行。房地产策划界王志刚、冯佳、黎振伟等策划家参加了峰会并作了专题发言。冯佳先生在会上公开披露了他研究的房地产"全程策划"理论，令人耳目一新。三是房地产策划方案招标活动。1997年10月，深圳"特力花园"进行策划方案招标，中标者为世联房地产咨询服务（深圳）有限公司。此次的招标成功，为房地产策划方案规范化做了有益的尝试。

经过几年的房地产策划实践，房地产策划人形成了三种不同的运作方式。一是公司的组织形式，如深圳国际企业服务公司的冯佳先生、广州珠江恒昌房地产顾问公司的黎振伟先生等；二是策划研究与实践相结合的组织形式，如王志刚工作室的王志刚先生等；三是以自由策划人身份出现的形式，如曾宪斌先生等。策划人或机构还将自己的策划实践进行了总结，编写了各种房地产策划书刊以宣传个人的策划思想。

此阶段房地产策划思想争鸣也开始出现。较有代表性的争论是《现代房地产经典营销全录》中的"做房地产策划的王志刚——老师下课吧"这篇文章。该文以王志刚先生的一些策划理念为焦点，进行了认真的批评。文章辛辣，似有偏见之嫌。但是，文章里的一些观点还是值得肯定的：一是不能过于迷信策划及策划人；二是要建立科学的策划名词概念。另一争论是对房地产"全程策划"的异议。有人认为，现在专业分工越来越细，各种专业公司能各司其职，谁也不能通吃天下，那种一家公司"全程策划"、包打天下的模式是行不通的。此阶段的房地产策划争鸣活动虽已出现，但还比较薄弱，加上争论风气不顺，阻碍了正常的学术争鸣。

1.2.3 复合策划阶段（1999年7月至今）

复合策划阶段是以广州奥林匹克花园成功销售作为标志的。该阶段房地产策划的主要特点是狭义地产与泛地产相复合，即房地产策划除可以运用房地产领域各种技术手段外，还可以运用房地产领域以外的其他手段。广州奥林匹克花园就是房地产业与体育业嫁接成功的复合地产典范。

1999年7月8日，广州奥林匹克花园正式推出首期，引起业内轰动，有许多顾客提前三天开始排队购买，使其一举成为广州乃至全国的超级楼盘。广州奥林匹克花园的销售成功，被誉为"复合地产"策划的里程碑。广州奥林匹克花园在运用房地产领域内各种策划手段的同时，吸收体育业的最新理念和手段，两者相互嫁接、复合，浑然一体，突出"奥国""运动就在家门口"的主题，体现"运动型、健康型"的生活方式，迎合顾客购房就是购买"健康"的消费心理。

广州奥林匹克花园的成功，使人们对房地产策划领域内的传统手段进行反思，获得了启迪。开发房地产可以不局限于房地产，还有更广阔的领域等待人们去开拓、去探索。如房地产与IT业相复合的南海东方数码城，房地产与自然山水园复合的广州山水庭园和江南世家，还有房地产与养生保健业相复合、房地产与旅游业相复合、房地产与海洋业相复合等领域正被发展商考虑。这些"复合地产"策划能否成功，人们将拭目以待。

此阶段的房地产策划思想以王志刚先生的"泛地产"思想最有创见。王志刚先生指出："所谓'泛地产'，就是不局限于以'房子'为核心，是在某一特定概念下营造一种人性化的主题功能区域，'房子'在这里可能是主体，也可能成为附属的配套设施，这种功能区域的主题各有不同，如生态农业度假区、高科技园区、高尔夫生活村、观赏型农业旅游区等。"王志刚先生的"泛地产"思想是对其"概念地产"思想的进一步发展，对此阶段的房地产策划影响巨大。房地产策划理论有以王志刚先生为首的"战略策划"理论和以朱曙东先生为首的"房地产全程营销"策划理论。"战略策划"理论强调房地产项目的策划首先要从"战略"的高度来把握大势，然后才回答做什么、谁来做、怎样做的问题。具体内容有大势把握、策略设计、要素整合和顾问监理。"战略策划"理论内容丰富，体系规范，颇有理论意义。"房地产全程营销"策划理论强调运用科学的营销思想贯穿于房地产开发的各个环节，形成独到的策划理论体系。其主要内容有房地产全程营销工作流程和全程营销思想。"房地产全程营销"策划理论对房地产策划名词概念进行了较为科学的定义，表明房地产策划理论开始趋向成熟。另外，曾宪斌先生的房地产"品牌策划"理论也有其独到之处。他提出了较为完整的房地产"品牌理念"，使人们进一步加深认识了房地产"品牌策划"在楼盘推广中的作用。

房地产策划思想的不断成熟，推动了房地产策划理论研究的开展。在房地产策划理论研究的文章中，最有代表性的是柴强博士撰写的《全方位把握房地产开发项目策划》一文。他在文中提出了"房地产开发项目策划是房地产开发成败的关键"的重要论断，缓解了人们对房地产开发需要进行策划所产生的怀疑和抵触。他还用相当篇幅从八个方面论述了房地产开发项目进行策划的主要内容，构架了房地产项目策划的具体内涵。文章不长，但内容丰富，言简意赅，是一篇高质量的房地产策划理论研究文献。专门研究房地产策划的专著有《房地产策划——作局与运作的艺术》，该书借棋艺的博弈过程对房地产策划进行"全局"的论述与分析，并对房地产策划的基本原理作了探究。不过，由于该书房地产实战的精彩案例不多，书中的内容带有空洞之感。在此阶段，四川大学成立了房地产策划研究所，由杨继瑞博士担任所长，这对房地产策划理论研究起到了促进作用。

此阶段的房地产策划活动也相当活跃，1999年6月至8月间，首次以房地产策划为探讨、研究主题的"中国房地产著名策划家峰会——房地产有效策划论坛"相继在深圳、北京举行。此次论坛的顺利召开，标志着房地产策划理论思想的发展达到了前所未有的高度。来自北京、深圳、广州及我国台湾等地房地产策划家欢聚一堂，共同交流和畅谈自己在策划实践中形成的理念、思想。会上探讨的内容有房地产策划基本理论、房地产策划比较研究和房地产实战研究。这次论坛为房地产策划理论体系的形成打下了坚实的基础，影响极其深远。

这一阶段，房地产策划界出现了一些较为混乱的现象。个别策划人在策划中违背职业道德，给企业带来不必要的损失；一些刚入门的策划者也大肆鼓吹个人能力，把策划说得神乎其神，动辄索要高价，使企业望而却步；一些以房地产专家自居的人士对房地产策划界不屑一顾；房地产策划界实战型与战略型阵营之间有时也互相拆台、相互指责。凡此种种，使得刚刚兴起的房地产策划业迷失了方向，对房地产策划业的健康发展很不利。此时，南方的几家新闻媒体对房地产策划界出现的不正常现象给予极大的关注，纷纷推出不同的专题版面予以讨论。《南方日报·南方楼市》推出"策划，有名无姓的美女"专版，对房地产策划的现状、作用，策划人的素质及策划人与发展商的关系进行了讨论。《南方都市报》推出"房地产策划还能走多远"专版，对房地产策划界出现的问题，如策划人的职业道德、对策划及策划人的神化、策划界的"文人相轻"现象等展开了讨论。《羊城晚报》推出"房产策划时代：终结还是来临"专版，对房地产策划在企业发展中担任什么角色，在房地产项目中起什么作用，房地产策划是否已经过时等几个问题做了探讨。通过几大报纸的讨论，澄清了当时出现的一些错误认识，促进了房地产策划业的健康发展。

1.3　房地产策划创意与理念

1.3.1　房地产策划创意内涵

创意的"创"是创始、创新和首创的"创"，创意的"意"是意境、意念和新意的"意"。创意的含义是指通过创新思维，构思出新的设想方案的过程。它往往是灵机一动中的闪念，这就是创意的开端。再将这种闪念构思成可能实现的创意设想，并将其设计为行动方案，便是创意。

通俗地说，创意就是创造性的主意，是可以瞬间产生的思维上的突破，是一种灵感。好的创意可以成为成功策划的有力保障。策划必须有创意，但它不仅仅只是创意，策划是调查、分析、评价、创意、规划、整合、反馈等众多复杂程序的综合过程，是系统的、有序的创造性活动，具有科学性、系统性和规范性。

策划是多个创意的整合,创意只是策划程序中的一部分。如果将创意比喻为思维领域的一颗珍珠,那么策划就是一串珍珠项链。房地产策划创意是指在房地产策划过程中,策划师为实现房地产策划目标而进行程序化的创新思维活动。策划创意既是以策划师的创新思维为核心的房地产策划全过程中的一个特殊活动,也是策划师充分利用自身的知识和经验及想象力和创造力,在突发念头的基础上,经过原型激发和创新思维的运作过程,构思出可实施的、新奇独特的设想并转化为计划方案的过程。

1.3.2 房地产策划创意与"点子"

房地产策划创意与"点子"既有联系又有区别,二者的主要区别如下:

(1)策划创意与房地产策划程序紧密联系,是房地产策划全过程的一个阶段,并渗透在房地产策划程序之中,成为科学策划程序的一个具有创造性的因子。它通过房地产策划方案的实施而实现。因此,创意是不能分离出来单独出卖的,而"点子"则与房地产策划程序没有关系,它的实施不受房地产策划方案的制约。也就是说,"点子"与策划的科学运作没有多大联系,因此,它是可以单独作为知识商品出卖的。

(2)策划创意不仅是房地产策划程序的重要组成部分,它的自身运作也是程序化的。策划创意是从针对问题而灵机一动的突发念头开始经过确立目标和构想到方案设计和论证的全过程,是按创意的科学运作程序行进的,犹如"十月怀胎,一朝分娩",而"点子"则因缺乏科学运作程序,基本停留在灵机一动一闪的念头上,犹如"眉头一皱,计上心来"。

(3)策划创意的程序同房地产策划程序相吻合,是在形成房地产策划方案之后,通过计划来实施的,而"点子"则只是一种单纯的念头,在众多的"点子"之中,最后能化为方案的只有很少一部分,能转化为计划实施的比例更低。

总之,房地产策划创意与"点子"的本质区别是:策划创意的成功率远远高于"点子"。策划创意的外延大于"点子",涵盖着"点子",策划创意是通过房地产策划程序和创意程序的双重运作,排除了没有成功希望和作用不大的"点子",择优留下收效大的"点子",并将其转化为策划方案和计划予以实施。

1.3.3 房地产策划创意特征

(1)独立性:是指策划创意在展开过程中,具有不依赖现成的答案和方法,不受他人暗示的品格,在逻辑上属于超出原有论域的思维。

(2)灵活性:是指策划创意具有能根据具体情况的需要,随时调整、改进原有思路及其假说、假设、方案的品性。

(3)深刻性:是指策划创意具有善于透过现象而深入事物本质的品性。

1.3.4 房地产策划创意作用

策划创意在房地产策划中具有重要的作用。

(1)房地产策划中的奇谋妙计均来源于策划创意。因此,房地产策划创意的水平,决定着房地产策划的"能量",是房地产策划成功的关键。

(2) 策划创意是房地产策划的灵魂，是房地产策划方案的点睛之笔。没有策划创意，房地产策划方案就成了没有能源的机体，有了精妙的策划创意，房地产策划方案才会奇招妙法荟萃，房地产策划过程才会真正成为一种创造性的社会实践过程。

(3) 策划创意提升楼盘价值和附加值。

(4) 策划创意增强房地产项目的竞争能力。

1.3.5 房地产策划创意过程

房地产策划创意是根据策划方案的程序结构的需要，进行创新思维，产生创意构想的活动。创意思维是策划人员左、右两半脑都处在高度紧张状态下的一种十分复杂的心理活动过程。一个创意构想的产生，有时看似很突然，显得令人难以捉摸，实际上，任何从事创造性活动的人，都具有同样的心理活动规律，并经历着类似的活动过程。房地产策划创意要经过启动、探索、闪现和验证四个思维阶段。

1. 策划创意启动阶段

(1) 启动创意动机，发展策划问题。房地产策划创意的前提，是必须具有激励创意的动力，形成创意动机。创意的直接动机来源于策划目标和分析调研资料及其对策划问题的进一步认识和对市场机会的深入把握。也就是说，策划师以策划目标为动力，通过深入分析调研资料，或进一步认识到策划问题的存在和解决问题的必要性，形成对策划问题或事态的严重不满和解决它的欲望，或者意识到市场环境和条件有可能为策划主体的新发展提供机会，于是就产生了某种未雨绸缪的愿望，促使策划提高创意的程度。这种功能能够唤起和引发策划的创意意向。

(2) 创意动机启动后，还会产生指向功能和强化功能。动机的指向功能是指策划师在动机的驱使和激励下，将自己的创意能力、智慧、精力和时间集中在策划目标规定的方向上，直到实现策划目标为止；动机的强化功能则是指正确而强烈的动机起着肯定和加强创意意向的作用。而真正强烈的创意动机是由如策划职务的责任感、策划事业的成就感、策划竞争的紧迫感和策划创意的满足感等因素激励形成的。

(3) 界定策划问题，确立创意目标。在通过创意新思维寻求创意构想之前，准确界定策划问题是非常必要的，这就需要从性质特点、范围、程度和原因等方面将策划问题搞清楚，以求全面准确地把握策划问题。在界定了策划问题之后，确立创意目标是启动阶段的又一项重要活动。它之所以重要是因为创意目标既是策划目标在创意活动中的具体化，又是探索各种创意构想的前提，既是评估和选定设想的度量标准，又是对创意实施运行、实行控制的依据。在策划创意的启动阶段，策划师要在进一步分析调研资料的基础上，加强对信息资料的积累和知识、经验的储备。因为这是产生灵感的一个重要条件。策划人员在策划创意的启动阶段，就必须足量思考并充分考虑待解决的中心问题。一个头脑中缺乏解决问题动力的策划人员，绝不会产生解决策划问题的灵感。

2. 策划创意探索阶段

(1) 调度组合信息，构思创意设想。策划创意探索阶段是根据策划问题和创意目标的指向，调度组合信息和构思创意设想的阶段。这就必须充分发挥左、右两半脑的功能优势，进行交叉思维探索。"垃圾箱"理论认为，人的思维成果是客观世界在人脑中的反映。人的大脑将客观世界反映进来的信息分为两类，分别储存在左、右两半脑中。有些信息经常地、反复地作用于人的大脑，人们便逐渐认识了它们及它们之间的联系，于是就按照认识的过程将它们系统地储存在大脑的左半脑之中。一旦需要将这些物资或数据调出时，即可按存储规则的系统顺序去查找。同样的道理，人们要从头脑中查找这些信息时，也可按系统顺序搜寻，这个系统顺序的逻辑思维就是左半脑的功能优势。还有一些信息，因为它们不是经常、反复和连带地反映到人的头脑中，利用也较少，所以，一时还没有认识到它们与其他信息之间有何种联系，因此，也就没能将它们系统地、有序地储存在大脑中，就像个"垃圾箱"一样杂乱无章地堆放在大脑右半脑中。要想从这个"垃圾箱"中找某种信息，因没有顺序和规律可循而只能乱翻，即靠心理活动中的非逻辑因素。这就是右半脑专司创造性思维的功能优势。

（2）发挥半脑优势，进行交叉运作。借鉴上述大脑两半脑功能优势的研究成果，探索策划创意就要充分发挥左、右两半脑功能优势，主动进行逻辑思维和创造性思维的交替运作和交叉探索。一方面要充分发挥左半脑的功能优势，展开逻辑思维；另一方面更充分开发和发挥右半脑的功能优势，展开创造性思维。也就是说，长期储存在策划人员大脑深处的各种浩瀚的信息，一旦在潜意识的作用下被调动出来，就会促使策划人员意识范围的极大跃迁，诱发灵感的出现，从而形成绝妙的创意设想。

3. 策划创意闪现阶段

（1）半脑交替思维，策划创意孕育。策划创意闪现阶段是通过左半脑与右半脑之间的功能优势互补和逻辑思维与创造性思维互补而产生的策划创意灵感。其交替运行的途径是：侧重逻辑思维的左半脑，通过"脑梁"（左、右两半脑有数十亿根神经纤维每秒传递400亿次信息）在侧重创造性思维的右半脑祖先遗传因子信息库里寻找解决策划问题的创造力信息，右半脑适应左半脑之需，通过创造性思维，调度创造性解决策划问题的创造力信息，并及时通过"脑梁"将其传递回左半脑，在这种信息双向交流与组合的一瞬间便产生了灵感。当然，左半脑接收到右半脑传递的创造力信息后，通过逻辑思维，还要进行逻辑加工和验证。左半脑与右半脑各有功能优势，不可以半脑功能优势论英雄，逻辑思维与创造性思维各有所长，也不可割裂开来单独论长短。

（2）闪现创意灵感，跃为创意成果。在策划创意活动中，以右半脑为主体的创造性思维，一旦突破原有逻辑，必然要在左半脑形成更高层次的新的逻辑思维，并将新的知识纳入已知体系中，继而作为已有信息储存起来。如果右半脑及其创造性思维不在更高层次上同左半脑及其逻辑思维进行交替与合作，策划创意活动就会中断，也就不可能产生策划创意的新突破和新成果。因此，进行左、右两半脑交替思维，不仅可以抓住在智慧之光的闪烁中迸发的灵感火花，抓住新奇构想的创意闪现，而且可以使创造性思维与逻辑思维的交替循环形成良性状态。这就是左半脑及其逻辑思维→脑梁→右半脑及其创造性思维→脑梁→左半脑及其更高层次的逻辑思维→脑梁→右半脑及其更高层次的创造性思维……这样无限地交替下去，使闪现的创意灵感跃升为高创意成果。

4. 策划创意验证阶段

策划创意验证阶段是对策划创意的全过程进行反思、检验，论证创意闪现和解决问题方法是否正确，并对策划创意成果进行总结的阶段。由于策划创意中闪现的灵感是在显意识与潜意识的交叉转化中产生的，这就决定了创意灵感具有模糊性。也就是说，创意灵感产生的新思路、新结论、新成果往往并不很清楚，需要进行整理加工成完整成熟、明确清晰而又完善的成果。因为创意闪现的灵感大多数是一些可能性结果，其中有一些是正确、可行的,也有一些是不够合理和不可行的。这就要通过逻辑分析和判断,检验其是否正确、可行及其可行的程度,还要通过集体论证取得共同认可,如果论证的结果令人满意就表明策划创意任务已经完成。如果创意方案经过论证问题较多或完全经不起论证,则需要进一步完善,或者重新进行探索。

策划案例:房地产策划的三重境界分析

1.3.6 房地产策划创意思维

1. 策划创意思维

策划创意思维就是创新性思维,它不仅能把握事物的本质特征,而且能够综合已有的思维成果创造具有新价值的思维成果。

(1)策划创意思维的本质。房地产策划创意活动是一种综合性的创新活动,是一种不同于以前的思维创新、观念创新、理论创新和行为创新的过程。贯穿于策划创意活动的创意思维具有不同于一般思维的特点,具体如下:

1)策划创意思维是多种思维形式有机结合的辩证统一过程。
2)策划创意思维是同中求异和异中求同相统一的思维过程。
3)策划创意思维是多种思维方式和逻辑模式的综合运用过程。
4)策划创意思维是一个机智的思维过程。

(2)策划创意思维的特征。策划创意思维以不断发展变化的动态市场为基础,不局限于一种思维形式,是一种灵活多变的、富于探索性的、以不断变化的现实为标准的思维形式。它具有以下特征:

1)思维目标具有专一性。目标专一性一般来源于策划师强烈的事业心,这种强烈的事业心是策划师对策划的项目产生强烈兴趣的基础。

2)思维方向具有灵活性。策划师要达到某个策划目标,必须围绕某个中心进行多路思考。所谓多路思考,就是对房地产项目进行全方位的思考,从不同视角、不同侧面、不同方位和不同层次上加以把握。

3)思维方式具有求异性。这种求异性是指在认识房地产项目的过程中着力于发掘项目之间的差异性、现象与本质的不一致性等,是对习惯的现象和人们已有的习以为常的认识持怀疑、分析和批判的态度。

4)思维进程具有突发性和偶然性。这种突发性和偶然性表现在思想火花的爆发没有固定的时机,它的出现带有极大的随机性。例如,一个项目的主题可以在读书时由于某种精辟的论述而突然萌生,也可以在项目的调查现场看到一个广告而爆发出来等。

5)思维成果具有原创性、新颖性和突破性。产生的理念具有原创性、新颖性和突破性,给人以前所未有的思维成果,如"复合地产"理念的产生。

2. 策划创意思维形式

策划创意思维是综合性的思维,它的具体表现形式是复杂多样的。大体可以分为发散思维、逆向思维、想象思维和联想思维等。

(1)发散思维。发散思维是策划创意思维的表现形式之一,又称为求异思维、分散思维、辐射思维。发散思维可以使人思路活跃、思维敏捷、办法多而新颖,能提出大量可供选择的方案、建议和思路。

发散思维是指在房地产策划的思考过程中，不拘泥于一点或一条线索，而是从已有信息出发，尽可能向各个方向扩展，不受意志或现存方式、方法、规则或范畴的约束，并且从这种扩散、辐射和求异式的思考中，求得多种不同的解决办法，衍生出多种不同的结果。

发散思维的特点如下：

1）流畅性（丰富性），是指在思考过程中，反应敏捷，通过扩展思维的广度，能在较短时间内表达出较多观点的特征。

2）变通性（灵活性），是指在思考一个事物、观点或者问题的过程中，能够在较大的范围内联系起其他的事物、观念和问题，而不是局限于某一方面，能跨越许多不同领域进行思考。

3）独创性。策划创意思维所要解决的问题是没有现成答案可供参考的，重复、模仿、常规、传统的方式是不能解决问题的。独创性是建立在流畅性、变通性基础上的更高层次的策划创意思维的特征。

（2）逆向思维。逆向思维是与一般思维方向相反，与传统的逻辑的或群体的思维方向相反的一种思维，是策划创意思维的基本形式之一。

逆向思维是指从结果到原因反向追溯的思维形式，即对任何问题哪怕是现成的结论，都不满足于"是什么"，而是要多问几个"为什么"，敢于提出不同的意见，敢于怀疑，反其道而行之。从广义上说，一切与原有思路相反的思维都可以称为逆向思维。

逆向思维的特点如下：

1）逆向性。逆向思维专门从相反的、对立的、颠倒的角度去思考问题，是一种非常规思维。一般情况下，人们思考问题多从相近的角度进行，相反的角度因为反差很大，非特意很少为之，而逆向思维必须是有意识地、主动地进行逆向思考。

2）求异性。逆向思维的求异性是指用挑剔的眼光去审视事物，富于批判性。逆向思维在多数情况下表现出超出惯例、反对传统的性质，成为对常规和偏见的批判，在思维的范围上将人们的视野从熟悉引向陌生，在效果上具有令人耳目一新的感受，在行为上呈现出特立独行的特点。

【策划案例】 策划对比思维方式的拓展

楼盘的创新——对比思维

1. "不战而胜"的楼盘——递进思维

"不战而胜"的楼盘一般都具有明显的排他性，如位置好、环境优、人气旺、商机大，要寻找利益和效益的最大化，递进式思维是最容易获得突破的。如北京"现代城"的SOHO概念，因商圈而引入家庭办公。

2. "以进取胜"的楼盘——递进思维、正向思维

"别无我有"形成产品的特质。例如，其他楼盘外墙内保温，自身楼盘外墙外保温；其他楼盘用单层玻璃，自身楼盘用双层玻璃；其他楼盘户型双向不通风，自身楼盘户型双向通风；其他楼盘出售毛坯房，自身楼盘出售装修房；其他楼盘6层不安装电梯，自身楼盘6层安装电梯。

"以进取胜"的楼盘，在策划思维方式上属正向思维，是大多开发商所采纳的，对于设计而言，就会产生"均好性"的设计理念。

3. "以退取胜"的楼盘——递进思维、正向思维、反向思维

不随波逐流，形成产品的特质。例如，其他楼盘追求高容积率，自身楼盘削减容积率；其他楼盘都是大、中户型，自身楼盘是小户型；其他楼盘南向开大阳台，自身楼盘取消南向阳台；其他楼盘绿地大而集中，自身楼盘绿地小而分散；其他楼盘先确定户型比，自身楼盘在规划后确定户型比。

"以退取胜"的楼盘，在策划思维方式上属反向思维，对市场的把握准确、科学。对于设计而言，就会出现"价值定位"的设计理念。

上述三种策划思维方式，都脱离不开对比思维。策划实际是在不断地对比和否定的过程中完成的，策划的意义不是为了炒作，它是为消费者提供产品的信息、服务的信息和理性的引导，从而引起消费者的共鸣和购买欲望。关于宣传产品的差异，开发商首先应在自己的头脑中形成"定位差异"，至少要对以往的楼盘进行对比和反思，楼盘的创新是对消费者的新奉献。无论是传统的还是时尚的，策划人必须清楚在今后的住宅建设中应摆脱什么、追求什么。

（3）想象思维。想象思维作为策划创意思维的一种形式，是人类思维的活力所在。

想象思维是和人脑对记忆中的表象进行加工改造而创造新形象的策划创意思维。想象力是思维力和创造力的基础，是产生思维爆发式飞跃的内在根据之一。

想象思维的特点如下：

1) 形象性。想象思维是一种创造性的综合，是对各个成分进行改造，纳入新的联系，经过创新整合而建立起来新的完整形象。作为想象思维的结果，往往形成从直观上得到加深的"形象概念"。这种想象思维能够创造新的概念和概念体系，能够孕育新奇的思想。

2) 超前性。想象思维是以组织起来的形象系统对客观现实超前反映，想象中的内容往往出现在现实之前。想象本身就包含一种筛选和设计的过程，它能帮助人们从整体上去把握机制和本质而舍去不必要的细节，能帮助人们设计出超越现实的事物。

（4）联想思维。联想思维是策划创意思维的一种重要形式。联想思维体现了思维的跳跃性，它不是一般的思考，而是对问题思考的深化，是由此及彼的思考。

所谓联想思维，是一种由此及彼、由表及里的思维，是人们通过一件事情的触发而转移到另一些事情上的思维。人的思想受到某种刺激时或在某种特定的环境下通过回忆可以产生相似联想、对比联想和接近联想三种类型的联想。

联想思维具有自觉性和悟性等特点。

1) 自觉性。进行联想就一定要有"打破砂锅问到底"的精神，能主动有意识地联想，联想的范围越广、越有深度，对创意活动就越有裨益。如从落地电风扇可以调节的特性联想而发明的升降篮球架，从伞的开合性联想发明的能开合的菜罩等。

2) 悟性。"悟"是在思考过程中，经过思维的跳跃，突然了解、领会、判断、把握事物的一种思维现象。悟性就是经过思维的跳跃而把握事物本质和规律的水平和能力。悟性的作用在于它能帮助理性完成把具体提升到抽象，进一步用抽象指导具体的过程。

1.4 房地产策划程序

房地产策划是按一定的程序进行的。所谓策划程序，就是指一个项目在进行策划的行为中，按其内在联系性排列出的先后工作顺序。房地产策划程序就是要完成一项房地产策划从头到尾应该做哪些工作，应当先做什么、后做什么。因此，通过房地产策划程序，可以看出策划一个房地产项目的全过程，也可以了解一个房地产策划项目的各项具体工作之间的内在逻辑联系。

房地产策划是一项较为复杂且专业性强的活动，应当有一套科学严谨的工作程序。按照科学严谨的策划程序开展策划工作，不仅可以使策划工作有计划性，避免不必要的反复和浪费，提高策划工作的效率，还可以使策划工作规范化、精细化，保证策划工作的质量。这种工作顺序是在长期的策划活动中逐渐形成的，为每一项工作确定了具体内容和先后顺序。

在房地产策划程序中，每一阶段的工作内容很多、很琐碎，需要认真地去落实、安排和执行。

房地产策划程序如图1-1所示。

第一阶段：项目洽谈阶段。项目洽谈阶段的工作主要是解决策划代理机构的业务来源问题，也是决定策划代理机构是否存在的一个主要环节。这一阶段的工作如果做得不好，后面的其他工作就无从谈起，更谈不上策划代理机构的业务发展了。

第二阶段：组建机构阶段。组建机构阶段的工作是保证委托代理的业务在人员配备、工作计划、时间安排及业务经费上得

图1-1 房地产策划程序

到落实，以便为下一步开展业务做好一切精神和物质的准备。在没有配备好人员的情况下，仓促上阵，欲速则不达，就会影响整个计划的进行。

第三阶段：项目调研阶段。项目调研阶段是整个策划代理工作的重头戏，也是策划成果的主要内容。在项目调研阶段，最能反映一个策划师或策划机构的能力和水平。另外，这一工作阶段也是最辛苦的。策划人员为了取得大量的项目调研的第一手真实资料，须走访许多政府部门、业务机构、项目现场。同时，策划人员还要翻阅大量的资料和文件，以取得项目调研的书面资料。没有深入第一线的"钻劲"，策划师是不可能获得客观、真实材料的，更无法为以后工作打下良好的基础。

第四阶段：项目研讨阶段。策划师通过调研取得了大量的资料以后，紧接着就是针对项目进行研究、讨论、论证和创意。这一阶段工作的好坏，直接影响到策划方案的质量和可行性。通过召开碰头会认真研究、论证，或经过头脑风暴进行创意，一个比较理想的方案就呈现出来了。

第五阶段：提交报告阶段。通过项目策划小组一段时间的积极努力，就进入了编写报告、向委托公司提交策划成果的阶段，也就是说，房地产策划程序已经开始接近尾声了。这一阶段的重点是保证策划成果的质量，如果在编写时感到策划结果没有达到预期的效果，还要再一次回到上面的调研和研讨阶段，直到得到满意的结果为止。

第六阶段：实施方案阶段。策划方案或报告得到了委托企业的肯定，就进入了实施方案阶段。但作为房地产策划代理机构，不能以为到这里就算完成了任务，还要对实施的效果进行监测。监测的结果如果达不到方案的目的，还要进行修正。

如果在方案实施阶段，策划代理机构还一同实施和执行（不是配合），那这一阶段还是最重要的，它关系到策划代理机构的策划成果是否能产生效益，关系到策划代理机构是否能得到更好的报酬。

1.4.1 项目洽谈阶段

1.4.1.1 策划业务来源

要进行房地产策划代理，首先要解决房地产项目的业务来源问题。由于房地产策划代理竞争日益激烈，如何开拓业务、如何取得好的项目、如何取得大的项目，成为房地产策划代理机构最头疼的问题，也是决定策划代理机构生死存亡的大事。一些策划代理机构都组织了最好的人才，运用了最得力的手段对开发商进行"攻关"，以期达到预期的目标。

策划案例：深圳世联行地产顾问股份有限公司项目策划代理工作说明书

一般来说，策划代理机构想取得项目业务有以下四个渠道。

1. 主动联系开发企业

主动联系开发企业是策划代理机构惯用的办法，特别是对那些刚刚成立或还没有什么影响的策划代理机构来说更是如此。在房地产策划代理竞争激烈的今天，需要一个主动营销自己的手段。主动联系要注意以下几个问题：

（1）要做好推销自己的宣传资料。宣传资料目前采用的多是印刷手册和电子演示文本。印刷手册要做得较为精美，手册内容要将策划机构的业务范围、擅长领域及机构的服务理念等放在里面，供开发商认识自己的业务能力。由于电子演示文本更直接，可将手册里面的内容放在演示文本里面，到开发企业去当场演示，或将演示文本刻录成光盘寄送给开发企业。

对于已经达成初步意向（还没有签订合同）的项目，电子演示文本是推销自己的更好办法。

（2）要组织专门的人员负责联系。一般来说，房地产策划机构都有自己的业务开拓部门，如拓展部、业务发展部等，这些部门专门负责主动联系开发企业的业务。这些部门的人员要在团队精神、知识结构、语言口才、客户来源等方面都技高一筹，才能在开发商面前有一个好的印象。

（3）平时要跟客户打成一片。负责拓展业务的人员要经常与客户联系，与他们打成一片，不要平时少来往，有业务时拼命推销，这样的短期行为是不可取的。

2. 开发企业慕名前来

对于一个业务能力很强，并在社会上有影响的策划代理机构，很多开发企业是会慕名找上门来的。他们不用推销自己，业务就做不完了，这当然是好事，这也是一些房地产策划代理机构梦寐以求的事情。这些策划代理机构能让开发企业慕名前来，说明他们的策划队伍素质很高，得到了开发企业的信赖，并做出过很多成功的经典案例。一些策划代理机构要想让开发商找上门来，必须在策划代理方面做出成绩，得到企业的认同。

3. 通过关系来联系业务

通过关系来联系业务也是获得项目策划业务的好办法。人脉很广，又是"铁哥们"，哪能没有业务。但是，市场经济的规律是：付出就要有回报。在策划机构取得项目的时候，也要付出一笔费用，实际上，人脉就是金钱。

4. 通过互联网获取业务信息

在全民互联网时代，互联网同样在房地产策划行业充当着寻找并获得业务的便利工具。获取方式主要有与开发商直接洽谈或通过招标投标两种。代理商可以通过房地产专业网站、论坛、各地政府采购网站、开发商或代理机构公司网站等获得相关的策划业务信息，再根据自身的实力进行信息筛选。一方面，互联网渠道让所有的代理商站在了同一竞争起跑线上，相对公平、公正，能否成功获取业务，代理商凭借的更多是公司实力与策划的专业能力；另一方面，互联网渠道也能起到节约成本的效果。一般可以由行政或策划人员兼任，通过计算机搜索就能发现业务信息，初步洽谈也大多通过通信工具来进行，节省了交通及专业外拓人员工资等成本。

在市场竞争激烈、代理商获取业务形势愈加严峻的今天，互联网成为获取策划业务信息的重要渠道，受到代理商的关注，尤其是大型知名代理机构更为重视，往往由专人负责。

1.4.1.2 签订策划合同

通过策划代理商的努力，如果开发商有意将项目委托给策划代理机构，接下来就是商议签订策划代理合同事宜，对策划代理的基本事项、完成时间、收费标准、付款方式等加以明确，签订正式的委托代理合同，以明确双方的权利与义务。

1. 明确策划代理的基本事项

策划代理的基本事项有项目策划的目标、项目策划的对象、项目策划的时间和项目策划的收费。

（1）项目策划的目标是指经过项目策划以后应达到什么效果，如进行市场策划，最后得到的是市场调研报告，作为项目市场定位的基础，进行销售推广策划，不但得到的是推广报告，还要付诸实施，进行销售执行等。策划目标的明确是最基本的事项。

（2）项目策划的对象也就是策划的是哪个项目，这些项目的基本情况怎么样？有没有策划机构代理过？现在的开发进度到哪里了？还是正在寻找项目？等。搞清楚这些问题，对项目的把握、策划深度及对收费都有好处。例如，一个香港开发商想到内地去进行房地产开发，到哪里去找项目呢？在委托了策划代理机构以后，双方就要明确这是搞区域房地产市场调研，开发商理想的区域是哪里等问题，这些问题在双方经过沟通以后，就会对委托策划项目的情况有一个大概的了解。

（3）项目策划的时间也很关键，往往客户对委托策划的项目要求时间很紧，有时根据项目的规模无法在一定的时间内完成，这就要求双方在签订合同前明确好，或者据理推迟时间，或者要求对方给予一定时间的松动，留有余地。对一些时间要求特别紧的项目，如果委托代理机构确实无法在规定时间内完成，可以对开发商说清楚或放弃，以诚待之，不要影响或损害到客户的利益。

（4）项目策划的收费是个大难题。对于客户来说，希望花小钱办大事，而对于代理机构来说，更希望得到更多的报酬。在策划代理市场竞争激烈的情况下，一般策划代理机构都有一个最低界限，如果低于这个界限就很难做了。如策划兼代理销售的业务，除基本的策划代理费外，销售提成已经降得很低，从 2%～3% 已经降到了不到一个百分点，而且拖着时间付费。但无论怎样收费，双方都要给予明确，避免以后出现纠纷。

2. 策划代理合同的内容

在明确策划代理的基本事项以后，策划代理机构与客户就要签订项目策划代理合同。策划代理合同是双方经济业务来往的法律依据，其明确了双方的权利与义务，也明确了策划代理的基本事项。

策划代理合同一般包括以下内容：

（1）委托人和策划代理机构。

（2）策划代理项目达到的目标。
（3）策划代理项目的具体内容。
（4）策划项目的代理时间。
（5）策划代理的服务费用及支付时间。
（6）违约责任及争议解决的办法。
（7）委托人和策划代理机构需要说明的其他事项。

以上是策划代理合同的基本内容，策划代理机构根据委托项目的具体情况还可增加一些其他内容。

【策划案例】 深圳××公司房地产策划代理合同

房地产策划代理合同

委托人（甲方）：_____
代理人（乙方）：_____

依据国家有关法律、法规和本市有关规定，甲、乙双方在自愿、平等和协商一致的基础上，就甲方委托乙方完成_____的有关事宜，订立本合同。

第一条 策划（咨询）项目：_____

第二条 委托项目进度：

策划工作分为两个阶段：

1. 第一阶段：策划市场调查。包括商圈调查、目标人群调查、目标市场调查、产业链调查和竞争对手调查五方面内容，并对整体项目进行初步定位，双方沟通达成共识后进入第二阶段，本阶段完成双方沟通用的《_____》的中期汇报演示文本，期限为自合同书生效之日起____至____个工作日。

2. 第二阶段：在甲方认可乙方对项目得出的定位主体的前提下，对定位策划有关内容做出进一步完善，完成《_____》，期限为____至____个工作日。

上述工作在程序上顺延，总体累计时间不超过____个工作日。

第三条 合同金额和付款方式：

1. 策划咨询费为人民币____元（¥____元）。

1) 合同签订之日起_____日内，甲方向乙方支付策划费用的50%作为预付费，即人民币____元（¥____元）。

2) 乙方完成项目整体策划方案后，通过正式的演示文稿，向乙方当场做出演示讲解，甲方认可后____日内，甲方足额支付策划费余款人民币____元（¥____元），乙方方能将《_____》的正式文本交付甲方。

2. 乙方前往甲方所在地或项目所在地进行策划（咨询）工作，差旅、食宿等费用由甲方承担，如因特殊原因由乙方垫付差旅、食宿等费用，乙方将提供相应发票向甲方实报实销相关费用。

第四条 甲方责任与权利：

1. 甲方须指派专人（须书面指定）作为联络人，负责与乙方联络并协助乙方工作。
2. 为乙方工作及时提供所需的背景资料和信息。
3. 为乙方各阶段成果提出建议性要求，并在审定通过后及时给予书面确认。
4. 及时向乙方支付报酬。

5．如果就委托项目内容、期限做出原则性改变的决策，应及时通知乙方，并采取适当措施，便于乙方及时调整工作。

第五条　乙方责任与权利：

1．由_____担任专家组总负责人，指派专人担任专门联络人。

2．按进度计划完成各阶段任务，保证质量，及时与甲方沟通。

3．按甲方提出的指导性要求修改和完善各阶段策划成果。

4．保守甲方的商业机密，未经甲方同意，不得向第三方透露本合同履行过程中涉及的保密内容。

第六条　成果归属和冠名宣传：

1．成果归属甲方所有。

2．乙方在保守甲方项目相关商业机密的前提下，对成果有冠名宣传的权利。

第七条　违约责任：

由于甲方原因致使本合同无法履行或中断，应承担违约责任，并支付当期款项。

第八条　合同终止：

1．本合同履行完毕自动终止。

2．一方违约并承担责任后自动终止。

3．任何一方无权单方面要求终止，待双方协商一致后，签订终止协议。

4．甲乙双方同意终止时须以书面形式确定。

第九条　合同争议：

本合同履行过程中出现争议，甲乙双方友好协商解决，并以补充协议形式载明，协商不成时，任何一方可向人民法院起诉。

第十条　合同有效期：

本合同正本一式两份，甲乙双方各持一份（本合同附件为本合同有效组成部分），同具法律效力，本合同自甲、乙双方签字盖章之日起，仅视为达成策划意向，自甲方支付第一笔款项××万元到达账户之日起，本合同正式生效。

甲方（公章）：	乙方（公章）：
营业执照号码：	营业执照号码：
法定代表人（签章）：	法定代表人（签章）：
地址：	地址：
邮编号码：	邮编号码：
联系电话：	联系电话：
开户行：	开户行：
签于：___年___月___日	签于：___年___月___日

1.4.2　组建项目组阶段

1.4.2.1　组建策划项目组

当策划代理业务落实以后，组建策划项目组就成了重要环节。策划项目组组建和配备的好坏，直接影响项目工作的质量和进度。

1. 项目前期策划的组织结构

如果是房地产项目前期策划业务，策划项目组人数一般在10人左右，由策划总监总体负责，负责总协调。下设宏观调查组、微观调查组、产品设计组和投资分析组四个小组，依据项目的大小，每组人数为2～3人。

（1）宏观调查小组。小组成员主要由市场策划人员和市场研究人员组成，主要负责区域宏观经济的调查和研究工作，侧重区域政治法律环境、区域经济环境及区域房地产环境方面的信息。

（2）微观调查小组。小组成员主要由房地产市场研究人员、营销策划人员组成，主要负责区域房地产市场的状况调查研究工作，侧重房地产市场总体供求情况、各种不同物业的供求情况及房地产营销状况方面的信息。

（3）产品设计小组。小组成员由房地产策划、规划设计师、建筑设计师等人员组成，主要负责房地产产品设计的调查和研究工作，特别围绕着项目物业类型对产品的构成信息进行收集和研究。

（4）投资分析小组。小组成员由房地产估价师、投资分析师等人员组成，主要负责区域房地产投资信息的调研工作，侧重房地产价格和成本等方面的信息。

以上各个小组各自分头工作，但互相沟通、交流信息，策划总监协调日常各个方面的工作。

2. 项目后期策划的组织机构

项目后期策划即房地产营销策划阶段的策划业务，策划项目人数一般为10人左右，由营销总监总体负责，负责总协调。下设市场调研组、销售策划组、广告策划组三个小组，依据项目的大小，每组人数为2～3人。

（1）市场调研小组。小组成员由房地产市场调研人员、销售策划人员组成，主要负责区域楼盘信息的调查和研究，为制定销售策略提供依据。

（2）销售策划小组。小组成员由销售策划人员、销售执行人员组成，主要负责本楼盘的销售策划和计划执行工作。

（3）广告策划小组。小组成员由广告策划人员、销售策划人员组成，主要负责楼盘广告业务的调研和本楼盘的广告策划工作。

如果有销售代理工作，还要组织一批销售人员进行前期的销售培训工作。

1.4.2.2　编制工作计划

在此阶段，除组建项目组织结构外，还要做好编制工作计划和工作进度安排，这是项目调研工作顺利进行的有力保证。根据计划和进度，可以有效地发现调研工作与原定计划是否相符，需要怎样调整等。

1. 调研工作计划

制订调研工作计划，一般采用市场调研计划表。市场调研计划表应简单明了，计划目标、人员结构、完成任务量、主要方法与程序、完成计划时间、所需费用等一目了然（表1-1）。

表1-1　工作计划表

调研目的	
调研内容与范围	

续表

调研目的			
人员结构	成员及特长	完成任务量	责任人
项目组			
宏观调查小组			
微观调查小组			
产品设计小组			
投资分析小组			
主要方法与程序			
所需费用	项目		费用
	总体方案策划或设计费		
	抽样方案设计费（或试验方案设计）、调查问卷设计费（包括调试费）、调查问卷印刷费		
	调查实施费（包括培训费、资料费、交通费、食宿费、礼品费、复查费等）		
	数据统计分析费		
	调研报告撰写、制作费		
	资料费、复印费、通信联络等办公费、行政管理费		
	专家咨询费、劳务费（公关、协作人员劳务费等）		
	税金		
	其他不可预见费		
	预计总费用		

2．分组工作进度

每个小组都有一个工作进度，来衡量小组的工作进展情况，一般用工作进度表来表达。分组工作表由项目组统一制作，发给每个项目组每天（周）填写之用。工作进度表用来监督以后市场调研的工作进展，量化当天完成工作量占总量的比例，见表1-2。

表1-2　分组工作进度表

时间	工作事项	完成程度/%	责任人

1.4.3　项目调研阶段

1.4.3.1　收集调研资料

1．收集资料应注意的问题

项目调研阶段的主要工作是调查收集资料，收集资料的多少决定项目的具体情况，但一般来说，有关资料越多越好，大量占有材料，可以在以后对材料有意识地进行分析和选择，如果资料太少，就没有对比性，更谈不上整理出高质量的资料来。收集资料要注意以下几点：

（1）快速了解区域情况。无论是在陌生的城市，还是在熟悉的地区调查，一定要尽快了解该区域城市的大体情况，人手一份区域城市地图，分清楚城市坐标。在此基础上，每人最好有一张房地产资料地图（类似楼盘分布图、置业图等），找出项目位置和调查的行走路线，然后依路线、依计划进行。

（2）善于乔装打扮，套取信息。有些调查对象资料难以获取，尤其是个别一手资料，必须善动脑筋。调查人员要注意变换身份，灵活对付。

（3）充分利用人际关系。有些信息价值较高，一般通过调查无法得到，如充分利用人际关系，可以得到事半功倍的效果。

（4）二手资料也不能放过。要充分利用政府部门、行业协会、房地产同行、资料信息部门等机构进行调查、了解，必要时可出钱购买。还要注意利用互联网进行资料的收集。目前，国家有关部门对很多能公开的信息都在网上发布，这样可以节省许多时间和金钱。但是，这些信息有的不一定可信，最好找出一手资料与其对照，以便找出真实、客观、有用的信息。

（5）做好问卷调查工作。针对项目的具体情况，分别设计出调查问卷表，对消费者进行调查，也是市场调查的一种常见办法。通过整理调查问卷表的信息，可以在一定程度上了解消费者对项目有关情况的反映。

2．调研资料的主要内容

房地产调研的内容很多，要依据委托策划代理项目的具体内容进行收集，这里将调研的内容全部列出，具体调查时应根据具体情况有所取舍。

（1）房地产市场环境调查。

1）法律环境调查。

①国家、省、城市有关房地产开发经营的方针政策。如房改政策、开发区政策、房地产价格政策、房地产税收政策、房地产金融政策、土地制度和土地政策、人口政策和产业发展政策、税收政策等。

②有关房地产开发经营的法律规定。如《城市房地产开发经营管理条例》《中华人民共和国城市房地产管理法》《中华人民共和国土地管理法》。

③有关国民经济社会发展计划、发展规划、土地利用总体规划、城市建设规划和区域规划、城市发展战略等。

2）经济环境调查。

①国家、地区或城市的经济特性，包括经济发展规模、趋势、速度和效益。

②项目所在地区的经济结构、人口及其就业状况、就学条件、基础设施情况、地区内的重点开发区域、同类竞争物业的供给情况。

③一般利率水平，获取贷款的可能性及预期的通货膨胀率。

④国民经济的产业结构和主导产业。

⑤居民收入水平、消费结构和消费水平。

⑥项目所在地区的对外开放程度和国际经济合作的情况，对外贸易和外商投资的发展情况。

⑦与特定房地产开发类型和开发地点相关因素的调查。

⑧财政收支。

3）社区环境调查。社区环境直接影响着房地产商品的价格，这是房地产商品特有的属性。优良的社区环境对发挥房地产商品的效能、提高其使用价值和经济效益具有重要作用。社区环境调查内容包括社区繁荣程度、购物条件、文化氛围、居民素质、交通和教育的便利、安全保障程度、卫生、空气和水源质量及景观等方面。

（2）房地产市场需求和消费行为调查。

1）消费者对某类房地产的总需求量及其饱和点、房地产市场的需求发展趋势。

2）房地产市场需求影响因素调查。如国家关于国民经济结构和房地产产业结构的调整和变化，消费者的构成、分布及消费需求的层次状况，消费者现实需求和潜在需求的情况，消费者的收入变化及其购买能力与投向。

3）需求动机调查。如消费者的购买意向、影响消费者购买动机的因素、消费者购买动机的类型等。

4）购买行为调查。如不同消费者的不同购买行为、消费者的购买模式、影响消费者购买行为的社会因素及心理因素等。

（3）房地产产品调查。

1）房地产市场现有产品的数量、质量、结构、性能、市场生命周期。

2）现有房地产租售客户和业主对房地产的环境、功能、格局、售后服务的意见及对某种房地产产品的接受程度。

3）新技术、新产品、新工艺、新材料的出现及其在房地产产品上的应用情况。

4）本企业产品的销售潜力及市场占有率。

5）建筑设计及施工企业的有关情况。

（4）房地产价格调查。

1）影响房地产价格变化的因素，特别是政府价格政策对房地产企业定价的影响。

2）房地产市场供求情况的变化趋势。

3）房地产商品价格需求弹性和供给弹性的大小。

4）开发商不同的价格策略和定价方法对房地产租售量的影响。

5）国际、国内相关房地产市场的价格。

6）开发个案所在城市及街区房地产市场价格。

7）价格变动后消费者和开发商的反应。

（5）房地产促销调查。

1）房地产广告的时空分布及广告效果测定。

2）房地产广告媒体使用情况的调查。

3）房地产广告预算与代理公司调查。

4）人员促销的配备状况。

5）各种公关活动对租售绩效的影响。

6）各种营业推广活动的租售绩效。

（6）房地产营销渠道调查。

1）房地产营销渠道的选择、控制与调整情况。

2）房地产市场营销方式的采用情况、发展趋势及其原因。

3）租售代理商的数量、素质及其租售代理的情况。

4）房地产租售客户对租售代理商的评价。

（7）房地产市场竞争情况调查。

1）竞争者及潜在竞争者（以下统称竞争者）的实力和经营管理优劣势调查。

2）对竞争者的商品房设计、室内布置、建材及附属设备选择、服务优缺点的调查与分析。

3）对竞争者商品房价格的调查和定价情况的研究。

4）对竞争者广告的监视和广告费用、广告策略的研究。

5）对竞争情况、销售渠道使用情况的调查和分析。

6）对未来竞争情况的分析与估计等。

7）整个城市，尤其是同（类）街区同类型产品的供给量和在市场上的销售量，本企业和竞争者的市场占有率。

8）竞争性新产品的投入时机和租售绩效及其发展动向。

1.4.3.2　分析整理调研资料

调查得来的资料，要经过分门别类的分析和整理，如分析哪些是重要的资料、哪些是次要的资料、哪些资料最能说明问题、哪些资料与项目关系最密切等。只有对调查得来的资料有的放矢地进行分析和整理，才能使资料的价值慢慢地显现出来。

分析和整理资料的具体步骤如下：

（1）分析整理资料是每天的常规工作，包含三项工作内容：填写好当天工作进度表；当天收集的资料信息，最好安排在当天开会交流；当天收集的资料信息，最好安排在当天整理完毕。

（2）资料质量过滤：按计划，每组基本资料收集完成时，要进行资料质量过滤。即在定量的基础上，有选择地定性过滤，取精去粗，去伪存真。其包含数据统计分析、情报裁剪提炼、信息分类整理三项工作内容。此阶段要充分利用计算机信息系统软件的功能，提高数据处理分析效率。

如有遗漏或忽略资料，在这个阶段应及时补充，对重点调查对象要不遗余力地重复了解。

（3）各组信息资料汇合：数据统计分析、情报裁剪提炼、信息分类整理。各组将过滤的信息资料汇总在一起，由项目负责人总体监控把关。调查时的相关图片也应分类汇总。

1.4.4　项目研讨阶段

1.4.4.1　分析研讨

在掌握了大量调查资料后，就进入了项目研讨阶段。在市场调查过程中，每人对项目调查后都有自己的想法和感悟，都有一些零碎或不成型的"火花"和"念头"，这些就是对项目发展的一些思路，虽然还没有得到大家的认可，但这离策划的创意就不远了。这时候，就不能缺少对项目的分析研讨、沟通论证。

为了做好项目分析研讨工作，一般采取碰头会的形式进行策划创意。在举行碰头会之前要注意以下几个问题。

1．要明确碰头会的目标

每开一次碰头会，项目总负责人都要明确碰头会所要达到的目标，如依据大家对项目的调查资料，已经达到需要坐下来分析研讨的时候，如果这次碰头会主要讨论项目的市场定位问题，那就要为达到这一会议目标而努力，不要分散会议的主题。

2．各小组成员做好会议准备

在碰头会召开之前，每个成员都要明确碰头会所要解决的问题和目标，并准备好在会议上发表自己想法，这样碰头会就不会出现无人说话的境遇。做好会议准备，每人还要将自己调查的资料基本整理出一个大纲，分发给与会人员，必要时也可以利用幻灯片进行演示。

3．畅所欲言，碰出"火花"

在进行碰头会时，大家针对自己的想法畅所欲言，为的是达成创意。会上也可以相互争论，据理力争，不下结论，运用"头脑风暴"，触动灵感。如对一个新项目的开发，通过调查分析找出项目开发的总主题是很重要的一环，会上就可能有很多不同的想法和思路，如文化主题、体育主题、生态主题、老年主题等，正是这些不同的想法和思路，经过大家结合项目的特点、市场的态势、消费者的购买倾向等进行的认真分析和探讨，最终会得出一个大家认为比较合适的项目主题。

4．确定策划创意成果

经过热烈讨论和思想碰撞，一个个策划创意就浮现出来。这时，还要对这些策划创意进行论证，分析这些创意的可行性，如果这些创意不行，还要重新进行讨论和思想碰撞，如此循环反复，直到得出满意的策划创意成果。这种创意过程是很富于创造性的，只要持之以恒，一个别人没有想到的策划创意就会呈现出来。

1.4.4.2 草拟初稿

项目经过多次的分析和研讨，并确定了策划创意成果以后，就可将草拟报告初稿提上日程。草拟初稿一般有以下两种形式。

1．一个人草拟

草拟报告，有时由一个人完成。一个人对调查的资料进行分析、取舍，报告的构思、起草也是由一个人独立进行。个人独立完成的优点是全局在握、思路贯通，但既要收集资料，又要构思起草，人单影只，精力分散，在材料取舍、观点提炼、角度选择上，受个人眼界、水平、能力的制约，编写效果会因人而异，难以保证。

个人独立完成报告的编写一般在项目不大、调查不深、篇幅稍短、人手不够的情况下才能进行。对于较大规模的项目策划报告，一般不采用这种个体编写形式。

2．集体草拟

由于一些项目调查复杂，动用的人较多，涉及的专业人员较多，或者由于报告的时效性需要，常常采用集体草拟完成的形式，由多个人或多个部门共同完成策划报告的编写工作。

集体草拟报告有两种形式：一种是由多人共同讨论、构思，分头准备材料，推一人执笔。这种多人构思、一人执笔的形式，能够弥补个人局限，发挥群体优势，相互启发、拓宽思路、分工负责、各司所长、提高效率。采用这种形式编写报告，需要注意处理好统一指挥和分工合作的关系，其中慎重确定执笔人尤为重要。另一种是由起草小组共同酝酿思路，由多人分工执笔，一人统稿贯穿。采用这种编写形式，必须明确一人担任主笔，总负其责，召集各编写人共同讨论，明确主旨，集体构思，理顺层次，拟订大纲，根据个人所长，分配编写任务，撰写过程中要及时互通情报，适时调整，对起草的各部分初稿进行总装、串联、修改，确保全文思想一致、内容协调、风格统一。

房地产策划报告多采用集体草拟的形式，如分小组负责的市场调研报告、房地产市场分析报告、房地产营销策划报告等。

1.4.5 提交报告阶段

1.4.5.1 协商策划结果

在房地产策划报告初稿编写出来以后，还有一个程序，就是与客户沟通、协商策划结果。与客户协商策划结果的目的，一是获取客户对策划报告结果的反映；二是为了在正式提交策划报告前进行全面的修改，避免无用的返工。

与客户协商策划结果时要注意以下几点：

（1）沟通时不要直接说出结论，而是通过介绍项目的调查、分析、论证后取得的客观结论。这样协商结果有水到渠成的优势。

（2）尽量采用直观、简洁的方式来与客户交流，避免呆板枯燥的气氛，如活泼的图表、彩色的图片、电子文本的演示等。

（3）如客户对项目策划的结果有看法，应耐心、诚恳地给予说明，以取得统一的意见。不要过分地坚持，也不要过分地顺从。如客户说得确实有道理，就谦虚地修改；如客户说得不是那么明白，就认真地解释；如客户对策划结果很不满意，那只能推倒重来，别无选择。

（4）对于一些数据的问题，一般来说客户是没有意见的，除非策划师的专业不过关。但对一些定性的问题，就需要双方认真商议和斟酌。有的开发商不大喜欢太超前的东西，而策划师做出来的策划报告与他的想法不吻合，而有的开发商不想花那么多的钱来搞销售推广，而策划师却大量花钱投入……诸如此类的事情，只能与开发商相互协商、磨合解决。毕竟策划师是开发商的"外脑"，不能左右开发商的决策。

1.4.5.2 修改策划报告

修改策划报告是提交策划报告阶段不能忽视的环节。由于各种原因，策划报告初稿以后都要经过多次修改才能完成，这是保证策划报告质量的具体措施之一。

1. 项目小组要对报告进行修改

在策划报告编写出初稿以后，或由于调查资料的不完善而需要补充和修改，或由于报告的质量不高需要修改，或因为报告出现重大的纰漏需要修改，或报告的形式等方面需要修改等。对于出现这些问题，项目小组要本着对客户负责的态度，认真地进行修正和改动，不能马虎从事。这是一个基本的职业道德问题。

2. 客户要求对报告进行修改

在与客户协商策划报告结果的过程中，客户根据自己的感受和判断，肯定会提出很多需要修改的地方，有时甚至要求推倒重来。本着为客户服务的原则，项目策划小组应不厌其烦地认真对待，修改出高质量的报告。

1.4.5.3 提交策划报告

1. 策划报告形式组成

在策划报告与客户协商又经过认真负责的修改以后，就可以正式地提交报告给客户。

在提交报告前，要做好策划报告的装订工作。

一份完整的策划报告由以下几部分组成：

（1）封面。封面的内容包括策划项目与报告名称、策划代理机构、委托策划机构、策划完成时间及策划报告编号。

（2）扉页。项目策划小组和负责人的名单。

（3）提要。一些大型的房地产策划报告，还需要写出报告提要，一般在600字左右，将报告的结果浓缩在这里。提要部分一定要文字简练，能反映出报告的主要成果。

（4）目录。通常按前后次序列出策划报告的各个组成部分名称及其对应的页码，以使策划报告使用者对报告的框架和内容有一个总体的了解，并容易找出其感兴趣的内容。

（5）正文。正文是策划报告的主要部分，应按文字编辑规范分章、分节做好，文字、图表应前后统一。

（6）附件。把能打断正文部分的一些重要资料放进附件中。附件通常包括图表、照片等。策划报告文本的外形尺寸应当统一，如采用国际标准A4型。报告的组成及印刷好以后，就可以装订了。

2. 提交策划报告

根据委托策划代理合同的要求，按质、按量、按时提交房地产策划报告给客户。提交报告的形式有两种：一种是传统的印刷文本；另一种是电子文本。在电子文本中，有Word文档和幻灯片文档。一般情况下都要具备。

在提交报告时，有时还要进行现场幻灯片演示和解说，使报告使用者对报告里的精神易于领会。提交报告时，要同时做好费用的结算工作。

1.4.5.4　策划报告归档

房地产策划报告提交给客户后，策划师及策划机构应及时对涉及该策划报告的一些必要的文字、图表、声像、电子文档等不同形式的资料进行整理，并将它们保存起来，进行归档。

策划资料归档的目的是建立资料库和备案，以方便今后的策划及管理工作。策划资料归档有助于策划师不断提高策划水平，有助于监控和评估房地产策划方案的实施，有助于以后房地产策划项目的借鉴和学习。

策划师不应将策划项目的策划资料据为己有或者拒不归档。策划机构应建立策划资料管理制度，保证资料妥善保管、有序存放、方便查阅，严防毁损、散失和泄密。

1.4.6　实施方案阶段

1.4.6.1　指导方案实施

策划机构在向客户提交策划报告后，策划工作就已经完成。但是，为了使策划报告最大限度地发挥作用和价值，还要对策划报告的实施进行指导和监控，这不但对客户有策划业务的延伸，还可以了解策划方案最终的实施情况，以便评估策划的效果。

有些策划机构在与客户签订策划业务的同时，也代理了楼盘销售业务，策划与销售是捆绑在一起的，这就更要对策划方案的实施进行指导和监督。

要与销售人员进行沟通，将策划方案的内容和执行要点解释清楚，避免出现策划方案在销售过程中出现变形或偏离策划方向的情况。如销售策划方案在执行时，经常出现策划方案贯彻不下去的情况。一方面是销售人员领会的问题；另一方面主要是策划师不认真去指导执行的问题。

1.4.6.2 策划效果评估

对策划方案实施后的效果评估，是策划机构经常做的工作，特别是策划项目实施方案较多的策划机构，还要派出专门人员进行跟进，针对每一项目进行评估，写出策划方案评估报告，对策划实施过程中出现的问题进行评价，采取措施调整思路，修正策划方案，使之适应市场的需要。

1.5 房地产策划师

1.5.1 房地产策划师的含义

过去20年我国房地产业高速发展，已成为国家的支柱产业和国民经济新的增长点。随着我国房地产业的不断发展和从业人员的不断壮大，房地产策划作为房地产开发中一个相对独立的专业化服务体系应运而生。但由于房地产策划目前在我国还处于较为年轻的专业服务阶段，房地产企业普遍面临着人才短缺的困境。人才的短缺已成为制约产业升级与管理创新的重要因素之一。

近年来，我国的房地产策划行业已取得了长足的进展，并且已经形成了一个产业，直接和间接从业人员数以百万计，其中从事房地产策划的各级管理人员约为10万人，其执业范围涵盖了房地产开发、项目咨询、建设规划、产品设计、广告策划、房产销售、物业管理等众多领域。

从近几年对各行业职位需求的分析来看，房地产行业的职位需求数量始终位居前10位，其中，策划管理类职位属于最紧缺的人才。但由于缺乏人才储备，专业人才的供应显然不能满足市场的需要。在这种情况下，国内很多高等院校都开设了房地产、建筑类专业，并根据市场需要设置了各种细分专业课程。

根据房地产策划行业的发展趋势，2005年3月31日，原国家劳动和社会保障部正式向社会发布第三批10个新职业，其中包括"房地产策划师"职业。"房地产策划师"职业资格的颁布，引起了房地产各界的广泛关注和高度重视，这反映出我国职业结构的变化与发达国家职业结构的变化规律是基本一致的，同时，也说明我国房地产策划师职业的研发工作基本上与我国房地产产业结构调整的步伐保持一致。

纵观全球的房地产行业，我国的房地产业是发展最快、发展规模最大的。根据世界银行预计，在未来20年，我国的房地产开发总量将接近全世界开发总量的50%，我国的房地产业即将进入一个充满机遇的时代。房地产策划是房地产业的灵魂，我国房地产业的高速发展，也为房地产策划人才带来了极好的发展商机。房地产策划师职业的确立，不仅可以培养大批专业人才，解决房地产行业对人才的迫切需求，而且可以扩大社会就业途径，保证房地产行业的健康、持续、高速发展，对加快推进社会主义现代化具有十分重要的意义。

从国家颁布的职业定义来看，房地产策划师是指"从事房地产业的市场调研、方案策划、投资管理、产品营销和项目运营等工作的人员"。

房地产策划师从事的主要工作内容包括以下几项：
（1）房地产项目的市场调研和咨询策划。
（2）整合设计、建设、营销、广告、服务等资源，制定策划方案。
（3）房地产项目的产品营销工作。
（4）房地产项目的运营工作。

从其工作性质看，房地产策划师可归入咨询业。根据房地产策划工作的内容不同，可分为房地产项目策划师和房地产营销策划师两大类。房地产项目策划师又可分为市场策划师、产品（设计）策划师和投资策划师三类；房地产营销策划师又可分为销售策划师、广告策划师和形象（品牌）策划师三类。

市场策划师主要从事房地产市场的调查、分析、研究工作，为房地产项目提供市场方面的数据和定性支持。产品策划师又可称为规划设计师或建筑策划师，主要从事房地产项目规划工作前期的建筑或设计方面的概念设计、规模与功能策划、空间策划、户型策划及景观设计等，为房地产项目提供产品设计的概念规划支持。投资策划师主要从事房地产项目的选址、投资方向、投资分析及财务评估等方面的工作，为房地产项目提供投资方向、经济分析方面的定性和定量支持。销售策划师主要从事房地产项目的销售策划工作，如项目分析、营销推广、公关活动、销售安排等工作，是直接面对客户为完成项目销售目标的策划和执行人员，为楼盘提供进入市场的前期各方面工作策略支持。广告策划师主要从事房地产项目的对外宣传、广告创作、广告安排与发布、媒体选择等工作，为楼盘提供广告宣传方面的策略支持。形象（品牌）策划师主要从事企业或楼盘形象的塑造工作，包括企业（项目）的品牌塑造、楼盘的形象塑造及楼盘推广的现场包装等，与销售策划师、广告策划师一起，整合项目的品牌、形象资源，为房地产企业或项目提供品牌形象的策略支持。

综上所述，房地产策划师的工作内容范围相当广泛、工作性质特殊（创造性），主要是从事"外脑"的工作，为房地产企业、开发商提供智力、智慧、策略、方略上的支持。

1.5.2 房地产策划师队伍

房地产策划作为一种中介服务，是在1994年之后房地产市场由卖方市场向买方市场过渡的过程中，经过激烈的市场竞争逐渐形成和发展起来的。

当市场转型后，房地产策划师对房地产项目营销所起的作用日益明显。但由于历史的原因，尽管房地产的学科已经分得很细，高校里也有了房地产开发、物业管理等各个专业，可对于房地产策划，目前还只有一些较零散的知识，没有形成一个系统的学科。因此，基本上没有受过正规教育或训练的房地产策划师，即使将来高校里开了房地产策划这样的专业，但也不是毕业后就可以立刻胜任房地产策划工作，因为房地产的策划涉及的内容很广，如房地产开发、建筑设计、经济学、市场营销、心理学、广告学等。同时，还要求房地产策划师有一定的工作经验和阅历，才能从宏观的角度来把握市场，并且在实际操盘中对地域性的文化、生活方式、消费观念有深刻的理解。

由于缺乏人才储备，大专院校培养出来的"科班"人才又较少，专业人才的供应显然不能满足市场的需要。在这种情况下，各行各业转行从事房地产策划工作的人员不计其数，而不同的"出身"又对他们现有的工作产生了不同的影响。

房地产策划师队伍的成员来源如下。

1. 市场营销行业

市场营销行业是房地产策划师队伍来源最多的行业。由于房地产策划最早是从楼盘销售发展、演变过来的，这些销售人才逐渐发展成策划人才，在房地产策划方面积累了丰富的从业经验，为房地产策划师职业的发展和确立立下汗马功劳。如售楼员可以说是一个"青春饭"的行业，有上进心，悟性高的售楼员有意识地往策划人的方向发展。他们是从市场一线成长起来的人，对消费者熟悉是他们最大的优势。这种策划人往往兼任售楼部销售经理的角色，掌控销售现场的能力很强。

2. 人文社科行业

目前，在房地产策划队伍中，很多是从人文社科行业转行过来的，如媒体、广告等，这些房地产策划人才由于具有广泛的人文知识，在对项目的发展和定位上有着独到的见解，但由于经济方面的知识相对缺乏，在项目定量分析方面有一定的局限性。

房地产行业经常和媒体打交道，从新闻发布到广告，都离不开媒体。而一些媒体人士，如记者等是"常在河边走，哪有不湿鞋"，可能一开始他们只是利用自己信息资源的优势，"通风报信"，在旁边支支招，后来干脆摇身一变，成了房地产策划人。这种策划人有以往在媒体行业的工作经历，能接触到方方面面的人，对于一些资讯的了解比别人快捷。他们文字功底不错，无论是写正面的宣传报道还是软文都得心应手，也擅长各种炒作。

3. 其他行业

还有其他一些与房地产有些相关或完全不相关的行业改行而来的策划人。这在房地产策划里也很常见，如一些从事IT的人后来就成了策划人。另外一些就是从物业管理、建筑等行业改行来从事房地产策划人的。这些人从事房地产行业之前往往都有了一个较为完整的知识体系与思维方式，只需要完成一个行业的嫁接即可。而在这一过程中，一些人原来从事的行业就对后来的房地产策划工作产生了显性或隐性的影响。如从事IT行业的人成为策划人后，其原有的缜密性的思维，在房地产行业表现得很明显，他们会像写程序一样论证每一个步骤，考虑种种可能，他们的操盘思路也显得理性、严谨。

随着房地产行业的飞速发展，以后还会有各路英雄向房地产策划这个行业进军。其实，英雄莫问出处，业绩是策划人能力高低最好的证明。但对于每一个策划人而言，房地产策划是一个高智慧的工作，策划人需要根据自身的不足，认真学习，取长补短。不同的"出身"决定了策划人能力各有侧重。房地产策划人必须熟悉市场行情、熟悉市场调研、熟悉规划设计、熟悉建筑施工、熟悉房地产广告的制作、熟悉销售技巧，还必须熟悉整个房地产的企业运作。策划人除要全面学习房地产策划所需要的各门专业知识并在此基础上形成一套自己完整的知识体系与系统的工作方法外，更重要的是，还要有创新意识，永不满足。只有不断地推陈出新，才能在激烈与剧变的市场竞争中立于不败之地。

1.5.3 房地产策划师的地位、价值与企业对房地产策划师的要求

1.5.3.1 房地产策划师的地位

策划师是劳动者，策划本身就是劳动。因此，策划师只是一个劳动阶层。劳动者是光荣的，虽然分工不同，但所有的劳动都是值得尊重的。不同的劳动，价值又是不同的，阶层之间应该是平等的，但现实中是有等级的。就策划师的地位而言，目前在中国市场上，策划师仍属被动地位、从属地位和打工地位。然而，策划师既然有一种社会属性，他们自然也就承担起了

一种很特别的社会角色，表现在他们既为客户打工，又为社会打工，有时也在为消费者打工。

策划咨询公司首先是一个企业，它的产品就是策划。它将产品卖给客户后，客户将策划过的产品卖给消费者。而策划师的产品价值既应该体现客户的意志，又应该体现消费者的意志。因此，他在客户面前必然站得低、看得远。所谓站得低，是说他不能站在客户的头顶上，在客户面前他只能是个参谋；所谓看得远，他必须将客户的利益和社会的利益进行统筹考虑。

1.5.3.2 房地产策划师的价值

面对创新的时代，策划师的价值首先表现为创新。策划师的思维创新、观念创新尤为重要。他们必须在追求自身利益的同时，不断满足社会的需求，从而实现其双重价值。具体来说，策划师就是要在消费者和企业之间架起沟通的桥梁。如果可能，让自己、客户和消费者全都受益。

1.5.3.3 企业对房地产策划师的要求

作为一个房地产策划师，在策划中应符合房地产开发企业的要求。

1. 策划要给企业合理支持

土地是房地产开发的前提条件，开发商以什么样的价格拿到一块什么样的土地，对楼盘的市场价值具有决定性意义。对于开发商来说，在拿地之前，良好的市场调研和评估相当重要。这些策划活动在土地获取过程中，需要解决的一个核心问题是土地"值不值得拿，多少钱可以拿"。策划人不但要具备数据分析的能力和技巧，还要在此基础上，对项目的运作提出建议以供公司决策参考。另外，判断力也非常重要，一个优秀的策划师要依据企业的发展战略，给予企业合理的策略支持。策划其实就是在博学的知识基础上进行科学合理判断的一门关于价值的活动。

2. 策划应统筹精品创造过程

房地产项目必须重视过程。房地产开发是一个系统工程，在开发项目时，需要整合各种社会资源，以实现项目良好的市场价值。那么，在这个价值实现过程中，策划应该为房地产开发企业把好关。房地产精品创造是有过程的，房地产策划应该为精品的创造做好统筹工作，使项目运作变成一个闭合的、完整的区间。好的策划不仅能为项目带来更多的利润，还应该让项目在运作中节省更多的成本。

3. 策划要与规划设计互动

在项目规划设计中，策划思想具有重要的意义。开发商对于产品具有长远的责任，"一个楼盘要管 70 年"。消费者的居住要求已经大大提高，只有让消费者在使用产品过程中真正满意的房子才能称为好房子。市场的需求对策划提出了很高的要求，策划人员必须能够把握市场变化的趋势和消费者的潜在心理，根据项目具体情况提出规划设计要点。策划人员的预见能力也很重要，尤其是在规划设计阶段，正确预见是保证项目"现在不落后，以后也不落后"的决定性因素。

4. 整合营销资源与手段

当项目进入营销阶段时，策划需要将各种营销资源和营销手段整合起来。简单地说，策划需要确保产品的销售组织管理和营销推广具备明确的目的和有序的组织。在当前房地产市场出现楼盘同质化、信息泛滥的形势下，差异化营销已经成为一种必然的选择，这个时候，策划的整合力显得尤为重要。除此之外，策划还需要有思路，需要有发现问题的灵敏嗅觉，需要有解决问题的智慧。如何使消费者了解楼盘，如何应对突发情况，以及如何保持宣传策略的针对性。在这些具体问题的解决上，都需要策划提供一种系统性的支持。

【策划新闻】 房地产策划师的未来道路

随着长沙房地产行业的迅猛发展，长沙房地产行业的各种工作职位也随之发展，如房地产策划师、房地产销售、房地产推广等都在逐渐地兴起并发展壮大。

作为高知识含量的职业，房地产策划师共分为策划员（国家职业资格四级）、助理房地产策划师（国家职业资格三级）、房地产策划师（国家职业资格二级）与高级房地产策划师（国家职业资格一级）四个等级，是目前从事房地产策划工作的唯一国家认可的标准，是从事房地产策划工作的准入证书。

我国的房地产策划师国家职业资格认证体系自2005年开始进行试点考试以来，参加房地产策划师培训的人员直线攀升，因此，有理由相信，在房地产作为我国国民经济支柱产业的今天，随着中国城市化、城市国际化进程的加快，将会有越来越多的专业人才转入房地产行业，房地产行业也需要更多专业的房地产策划师职业人才。

当前中国的房地产策划师行业正朝着规范化、职业化迈进，房地产策划师国家职业资格的出台正说明了政府大力提倡房地产策划师的就职与职业发展，房地产公司均将策划人才看作公司的核心成员，大部分房地产企业高管更是策划出身，同时，许多房地产企业已经将房地产策划纳入企业发展的核心范畴。目前SOHO中国、华侨城地产、远洋地产等房地产巨头都十分认同具有国家资格认证的房地产策划人员，并不惜花费重金争相聘请。

根据住房和城乡建设部中国房地产研究会研究报告指出："中国目前有65%的房地产企业急需策划人员，有90%的企业出现岗位空缺。"这表明目前中国从事房地产策划工作的人员还远远不够，专业人员更是少之又少，市场需求越来越大。据智联招聘出台的统计数据显示，2009年房地产策划师已经连续三年蝉联智联招聘十大热门职位。房地产策划师的年薪已经屡创新高，超越想象，强大的社会需求已经为房地产策划师提供了一个绝佳的舞台。

1.5.4 房地产策划师的知识体系

房地产策划师是一个"通才"，因而合格的房地产策划师应既具有独特的创新能力，又具有精深的专业技术，还要有娴熟的操作技能。这三方面做到了，就达到了房地产策划师职业资格的基本标准。从房地产策划师的职业定义可以看出从事这一职业应具备的知识和技能。

1.5.4.1 初入行时应具备的知识结构

对于一个要从事房地产策划的人，或者是以房地产策划作为自己职业的人来说，无论是大专院校毕业还是大专以上院校毕业，均应具备初入行时的基础知识。这些基础知识包括以下几项。

1. 企业策划理论

企业策划理论是20世纪90年代末从管理科学中分离出的一种理论，它是经济决策理论的一门分支学科。企业策划理论强调：企业的任何决策应在策划以后进行，这是避免决策失误的有效途径；策划是一种程序，在本质上是一种运用脑力的理性行为；在策划过程中能影响管理者的决策、意见、方向等问题，决策后又以策划保证决策的成功实施。

企业策划理论是房地产策划的理论根基，企业策划理论的一般规律对房地产策划在理论上有指导作用。

2. 房地产经济理论

房地产经济理论包括房地产投资分析、房地产开发、房地产经营管理等，它揭示了房地产经济的一般规律。房地产策划是在房地产领域运用科学规范的策划行为，因此，房地产经济理论是房地产策划的基础，它的基本规律指导着房地产的策划行为。

3. 市场营销理论

房地产产品经过设计、建设以后，最终要推向市场。在推向市场时经过市场营销使产品引导到消费者手中。在这一过程中没有市场营销理论的贯穿是难以实现的。市场营销理论是房地产策划的理论根基，房地产策划离不开市场营销理论的指导。房地产全程营销策划的理念就体现了这一原则。

4. 项目管理理论

项目管理理论是近年来从国外引进的一门知识，由于它的科学性和新颖性，越来越受到人们的重视。项目管理理论的最大特点是以项目寿命周期来进行管理，"通过项目经理和项目组织的努力，运用系统理论和方法对项目及其资源进行计划、组织、协调、控制，旨在实现项目特定目标"。

项目管理理论对房地产策划影响较大，房地产策划中的房地产项目策划实际上也是项目管理理论的一个分支。

5. 规划及建筑知识

城市规划和建筑设计是两门技术含量很高的学科，房地产产品设计及产品的建设与它们息息相关。对一块地来说，如要进行规划设计，就离不开规划的要求和限制，如要进行建设施工就与建筑设计的方方面面有关。如果房地产策划师对这两门知识不懂或懂得不多，虽然在其他方面有所擅长，但还不是一位合格的策划师，最多算是一位跛脚的房地产策划师。当前真正掌握规划及建筑知识的房地产策划师还是不多，需要认真地加以补课。

6. 人文基础知识

人文基础知识包括社会学、心理学及文、史、哲等人文学科的内容，它们为房地产策划师提供人文知识和人文思想的支持。例如社会学知识，它与房地产策划密切相关。社会学理论强调社会关系、社会群体、社会生活、社会人口、社会文化及社区发展等问题，这些都是房地产策划的思想依据。因为房地产策划涉及的产品是社会最重要的消费品，这些消费品可以构成一个庞大的社会，这个社会涉及众多的社区问题需要去解决。以小型的住宅小区为例，它相当于一个小社会，住宅社区的生活方式、群体倾向、文化需求、家庭爱好等要素，都是房地产策划要深入研究的具体内容。

1.5.4.2 取得职业资格应具备的知识与技能

房地产策划师掌握了初入行时的房地产策划师知识结构，又从事房地产策划职业工作几年，积累了房地产策划实战的一些经验，这时想要取得房地产策划师职业资格，还应具备职业资格的知识和技能。

这些知识和技能包括以下三大部分。

1. 房地产政策与法规

房地产政策与法规包括两部分：一是房地产的基本政策与法规，如城市房地产管理法、土地出让条例等；二是当前房地产开发的最新政策和法规，如房地产的最新政策、土地政策及招拍挂法规、拆迁制度及宏观金融政策等。

2. 房地产策划知识与操作技能

房地产策划知识与操作技能包括房地产策划基础知识，如房地产策划理念、模式、创意、程序、代理及文案写作等；房地产策划实务和技能，如市场策划、产品（设计）策划、投资策划、销售策划、广告策划、形象（品牌）策划实务等。

3. 房地产项目运营

房地产项目运营工作包括土地项目的开发运营、住宅房地产项目的开发运营、商业房地产项目的开发运营、工业房地产项目的开发运营，以及旅游房地产项目的开发运营等。

以上房地产策划师职业资格的知识和技能通过了，再加上又具备了多年的房地产策划实战经验，一个合格的房地产策划师就这样诞生了。

1.5.5 房地产策划师能力与素质

1.5.5.1 房地产策划师的能力

房地产策划师在工作中要整合建筑、营销、设计等多方面要素，运用自己的综合职业能力为项目规划出合理的建设取向——在设计、建设、营销、服务、管理等方面提出比竞争者更能满足顾客需求的实施细则，因此，房地产策划师在职业要求上需要具备很强的综合能力。

1. 掌握全局的能力

房地产属于资金和人才密集型产业，某一个环节出现失误可能导致整个楼盘血本无归。作为一个好的策划师要能够整合包括设计、建筑、融资等在内的各种可以利用的资源，同时要协调好这些资源发挥其特定的价值。因此，要有掌握全局的能力，这种能力不仅是长期积累下来的工作能力，更是一种魄力的体现。

2. 充分的实战经验

由于房地产业的特殊性，任何成功的经验都很难照搬应用在新项目上，而且前一个项目的成功也不能保证未来的项目一定成功。在充分的实践经验基础上锻炼出来的吸收各种策划元素，进而去粗取精、优化组合的能力才是策划成功的关键所在。

3. 出色的创新意识

随着竞争加剧，创新以吸引顾客的眼球成为房地产商吸引顾客的撒手锏。因此，差异化虽然不是房地产企业唯一的生存战略，却是获取竞争优势的重要手段。房地产策划、咨询机构没有创新意识，或创新能力不足，就抓不住差异化的机会，而没有差异的同质项目，必然会导致价格的恶性竞争。

4. 娴熟的预见能力

预见能力是指房地产策划师具有对市场有效需求变化的敏感程度与预测能力。房地产项目投资大、建设周期长，受政策、社会环境、经济环境、管理水平、资金来源等因素制约，制约因素稍有变化，就会导致市场有效需求发生变化，先前的项目定位就有可能发生变化甚至落空。房地产策划师对市场可能的变化必须有敏锐的洞察力，及时修正与市场有效需求相悖的定位，否则，项目前期的准确定位，一样会导致项目建成后没有需求市场或市场需求有限。

5. 较强的整合能力

整合能力包括整合项目资源和人力资源两个方面的能力。

策划师要能够使其项目的"理念设计""目标市场定位""项目规划""建筑设计""营销执行""经营运作""品牌建设"等方面资源与项目操作同步进行整合。这不是单个阅历丰富、才华横溢的策划人所能肩负的重任，需要众多的专业人士通力合作。

1.5.5.2 房地产策划师的素质

素质是指一个人具备的基本素养和品质。对房地产策划师来说，应具备的基本素质有以下几项。

（1）对民族传统文化和人文精神有普遍的认识。中国文化五千年，各家各派思想争奇斗艳。孔孟之儒、韩家之法、老庄之道及至两宋理学，无不对民族心理产生过重大的影响。《诗经》《周易》《楚辞》《论语》，陶渊明的依归田园的思想、李白追求自我快乐的思想、杜甫忧国忧民的思想、苏东坡的人生感叹哲学、柳永的市井人文、李清照的暗香自恋情结等，都对当代社会人文留下了深刻的影响。民族传统文化的影响虽然没有当代流行文化影响那么直接，但它是文化和精神的基础，是潜藏在民众心中底层的一个最基本层面的意识，类似弗洛伊德学说中的潜意识会自觉不自觉地支配着民众的行为。了解这些传统文化，对当代社会民众的精神就有了一个基本的认识，它是房地产策划师应具备的一个基本素质。

事实上，挖掘传统文化，一样可以发现房地产的市场机会。上海"新天地"，这个家喻户晓又与众不同的房地产品牌，就是在传统文化中发现现代经济机会的一个卓越典范。上海"新天地"尽量保存原有的古老建筑，保存了历史积累的资产，并巧妙地化入现代生活的"休闲"追求中来，将古典、休闲、现代美食、购物等做了一次史无前例的整合。就是这一整合，使上海"新天地"获得了源源不断的投资回报。上海"新天地"的开发模式成了房地产策划中一本独特的教科书。从某种程度上说，房地产策划师同时应是一个国学大师。

（2）对当代国际精神、流行文化、生活形态有着较为深入的理解。当前，我国在各方面正努力地与国际接轨。在经济方面，一个重大的表现即加入世界贸易组织。在法律体制方面，我国正在不断地制定和修正律法，使它更便于与国际接轨。如果经济和法律还是我国政府及民众在主观愿望上主动地接受，则在流行文化思潮、生活形态方面就是一种在历经挣扎之后不得不接受的局面。

现在国际文化正以强大的气势迅速渗入我国，各种流行思潮、现代后现代生活方式、生活形态汹涌而入。这些流行文化、生活形态对房地产起着直接的引领和促进作用。深入研究国际文化、流行思潮、生活形态，对房地产策划师十分必要。只有了解这些文化思潮，才能深入地了解当代人，了解他们的所做所为、所思所想，才能发现更多的市场机会。例如，原本是电影术语的"蒙太奇"，被房地产企业巧妙转化，用在了"今典家园"，成为"今典家园"的创新的主题概念。

（3）对特定区域特定城市的历史文脉、城市精神、价值取向和民众的生活习惯有着系统而深刻的认识。尽管房地产行业在我国影响深远，但具体到某一个楼盘，却是典型的区域产品。房地产营销也是典型的区域营销。因此，针对某一特定的楼盘，深入挖掘该城市、该区域的特定的城市精神、人文精神、民众的生活习惯就显得十分必要。每一个城市都有它与众不同的城市精神，都有它与众不同的生活习性、审美情趣和对新事物的接受方式。如深圳是一个年轻的新兴的滨海城市，年轻使得深圳极易接受新事物，因此，深圳总是时不时涌现出新的事物，并在一夜之间成了城市的一种普遍现象。而中年或年老者则不那么容易接受新事物，如古老的文化都城西安，对新事物则通常持一种极度怀疑的态度。同样是滨海城市，深圳对海一往情深，对滨海风格也是极尽颂扬，而同样作为滨海城市的秦皇岛，则对滨海没有多少感觉，滨海对他们来说是与生俱来的，因为与生俱来，所以也就不可避免地变成了司空见惯的东西。上海最洋化，而北京则最有民族味。熟谙各个城市的城市精神、民情风俗，是房地产策划师必须具备的基本素质之一。

策划师经常出现跨地域策划的情况。他们对某个城市的民情风俗的认识可能存在某种差距，这就要求在策划之前应做好详细的市场研究工作。市场调研内容不只是简单的人口、GDP、购买力、交通、地段等可量化的指标，更包括特定城市、区域的心理特点、生活习惯、审美情趣等不可量化的因素。而且后者往往更加深刻地影响着消费者对某一房地产的购买行为。

（4）对民族及世界的建筑历史、建筑文化、建筑思潮有着较为全面的了解。中国人以木头建造了历史，希腊人（以及后来的欧洲人）则以石头建造了历史（赵鑫珊教授语）。因此，中国的建筑空灵而唯美，充满生活情趣，而欧洲人的建筑则雄浑而伟岸，气势雄伟、撼人心魄。古希腊建筑、古罗马建筑、中世纪建筑、哥特式建筑等，各具特色，各领风骚。意大利著名的建筑家布鲁诺·费维曾在《建筑空间论》中写下与居住生活息息相关的建筑艺术的历史进程：古埃及式——敬畏的时代，古希腊式——优雅的时代，古罗马式——武力与豪华的时代，早期基督教式——虔诚的时代，哥特式——渴慕的时代，文艺复兴式——雅致的时代，各种复兴式——回忆的时代。

每个时代的建筑都表达一个时代的思想。只有对建筑的历史有一个系统的回顾和反思，对建筑及流派思潮的发展历程进行系统的梳理，才能对建筑的未来和居住的未来有更为准确的把握。

（5）对各种营销理论、微观经济理论有着系统而深刻的认识。房地产策划最终必然要走向营销，营销是策划的终端。因此策划师对各种营销理论、微观经济理论应能游刃有余地熟练运用。世界营销史可以上溯到20世纪初。从大面积营销到后来市场细分营销、市场定位营销、整合营销等，伴之而生的则是一代又一代的营销理论层出不穷，如市场细分理论、市场定位理论、独特销售主张、个性化营销、服务营销、深度营销、网络营销、品牌营销、直效营销、客户关系营销、整合营销传播、生活形态营销、体验经济营销等。这些营销理论都在特定的市场条件下对市场营销产生过重大影响。

当前房地产营销往往是多种营销方式并存，并会因具体的市场环境和产品形态的不同而有所侧重。例如，华新国际开发的沈阳"锦绣山庄"，作为沈阳房地产最高端的独立式别墅产品，营销方式更多地侧重于品牌营销、客户关系营销和一对一深度营销。实践已证明采取这三种营销方式给"锦绣山庄"的营销带来重大成效。

（6）深谙各种广告品牌传播理论的精义，熟练运用宣传造势手法，同时具有较强的驾驭语言的能力。当前的市场特征是"好酒也怕巷子深"。任何产品、品牌都需要广告来宣传，需要各种手法来进行造势。全球广告发展经历了半个多世纪，广告、品牌理论同样层出不穷。如广告教皇大卫·奥格威的品牌形象论、韦伯·扬的创意五部曲、威廉·伯恩巴克的"原创性、关联性、震撼性"的创意观、达彼斯的品牌轮盘、李奥·贝纳的"挖掘与生俱来的戏剧性"的创意观、电通的"鬼十则"等，每种广告观念都催生过流传后世的广告经典。虽然在一般情况下，广告会由专业广告公司来完成，但很多时候广告不得门径，因此，房地产策划师不能不具备广告策划和广告文案的能力。策划师最好同时也是一个广告策划大师和创意大师，具有较强的语言驾驭能力，能撰写优秀的广告语和广告文案。

（7）对艺术和美的想象能力和领悟能力，以及沟通执行的能力。居住是一种美，居住是一种艺术和诗意。德国大哲学家海德格尔说过："人诗意地栖居在大地上。"作为房地产策划师必须具有足够的想象能力、具有对艺术和美的领悟能力，才能策划出具有美的居住感觉的房子，才能策划出符合生活艺术的居住空间。由于策划是一种市场行为，策划师会同时面对许多方面的人，如投资者、建筑规划师、园林设计者等，因此，还应具备一定的沟通能力和将美好的思想付诸现实的说服执行能力。

（8）对设计的技术处理和建筑施工有一定的认识。策划是一种思想，策划可以天马行空，但技术上是否可行，技术上是否能实现，应在策划之时就加以考虑。如果缺乏技术可行性则策划出来的东西是没有意义的。因此，策划师还应对设计技术和建筑施工有一定的认识。

房地产策划是一个高智商、高要求的行业，策划师必须是一个通才。房地产策划至少跨越了文化、建筑、营销、广告专业。在策划业风起云涌、社会各界人士蜂拥而上的情况下，必然泥沙俱下，素质高低不一。当前的策划师可能不缺营销知识，也不缺广告知识，但最缺的就是文化知识的浸润。他们认为策划既然是一种市场经济行为，则与文化是扯不上关系的。事实上，成功的策划师都是以深厚的文化知识和宽阔的视野为背景的。

1.5.6 房地产策划师职能

随着房地产策划职业的逐步完善，策划师、咨询顾问在房地产开发中的作用越来越重要。从策划师所担负的职责角度来考虑，至少有以下六个方面的职能。

1. 医生

房地产策划师就好像医生为了对症下药，选择最佳医疗方法，必须对患者进行仔细检查，通过对各种诊断结果、化验报告进行综合分析，最后得出正确的诊断结论。

房地产策划师受房地产开发商委托，对所开发的项目进行详细的诊断分析，在了解了项目所在地的区域规划、区域经济发展水平、居民收入、周边房地产业竞争状况、区域人文地理环境、生活习性等信息后，针对"建什么""怎么建""卖给谁"等要素，提出项目的概念设计定位，画出概念规划图。而住宅对居住者的健康有很大关系，房地产策划师既要从市场有效需求角度，还要从居住者健康与舒适的角度，恰当地为项目进行人性化的定位。

2. 法律顾问

为了规范房地产市场，国家和地方政府颁布了各种与房地产建设有关的法律制度和法规条文，还有一些仅靠法律法规解决不了的问题，如项目对周边居住环境的影响（施工噪声、阳光遮盖等）、土地代征、国际政治风云、国家对外关系，以及国内经济发展，或类似奥运、世界贸易组织、西部开发等对房地产开发的影响情况，甚至城市规划、区域建筑物高度、道路宽度限制……必须以法律法规为准绳或合理规避或进行调解或遵照执行，而这些房地产开发商并不完全掌握。

3. 财务专家

房地产开发商只是拥有资金，但房地产策划师却可以告诉开发商如何更有效地运用资金。房地产策划师是站在开发商的立场上，为开发商的项目进行系统策划，并要保证项目在未来畅销，其目的就是要在同样的资金投入情况下，获取最大的投资收益。其手段主要不是通过降低成本，而是通过资金的合理分配——将资金投入在能使项目增值的创意设计上。

4. 导演

房地产策划师是房地产开发商与设计单位、施工单位、销售公司、广告代理商、物业管理公司的桥梁和纽带。其职责就是通过上述企业的协调配合，将项目的概念定位演绎成功。

5. 船长

认为房地产策划师的工作只是出主意的人有很多。然而实际上，当项目的概念定位成为设计图、施工图后，其重要工作就是在现场进行监理，如果将设计图看作海图，就是要严格按照海图航线航行，局部变动必须征得船长同意，只有这样才能保证项目概念定位准确实施。

6. 环境问题专家

所谓的环境问题不是地球变暖、酸雨增加的"大环境"问题，而是居住小区的环境美化，社区景观与周边街道环境、自然环境的协调的"小环境"问题。同时，居住区的人性化也往往是通过居住区景观的可入性得以体现。居住区景观构成将极大地影响项目的未来销售，而景观风格定位及如何实现，则取决于房地产策划师的作用。

可见，房地产策划师是通才型人才，同时，一个房地产项目的全程策划也不是一个或几个房地产策划师就可以完成的，而是数个甚至数十个专家组成的群体协作才能够完成。

1.5.7 房地产策划师职业道德

与房地产估价师、律师、会计师等智力咨询行业相同，房地产策划师也需要具备合格的职业道德。在房地产策划师职业逐渐走上正轨的过程中，从业时面临的最大挑战，不只是能力问题，更是一个道德风险问题。

在实际的策划咨询工作中，经常会遇到这种情况：策划师根据自己的研究和分析，判断该开发方案不能实施，但当开发商执意要实施时，策划师则不再坚持自己的观点，而是附和开发商。更有甚者，一些策划人刻意揣摩开发商的意图，然后曲意逢迎。目的只是能够拿到"订单"，哄取开发商的咨询费。结果常常是既损人又害己。即使眼前做成了一笔生意，实际上却自毁往后的生路。

房地产策划师职业道德，是策划师素质的又一重要方面。一般情况下策划师不会在主观上坑害企业，可他们常常有意识地在帮助企业坑害消费者，这是一个普遍的现象。这中间存在一个为谁服务、怎样服务和提供什么样服务的问题，因而，提高策划师的职业道德的综合素质变得尤为重要。

房地产策划师职业道德包括以下两大方面。

1. 职业道德要以为人民服务为核心

"社会主义道德建设要以为人民服务为核心。"过去十年，在房地产策划实战方面比较注重，因此，一定程度上弱化了房地产策划职业道德建设。现在房地产策划作为一种独立职业，加强职业道德建设理所当然。特别是房地产策划又是一种服务性职业，加强职业道德建设更具有其特殊意义。要大力推行房地产策划服务的社会化、专业化、市场化，树立房地产策划面向群众、面向行业、面向社会的全方位的服务观念，拓展服务领域，增加服务项目，充实服务内容，强化服务意识，明确服务准则，规范服务行为，改善服务质量，提高整个行业的服务水平。总之，在房地产策划从业之中，要始终把握"为人民服务"的社会主义职业道德建设核心。只要不偏离这个核心，良好的房地产策划职业道德将会大力推进房地产策划行业健康有序发展。

2. 遵循房地产策划职业道德准则

"大力倡导爱岗敬业、诚实守信、办事公道、服务群众、奉献社会的职业道德。"这句话所概括的五个方面的内容是所有行业都应当遵循的公共性的职业道德准则,其中每一个方面都是同"为人民服务"紧密联系在一起的。没有"为人民服务"的思想,就不可能"爱岗敬业""办事公道",更不能做到"服务群众"和"奉献社会"。对职业岗位的热爱和对群众的真诚关心,都必然出于一种发自内心的"为人民服务"的献身精神。

下面根据房地产策划职业的性质、特征,具体阐述这五个方面的内容。

(1)爱岗敬业。爱岗就是安心本职工作,敬业是爱岗的升华。要做到爱岗敬业,首先,要热爱本职工作。房地产策划是一种新兴职业,需要去开拓。房地产策划师要以恭敬、虔诚的态度对待房地产策划职业,在策划岗位上,决不能以自己不感兴趣或不是自己选择的职业为借口,消极无为,要积极调整自己的工作方式和行为态度,努力培养自己对策划职业的兴趣。其次,要有"敬业"的进取精神。房地产策划创新性、技术性很强,做好房地产策划,不仅需要掌握广博的知识,还要不断吸收本职工作所需要的新知识,要有成为本职岗位上的能人、专家的雄心壮志。最后,要坚守岗位责任。房地产开发项目价值较大,如果不严格坚守岗位责任,就有可能出现项目的流产,甚至引起一些不必要的纠纷。房地产策划职业责任是与其策划行为相伴随的,作为一名房地产策划人员,理应坚守岗位责任,要有对自己的策划行为承担一切责任的高度警觉意识。

(2)诚实守信。一个单位或一个行业的整体形象取决于该单位、该行业内职业劳动者普遍的信用和诚实程度。为了树立良好的房地产策划职业形象,作为房地产策划师,在策划过程中要始终诚实守信,应当做到:一实事求是。在房地产市场调研时,要忠于事物的本来面目,在确定项目的市场定位时,不要受不正当因素的干扰,要根据其前因后果和市场态势科学地做出结论,在收集整理资料、撰写策划方案报告书等其他方面,同样要坚持实事求是的原则。二恪守合同。接受房地产策划业务,要签订委托策划合同,严格按照合同约定收取策划咨询费,出具策划方案报告书。三保守商业秘密。不能将影响企业声誉的商业秘密透露出去。

(3)办事公道。遵纪守法、坚持原则是办事公道的指导思想。在这个思想的指导下,房地产策划师应做到正确行使职业权力,不假公济私,时时处处注意自己的言行,约束自己。绝对不能错误地认为,顾客委托策划,就是有求于自己,而不主动热忱地为他们提供服务,却利用工作之便敲诈服务对象,将职业权力变成谋取私利的手段,从而导致职业权力的蜕变,影响房地产策划结果的客观性、公正性。

(4)服务群众。服务群众是各行各业职业行为的本质,是与"为人民服务"这个核心相一致的。房地产策划人员要牢记"为人民服务"的宗旨,接受委托策划时,应当尊重群众,仔细讲解如何配合做好策划准备工作,认真询问策划目的,这都是尊重群众的表现。绝对不能出现"脸难看、门难进、事难办"的怪现象,要按程序策划,照章收费,按约定时间出具策划方案报告书。

(5)奉献社会。房地产策划人员在策划过程中,要把社会利益置于行业利益和个人自身利益之上,把奉献社会与个人幸福和人生价值紧密联系起来,把奉献社会的献身精神在爱岗敬业、诚实守信、办事公道和服务群众的具体要求中时刻体现出来。

总之,房地产策划师职业道德是房地产策划职业蓬勃发展的主要特征,是全体策划师遵循的基本准则。只要有高尚的情操和合格的职业道德,房地产策划师才能在策划实践中赢得企业的欢迎。

第 2 章 房地产项目环境分析

房地产行业是一个关系很多相关行业的基础建设行业,属于第三产业。由于它的相关行业较多的是由建筑材料、土地、人力成本、资金等相关因素组成,所以与上述各因素相关的政治法律、经济,还有相关行业的技术水平对房地产有很大的影响。随着我国改革开放的深入,全球化时代的到来,国外先进的设计理念和技术必将给房地产行业造成很大的冲击。

房地产项目环境是指制约和影响房地产企业开发经营活动的众多参与者及其所具有的影响力的总和。其可分为经济环境、政策法律环境、区位环境、社会文化环境和技术环境。

2.1 经济环境分析

经济环境主要包括宏观环境和微观环境两个方面。从我国来看,房地产市场的发展和宏观经济依然保持着较为密切的相关性,国内房地产与 GDP 增长有明显关系,波动基本一致,但波幅前者大于后者。但无论宏观环境还是微观环境的改变,对于房地产这个对经济政策敏感的行业都会造成很大的影响。国家的经济环境变化如下:

(1)国民生产总值持续高速增长。这是影响房地产行业的最主要的经济因素,因为只有需求的增加才能真正地促进供给的增加。我国连续五年来 GDP 超过 10%,2007 年 GDP 为 11.4%。连续这么多年的经济飞速发展、人民收入的增加也导致了购房需求的旺盛。同时导致了居民手中货币的增加,面对着资金的流向问题,不少人选择了购买住房。所以,在过去的十年内,房地产业火热,房价飞速上涨。

(2)提高存款准备金。在 2007 年一年中,中央银行(中国的中央银行为中国人民银行,简称央行)存款储备金持续提高,在 2008 年 3 月 25 日达到了 15.5%,根据预算本次央行将冻结约 2 000 亿元资金。这一提高将会进一步收紧房地产行业的资金来源,造成"银根"紧缩。但是,这些主要是针对股市的,所以对于房地产业来说,只是一种牵连。同时,由于现在房地产行业的筹资方式多样化,致使很多优秀的房地产企业还可以挺过去。

(3)存款加息。银行的多次加息,虽然是主要针对股市的疯涨,但依旧对房地产业产生了影响。加息最终将加速行业内企业的两极分化,给优质公司带来更多扩张机会,而盈利能力较差公司的生存环境将更为艰难。加息无疑将加大开发企业的经营成本,但对房价影响不大。自从央行提高贷款门槛,有实力的开发企业对银行的依赖性越来越低,贷款比例越来越小,通过自有资金和其他渠道筹集资金的比例越来越大,加息对房价的影响不大,因为影响房价的要素是市场供求关系。

(4)股市影响。股市和房市是一个互动的联合体,随着近几年我国经济的高速增长,股市的发展早已脱离了正常的轨迹。随着 2019 年我国股市的泡沫破灭,从股市大量撤下的热钱迅速流入房地产。同时,国内调整股市的政策、经济规定都相应地影响了房地产业的发展。

2.1.1 宏观经济环境与房地产

1．土地政策

我国依法实行国有土地有偿使用制度，国家编制土地利用总体规划，规定土地用途，并且明确指出对耕地实行特殊保护，因此，开发商只能在中华人民共和国城市规划区国有土地范围内进行开发，并对开发的土地只拥有使用权没有所有权，并且需要对开发的土地交纳租金。国家土地政策规定的土地价格的高低直接影响到房地产的开发成本。政府实行高地价政策即放开对地价的管制，甚至采取某些措施引导地价上涨；政府实行低地价政策是政府采取各种手段抑制地价的上涨，从而导致地价水平的下跌或停滞，这些都会给房地产业带来波动性的影响。

2．金融政策

一般来说，房地产开发资金需求量大，完全依靠自有资金周转是非常困难的。通常需要采用外界资金，如向银行贷款和预售。这时，金融政策的作用就凸显了出来。通货膨胀时期，纸币贬值，价格全面上涨，房地产虽具有一定的抵抗通货膨胀的能力，但其价格也会上涨，而人们手中持有的货币量是一定的，因而购买力相对下降，可能会无力支付日渐升值的房产，这对房地产开发是很不利的。另外，政府实行的货币政策，直接影响开发商和购买者所持有的资本，影响项目的开发和出售。同时，银行关于房地产方面的业务也会对房地产的需求产生影响。

3．政策环境与经济形势

由于房地产开发与国家经济形势紧密相关，因此在很大程度上受到政府政策的控制，在我国尤其需要关注。经济繁荣时，由于各产业扩大生产，使房地产供不应求，房地产价格不断升高。而在经济衰退时，社会对房地产需求受到抑制，房地产产品开始出现难以脱手的现象，此时，开发商的资金已经投入，其基于形势波动做出反应并进行调整是相当迟钝的，短时期内很难变化或找到其他替代者，从而使开发商陷入困境，房地产市场出现混乱。

4．经济周期

房地产经济周期与国民经济周期波动趋势基本上是一致的，房地产业与国民经济之间存在着相互促进、相互依存和相互制约的关系。当整个国民经济处于上升期时，房地产业也会得到快速的发展；当整个国民经济处于下降期时，就会对房地产业产生消极的，甚至破坏的作用，制约房地产的发展（表2-1）。

表2-1 宏观经济环境分析框架表

序号	类别	大体内容
1	房地产行业结构	（1）国家整体经济结构；（2）房地产行业消费结构；（3）房地产行业供需结构；（4）房地产行业投资行为
2	市场经济环境	（1）居民消费模式与消费心理；（2）居民消费习惯与信贷情况；（3）通货膨胀率；（4）证券市场行情；（5）房地产行业的市场规模
3	城市经济发展规划	（1）城市发展总体规划；（2）城市基础设施建设；（3）城市人口分布；（4）城市经济区域划分

续表

序号	类别	大体内容
4	政府经济政策	（1）固定资产投资政策；（2）存、贷款利率和汇率政策；（3）税费政策；（4）对外贸易政策
5	国家经济发展水平	（1）国民生产总值及增长率；（2）政府预算赤字；（3）劳动生产率水平；（4）居民消费水平；（5）贫富差距水平；（6）人均收入水平
6	其他经济环境因素	（1）商业零售与贸易状况；（2）城市能源和资源状况

（1）经济复苏、房地产萧条。经济渡过衰退期开始复苏，但由于前期的经济衰退、百业待兴，投入房地产市场的消费会大幅度减少。由于房地产生产周期长，有一定的滞后性，存量产品出现滞销。市场上出现供大于求的情况，空置率上升，房价下降。开发商减少投入，需求没有真实地反映出来，房价持续下跌。最后跌到一定程度后，经济复苏的信息传递到了整个市场，开始有反弹迹象出现。

（2）经济高涨、房地产复苏。政府采用积极财政政策，经济景气状况进一步好转，市场信心进一步增强，存量产品销售看好，房价开始回升。经济持续景气，房地产市场需求激增，但由于房地产投资周期较长，开发商很难在短期内增加供应量，房地产在持续上升的预期下，市场需求进一步增长。房地产投资增加。

（3）经济衰退、房地产高涨。经历经济高涨过后，出现经济局部过热（或有过热倾向）。政府出台相关的宏观政策，规范市场行为。政策刺激下的投资相对过剩也开始有所表现，经济开始衰退，但总体运行情况良好。真实的房地产消费没有得到满足，房价上扬，加剧了对房地产景气的预期。房地产市场达到空前高涨。

（4）经济萧条、房地产衰退。政府出台的宏观调控政策开始起作用，经济增长开始放缓。经济开始走向萧条。受经济景气的影响，房地产市场也由持续看涨的预期发生变化，一方面是延续了前期的看涨预期；另一方面看到经济景气所带的后期消费不足，房地产市场预期开始动摇，房地产开始衰退。

2.1.2 打造良好经济环境的必要性

房地产既是国民经济中具有基础性、先导性和支柱性的新兴产业，又是一个不动产经济部门，具有与一般产业部门不同的许多特点。我国房地产业还处于发展的起步阶段，存在许多特有的问题和矛盾，单靠市场调节是不行的，这就需要国家对房地产业进行扶持及管理，才能使房地产业走向正轨。

2.1.3 解决我国房地产经济环境的难题

1. 流动资金严重缺乏

流动资金严重缺乏，开发商不得不停工或放慢建设速度，严重影响了房地产开发企业再投资、再开发的能力，延长了项目开发与建设周期，很不利于房地产业的发展。为解决这一问题，加快房地产金融的发展很有必要。

2. 收费项目多，开发成本高

要求有关部门对开发项目中的乱收费现象进行治理，加大清理房地产开发项目中乱收费工作的力度，争取短期内正式公布取消一批乱收费项目，切实降低开发成本。

3. 现有市场上房地产企业很多

虽然房地产企业中不乏优秀企业，但滥竽充数的也不占少数。国家需要强化资质管理，并将已评定的企业资质与企业可获得开发项目的规模挂钩。同时，将政府可给予优惠政策与企业资质、企业信誉挂钩，引导企业积极开发，规范经营。

4. 加强立法

建议有关部门加快立法步伐，迅速制定符合本市实际情况的房地产开发管理法规，以利于规范房地产开发企业的开发行为。同时，也规范政府对房地产开发的管理行为。

（1）经济周期：经济周期情况决定了房地产的有效需求，房地产市场的有效需求受到消费者的实际购买力的限制，房屋的销售情况取决于消费者的购买能力。从需求和成交看国民收入水平和趋势：国民的收入水平决定了房地产需求的档次，收入的趋势决定了未来房地产发展的方向和速度。居民收入与经济增长保持同步。数据显示，2019年上半年，全国居民人均可支配收入15 294元，比上年同期实际增长6.5%。全国居民人均可支配收入实际增速快于GDP增速0.2个百分点，快于人均GDP增速0.6个百分点。这意味着人们有更多的钱投入房地产市场。

（2）通货膨胀率：在经济发展过程中，通货膨胀与通货紧缩交替变化，必然会周期性地影响房地产投资的预期回报率，从而影响房地产市场的周期波动。例如人民币升值和通货膨胀的预期也强化了人们对住房保值增值的预期。

（3）成本：成本决定了房地产商的底价，虽然成交价格受供求关系的影响，但行业的成本决定了长期可接受的价格。虽然受国家政策影响，目前房价下降，但房地产开发商出于自身的利益考虑和对未来的发展预期，不希望房价下降。

（4）城市化进程：城市化进程的影响因素包括人口增长、城市基础设施建设和交通运输业的发展。城市化进程对地价上涨和房地产业的发展具有强烈持久的作用，也影响到各类房地产业的长期趋势。我国目前阶段加速城市化进程仍是拉动我国经济增长、保民生和维护社会稳定的重要支撑，而房地产业仍是支撑我国城市化进程持续推进的最重要也最为显著的产业。

（5）家庭收入和支出结构：家庭收入是影响住房消费的最重要的因素。没有一定的家庭积累和家庭收入，根本无法进行住宅消费，家庭支出结构对家庭住房消费能力和意愿有很大的影响。

2.2 政策法律环境分析

法律环境是指国家或地方政府颁布的各种法律、法令和条例等。法律环境对市场消费需求的形成和实现具有一定的调节作用。

与房地产投资相关的政策主要包括财政政策、货币政策、产业政策、土地政策和住房政策等（图2-1）。

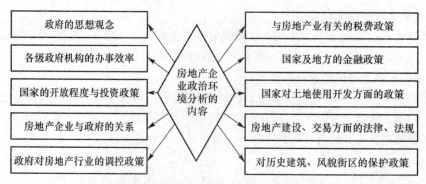

图 2-1 房地产企业政治环境分析内容

（1）财政政策。财政政策包括财政收入政策和财政支出政策。前者主要通过调节与房地产有关的税种与税率来控制房地产市场的运行；后者作为房地产市场的参与者，以自身的支出总量和结构影响房地产市场的总量与结构。如政策中的降低地价、征收物业税、从源头控制房价。

财政收入政策通过税率的调整来调节国家、企业和个人收入的分配关系。在财政收入政策方面，政府作为房地产市场的监督者，通过税率的调节，影响市场参与者的总量和结构，进而调节房地产市场的结构和供求状况。在财政支出政策方面，政府作为房地产市场的参与者，以自身的支出总量和结构影响房地产市场的总量和结构。

案例：中关村地区的财税优惠

案例：北京西城区金融街地区的财税优惠

政府投资一般投向基础设施和公共事业项目，一部分进入房地产市场或间接对房地产市场产生影响，如城市基础设施建设会对周边房地产市场产生较大影响。政府消费主要是政府各机构运转的正常支出，政府的转移支付主要是政府对特定地区、特定人群、特定行业的补贴性支出，如政府为中低收入家庭提供经济适用房，为低收入家庭提供廉租房等。

（2）货币政策。货币政策是指中央银行通过调整贴现率、调整法定准备金和公开市场业务等手段，来调节货币供给。中央银行对房地产市场的调节主要通过利率工具，以控制商业银行对房地产业的信贷投向和信贷规模指标。利率对房地产市场的直接影响可分为供应和需求两个方面。供应方面是影响开发商的财务费用，财务杠杆作用使得利率对开发成本的影响作用巨大；需求方面主要是影响按揭利率和按揭比例，如国家调整完善相关税收、强化住房信贷等。

近年来，我国正是积极采用了货币政策来调整房地产投资过热、需求不足和过热的问题。当居民存款的利率降低了，居民将会减少储蓄而转向其他投资，可能会考虑增加住房的消费或进行住房的投资，从而增加短期的住房需求。同时，当利率降低时，住房贷款的利率会同步降低，实际上降低了居民住宅消费或投资的短期成本，也会增加住房的短期需求；当利率升高时，上述两个方面也会使居民的短期住房需求减少。

近年来，国家正式通过对房贷政策和利率的调整来影响到投资和消费从而影响房地产市场。2010 年 9 月月末，多部委密集下发文件，当时称"9.29 新政"，要求房价过高、上涨过快的城市要限定居民购房套数，调整住房交易环节的契税和个人所得税优惠政策，开启了全国范围内的限购政策。其中，央行和银监会宣布完善差别化的住房信贷政策，各商业银行暂停发放居民家庭购买第三套及以上住房贷款，贷款购买商品住房首付款比例调整到 30% 及以上。2010 年 11 月，住房和城乡建设部、财政部、央行和银监会发文全面叫停第三套住房公积金贷款，并将第二套住房公积金个人住房贷款首付提至五成。2011 年 1 月，国务院常务会议研究部署房地产市场调控工作，力度空前的新"国八条"出台，信贷政策方面规定二套住房首付款比例不低于 60%、贷款利率不低于基准利率的 1.1 倍。2011 年 1—6 月，央行先后 6 次上调存款准备金率，上调后大型金融机构存款准备金率达 21.5%、中、小金融机构存款准备金率达 18.0%。2012 年 5 月，央行继 2011 年 12 月下调存款准备金率 0.5 个百分点后，次年 2 月和 5 月两次下调存款准备金率 0.5 个百分点。2012 年 6 月、7 月央行两度下调基准利率，还将金融机构贷款利率浮动区间的下限先后调整为基准利率的 0.8 倍和 0.7 倍，但同时要求金融机构继续严格执行差别化的各项住房信贷政策，继续抑制投机投资性购房。

除对首套房的信贷支持外，对于二套房首付比例的条件仍未放松，而三套以上房屋的贷款仍严格限制、停贷。2013 年 3 月，国务院常务会议确定了五项房地产市场调控的政策措施，又被称为新"国五条"，再次重申坚持执行以限购、限贷为核心的调控政策。

2013 年 3 月，国务院办公厅发布其实施细则，提出自有住房能核实房屋原值的，应按转让所得税的 20% 计征个人所得税，可进一步提高二套住房贷款的首付款比例和贷款利率。2013 年 7 月，国务院发布《关于金融支持经济结构调整和转型升级的指导意见》，强调落实差别化住房信贷政策，积极满足居民家庭首套自住购房的合理信贷需求，同时严格防控房地产融资风险。2014 年 9 月，央行提出将积极支持居民家庭合理的住房贷款需求。其中，对于贷款购买首套普通自住房的家庭，贷款首付款比例为 30%，贷款利率下限为贷款基准利率的 0.7 倍。2015 年 3 月 30 日央行下发通知，对拥有一套住房且相应购房贷款未结清的居民家庭购二套房，首付款比例调整为不低于 40%，使用住房公积金贷款购买首套普通自住房，首付 20%，拥有一套住房并已结清贷款的家庭，再次申请住房公积金购房，首付款比例为 30%。

如银行关于加强住房消费贷款管理的政策：商业银行应重点支持借款人购买首套中小户型自住住房的贷款需求，且只能对购买主体结构已封顶住房的个人发放住房贷款。对购买首套自住房且套型建筑面积在 90 m² 以下的，贷款首付款比例（包括本外币贷款，下同）不得低于 20%，对购买首套自住房且套型建筑面积在 90 m² 以上的，贷款首付款比例不得低于 30%，对已利用贷款购买住房，又申请购买第二套（含）以上住房的，贷款首付款比例不得低于 40%。增加了投资者投资房地产的成本，减少了消费者购买房屋的成本。

商业银行不得向房地产开发企业发放专门用于缴交土地出让金的贷款。对政府土地储备机构的贷款应以抵押贷款方式发放，且贷款额度不得超过所收购土地评估价值的 70%，贷款期限最长不得超过两年。

限制房地产开发的贷款管理：对项目资本金（所有者权益）比例达不到 35% 或未取得土地使用权证书、建设用地规划许可证、建设工程规划许可证和施工许可证的项目，商业银行不得发放任何形式的贷款；对经国土资源部门、建设主管部门查实具有囤积土地、囤积房源行为的房地产开发企业，商业银行不得对其发放贷款；对空置 3 年以上的商品房，商业银行不得接受其作为贷款的抵押物。因此，限制了房地产商的资金来源，规范了房地产业。

（3）产业政策。国家的产业政策对房地产开发与经营活动有直接影响。一般来说，政府以制订计划和产业投资指引目录及其他行政手段来影响房地产业的发展。在房地产业发展初期，产业政策对市场的波动具有至关重要的影响，从房地产投资、房地产价格到房地产产品的定位，都受国家宏观调控的影响。

（4）土地政策。土地政策对房地产开发与经营的影响主要表现在出让土地的方式上。获得土地的方式有协议、招标和公开拍卖者三种方式。不同的方式给投资土地的投资者带来的成本不同。土地资源短缺成为房价上涨的主要因素。同时，促使城市发展向城郊扩展。所以，国家颁布相关政策，土地政策对房地产开发的影响主要从土地供给政策、补地价和土地补偿费的规定、土地出让方式三个方面来分析。

（5）住房政策。住房政策主要是指国家和政府在住房方面的政策和住房分配政策，这些政策对房地产开发与经营有着很大的影响。如2011年1月26日，国务院常务会议研究部署了进一步调控房地产市场的各项工作，出台了新的八条政策，主要内容有加大保障性安居工程建设，调整供给结构，限制高档房，增加中、低型住房。

重点发展中低价位、中小套型普通商品住房、经济适用住房和廉租住房。各地都要制定和实施住房建设规划，对新建住房结构提出具体比例要求。加快城镇廉租住房制度建设，规范发展经济适用住房，积极发展住房二级市场和租赁市场，有步骤地解决低收入家庭的住房困难，如2006年7月5日国家关于切实落实城镇廉租住房保障资金的通知。

（6）行业法规。行业法规是指国家、省政府、地方城市关于房地产开发经营的方针政策，包括土地制度与土地政策、人口政策、房改政策、开发区政策、房地产价格政策、房地产税收政策、房地产企业金融政策等，如《中华人民共和国土地管理法》《城市房地产开发经营管理条例》。

（7）城市规划。城市规划是指政府在项目所在地及项目地块周边的短中期市政规划、土地利用总体规划、城市建设规划和区域规划、城市发展战略等，如《××市总体规划》《××市历史风貌保护规划》等。

（8）发展要求。发展要求是指政府在土地政策、税收政策、产业政策方面对绿色低碳建筑进行的改革和倾斜。其包括以减碳指标来进行金融和土地等资源配置，设置不同的税费征收标准，改进以往只是"价高者得"的挂牌出让方式，以平抑地价和房价。

2.3　区位环境分析

2.3.1　房地产开发与城市地租的关系

1. 同心圆模式与地价的圈层结构

美国学者E.W.Burgess在研究了芝加哥的发展历史后认为，城市增长的典型过程是以中央商业区（Central Business District，CBD）为中心向外辐射扩展，城市各地带不断地侵入和转移，形成同心圆式的扩展过程，并形成了五个同心圆带构成的空间结构。在其理论中，既强调了城市地域的聚合和侵入，又强调了城市地域的分化和转移。然而，城市交通与土地区位利用之间存在着复杂的互动性，它在很大程度上影响着城市土地区位和城市地价，况且作为城市主要活动的工业活动的布局极大地影响着城市土地的利用和城市土地的地价。

在我国，中小城市的发展，同心圆模式对城市的布局和土地利用过程中的地价确定均具有一定的实际意义。

1964年，Willian Alonso提出了竞标地租的观点，建立了城市地租梯度曲线和同心圆土地利用模式图，建立起一个城市土地地价模型（图2-2）。模型中城市土地利用布局和土地利用的效益相对应。这种模式认为最高地价将产生于对城市通达性最好的地块，不同地块的土地价值将随着它到城市中心的距离的增加而下降。这种地价圈层结构至今仍是西方国家土地估价师预测城市发展方向选择投资区位的主要理论依据。而在我国，近年来，由于很难收集到系统的地价资料（1990年前没有地价，现在的地价资料极为零星，可信度差，且不公开），城市土地区位利用研究大多侧重于宏观性、政策性描述和分析。尽管如此，随着社会主义市场经济理论的引入，引用级差地租收益理论定量规划城市土地地价的分布规律是现实而具有实际意义的。

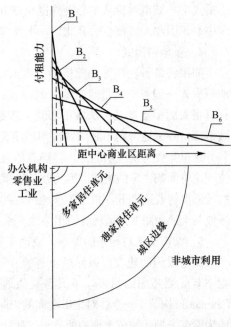

图2-2 同心圆模式下的京族低价模型图

当然，在实践中，这种理想化的单中心城市土地利用模式可随着城市的个性发展演化为辐射状、轴向形、多中心组团式等多种发展模式。

2. 扇形模式

美国土地经济学家H.Hoyt于1939年在对美国城市房租进行研究后提出了扇形布局模式。该模式建立在城市土地利用在不规则的模式下发展，并以房地产从市中心向外扩展并保持发展的趋势，形成城市发展的扇形格局基础上（毕宝德等，1998）。H.Hoyt模式强调了城市的中心的CBD区功能，认为城市各功能区之间存在的吸引与排斥侵入和迁移是城市土地扇形布局的基础。在此模式下，城市的区位布局已见雏形，据此形成了区位地租理论。

3. 多核心模式

美国地理学者C.D.Harri和E.L.Ullman在研究了各类城市的地域结构后于1945年提出了多核心模式（图2-3）。他们认为各种行业以自身利益为目标的区位过程和产生的集聚效益导致各行业利益对比而发

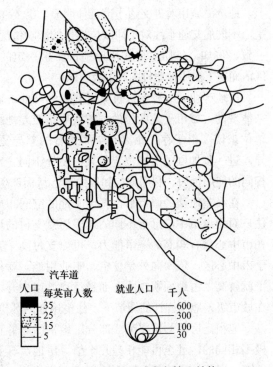

图2-3 洛杉矶城市多核心结构

生的分离，最终造成城市中心的多元化和城市地域结构的分异。

多核心布局更加强调了城市职能分区，并强调了大、重工业向外布局的特征。在多核心模式中，城市地价从中心到外围出现几个峰值区。这种多核心城市除CBD外，还有其他次中心，因此，多核心适合北京、上海等现代特大城市的分区布局特征。

4．多地带模式

如果将各种功能区抽象概括，则城市可以归结为中央地带、过渡地带和外围地带。多地带模式一般有三地带或四地带的模式。多地带模式对于人口众多、快速扩展阶段的城市具有很大的借鉴意义。从城市布局上看是中央地带的扩大过渡地带转变成具有相当实力的城市区，外围地带则不断向城市用地演化。城市土地的地价变化较快。

这里需要特别说明的是，伴随着信息产业的不断发展和信息网络的逐步建立，传统的区位理论将面临一定的挑战，因为在信息网络联系的城市中，土地使用主体对区位差异的效益的敏感度将普遍降低，相对于土地区位的效益递减率趋缓，无法构成原来的竞租曲线。土地区位与土地使用方式呈现弱的相关性，原有的城市土地使用的空间模式将趋于模糊化。

5．城市交通对地价的影响，交通干线对不同区位地价的影响

交通设施的建设可以促进土地的开发，使城市土地升值，因此，通达性是土地利用过程中首先要考虑的因素。不具备交通通道的地块一般很难被用于大规模开发。1966年，Czamanski构筑了一个针对城市功能的"通达指数"，认为所有类型的城市土地的地价与"通达性指数"之间有极高的相关性，最高可达100%。如图2-4所示，城市中地价与交通便利度有着极高的正相关性，自城市中心向市郊延伸，地价随着交通便利度的降低呈逐步下降趋势。高地价点往往出现在道路交通网的结点上，地价沿城市对外交通干道延伸明显。需要注意的是，不同的交通干线对不同区位地价的影响情况也不一致。例如，铁路对居住用地地价产生一定的排斥区，而对工业用地地价则产生吸引区。

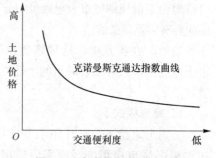

图2-4 克诺曼斯克通达指数

房地产业是一种与区位紧密联系的产业。区位对房地产业的影响首先是通过城市地租来体现的。城市土地区位效益的实质是级差地租，而且主要是位置级差地租。对一切经济单位来说，由于存在距离和空间位置的差异还有自然、环境、经济文化各区位因素的差异，进一步加剧了上述位置差异，使处于同一市场上不同区位的相同面积土地产生了极不相同的使用价值、利用方向和集约度，从而产生极不相同的经济效益。

在级差地租的调节下，城市土地的空间布局表现出一定的规律性。各经济主体、居民住户对距离市中心远近不同的地段愿意支付的地租数额是不一样的。金融、商业、服务业在市中心具有较高的竞争能力，可以支付高于其他任何活动的地租，这些行业用地往往位于市中心区，依次向外是住宅、工业用地。就住宅用地而言，越靠近城市中心，其租金水平就越高，占地面积越小，而越远离城市中心，租金水平就越低，占地面积越大。因此，在城市级差地租杠杆的调节下，住宅用地的区位选择有一定的向外"漂移"的特征。

地租是房价的重要组成部分，地租的高低直接影响着房价。而不同地区的级差地租是极不相同的，甚至可能相差几十倍。房地产开发商选择哪一地区的地块，建何种类型的房地产，必须慎重决策。因为地租高，房价相应也高，而预销售对象对房价能否承受，直接

决定建成的房地产商品的销售量,从而影响其价值的实现和投资利润的多寡。所以,开发商在准备开发投资时,必须认真考虑和测算级差地租问题。

2.3.2 房地产开发工程的区位选择

1. 区位因素分析

房地产开发投资策略可以概括为五个要素,即房地产地段位置的选择、房地产产品质量的选择、房地产市场(价格、顾客、销售区等)的选择、房地产开发经营形势的选择和房地产开发时机的选择。其中,处于第一位的便是地段位置选择。地段位置是决定城市地价的最重要因素,从而对房地产价格或出租能力的形成起着举足轻重的作用。所以,开发房地产首要的是看地段位置,地段位置指明了一宗房地产的具体空间区位,以及周围环境及相邻地区的自然环境、生态环境、经济文化和社会环境。与其

案例:珠海市区位因素分析

他因素不同的是地段位置是固定的、不可移动的。对一个企业或家庭来说,一旦购买了一宗房地产,就不能轻易地搬迁以逃避不称心的区位环境,去寻找更满意的环境,因此区位选择十分重要。

房地产开发投资量大,回收期长,开发地点即区位的选择准确与否,在房地产开发直至销售的全过程中至关重要。由于区位选择对房地产投资决策的成败具有重大的影响,因此,在选择区位过程中必须做大量的调研和科学的分析,从而做出正确的决策。

按区位内投资环境各要素存在的范围不同,可分为宏观区位因素、中观区位因素、微观区位因素。宏观区位因素是指一个国家的投资环境;中观区位因素是指区位地经济发展水平、社会购买力水平、自然资源条件、基础设施状况、竞争状况等;微观区位因素是指具体场所的自然经济及社会条件,如该地块的基础设施条件、地质、地貌、水文条件、配套设施及环境等。对房地产开发工程而言,除一般性研究宏观区位因素外,更要注重中观和微观区位因素的研究。

除此之外,还可以采用软硬划分的办法。硬区位因素主要包括交通运输、邮电通信、能源、给水排水等基础设施,商业网点、文化娱乐设施、医疗卫生及其他服务等配套设施,还包括地质、地貌、水文、植被、山川、气候等自然地理状况。软区位因素则指各种社会政治、经济、文化等条件。

区位因素包括的内容很复杂,各个因素对房地产价格影响也不同,有的使其增值,有的使其减值。比如对住宅区来说,居民选择住宅时,十分关心生活是否方便和生活环境是否良好,尤为重要的是离市中心距离、交通状况、有无危险或污染设施及邻里情况等。对商业区来说,影响最大的因素是收益状况。而工业区最重要的则是动力、水源和运输条件。

2. 地区经济影响因素分析

一个地区的经济对房地产市场的影响是很大的,无论哪类物业,地区经济环境都会对其他发展产生影响,地区经济繁荣会促使整个房地产市场的景气,地区经济的不景气,对于这个地区的房地产整体都会有不利的影响。因此,对房地产市场定位因素的分析也要考虑地区经济对房地产的总体的影响,一个地区的房屋、零售物业及写字楼物业的需求,在很大程度上是由这个地区的经济增长和发展决定的。房地产市场定位的因素分析必须对地区的经济活动性质有充分的理解,并通过对地区经济景气及经济结构的分析对地区经济进

行预测，在这个基础上才可能对这个地区的空间需求及房地产市场容量进行估计和预测。

3. 地区经济景气分析与房地产市场定位

地区经济活动的水平，一般用经济景气来描述，地区经济活跃，发展迅速，就说明地区经济景气乐观，如果地区经济停滞，增长速度放慢，则说明它不景气。因为经济发展水平低，或不景气，对房地产的需求量会相对较小，供应量也会受限制。这些对政府或房地产企业来说有着重要的指导作用，特别是房地产企业在市场定位时会决定究竟开发哪一类型的房产，是经济适用住房还是住宅商品房，是写字楼还是商铺。

目前，人们越来越关注对地区宏观经济的景气及房地产业本身景气的分析，试图通过景气分析，更直观地发现经济周期波动，以及房地产业的周期和转折点。在这种景气分析中，景气指标的设置极为关键。它直接关系到房地产市场未来的走势，对房地产企业在决策和定位时有着重要的参考价值。

4. 专业物业市场影响因素分析

对房地产市场某一类物业的分类，主要是根据每个物业的用途来分，概括起来目前我国房地产市场可分为四类，即住宅市场；写字楼市场；商铺物业市场；其他市场（主要包括厂房、仓库等）。

对专业物业市场的经济环境及影响因素的分析，目的是说明如何估计某类物业的市场潜力。每个房地产企业在给工程、产品定位时都要首先考虑，究竟是将企业资金投向哪类物业市场，因为各种类型物业都有它的对应客户群，潜在的客户群具有不同的需求特征，外化而成为物业的某种特征。这种特征是划分物业类型的标志。也就是说，这种标志是由潜在的客户群的需求差异决定的。

客户的需求是潜在的，需求特征也不是一目了然。但是客户群自身的人口特征和经济特征，以及所需求的物业的特征是外化的、明显的。因此，专业物业市场影响因素分析就是寻找特定用户群及他们所需要的特定种类的物业。通过估计特定用户群的量来推测他们所需要的特定物业的量，同时用供给量与之对比，来发现供求缺口，确定需求潜力。

每个专业物业市场由于有不同的因素最终影响供求量，所以，各不同物业影响定位的因素也不同。

商圈及交易圈的确定：对于某一地区某种用途或某一类型的物业分析，首先要确定的是它的商圈（trade area），也称为供求圈和交易区。不同工程要求的商圈是不同的。最容易定义的是那些为政府进行的物业市场分析，它们的商圈一般就为一个城市或一个地区、一个街区，总之是以行政区划为界限来定义商圈的，如广州恒昌公司就受广州市政府委托做过广州写字楼需求分析，或上海信源恒昌为上海市做的上海福利分房状况分析等，在这类工程中，行政区划的界限就是商圈的界限。

但是，如果是对某一类型影响物业定位的因素进行分析，就要区别特定物业的情况进行商圈的定义。不同用途的物业，不同特征的物业，它们的服务范围是不同的。一个小区及商业物业的商圈显然是以小区为服务范围的，而度假型的别墅区的商圈则可能是全市或全省。因此，在做专业物业（某种用途，或某种用途中某一种类型物业）的市场定位分析时，首先要做的就是商圈的确定。商圈的大小是影响定位的基本因素之一。

（1）供应量。专业市场分析的目标是寻找各类型的子市场的供求缺口，因此，要掌握各种物业的供应量信息，不同用途的物业，供应渠道是不同的，供应的节奏、数量也不相同。但是，各类物业的供应量分析方法基本相同。

（2）需求细分。某一类型物业的供应量必须是以其相应的客户群的需求为支持的。不仅如此，开发工程的类型特征，也是由潜在的需求特征决定。因为现在的房地产开发商往往要看准有潜在的较大的市场后，才会为其特殊的某个客户群量身定做开发工程，以降低企业的投资风险。

为了选取目标客户群，就要将这种客户群的特征作为过滤标准，对潜在客户进行过滤。这个过程就是对潜在客户进行分类归纳、数量汇总的过程。

不同用途的物业，有不同的消费者，对他们的分类标准，自然不会相同。对于住宅市场的分析来说，需要进行分类的是住户和家庭或个人，因此，分类的标准是年龄、性别、职业、婚姻状况、家庭规模等指标。对于商业用房来说，商业用房的消费者是商家，因此对商家的分类便是按经营形式、商品的种类、规模等进行分类。在写字楼的消费者中，有不同的行业、不同的工作类型，因此，对写字楼需求的分类主要是按行业进行。可见对需求进行细分是共同的，但分类的标志和方法不同。

（3）影响写字楼市场定位因素分析。影响写字楼市场定位的因素相比住宅和商铺物业要少得多，但并不意味着在开发写字楼市场时不需要研究影响定位的因素。相反，写字楼比住宅和商铺更容易受到市场变化的影响。

一般情况下，要能够预测 3～4 年的市场条件，为投资人提供投资建议，并不是件很容易的事情，在美国和中国都有过写字楼一哄而起，然后供过于求、大量空置的现象。出现这些现象一个最主要的原因是，投资人在投资决策前没有充分考虑到影响写字楼市场定位的关键因素。因为写字楼兴起主要是由第三产业发展带动起来的，但是作为新兴产业的发展速度、节奏是很多房地产企业和投资人都料想不到的。因此，要在某个地区开发多少幢写字楼、满足哪一层次的需求者，这就要对写字楼的使用者的经济活动有较深的理解，才能谈到对它的需求量的预测。

5．区位选择的原则

（1）区位选择第一位要服从城市土地利用规划，在这个条件下还要考虑自然、环境、经济和社会文化等因素。

城市土地利用规划和房地产业的发展及区位选择提供了有利条件。在城市中，无论是商业用地还是住宅用地，以及任何一种被利用的土地，其使用价值的大小，无不受其所处区位的影响。土地区位的固定性和差异性决定了具有不同使用功能的城市土地的空间布局。具有不同使用功能的城市土地对区位具有选择性。交通汇集、人流量大的市中心位置是商业、服务、事务所竟相争夺的宝地，主要交通道路两侧也往往成为它们设置店铺和营业楼面的理想区位。工业企业为推销产品和降低成本，适用于选择靠近水源、能源，接近市场而又便于生产原料及成品储存和运输的地方。一个接近工作单位、购物方便，市政、文化娱乐设施齐全，居住环境优美的地段对城市居民产生极大的吸引力。一个城市的形象是由各种房地产产品构成的整体而表现出来的。作为整体的形象是否合理、舒适、美好、壮观，很大程度上取决于城市土地利用规划。从房地产投资来看，房地产的增值归根到底是土地的增值，只要选择了好的地段，就能获得成功。城市土地利用规划为地段的选择指明了方向。

（2）自然、环境的合意性。自然、环境对居住、宾馆用房地产影响特别重大。自然不仅指地形、地貌等自然条件是否适用于居住房地产的建设，而且是指自然风光，包括是否具有美好、舒适、迷人的生态环境。居住用房地产要求环境清静、阳光充足、空气新鲜、无噪声、烟尘、废水、废气、废渣等因素的干扰，也不允许有碍观瞻或产生危险的环境。自然环境是房地产投资者无法轻易改变的客观物质条件，而且房地产项目具有地理位置的固定性和不可逆性的特点，因而，房地产项目投资十分重视自然环境要素的研究，良好的环境会给产品带来附加的增值，相反糟糕的环境会降低产品的品质。例如目前较热的"亲水住宅"正是依靠河流、湖泊等自然环境来创造一个优美的居住环境，提高住宅产品的附加值。

基础设施包括交通、能源、上下水、通信、环保、防灾等方面的设施，而且可以扩大，将金融、教育、医疗文化、体育和商务等方面的设施也包括在内。这些设施对于房地产投资项目的开发、经营，具有直接或间接的保障制约作用。项目建设条件是项目建设和生产的物质基础，对项目建设工期、工程造价及项目建成投产后设备生产能力利用率和经营成本有着重大影响。各种运输、通信和其他公用设施，对房地产投资的影响很大，建筑材料的运输，信息的传递等无不依赖于此。完善的基础设施可使房地产开发成本大为降低，可使投资决策更为迅速和准确。

在城市中，对房地产项目影响最大的因素是交通，与商业中心的距离，与医院、娱乐场所、学校的距离直接关系到未来住户生活方便的程度，从而影响市场销售，与配电站、给排水管网、通信电缆的距离等，直接影响项目开发成本，从而影响项目效益。充分利用自然环境有利的一面，通过营销方式和产品设计弥补自然环境不足的一面，使项目无论是外观造型、结构布局，还是使用性质、使用功能，均与外在的自然环境很好地协调起来。

（3）经济和社会文化发展的适应性。相邻地的经济和社会文化发展状况、繁荣程度对房地产价格形成及其销路产生强烈的影响。这对商业用房地产及部分居住用房地产特别重要。

房地产开发工程不仅要重视现在的地段位置，更要重视预测未来地段位置的变化趋势。如果能预测出某一区位，将随着经济文化的发展，处于更加优越的地位，就应该毫不迟疑地选择这一区位投资。

不同房地产开发工程用地区位选择。城市房地产可分为非居住房地产和居住房地产两大类。非居住房地产又可分为商用房地产、工业用房地产、机关事业单位用房地产等若干类别。在一个城市中，这些特点各异的房地产只有运用功能分区原则来选择它们各自的区位。房地产投资企业一般投资于商业用房地产和居住用房地产，因此，以下仅讨论这两种房地产的区位选择。

1）居住用房地产区位选择。一个关于苏州、深圳、合肥、天津、济南等部分小区居民居住需要的社会调查显示，居民考虑最多的要求具体表现在住宅的适用、公共服务设施的方便、道路通畅便捷、居住安全、环境安静卫生、邻里来往与互助、景观、住宅经济八个方面，其中一半以上是由区位直接决定的。另据中国社会调查事务所于1998年年末对京、沪、穗、渝及武汉市1 958位商品房住户的调查表明，人们对小区环境关注明显提高，七成住户表示如果再让他们有选择机会，良好的社区环境将是他们购房选择的决定性条件，住户对社会环境中的公共绿地、教育设施、空气质量和文化娱乐设施的不满意率均超过半数，依次为57.3%、56.8%、52.4%和51.3%。对小区公共设施、噪声、交通状况、治安和商业设施的不满意率也均超过40%，依次为43.7%、42.4%、42.6%和40.6%。一般来说，居住用房地产应考虑周围环境是否优雅、清静，交通、通信和人们之间的交往是否方便，社会文化环境包括文化娱乐设施是否完善，治安状况、民风醇正与否，购物出行是否方便，地租是否在可承受的限度内。因此，居住用房地产选址应在城市规划指导下，选择符合居住功能要求、环境良好、有利于开发建设的新区或适宜的旧区改建地段。综合考虑所在地区的经济现状和发展趋势，以及服务对象的经济承受能力。所在地段应具有良好植被和小气候环境及有利的地形、地貌，必须避免严重的交通问题、噪声干扰和有害排放物的污染。与城市或地区商业中心有较好的通达性和便捷的出行条件。较好的文化教育及医疗卫生设施。完善的市政工程条件，并能方便地与城市市政工程管网衔接。良好的地质条件，应避免地质复杂、土壤承载力差、不易排涝等不良的地质条件。

2）商用房地产选址要考虑的标准主要是要处于商业区。一面或两面临街，交通及通信方便，人口流量大，周围邻地预期有大的发展规划。因此，商业区一般在大城市中心，交通路口附近、繁华街道两侧、大型公共设施周围。具体可划为城市中央区、城市副区和街区等不同层次的区位。

交通环境指楼盘附近的主要交通工具和交通方式，如铁路、飞机、地铁和公路等。一方面，它表示楼盘所在地区与周围的交通联系状况，表明进出的便捷程度，在具体说明时，通常将某某商业街、某某火车站和某某城市标志性建筑物等主要商业中心、主要交通集散地的交通方式特别注明。交通实质上是通过外部条件对客观距离的人为调整。另一方面，一个地区的交通状况也左右着该地区的未来发展态势，如火车站附近，建筑物以宾馆商场为主，地铁经过的郊县，其周边的房地产市场必定兴旺发达。

【专题】 当地铁与房产相遇

"从学理的角度上分析，快速轨道交通有利于降低经济要素转移的成本，也就是说，建成了地铁，它的经济效益是与距离成本成反比的。如有了地铁，从某一个地方到另一个地方，距离越远，其实获得的经济效益越大。"长期从事地产与金融研究的个人投资理财网CEO洪曦以这样更宽泛的开场白起头。

地铁建成以后，许多事物的价值判断原本是以空间距离来衡量的，现在就开始变成以时间长短来衡量。例如，房地产业就是最突出的一个例子，"一般来说，房地产的价值是随着与市中心的距离越来越远而价值递减，这也就是所谓的一类地块、二类地块的划分，但现在情况不同了，而是以时间为考量单位，如A楼盘位于市中心一类地块，但从A楼盘出发到市中心步行需要25 min，而另一个B楼盘位于市郊的地铁站出口边，坐地铁到市中心的地铁出口需要20 min，如果没通地铁，两个楼盘的价格可能相差十万八千里，如果地铁一通，B楼盘与A楼盘的价格很可能非常接近，甚至会出现B楼盘价格高于A楼盘的情况"。

地铁对楼盘价格的带动作用，洪曦用"出乎一般人意料"来描述。他认为，从地铁规划出来，到地铁动工兴建乃至地铁施工阶段，规划中的地铁沿线楼盘价格会有比较大的涨幅，而到了地铁真正开通，其房价的上涨反而趋缓，在上海就存在着这种情况。这主要是因为通地铁这一消息的利好效应已经在地铁还没有开通前就提前释放出来，所以真正地铁通到那里，房价涨势也变平和了。

谈到对商业地产的影响，洪曦认为，地铁确实能带来一定的人流量，使商业地产的开发有了基础。但对人流量我们要加以区分，一般来说，人流可以分成目的人流量、休闲人流量、过路人流量，对于商业地产来说，最有意义的是目的人流量，他们来这里就是为了购物，目的很明确，而休闲人流量则次之，最没有意义的是过路人流量。

所以，地铁是否能带动某个区域的商业地产，最重要的还是要看这个区域自身的商业状况。如果某个区域,哪怕是远郊,若有一两个比较大型的 SHOPPING MALL、超大型专业市场等,那地铁能带来大量的目的人流,这对商业地产的繁荣是立竿见影的。"像杭州要建地铁,这当然能够对一些区域的商业地产带动比较大,这有利于集合城市内部的经济要素的快速转移,肯定能释放 GDP,而如果外部也能够建立起这样的快速转移机制,如在上海和杭州之间建立快速铁路,这对杭州地产的提升简直就是爆炸式的。"洪曦说。

2.4 社会文化环境分析

各国的社会与文化对于企业的影响不尽相同。而我国,有着很明显的区别于其他国家的社会与文化。对于房地产行业来说,社会和文化的影响也是很大的。

2.4.1 人口因素

人口是构成市场的第一位因素。市场是由有购买欲望同时又有支付能力的人构成的,人口的多少直接影响市场的潜在容量。人口的分布、密度、移动趋势、年龄分布、结婚率和死亡率等一系列自然属性对房地产行业有着重大影响。

首先,中国 20 世纪七八十年代生育高峰时出生的那一批人有大部分人已经在城市站稳脚跟,他们对房子的需求具有极大的刚性。再次,对于计划生育初期出生的那一代人,现在也是住房消费人群。而这些人的消费能力是巨大的,首先,他们的经济条件良好,其次,从父母那里得到的赞助也会很大。这些客观原因使得外界普遍对近期房价下降不持大的希望。短期内房地产行业仍然会非常兴盛。

实际上,人口的增长对于房地产业也会带来不利之处。首先,地球上的资源是有限的,人口过多,势必对有限的资源形成压力,造成食物供应不足、主要矿产缺乏、人口过度拥挤、污染严重和生活质量全面退化,进而影响到房地产业的发展。其次,人口的过度增长并不能带来市场的扩大,而只能使需求增加。这就会对食物供应和资源供给产生过大的压力,使成本大幅度上升,从而使公司的利润下降。因此,作为有发展眼光的房地产开发商、经营商应对这一趋势做出预先反应,并在公司的长久营销战略中得到体现。这样,才有可能使公司在困难来临时,做到有备而战。

1. 人口规模与增长

人口规模即人口总数,是影响房地产需求的一个基本因素。2016 年年末,我国人口规模达到 13.8 亿,全年出生率达 12.95‰,死亡率达 7.09‰,人口自然增长率 5.86‰。其中,城镇人口数量为 7.93 亿,占总人口的 57.46%,自然增长率为 4.31%。城市人口的增长必然增加对住宅的需求。中国住宅建设的计划一直按照人均平方米来测算,如 1978—2015 年,我国城镇人均住宅建筑面积由 6.7 m^2 增长到 33 m^2 以上,农村人均住房面积由 8.1 m^2 增长到 37 m^2 以上。

2. 人口构成与老龄化

人口构成包括自然构成和社会构成。自然构成包括年龄、性别等;社会构成包括民族、教育程度、职业等。按人口构成划分的不同人群有着不同的愿望、价值观,会有着不同的消费需求。

随着经济的发达，医疗水平空前提高，人口的平均寿命越来越长。以老年人为例，随着人们生活和卫生医疗保健水平的提高，人们的寿命延长，死亡率下降，很多城市已步入老龄化的行列，截至2015年年底，我国60岁以上的老年人为2.21亿，而养老床位仅有669.8万张，还不到老年人口的3%。以上海为例，目前老年人总数已达458万，占全市人口比例的31.6%。这个群体对居住有着特殊的需求，老年人的住宅需求蕴藏着巨大的市场潜力。因此，以前许多销售产品给青年人的公司，都已重新调整产品和引进新产品来适应人口的老龄化。房地产公司也应该将自己的营销策略作适当的调整，了解老年人的需求，并建造出适宜老年人居住的公寓、别墅等休养或休闲场所。这样才不会在未来面对市场竞争时而手足无措。

3. 人口迁移与社会城市化

人口在不同地区的密度是不同的，经济比较发达的地区往往人口密度较高，而经济欠发达的地区，往往人口密度较低。而房地产项目产品的固定性使得房地产市场具有较强的地域性，因此，目前房地产开发项目主要集中在人口密度大的大、中城市。

中国的经济发展迅速，而中国旧有的农村人口密集将会逐渐向城市转移。我国目前处于城市化加速发展的过程中，大量流动人口由农村涌入城市，由内地涌向沿海发达地区，有些城市常住人口与流动人口的比例高达1∶1。2005年，中国城市化率达到42.99%。

2020年我国城市化率达到空前高度，大量农村人口涌入城市，流动人口的增加给城市住宅市场带来另一片商机。人口迁移除会带来房地产数量上需求的增加外，也会导致房地产需求结构的变化，如前所述，民工的流入会增加对民工公寓的需求，而高校扩招后，大量学生进入城市，带来学生公寓需求的上升。房地产企业更应该及时了解需求，积极应对。

目前，中国城市化的目标已经确定，即到2050年之前，使城市化率提高到70%左右，这就意味着，城市化率平均每年约增加近一个百分点，每年约有1 200万人从乡村转移到城市。而这些城市人口的增加必然会带动房地产行业的发展。

4. 家庭规模与结构

以人口增长来计算新增的住房需求只是粗略地计算了人们对住房的需要。住房是作为一个单元主要提供给家庭居住的，住房需求往往是家庭成员的共同意愿。因此，进一步从家庭角度来分析对住房需求的影响更为重要。城市家庭结构主要从家庭规模、家庭类型来分析。

随着晚婚、晚育，较少小孩，更高的离婚率和职业妇女的增多，生活节奏加快，人们的思想观念和居住模式也发生了较大的变化，中国过去那种以四代同堂为荣的大家庭生活观念，已被老年人独居、年轻夫妇带子女和单亲子女的小家庭取代。因此，作为房地产的开发商、经销商应对房屋的式样作适当调整，以适合两人或三口之家居住。式样的多样性有利于迎合不同类型顾客的需求和欲望，扩大市场占有率，从而在市场竞争中立于不败之地。

（1）城市家庭规模是指城市家庭人口数量及家庭组织结构范围的大小。我国家庭规模变化的趋势是家庭的小型化，根据统计，2016年全国城镇居民家庭每户人口平均为3.1人。

（2）城市家庭类型是指城市家庭成员相互关系所形成的家庭模式。根据家庭成员的血缘关系，城市家庭可以划分为单亲家庭、夫妻家庭、核心家庭、主干家庭、联合家庭和其他家庭六种类型。在不同类型的家庭中，由于家庭人口数量不同，以及家庭代际成员组成的不同，有些要求单独居住，有些要求共同居住，对住宅产生了新的要求。

1）未婚：年轻、单身。这个阶段一部分与父母住在一起，另一部分需要离开父母另觅住所，但是他们都面临着结婚，需要考虑准备结婚用房，是一个重要的住房消费群体。

2）新婚夫妇：年轻夫妇没有孩子。这个阶段大部分解决了结婚用房，对住宅需求不强烈，还有部分仍寄住在父母家中、临时租借的房屋中，有强烈的住房需要，这部分人实际上是第一阶段的延续。

3）"满巢"Ⅰ：中年夫妇有了孩子。由于增加了人口，这一阶段对住房有了新的需求，但这也是经济负担较重的时候，限制了一部分的需求。

4）"满巢"Ⅱ：夫妇开始进入老年。子女工作，开始考虑子女的结婚住房问题。

5）"空巢"：儿女结婚与父母分居。夫妇开始考虑养老问题，一般没有住房方面新的需求了，但随着老龄化社会的到来，老年人住房问题日益凸显。

2.4.2 教育水平

由于我国在高等教育上取得的长足发展，我国的高知阶层迅速扩大。这一群体与普通居民相比，对住宅有着特殊的要求。一个人要实现自我价值，教育是最好的方式。对于广大的房地产商来说，将学校教育纳入小区楼盘规划，提供相当多的学位，不仅可以解决业主的教育需求，而且可以提高小区的文化品位。从全国各地情况下，业主挑选精品楼盘，除了满足正常的居住需求，如追求高品质生活外，大部分人是为了给子女挑选就学的学校。

2.4.3 消费习惯

不同种族、地区、国家人们的消费习惯差异很大，也会对住宅的需求产生影响。

2.4.4 文化环境

房地产与居住于其中的人是密不可分的，而人们分属不同的民族地域，有着各异的文化习俗、宗教信仰、语言思想、价值观念，处于不同的社会制度和经济发展水平之中，同一个社会又划分为不同的社会群体和社会阶层，具有不同的行为和生活方式，他们对住房的要求也不尽相同，对房地产市场营销产生了较大影响。从历史发展中来看，地球上的人类总是在一定的区域中生存，形成了一个个文化区，文化区拥有各种各样的行为系统。明显的居住形式、一定的经济体系、一定的社会组织，以及某种宗教信仰和仪式。文化区常从一个范围较小、性质较一致的核心区向过渡带渐趋减弱，其间并无截然的分界。每一种文化都可以产生一种需求，都给社会需求注入了一定活力。自从人类文明开始时，文化就对经济产生一定的作用，只不过那时还不起主导作用。很明显，当人们的基本生活都不能得到保障的时候，很难想象他们会受到广告的影响去行事。在人的基本需求没有得到满足时，可以利用利率、价格等经济因素来调节供求关系，这一时期的主导因素是货币因素，而当人们的基本需求得到满足以后，文化因素开始对人们的非基本需求发挥主导作用。其实，文化的作用，不仅在于创造新需求，同时，还在于不断地将非基本需求转化为一种稳定基本需求。比如环境文化，随着人们对健康的认同，以及对污染的恐惧，越来越多的人崇尚绿色家居，不会只是一种时尚的非基本需求，而将成为一种基本需求。应该说，随着经济的发展，文化的不断进步，越来越多的非基本需求会逐步发展成基本需求。基本需求在现实需求中所占的比例越大，经济就越稳定。在房地产营销中，需要一种鼓动机制，来不断地激发人们的需要。从某种意义上来说，文化正可以起到这种作用。

从广义的范畴上来说，居住文化包括居住需求偏好、住宅消费传统、价值判断、修养、情趣及思维和行为方式等诸多不可计量的非经济因素。这些因素对房地产市场营销有着不可估量的影响。如当前住宅的户型设计、住区规划、营销策略、投资理念、消费方式等，无一不受到居住文化的影响。特别是在住宅商品市场成为买方市场后，由于社会成员对于生活品质的追求和生活方式的改变，提高住宅文化的附加值，必将成为研究房地产市场营销环境的重点。

2.5 技术环境分析

技术环境是影响企业发展诸多要素中较为活跃的要素，对房地产行业发展的影响颇大。20世纪人类在工程技术方面取得了日新月异的进步。美国工程界评出的20世纪最伟大的20项工程技术，其中直接与住宅相关的就有11项。这些成就改变了人类的生产和生活质量。房地产形成了环保、节能、智能、绿色等新概念。

首先，技术因素对房地产的投资、营销方面产生很大作用。一方面，现如今房地产投资面临诸多问题，其中最为关键的是融资，政府调控的升级及银行信贷的收缩直接加大了房地产行业的融资难度，但房地产企业也在不断推进融资创新，通过企业自筹资金、银行融资、P2P、风投等资本市场直接融资、建筑公司工程垫款和购房者预付款等多种方式加强融资力度。另一方面，体验式营销和全程式、全员式营销创新，让购房者在选购住房时接受有针对性的专门服务，体验家的感觉，还从项目定位开始就建立全套营销方案，公司全员参与营销全过程。

其次，随着科技发展，环境意识增强，人们对于科技住宅的需求也逐渐显现。技术的更新，让住宅不再是简单的"盖房子"。建筑类型层面从剪力墙结构到框架结构的革新，使住宅实现了6层建筑之上，小高层、高层乃至超高层的发展；装修材料的运用实现了从"毛坯"到"精装"的发展；科技系统的运用，让科技住宅、绿色住宅、智慧住宅层出不穷。与传统住宅相比，科技住宅、绿色住宅、智慧住宅等在工程理念、技术手段、投资效益等方面都有所不同。

在工程理念上，传统地产建筑的核心价值是最大化地追求效率和利益，很少考虑对资源和环境的破坏，而科技住宅等注重以人为本，强调自然、建筑和人之间的和谐统一。

在技术手段上，传统地产建筑大多采用粗放型产业经营模式，能耗和污染都很大，而科技住宅等强调建筑材料的可循环利用，提倡应用高效节能的建筑技术，如住宅的节能门窗、冷暖控制、太阳能利用等节能和新能源利用成套技术及住宅智能化技术等。

在投资效益上，科技住宅等注重全寿命周期的协调发展及人性化、智能化的设计与应用，因此前期投资较大，到运营阶段方显现其经济效益和社会效益。

如果20年前、10年前，房地产只是普通的"盖房子"，那么现在可以说，中国消费者对产品越来越挑剔，对于品质及生活方式的要求不断升级。在"白银"时代的房地产市场里，消费者更注重产品的品质和服务，这也是对房地产品质时代的呼唤。"白银"时代的房地产行业,在科技层面的竞争开始激烈起来。原本以为开发商都是盖房子的,区别不大,但随着企业战略的转型,盖房子不仅有了门槛,而且是一个专业要求很高的行业。在健康的市场环境里,高品质楼盘必将主导市场。科技化、绿色化的生态节能产品及拎包入住的精装修优质产品,也必将成为未来房地产的发展趋势。

2.6 五力分析(微观环境分析)

2.6.1 购买者砍价能力分析

根据现在市场情况来看购买者几乎没什么能力与房地产商讨价还价。

1. 购买者分析

(1)买方购买房子是因为需求,购房需求大概可以分成以下三类:

1)因居住需要而购房(生理性需求)。

2)因投资谋求长期稳定的租金收益而购房(投资性需求)。

3)因投机谋求短期房价差的炒房需求(投机性需求)。

三类需求有市场保底稳固的生理性需求,这是中国人口基数决定的,这一需求要在相当长的一段时间内存在;也有社会富余资金作为长期投资而注入房地产的投资性需求。第三类需求也是拉动房价的一个主要原因之一,资本市场的游资为了谋求房价差,对有炒作能力的城市大量投入,引得该区域的房价非正常情况攀升,带动了房地产泡沫。

(2)购买者获取信息能力。购买者在获取房地产信息方面可以有很多渠道,能够了解市场需求、实际市场价格甚至房地产成本等方面的信息,但由于购买者需求或炒作等原因仍不顾成本代价地竞相买房。可以说知道不知道都没多大影响。

(3)买房转换成本。虽然房地产无多大差异化,标准化程度高、转换成本也低,但随着房地产市场的不断扩张,购买者想买房的欲望也逐渐增强,担心晚一点买会更贵,所以,消费者产生恐惧心理赶晚不如赶早,如此更使得房地产业蒸蒸日上,趋于白热化状态更炒作了房地产,即使国家做了许多宏观调控却也无多大成效。

(4)买房的数量因素。大多数人购买房子是生理需求,所以不会买几套甚至是更多的房子,在这方面更无讨价能力。当然也有部分是商业写字楼需求量比较大,有一定的议价空间。

2. 市场分析

(1)房地产的位置。

1)土地的垄断性。土地作为财政收入的主要来源,因其特性,国家每年按计划供应城市可开发土地,在粮食、金融、房产这三者之间做出决策。供应的土地越来越少,导致土地价格上涨,而最近几年开发的土地多是以前开发商通过收购、合并等方式获得了土地开发权力,在新旧土地价格的差别下,新供应(通过招拍挂方式)的土地开发利润低,但是价格高涨,存量土地成本低,这样行业的不规范性使房地产成了典型的暴利行业。

2)房地产在金融中的地位性。银行的贷款通过住房、门面、土地等不动产做抵押担保已成了一个基本常识,房地产成了个人、企业的黄金储备,如果房价降,受损的是我国的金融体系。房地产是一个资金源密集型产业,随着我国经济 GDP 持续稳定地增长,不动产价格也会持续稳定地增长。

3）存量房的增值性。假如某年某地区一季度的供应量和销售量是1.5：1，销售量比2019年同量减少，但是价格与去年同期相比上升了3.5%，这有一点不合乎市场逻辑，但是正是由于不动产价格的持续稳定增长，使开发商愿意存量而不愿降价销售。

（2）城市房地产的重组、开发与变机。城市里的房地产开始重组，在中国大陆可以运用土地国有这一原则来进行城市土地改造和土地开发。上海新开发了浦东，完善了各种配套设施、市场功能很全，所以，人们愿意搬到一个新环境里面去。政府将腾空出来的市区的旧房子改造成新天地。在我国，这种机会到处都是。房地产重组创造新的环境，就产生了很多商机，也产生了很多购买的机会。

1）应变和善变。中国人掌握应变的能力甚至领导应变的能力都是超强的。中国人在美国的社会里一样可以生存，过去做餐馆、做洗衣店的是老华侨；而现今新华侨已渗入了美国高科技产业里面。在房地产方面也一样，今天谁能在许多领域进行新的修改、修正、变动，领导市场潮流，创造人类所需要的新产品，谁的产品就会备受欢迎。

2）找变求发展。公共设施在变，也带动周围的房地产产生变动。这是一个变动的时代，唯一的不变就是经常变动。例如，现在在上海谈办公，一定是在浦东。原因就是浦东推出来的全部是最新的不动产，使很多世界前500强的企业都进入浦东，于是这种集结效应就更增强了整个区域的发展。

（3）再开发阶段。过去，人们都只注意到住宅和一般的办公室，但是实际上营运型的不动产拥有一个很广阔的需求面的开发空间。做一个营运型的不动产或者要做一个住宅开发的时候，面对的消费者是完全不一样的。就像在上海做房地产，外环马路内的房地产与环外的房地产就不一样。因为人口结构不同，人口的数量、品质、所受教育程度都不一样。不能用同样的方式去放在不同的市场上来行销，应该根据这个市场的特性来做好行销规划、广告及整个产品设计、设备的选择，在一个相对稳定阶段的基础上再开发就是目前的机会。重新开发这些东西就回到了地区性商业设施及市场需求，这就又给我们提供了很多的新机会。

（4）房价居高不下的原因。受国家"增加供给"的调控政策影响，2007年上半年，土地供应面积和房屋竣工面积同比增速较快，但全国及主要城市的房价居高不下，甚至越调越高，政府调控房价的目的短期并无成效。究其原因，有必要对房地产行业五方主体进行经济分析。房地产行业涉及多方利益关系，包括国务院、住房和城乡建设部、人民银行、地方政府、商业银行、开发商、勘测单位、施工单位、设计单位、监理单位、消费者、投机者。为了便于比较，以求大同、存小异为原则，将这些利益集团划分为中央政府、地方政府、开发商、消费者和投机者五个主体，对其进行收益和风险分析。

综上所述，房地产商有足够的利润空间，但这并不给购买者很大的有利条件砍价，也正因此，买方在购买房子时是比较被动的，可以说有选择权却也是不得不接受市场的状况及现实。买者议价空间小，砍价能力弱，不会对房地产商的盈利产生较大影响。

2.6.2 供应商的议价能力

1. 土地

（1）在我国，城市土地属于国有，土地供应由政府控制。政府也在相当大的程度上控制着建房和买房的融资成本。房地产业利润水平在很大程度上与政府政策密切相关。中国各地人口、土地资源及经济发展水平千差万别,可是房地产不能在地区间流动,从而形成全国统一的大市场,因此,各地方政府的有关政策,对当地房地产业的价格和利润水平影响更为直接。

土地费用包括土地出让金,土地征用费或拆迁安置补偿费。房地产开发企业取得土地方式有了变化,必须通过招标、拍卖和挂牌才能得到。目前在我国城镇商品房住宅价格构成中,土地费用为20%~50%,并有进一步上升的趋势。

土地价格指数上涨对住宅销售价格影响最大。

(2)供应产品具有高度的差异化,在现有情况下,供应商销售的产品缺乏有效的替代品。

(3)卖方给买方的转换成本很高,其对供应商的依赖性大。

(4)房地产行业竞争激烈,同一个供应商相对来说具有多个买方,供方具有较强的议价能力。

(5)各方利益主体实力相差巨大,无法做出一个兼顾各方利益的政策。

2. 前期开发工程费

前期开发工程费主要包括征用土地的拆迁安置费、勘察设计费、项目论证费,在我国还有"三通一平"基础设施建设费等。"三通一平"是指临时施工道路、施工用电、施工用水的配置和平整施工场地。

3. 建筑安装工程费

建筑安装工程费是指房地产建筑的造价,是房地产价格的主要组成部分。其由主体工程费、附属工程费、配套工程费和室外工程费构成。工程造价上涨造成住宅与非住宅销售价格上涨。

4. 开发管理费

开发管理费用主要是房地产开发企业为组织和管理房地产开发经营活动所发生的各种费用。其包括管理人员工资、差旅费、办公费、保险费、职工教育费、养老保险费、广告费等。

5. 税金

房地产因开发周期长,需要投资数额大,因此,必须借助银行的信贷资金,在开发经营过程中通过借贷筹集资金而应支付给金融机构的利息也成为开发成本的一个重要组成部分。但它的大小与所开发项目的大小、融资额度的多少有密切关系,所以,占成本构成比例相对不稳定。税费包含两部分:一部分是税收,与房地产开发建设有关的税收包括房产税、城镇土地使用税、耕地占有税、土地增值税、两税一费(营业税已改增值税,城市维护建设税和教育费附加)、契税、企业所得税、印花税、外商投资企业和外国企业所得税等;另一部分是行政性费用,主要由地方政府和各级行政主管部门向房地产开发企业收取的费用,项目繁多且不规范,包括征地管理费、商品房交易管理费、城市建设配套费、人防费、煤气水电增容费、开发管理费等。

6. 其他

土地价格上涨、建筑材料价格上涨,新建住宅品质提升,中低位商品住房供应比重下降,投资和投机性购房的拉动,地根、银根紧缩。房屋建设需要雇用大量劳动力,所需的基本材料通常可以就近生产,在生产和消费过程中都需要金融机构提供大量服务,特别是房屋不能进口。因此,房地产业在很多经济体中都发挥着其他行业难以替代的支柱作用。

2.6.3 替代品的威胁

1．租赁

租赁市场的发展并不会在很大程度上影响房地产的上升趋势。房地产市场主要受供求关系的影响。这部分租房的人仍然是潜在的买房群体，并不能根本上解决房地产过热的情况。他们的买房需求依然可能促使房价的进一步上升。而且就北京市而言，租房的市场扩大还有一部分原因可能是由于2008年奥运会在北京举行，很多人只为了看奥运而短期居住，并没有长期居住的打算。而且由于房价的上涨，房租也在不断攀升，这越加激发了人们想要买房的欲望。

2．廉租房

廉租房是指政府以租金补贴或实物配租的方式，向符合城镇居民最低生活保障标准且住房困难的家庭提供社会保障性质的住房。以廉租房政策推广较好的上海为例，2003年4月，廉租房的认定标准由人均居住面积在 $5\ m^2$ 以下提高到人均 $6\ m^2$ 以下。2003年12月，认定标准再一次上调到 $7\ m^2$ 以下，同时将人均居住面积低于 $7\ m^2$、人均月收入低于570元的老劳模和重点优抚对象也纳入了廉租房的解决范围。当今世界，住房难题几乎困扰着所有国家的平民百姓。即使在发达国家，"居者有其房"也不是所有人单靠自己的力量就可以实现的。但在这些国家，政府对这个重要的民生环节，已经总结出了丰富的经验及政策。建设部明确要求，全国所有市县在2007年年底前必须建立"廉租房"制度。政协委员厉以宁说："政府管廉租房，把廉租房看好了，供给需求，需求下来了，它就得到满足了，这样会有助于缓和房价的供求矛盾，廉租房这是政府的责任应该盖的。"

3．两限房

两限房所说的两限一个是限制价格，限价不是死价，它的价格有个上限，也就是无论卖多少，都不能超过这个价格。另一个就是限制居住面积。这个面积肯定比同地段的普通商品房的面积小。限价房可以上市销售，而且价格是由卖房人自己制定，不再受政府的约束，但是一般买了限价房的人是不会卖的，因为买房的人资格是严格把关的，炒房产的人肯定买不到限价房。

4．经济适用房

经济适用房是指具有社会保障性质的商品住宅，具有经济性和适用性的特点。经济性是指住宅价格相对于市场价格而言，是适中的，能够适应中低收入家庭的承受能力；适用性是指在住房设计及其建筑标准上强调住房的使用效果，而不是降低建筑标准。它是国家为解决中低收入家庭住房问题而修建的普通住房。这类住宅因减免了工程报建中的部分费用，其成本略低于普通商品房，故又称为经济适用房。随着时代的发展，经济适用房的适用性也会发生质的变化，即随着经济发展水平的提高而不断地提高住房质量。因而，经济适用房的建设在数量上必须满足不断增长的住房需求，在质量上要通过精心规划、精心设计和精心施工，使经济适用住房的建设达到标准不高水平高、面积适中功能全、造价不高质量高、占地不多环境美。

房子本身是一种不可替代的东西。而以上所写的无论是廉租房还是经济适用房，都是国家实施的政策，因此总的来说，是国家的相关政策在起作用。

房地产行业与一般行业是不一样的，并不是每个人都承受得起房子高昂的价格。因此，通过五力分析它的潜在进入者、替代品等信息并不能完全了解这个行业状况。

5. 二手房

二手房市场步入盘整状态是由于调控政策持续发力、第二套房贷款门槛提高，实力较弱、改善型购房者暂缓购房计划，而卖方依然看好后市绝不降价，上海的二手房市场已步入盘整状态。

其他区域则属于相对的弱势。究其原因，在于一系列房贷紧缩政策对购房需求起到了一定的抑制作用。2008年元旦执行新利率后，大部分消费者感受到加息累积的压力。第二套房提高首付及利率抬高了购房贷款的门槛，资金实力较弱的投资者及升级置业者均受到一定的抑制，从而放缓购房计划。而卖方则坚信2008年又是一个"丰收年"，即使挂牌出售，也本着打探行情的想法，坚决不降价。市场整体表现为多方胶着的局面。

上海二手房指数办公室判断，上海二手房市场在经历大幅攀升之后，已开始步入盘整状态。放眼2008年央行收紧的房贷政策会使得大多数投机、投资购房者知难而退，预计市场上投资客较为密集的区域将会出现挂牌房源增多的现象。

6. 代理机构重组

提到二手房成交，似乎就不能不提到二手房成交的重要机构——中介。有数据统计显示，90%以上二手房的成交90%是通过中介机构完成的。可是，目前中介行业的现状却让很多人放心不下，2007年年底中天老总的卷资出逃和2008年年初创辉的迅速消亡，给了中介行业振聋发聩的警钟。中介行业和地产行业几乎同时兴起，同时发展。中介行业的兴衰发展直接反映着地产行业的状况。

2.6.4 潜在进入者分析

我国的房地产行业步入逐渐成熟期，1998年，我国停止住房实物分配，住房供给开始走向市场化，为房地产行业的快速发展制造了契机。市场需求的上升，行业投资的加大，企业营业收入和利润的快速增长，专业化、品牌化的形成，标志着我国房地产行业已经步入逐渐成熟期，行业健康发展，有着较大的上升空间，是一个可以继续投资的行业。但是现在关键是如何进入房地产这个行业。进入每个行业都有它的进入壁垒。相对来说，在之前，只要有资金，以及一定的社会关系就可以进入这个炙手可热的行业。再经过一段时间就可以挣个盆满钵满。然而，随着竞争对手的增多，以及国家规定的严格化，进入的壁垒越来越高了。进入壁垒，也称进入障碍，是指进入厂商必须承担而在位厂商不必承担的成本，它是不完全竞争市场存在的根本条件，如果不存在进入壁垒，厂商可以自由进入或者退出某一市场，则市场可以达到完全竞争或者可竞争状态。进入壁垒主要包括规模经济、产品差异、资本需求、转化成本、政府政策、销售渠道等。并不是所有企业都能进入有实力的行业。

房地产业的进入壁垒主要包括以下几项：

（1）需要企业有绝对的资金实力。现在随着银行银根的收缩，以及利息的提高，企业的自有资金就变得更加重要了。而且销售费用的需要也变成巨额了。

（2）土地资源壁垒。作为一个房地产企业，如果不能获得房地产开发所需的土地这一核心资源，即使房地产企业在一个地区设立起来了，也不能认为是真正进入了这个地区的市场。我国自开展城市土地有偿出让制度以来，大多采用协议出让土地的方式。协议出让方式是由出让方和受让方就特定地块通过协商谈判而有偿转让土地使用权。在此方式下，由于土地使用权的取得不是通过开发商之间的相互竞争来决定，而是由政府与开发商双方私下协商确定，最终谁能获得土地使用权在很大程度上取决于开发商的寻租能力和政府的主观偏好。在这种情况下，一些真正有实力的开发商可能因为拿不到土地而陷入无地可开发的窘境，而一些实力有限的开发商则更是难以拿到土地；相反，一些有政府背景或是善于寻租的开发商则可能圈占大量的土地并成为土地批发商。

(3) 行政管理壁垒。在开发一个项目之前，房地产商必须取得5个证书，即建设用地规划许可证、国有土地使用权证、建设工程规划许可证、建设工程许可证、商品房预售许可证。为了办好这5个证，总共要盖20多个章，涉及当地政府的城市规划、房屋管理、国土资源、工商管理、税务、建设、交通、环保、节能、卫生等部门。由于政府管理的越位，导致过度干预房地产市场，加上政府审批繁杂和效率低下，官员在审批中的寻租，形成了行政性进入壁垒。

现在面对越来越紧缩的财政政策、土地政策，以及国家的一系列的打压房地产的政策，房地产行业暂时处于水深火热之中。而王石的"拐点论"更加使消费者坐观房价的下跌。故而在未来的一段时间内，房地产行业内将会进行一次比较大规模的"洗牌"，而这次"洗牌"将会把整个房地产行业带入成熟期。其所带来的后果是一些小规模、经营不善的房地产商将会退出行业内的竞争，留下几家房地产商成垄断的形式。而这些更加加大了之后潜在进入者的壁垒。

2.6.5　行业内竞争分析

一般来说，同一个产业内的企业是相互制约的，一个企业的行为必然引起产业内的企业的竞争。现有企业之间的竞争往往是五种力量中最强大的竞争力量，为了赢得市场地位和顾客的青睐，它们通常会不惜代价，甚至拼得你死我活。而作为房地产行业来说，其竞争强度取决于以下因素：

(1) 没有某一家企业主导这个产业。现有竞争者的数目众多，仅考虑国内情况来说，各大集团有相当多已进入房地产行业，就目前的情况来看，还没出现某一家企业主导这个产业的情况，竞争还比较激烈。从一定意义上来说，竞争者的数目越多，市场上就越容易出现创造性的战略行动。现有房地产企业在短期内面临着行业内重新洗牌的情况。

(2) 根据行业内的"状元"万科集团的观点。在万科眼中，自2004年以来，尽管行业景气的表面现象时有跌宕，市场氛围也不断在乐观与悲观之间反复徘徊，但支撑住宅市场基本面的诸要素并未发生任何根本性的改变，而行业内在的发展规律更是始终如一。在万科看来，要看清今天的行业，要判断明天的市场，其实答案早在数年前就已经揭晓。行业今天面临的局面，与2005年二季度的情形颇有相似之处，回顾2004年到2005年曾经发生的变化，则市场氛围从2007年到2008年的转折也似曾相识。不同之处仅仅在于，2005年的忧虑是对政策调控的反应；而今天的寒意，则来自市场现象的变化。住宅是人类生存必需的基本物资，也是社会成员改善生活品质最重要的物质基础之一。决定住宅市场基本走势的，是经济的成长性、人口结构和居住形态的变迁。经过20多年的发展，我国已在世界经济尤其是进出口贸易中获得举足轻重的地位，并保持着全球最快的增长速度。

(3) 房地产行业具有高固定成本和高存货成本的特点。由于该行业需要投入大量的资金，以及房地产业最重要的土地储备，因此，都将产生大量的成本。由于消费者对房价的预期，现今房地产市场上往往会出现"有价无市"的状况。商品房价格居高不下，房地产商死扛着价格。国家也开始出台相关政策，紧缩银根。未来很有可能导致某些房地产企业面临资金链断裂的状况,进而导致企业的破产。不排除地产行业像20世纪90年代的彩电行业那样,发生惨烈的价格大战,导致产业的整体利润的下降。

(4)房地产行业的产品即商品房除个别企业坚持走自己的产品特色路线外,行业的产品同质化现象非常严重。行业内的产品差异化较小或趋于标准化,大多数企业的定位不清。这就使企业将重点放在产品价格和售后服务等方面,如加强小区的物业管理水平。由于房子是大多数普通民众一生中最大的一笔支出。所牵涉的方方面面太多,使得消费者在购买的过程中,往往非常谨慎,通常在购买的时候货比三家,较低的转换成本产生的影响和服务的差异化基本相同,消费者的转换成本越低,竞争对手就越可能通过提供特别的价格和服务来吸引顾客。这就为激烈的价格战埋下了伏笔。高转化成本,至少能在一定程度上保护企业抵消竞争对手吸引顾客的努力。

(5)形形色色的竞争对手。在任何的产业中,竞争对手都有各自的特点,房地产行业也不例外。其不同体现在战略、目标、企业文化等方面。其竞争对手各有各的目标和战略,例如万科认为:"多时候,从表面上看是市场的变动导致了市场预期的变化,但深入探究,我们可以发现,其实是市场对短期预期的某种不确定性而放大了市场的短期波动。作为这个年轻行业的领跑者,尽管万科没有足够的能力主导市场的态势,但应当必须直面市场的观望和疑问,并始终秉持拥有充分把握的立足之道。幸运的是,身为为数不多的见证这一行业自肇始以来全过程的企业之一,我们更深切地感受到来自市场运行本质的力量。由此而获得的宝贵经验,亦成为前瞻未来的基础。如果对万科所沉淀的经验和信念做一个扼要概括,那就是坚持自己对长期趋势的判断,并对行业自身可能发生的情绪波动始终保持警惕,而这也正是万科当前的选择。类似中国正在经历的高速现代化、城市化发展进程,在每个国家的历史上恐怕都只有一次机会。身处这一特定历史阶段,又与城市化紧密相关的中国住宅行业,其足迹注定无法平凡。类似的亢奋和接踵而来的回归,在未来仍可能再次甚至多次降临。作为这个领域的从业者,万科团队的成员将尽力守住一颗平常心。撇去表面的喧哗,真实的购买力始终在悄然生长,而住宅业迈向成熟的步伐也从未停歇。作为一个自由准入的行业,所有资源和机会对每个参与者正日益变得公平。凭借一笔先得的资源就可以坐收利润的时代已经结束,未来只有那些真正创造价值的企业才能在这个充满竞争的行业中长存;只有那些转化资源效率最高、能以最低消耗创造最高性价比产品的企业才能最终赢得胜利者的桂冠。"

正是基于这样的思路,万科公司将2008年的主题词确定为"虑远积厚·守正筑坚"。在住宅行业中耕耘了二十年的万科,越来越意识到只有回到市场逻辑的起点,不断强化自身的能力,才是应对一切市场变动最简洁、也最有效的终极策略。有志于成为世界级优秀住宅企业的万科,越来越意识到,市场是最公平的游戏,在这里不存在取巧的捷径,只有脚踏实地、一步步前行,才是通往理想的康庄大道。这些对市场的基本判断将很大程度地影响企业将来的处事风格,指引企业的前进方向。并且差别使得辨别产业中的竞争规则变得极其困难,加剧了竞争的激烈程度。

(6)由于房地产行业存在高额的战略利益,极有可能划定未来的势力范围,所以,各企业都积极采取某种战略来抓住这个机会,抢占市场,获得高额利润,这时,产业中的其他企业就有可能加入竞争,加剧产业中的竞争强度。但是,房地产行业由于种种原因,存在着进入壁垒高,退出壁垒也较高。这使得房地产行业是一个高风险高利润的行业,这些也将影响行业内的竞争状况。

第 3 章　房地产策划主题

3.1　房地产策划主题与主题策划

3.1.1　策划主题

房地产策划就像创作文章一样，需要有鲜明、独特的主题和统一的"中心思想"。主题是概念的外显，是概念形象、感性的表述。主题是一个成功策划的灵魂，它统率着整个房地产项目策划的创意、构想、方案、形象等要素，像一根红线贯穿于整个项目策划之中，使策划的各个要素有机地组合成一个完整的策划作品。项目建设活动有了主题，就像优秀的散文一样有了灵气，颇具传神魅力。若一个策划没有主题，或有多个零散主题，或主题激发不了参与者的兴趣，则这一策划必然逃脱不了失败的命运。

房地产策划主题是项目集中表达的特殊优势和独特思想，是发展商倡导的某种生活方式。特殊优势是客观具备的有利条件，其中有些是一目了然的，无须过分强调，本身就有吸引力，如区位、地段、交通、环境等；有些则是潜在的，要通过反复调研、考察、分析，才逐步明了；而发展、昭示并且淋漓尽致地渲染和表达这些潜在优势，往往会使项目独具特色。独特思想是主观创造的特殊概念个性。通过主动营造某种主题氛围，激发人们对特定生活意向的联想，使居住的物质环境变得人性化、亲情化，真正符合"以人为本"的思想。

策划主题包括宏观主题和微观主题。宏观主题是指贯穿于整个项目的中心主题，它是房地产项目开发思路、市场定位、规划设计、营销推广、物业服务等方面的综合体现。微观主题是指在中心主题统率下各个环节体现出来的具体主题，如市场主题、设计主题、营销主题、广告主题等，它们是房地产项目各个方面思想的分别体现。宏观主题从项目的整体上统领着微观主题，微观主题在项目的具体环节上支撑着宏观主题，使之既鲜明又丰满。

3.1.2　主题策划

主题策划也称概念设计或理念设计，是房地产策划中一项相当重要的内容，它是策划人通过房地产策划实践总结出来的一种有效方法。主题策划是房地产策划的核心，通过主题策划的贯穿和支持，可以推动房地产项目开发的全面创新。

主题策划（理念设计）有狭义与广义之分。狭义的主题策划（理念设计）是指为规划设计或建筑设计所赋予的一种创意概念。王志刚指出："如果我们能在房地产建筑工程设计以前，就赋予它一个非常到位的概念、理念，最后用建筑语言去阐述这个概念，这样做出来的房地产，市场可靠性就非常大了，而且升值的潜力也非常大。"这里指的是狭义的主题策划。广义的主题策划是指为项目开发所赋予的总体指导思想，是贯穿项目发展始终的"灵魂"。两者是整体与部分的关系，宏观是统领和指导全局的，而微观必须服从宏观，并丰富、实现宏观策划。下面以2000—2003年建造的一些项目为例进行说明。

（1）2000年：阳光100国际公寓在"创造第一"的策略方面，首推"与建筑大师对话"、"数字案名"、聘请外籍销售人员、"CBD概念"、"小户型"和"异型户型"等做法，产生了巨大的"轰动效应"。在"差异化卖点"的策略设计方面，"Mia计划"体现"个性化家居顾问"的服务创新；"企业联盟"项目和SOHO现代城在新经济条件下的"非产权联合"，共享市场资源的行动，引起广泛的关注。

（2）2001年：当代万国城在"创造第一"的策略方面，"国门路第一商务区"前瞻性地确定北京市东直门区域的价值和潜力；"社区金融"的服务创新概念适应于中国进入WTO后"服务创新"的趋势和"热点"问题。在"差异化卖点"的策略设计方面，"一梯一户私家电梯厅"的产品差异性主题概念重视未来城市、社区垂直交通的发展方向和人文关怀；"第三代亲水住宅"的产品差异性主题概念区别于同时期其他多家项目主打"水景概念"的做法，获得较高的"关注度"和市场影响力。

（3）2002年：嘉铭桐城（二期）在"创造第一"的策略方面，"首席亲情文化社区"塑造新型的社区人文关怀，建立具有高度"亲和力"的项目品牌形象。在"差异化卖点"的策略设计方面，"三全服务"（全员、全程、全效）的差异性主题概念适应中国房地产全面进入"服务竞争时代"的趋势，同时引领"2002年——服务主题年"的新潮流。

（4）2002—2003年："恋日"系列品牌项目："恋日"品牌，具有很高的市场影响力，对发展商来说，应该"拷贝昨日的成功"，可以"复制"市场，以节约交易成本。因此，在开始合作时，首先就提出和确定"品牌整合"的营销战略，其次对系列品牌项目又制定出"差异化、个性化"的策略。

1）"恋日国际"：首家"独立式公寓"，"独立生活宣言""定制化主张"的主题创新和"国际标准一居"的产品差异性概念，全新定义和诠释了CBD的"先锋居住"。

2）"恋日绿岛"：首家"元素住宅"和"原创建筑"，强调重视在居住的"微观、细节（元素性）"方面的标准化和原创性，并在"宏观、中观"层面上进行高效的"聚合"和组织，使其成为真正面向未来的"Next建筑"。

3）"恋日嘉园二期"：首家"新艺术流派建筑"的产品差异性主题概念和"客户全面体验"的主张，倡导未来城市、社区发展的方向和居住的人文关怀。

（5）2002—2003年："枫桦豪景"项目："新文化运动纲领"的主题和"新白领Smart公寓"的产品差异性概念，倡导"更多的社会责任感、更多的进取精神和对终极价值的关注"的生活理念，创造"更多的智慧、更多的时尚、更多个性化"的居住空间。

3.2 房地产策划主题作用

策划主题是项目开发理念的抽象概括。它是房地产项目开发思想、市场定位、规划设计、营销推广、物业服务等各方面的综合体现。一个成功的策划主题，对整个房地产开发项目具有如下作用。

策划案例：红酒主题度假庄园

（1）策划主题能统率、贯穿项目的各个环节，使项目的各个要素围绕着中心思想展开。房地产项目从开发到完成要经过很多环节，各个环节要在主题概念的统率下才能不偏离项目开发的中心和方向。除了策划主题能起这样的作用，其他因素是无法完成的。开发商的土地选择、规划设计、建筑工程、营销推广、物业管理、社区文化建设等行为均围绕这一中心完成。如广州"保利花园"，它的主题是"国家康居示范工程小区"这一概念。为了赋予主题概念以内容，"保利花园"为达到国家康居示范工程标准，规划、设计通过市场招标，设计方案改了数次；政府允许容积率为3，但"保利花园"仅为2.2，牺牲的容积率，换来了好环境。为了使概念支撑好内容，"保利花园"在"国家康居示范工程标准"方面付出了巨大努力。

（2）策划主题能体现项目产品的综合设计创意，使产品在文化内涵上满足人们的精神需求，在品质功能上满足人们的物质需求。房地产产品与其他商品相比，具有物质功能复杂、精神内涵丰富的特征，特别是住宅产品更是如此。优秀的主题概念，在文化内涵上给予人们精神上的愉悦和满足；在品质功能上给予人们舒适和满足。这是因为策划主题能体现项目产品的文化内涵、科技内涵和服务内涵。广东顺德"碧桂园"的主题概念"给你一个五星级的家"，使客户入住后享受到了星级酒店的待遇，有"宾至如归"的感受。这种感受无论在精神上还是在物质上都是相当明显的。

（3）策划主题能使项目具有区别于其他项目而展现出来的特有的个性。这种项目个性，无论在内容、气质上，还是在形式、手段上均独具一格，别人难以模仿。著名的例子是广州"奥林匹克花园"，它的主题概念是"运动就在家门口"，把奥林匹克精神的体育理念贯穿于项目之中，在建筑造型、配套设施、社区文化等各个方面都与"运动"有关，最终使项目体现出人们极力追求的"健康"心理，具有独特的个性，人们无法"克隆"。

（4）策划主题能使项目在推广时易于体现项目优势，赢得买家的广泛认同。每个项目都应有自己的项目优势。项目优势来源是多方面的，有的在建筑风格方面，有的在规划设计方面，有的在地理位置方面，有的在生态环境方面，还有的在配套实施方面。这些项目优势如果不在策划主题上体现出来，就很难引起买家注意。往往有这样的情况：一个相同项目在不同的策划人手里，命运就不一样。这里除其他原因外，一些策划人不善于用主题概念来表达项目优势，从而导致项目滞销是一个主要的原因。

（5）策划主题能提升房地产产品的价值。策划主题作为概念资源，如果没有具体的内容来支撑是无价值可言的。如果它由具体的内容支撑着，就有一定的价值，这个价值就是人们所说的附加值之一。主题概念能提升房地产产品的价值，实际上就是使产品的附加值增大了。新颖、独创的主题概念，能使项目的价值高出同类项目的价值很多，很快销售出去。

（6）策划主题给项目注入了文化附加值。人们在购买住宅的同时，也选择了一种生活方式。针对居住者不同的需求提出的各类概念，如生态、健康、艺术、亲情等，其实是在策划各种不同的生活方式。房地产开发中，通过概念策划及规划设计、施工、运营等工作，将人们的居住理想凝结在楼盘中，从而使住宅具有了精神层面上的意义和价值。这种精神层面的意义和价值最终会对住宅产品的销售价格产生巨大的影响。要实现概念的增值作用，必须具备两个条件：一是概念的各种承诺在住宅产品中得以充分实现；二是住宅产品有着优良的品质，如果住宅本身的品质不是优质的，那么附加的概念也会失去意义。

策划案例：音乐主题别墅区

3.3 房地产主题策划基本原则和要求

3.3.1 主题概念的要求及基本原则

1. 主题概念的要求

（1）立意新颖、富于个性。项目主题流于形式，陈旧、雷同，不是好的主题概念。

（2）主题简洁、易于流传。主题概念朗朗上口，平易近人，是最容易流传的。

（3）含意深刻、便于挖掘。主题概念在简洁的基础上，要含义丰富、深刻，内容广泛，使其在进一步挖掘时有广阔的空间。

（4）适度超前、合乎实际。发现的主题概念最好是前人没有用过的，并且要有适度超前意识，但又要合乎实际不能与现实脱节。

2. 主题概念的基本原则

（1）主题概念必须迎合市场的发展趋势和需求。这就要求主题概念一方面根植于买家生活中的根本需求和成长需求；另一方面高度重视市场及行业走势，尤其要特别注重那些已经被人们认同，却又没有在市场上得到充分满足的需求。

（2）主题概念必须立足于项目或企业的自身优势。如果不符合项目或企业独特的优势，主题概念一定做不好。不以自身优势迎合市场，即使主题概念做出来，它的演绎和支持体系也不完善，甚至很容易被别人"克隆"，而且有可能比自己做得还好。尽管花了很大的力气去做，却被别人所利用，让别人出尽风头。

（3）主题概念要有足够的深度和广度。主题概念的内涵有足够的深度，才能充分挖掘出源源不绝的题材以吸引买家；主题概念的外延有足够的广度，才能包容社区开发的种种要素。

（4）主题概念要有独创性。项目主题要非常独特，与众不同。如果是市场上已有的概念，就要在内容上有所突破、创新和提高，在表现形式上别具一格。

（5）主题概念要有完善的支持体系。完善、坚固的主题支持体系是主题概念得以实现的有力保证，否则在市场和竞争中，只不过是一种包装，经不起时间的考验。

策划案例：办公空间也是开放式的运动主题公园

3.3.2 主题策划的基本要求

1. 策划项目要运用创新或独到的思想理念

主题策划要取得较好的策划效果，与创新的策划思想理念是分不开的。房地产项目开发理念日新月异，各种新思想、新观念、新理念层出不穷，策划人要深刻领会这些理念的精髓，把握它们的实质，并将其灵活运用到策划实践中。在运用这些新理念的同时，还要进行筛选，将带有独到的思想理念运用好，引导主题策划的新潮流。例如，北京"SOHO现代城"，运用"概念地产"理论来策划，达到了炉火纯青的地步，被广大的专家学者认为不可思议，而发展商却得到了额外的回报。

2. 策划项目要领先引导消费者的需求

主题策划不但要满足消费者的需求，而且要引领消费者的需求。这是因为主题策划总是走在市场的最前面，发现市场的潜在需求，为项目开发成功做好思想准备。当前，在激烈竞争的市场环境下，部分发展商已不再被动地迎合消费者的口味，而是努力引导市场，创造超越现有的生活需求，将自身对居住文化的理解和独特的审美品位融入房地产项目中，形成风格独特、个性鲜明的"明星楼盘"，有些甚至因其过于前卫的风格而被人归于"异类"。像用"音乐"概念作为项目的主题，真是有点不可想象。

在引领消费者需求的同时，还要注重体现项目独特的功能需求，增加量身定做的空间和相应的设施，在开发理念和设计细节等各个方面更深层次地体现"以人为本"的思想。

3. 主题策划要善于挖掘项目的文化科技内涵

在房地产策划中，人们往往运用"家居""社区""社会"等概念，将房地产经营提升为一个系统的文化工程，贴近生活的文化内涵。广州的"翠湖山庄"，其万象翠园包罗万象，从苏州园林到美洲酒吧，从古烽火台到古罗马廊柱，一幅幅融汇中西、贯通古今的时空画卷展现在人们面前。江南园林式的"翠居"用亭台、园门、小桥流水、竹篱柴扉，勾画出一幅江南风情画；会所前的龙马广场，古朴的天然石块凝结了中国传统文化的精髓；利用地下应急通道出口而建的烽火台，沧桑味十足，是孩子们发挥时空想象的乐园；流水与瀑布相映的灵泉飞瀑、秋千椅和攀爬架组成的拾趣园及十二生肖广场等，都显现出人与自然亲近的中国园林文化的妙处。

策划案例：
岭南印象园

随着科技的发展，运用各个科技概念来策划项目的主题也为数不少，使项目呈现更加个性化的特色。在生态住宅、因特网、智能化、新科技、新材料的使用等方面，较之以往有更深层次的内涵挖掘。策划人要善于挖掘项目的文化科技内涵，使项目的民族文化精髓和科技文化理念融为一体，比翼双飞。

4. 策划项目要十分注重建筑设计的理念创新

建筑设计理念的策划创新，不仅仅是发展商塑造产品个性特征、营造独特生活氛围的有力手段，同时也具有繁荣建筑创作、促进建筑文化、改善城市景观的良好社会效益。建筑设计是产品定型的主要阶段，这个阶段的建筑造型、建筑风格、建筑规划、平面布局以及立面效果等，很大方面影响项目的个性化和差异化。如果在这个阶段没有把握好，在施工建设的时候要修改是相当困难的，即使不计较金钱，那也很费时费力。因此，在建筑设计阶段就要考虑好建筑设计理念和策划创新问题，使产品跟上时代的要求。

策划案例：华润中心，高密度城市综合体的标杆

5. 策划项目要把握好主题概念的整合和推广

有了独特、富于个性的策划主题后，怎么将它整合推广好也是一个不可忽视的问题。主题概念就像一条主线，把项目分区分期推出的产品珍珠串成一条项链；主题概念就是一个中心，项目开发的各个环节均围绕这一中心完成；主题概念还是一种说法，整个项目的构成、功能、风格、形象等均通过它得到合理的深入人心的阐述。因此，整合和推广好的策划主题就显得格外重要。目前，发展商更加重视在项目运作中对概念主题的全面演绎，楼盘为消费者"讲故事"越来越生动，具有强烈的感染力，有效地促进了项目的销售。这样，策划的效果才能达到它的真正目的。

3.4 房地产策划主题分类

在策划实践中,主题概念丰富多彩,主题类型多种多样,要想把主题系统理出个头绪来很难。根据项目策划的具体情况,将主题系统分为两大类,即宏观主题和微观主题。

3.4.1 宏观主题系统

宏观主题是贯穿于整个项目的中心思想,是房地产项目开发思路、市场定位、规划设计、营销推广、物业服务等各方面的综合体现。依照房地产策划的实际情况,宏观主题系统可以从不同的类型、不同的角度来划分。

(1) 从复合地产的角度来划分,有教育主题、旅游主题、体育主题、IT主题、科技主题、艺术主题等。

(2) 从国家倡导的角度来划分,有国家康居工程主题、国家科技住宅主题、国家生态社区主题等。

(3) 从生态环境的角度来划分,有园林主题、山水主题、景观主题、公园主题等。

(4) 从配套设施的角度来划分,有绿化主题、会所主题、运动主题、智能化主题等。

(5) 从目标客户或职业来划分,有白领主题、老龄主题、老师主题、学生主题等。

(6) 从概念资源的角度来划分,有五星级服务主题、身份象征主题、生活方式主题等。

(7) 其他方面的主题。

以上分类是相对的,还会有交叉。

【策划案例】 智能时代下的数字化社区

进入智能化时代后,人们对生活的智能化要求越来越高,打着"智能"标签的小区也日益受宠。佳源集团的佳源都市小区紧跟时代步伐,打造数字化社区。早在佳源都市小区新盘亮相的发布会上,智能家居的概念就被引入,过去只有电影里才能看到的高科技如今在佳源都市小区就可以实现。

由佳源集团自主开发研制的家居智能化系统,不仅能够提供基础的智能安防功能,还设置了语音留言系统、背景音乐系统、家电遥控系统、智能照明系统、家中购物平台等,带给业主高品质的舒适生活。出门前预约电梯,不需要花费时间等候;智能电动窗帘、开关灯、切换电源,一键搞定家庭琐事,这些设施还可以设置在家、离家、睡眠等模式;足不出户就可以阅览小区通知、天气预报,还有超市购物功能,贴心便利。

另外,全小区实现安防智能化,保安24 h巡更系统能够保证业主的安全。该小区对物业管理十分重视,聘请国家一级资质物业服务企业担任物管顾问,为业主量身打造包括家政服务、贴心服务、商务服务、资产管理在内的六大特色服务,真正做到让业主舒心生活。

3.4.2 微观主题系统

微观主题是在宏观主题统率下,在项目开发进行中的各个环节表现出来的次中心思想。如在建筑设计环节中的设计主题,在广告宣传环节中的广告主题等,微观主题因为深度不同，还会分成更小的主题。

从房地产项目开发的过程看，微观主题系统包括项目前期策划和后期策划两大部分。

（1）前期策划的微观主题，有目标市场主题、项目定位主题、目标客户主题等。

（2）后期策划的微观主题，有项目包装主题、楼盘定价主题、广告宣传主题等。

3.4.3 宏观主题与微观主题的关系

宏观主题和微观主题的关系是从属、依赖、支撑。宏观主题统率和串联着微观主题，使微观主题在项目的各个环节中不走样；微观主题围绕着宏观主题来进行分解、阐述，从各种不同角度的主题概念来支撑宏观主题。宏观主题和微观主题的相互统一和相互依赖，使项目的策划主题更丰满，更具有说服力。

房地产策划主题经过策划人的不断创新、完善，策划主题日益刷新，主题类型日趋多样，构成了一个庞大的策划主题系统。房地产策划主题系统的关系及主题系统如图 3-1 所示。

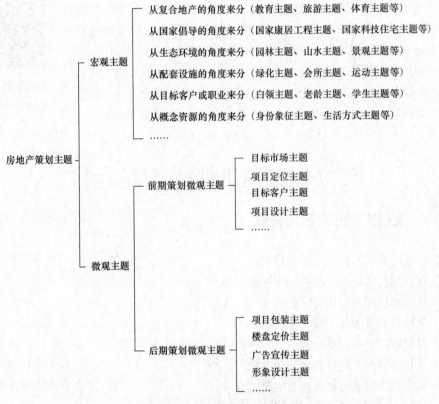

图 3-1 房地产策划主题系统

3.4.4 单主题与多主题的策划

在具体策划实践中，一般只用单主题就已经取得了很好的效果。但是，策划人为了使项目主题更加丰富和饱满，运用了两个及两个以上的宏观主题来策划项目，同样可以取得项目的成功。

多主题的策划一般有以下两种形式：

（1）一个主题为主，几个副主题烘托。项目中为主的中心主题起到主导的地位，而若干个副主题主要是起烘托的作用。这样策划的宏观主题不单调，起到了加强、丰富的作用。如在"体育运动"的中心主题下，又用"生态"副主题来强调、烘托，达到的效果就比单主题要好，而且它们联系得很紧密，中心主题、副主题都与人的"健康"有关，很能吻合购买者的心理需求。

（2）多个主题齐头并进，互相补充，互相映衬。有的项目宏观主题不是以一个为主，而是若干个主题交汇在一起，共同从不同的角度、方面来互相补充、互相映衬，达到"双赢"或"多赢"的目的。顺德"碧桂园"的主题就是一个多主题策划的项目，由物业服务主题（星级管理）、教育主题（国际学校）、配套主题（豪华会所）三个主题糅合在一起，与项目目标客户的需求相当吻合。这些先富起来的乡镇老板们考虑最多的就是这三个方面：在外经常不在家需要完善的物业服务；子女要继承父辈的产业需要高水平的教育；钱多了要有像样体面的地方来消费。这三个需求刚好与三大主题相一致，顺德"碧桂园"的"起死回生"就不言而喻了。多主题的项目策划难度比较大，但做得好就会取得不同凡响的效果。从目前情况看，运用多主题的项目已经多了起来。运用多主题策划要注意几个问题：

（1）要注意互补性和融合性，达到"1+1＞2"的效果。

（2）要避免主题过多、分散的倾向，善于抓住中心主题。

（3）要根据项目的实际情况来确定主题的多寡，做到有的放矢。

策划案例：台湾长庚养生文化村

3.5 房地产主题策划具体运作

3.5.1 策划主题的来源与获取

策划主题可从以下几个方面来获取：

（1）从该项目区域的文化内涵中抽象出来。

（2）从竞争性项目对比中挖掘出来。

（3）从项目自身内在素质中分析出来。

（4）从顾客需求中选择出来。

（5）从社会经济发展趋势中演绎出来。

（6）从房地产发展的最新理念中提取出来。

广州"光大花园"在楼盘策划之初，通过两大方面来进行分析：一是问卷调查，内容是市民在目前的生活环境下最重视的，反馈回来的是"身体健康"；二是找出项目现状最有价值的方面。经过深入的了解和分析，项目地块最有价值、可以大做的是数量众多50多年树龄的大榕树。策划人通过思想碰撞，"身体健康"与"生态环境"有关。于是，广州"光大花园"的项目主题——"大榕树下，健康人家"就应运而生。"榕树"风景成为"光大花园"发挥的绝佳题材。

策划案例："夕阳红"金港花苑（一）

3.5.2 策划主题的提炼与确定

有了主题概念的素材以后，就要进行提炼与确定，实际上是概念创意的论证过程。在提炼与确定主题概念的时候，应着重考虑以下几个问题：

（1）主题概念是否富于个性，与众不同。这是取舍主题概念的主要标准。如果达不到这个要求，宁可舍弃，也不勉强使用。

（2）主题概念是否内涵丰富，易于展开，充分展现项目的优势和卖点。有些主题概念内涵狭小，展开时支持点不够，不利于主题概念的体现与贯彻。

（3）主题概念是否符合自身情况，是否与本项目的要求吻合，那些脱离项目实际情况的主题概念是不可取的。

（4）主题概念是否迎合市场买家及目标顾客的需求，这是判断主题概念的关键所在。那些不能激起买家购买欲的主题概念，最终会断送项目的前途。

广州"光大花园"策划主题的提炼与确定很富有诗情画意，仅通过寥寥数语，大榕树下的一幅健康人家的风景画就呈现在了人们面前，具有相当强的视觉冲击力。

3.5.3 策划主题的支撑与体现

主题概念经提炼与确定后，就要在项目具体因素中支撑与体现出来，营造一个实现这一主题概念的支持体系，使项目主题站稳脚跟，不至于是空泛说教的概念。支持体系有项目选址、规划设计、营销推广和物业服务等部分。在这几部分中，重点是规划设计部分，它是主题概念支撑与体现的中心。规划设计体现了主题概念的内涵，其他方面就迎刃而解了。规划设计有环境设计、住宅设计、建筑造型设计、社区服务设计等多个方面，设计中可根据重点有所侧重，统一布局，使主题概念得到全面的贯彻与体现。

策划案例："夕阳红"金港花苑（二）

3.5.4 策划主题的检验与反馈

当一个项目开始推向市场时，主题策划是否达到预期效果，获得成功，就要靠市场来检验与反馈了。检验与反馈的结果好坏，为项目的发展调整和为新的项目开发提供有益的借鉴和参考。

策划案例：广州"远洋明苑"

3.6 房地产主题策划案例分析

房地产主题策划是在实践中产生、在实践中发展、在实践中总结、在实践中完善的。因此，主题策划原理最重要的是回到实践中去检验。在房地产策划实践中，有的项目策划主题比较明显，一眼就能看出来；而有的项目却比较隐晦，不能立即看出来，需要分析才能弄清楚它的策划主题内容。

下面通过北京"建外SOHO"和重庆"童兜天地TICO店"两个主题策划的典型例子，进一步剖析主题策划的基本规律。

3.6.1 北京"建外SOHO"

项目概况：北京"建外SOHO"位于北京市朝阳区东三环中路39号（国贸中心对面），总建筑面积约70万m^2。"建外SOHO"被媒体称为北京"最时尚的生活橱窗"，由20栋塔楼、4栋别墅、16条小街组成。"建外SOHO"没有围墙，16条小街在占地约17万m^2的建筑群中流动，制造出充满人情味的小街文化。

1. 策划主题的来源和确立

"建外SOHO"的总设计师山本理显的设计灵感来自一个名叫休达的摩洛哥城市。那里最触动他的是所有可能的一切混杂在一起——人、驴、羊、店铺、清真寺、餐馆、薄荷和烟草的香味，还有人体发出的异味。穿过一条布满商铺的小巷，突然来到了一条街道，两边都是房子。街上有一个入口通往清真寺，一口饰有极为漂亮瓦片的水井，还有一个小广场，偶尔有房子的走廊在头顶交叉会合。顷刻间他感觉迷失了方向，因为这个城市整个就是迷宫。

想要一个建筑成为一个城市元素或细胞。与建筑有关联，无论是什么类型的建筑，就必定和城市有直接的关联。建筑可以是一个房子，一座低成本、多用途的租赁建筑，一个商业设施，一所剧院，或是艺术博物馆。只要是建筑，无论属于哪种类型，都可以是城市细胞。一个是细胞的建筑也许是一栋大楼，但它同样拥有繁殖成为一个城市的能力。

因此，这种"无边界，反限制，自由生长"的主题直接体现在"建外SOHO"上，SOHO是混合的，在这里可以办公可以居住，这里的房子可以是一个茶室，一个花店，一个艺术工作室，也可以是一个幼儿园，这里的生活有无数种可能性，这也与"SOHO"本身提倡的时尚、轻松、自由的生活方式和生活态度高度吻合。

2. 策划主题的支撑和体现

（1）建筑设计方面。公寓与商业相结合，裙楼与底商相结合，商业顶层通过连廊相连，将整个商业和公寓连接成一个完整的活力体；各式连廊的设计，增添了建筑的美感，交通动线合理，同时使整个社区紧密相连。住宅设计灵活，没有居住和办公间的明显界限，可以进行随意组合。外立面设计简洁时尚，落地的玻璃幕墙，通透明亮，运用纯粹的白色，清新自然。地下一层的走廊种植一些树木增添生机，树冠长出一层地面，给人感觉树是从地底下长出来的。

不设围墙，16条小街在建筑群中穿梭相连，制造充满人情味的小街文化；设置的弧形和直线的走道容许不同角度的风景；每栋建筑都以不同角度站立；住客能看到人也能被看到，但同时保持着一种安全的距离。

（2）业态组合方面。在整个项目中，集合居住、办公、购物、娱乐、休闲等多种功能于一体；由2栋写字楼、18栋商务公寓、4栋SOHO别墅、16条小街及300个店铺组成。

1）写字楼。SOHO办公楼各单位均有独立入口，且具有灵活的室内空间分割方式，其入口都面向内侧，大堂挑高7 m设计，面街商铺大部分为餐饮（一拖二为主）。

2）公寓。18栋2 069套公寓是混合和模糊的，可以办公也可以居住，这里为办公和生活提供了无数种可能性；为了照顾到办公需要，厨房被去除，仅配备了电磁炉；卫生间面积设计得非常紧凑；除壁橱外，衣帽间和储藏室等公寓基本构成元素均被舍弃；卧室和工作室被简易分离，可方便的分割组合；面向外部空间较大，采光通风良好。

公寓楼底部为裙楼底商，沿街铺市政道路和内部小区设置，形成16条街坊式商业街，共约300个商铺，独立进出，面积为100～600m²；1～3层为临街商铺，其商铺全部临街；设置商业广场，突出时尚主题，引入独具风格的主力店，其中包括星巴克旗舰店、同仁堂旗舰店等。

3）SOHO别墅。平层可划分为1～4家商户出租，或者持有多层经营。内部商业增强了商业的规模性和整体性，使内外商业相互融通，打造社内开放步行景观，独具特色。其特色点有曲折多变的街道和临街面、尽可能多的玻璃面、大面积的招牌和广告空间、一层转角处为弧形、连廊和桥、玻璃外廊、趣味性路标等。

"建外SOHO"没有任何大型集中商业，但经营火爆，其主要原因是一方面通过准确的主题策划抓住社区业主需求；另一方面通过塑造起来的商业氛围，吸引了更多的外来消费者。

3.6.2 重庆"童兜天地TICO店"

1. 重庆"童兜天地TICO店"概况

"Kid's Fiesta童兜天地"成立于2009年，是世纪金源集团鼎力打造的一站式儿童主题商业地产连锁品牌。2014年，"Kid's Fiesta童兜天地"高举"童兜来了！"的旗帜登陆重庆市场，并于5月19日携手重庆著名卡通文化品牌TICO少儿，成功签订战略合作协议，共同打造全国领先的体验式儿童购物中心——"童兜天地TICO店"。项目位于重庆北滨路金源时代购物中心1～3层，总面积达30 000 m²，它将成为西南地区地标级的儿童主题购物中心，集运动娱乐、亲子教育、营养美食、休闲购物于一体，定位于满足中高端收入家庭的消费需求，为孩子提供全方位成长体验及活动空间的体验式儿童主题MALL。

2. 策划主题来源和获取

2008年金融危机以来，全球经济持续疲软。根据许多各行各业专业的人士分析，到目前为止，危机并没有过去，而是逐渐从国际贸易，蔓延到国内贸易、投资领域，逐渐影响到实体领域，甚至钢铁、能源等基础领域。值得欣慰的是，在危机面前，中国儿童产业却呈现出相对强劲的势头。由于儿童消费的独特性，在各个消费与市场领域，儿童消费的增长速度明显高于成年人消费的增长，甚至高层政府开始将儿童经济当作扩大内需的重要推手来对待。在儿童消费的各市场领域中，儿童娱乐市场表现非常突出，成为增长较为明显的领域。而其他如儿童饮食、儿童教育领域则增长较慢。

因此，聚合儿童娱乐、亲子教育、营养美食、休闲购物的一站式儿童体验购物中心就能占领市场空白点，"童兜乐园"应运而生。

3. 策划主题的支撑和体现

（1）建筑及装修风格方面。西南地区营业面积最大、业态种类多、主题性超强的互动体验儿童购物中心，无论是一楼的梦幻仙境，还是二楼的森林王国，再到三楼的天空之城，虽各有不同，却又相互辉映，童话般的意境充满了整个"童兜天地TICO店"，每个细节都体现了浓郁的童趣元素和匠心独运的设计风格。"童兜天地TICO店"与传统购物中心的儿童区域不同，"童兜天地TICO店"在整体装修风格上就围绕着儿童主题进行完美打造，并且，在购物中心临街一层开设儿童主题MALL，这在国内也是绝无仅有的。

（2）业态配比方面。童兜天地拥有独创的体验+零售深度融合的商业模式，即以灵活多变的卖场形态和超大的游乐体验占比，带动零售业态销售的商业模式。其中，娱乐业态以50%的比例满足儿童"好玩"的需求，零售和培训则分别以20%的比例作为辅助业态，满足针对儿童的家庭消费；外加周边配套等10%的比例。"童兜天地TICO店"拥有全西南最大的室内主题儿童游乐场——googo乐园，占地面积达到3 000 m2；而TICO少儿频道则打造了高度达18 m的自有卡通元素主题互动游乐设施——TICO火箭，还有全国首家室内儿童真人CS互动射击馆，以及拥有全国最大赛道的卡雷拉轨道赛车等特色游乐体验设施，"童兜天地TICO店"最大限度地吸引了家庭消费人群，为儿童零售业态带来稳定目标消费客流，一站式满足儿童欢乐及购物的家庭消费需求。

（3）主题活动营销方面。强调以孩子为中心的企划营销思路，让孩子成为真正的主角，关注儿童的成长及体验感受，让他们得到独一无二的欢乐，实现在快乐活动中教育孩子的目的。如"童兜天地TICO店"定期举办童兜之星选拔赛，评选出"春、夏、秋、冬"四季之星；全年推出"春节童兜庙会""我是地球小卫士""童兜生日会""童兜夏令营"等丰富的各季主题营销推广活动；让孩子在活动中学习到更多知识，从玩耍中交到更多朋友，从自助动手中发散思维提升个人能力，令孩子在快乐中成长。

（4）入驻品牌方面。将服务儿童的各类品牌聚集在一起，发挥集聚效应，扩大辐射范围，形成一个巨大的以围绕儿童为核心开展的MALL，同时，国内外著名儿童品牌的强势入驻也将成为"童兜天地TICO店"未来持续稳定发展的保证。世界知名品牌Clarks和THENORTHFACE的儿童品牌首次入渝即落户"童兜天地TICO店"，另外，爱的米迪、骆驼、斯乃纳、水孩儿、DR.KONG、汪小荷、ELLE、哥比兔、梦洁宝贝、好孩子星站旗下品牌：NikeKids、adidas、CONVERSE、PUMA、SKECHERS等一大批国际儿童品牌也在童兜天地设立重庆首家品牌旗舰店等。

（5）车位设置方面。重庆各大商圈时常会遇到停车位难求的尴尬局面，尤其是节假日尤为严重，且需要停车费。"童兜天地TICO店"不但拥有7 000个停车位，还提供免费停车服务，是重庆拥有最大免费停车位的体验MALL。这对于居住较远的家庭来说或将成为一个巨大的聚客前提。在周末及节假日带着宝贝到"童兜天地TICO店"玩耍，享受天伦之乐，无停车位烦恼，更无须停车费用。

【策划案例】 广州中海名都的项目主题

"中海名都"的策划主题雏形源自对居住郊区化运动的反思和对新加坡设计风格的借鉴。"中海名都"项目取消了多层与小高层的设计构思，全部采用高层建筑。"中海名都"项目总的宏观主题概念为"都市生态园，岭南新加坡"，后续开发环节均围绕这一主题展开。例如，规划设计中全部采用高层建筑，通过提高绿地率以便最大限度地营造社区环境，保留原有的大树，并重点引入一些能吸引鸟类的果树和特色植物以便营造一个"生态园"；采用空间环境相对封闭的围合式布局，营造一个具有文化气息的"家园"。

在竞争激烈的房地产市场上，每个项目都应该具有自己的独特优势，这些优势需要通过主题策划表现出来，从而引起市场的注意，得到消费者的认可。

光大花园最大的环境优势是拥有数量众多的四五十年树龄的大榕树。该项目的主题是"大榕树下，健康人家"。该主题既突出了项目低密度、高绿化、环保型的大型健康社区的特点与竞争优势，同时，也满足了广州市民的榕树情结，是一个非常成功的房地产项目主题策划。

【策划案例】 北京苹果社区的个性案名

北京苹果社区是一个集居住、办公、休闲、娱乐为一体的大型高档现代化社区。该项目将不同定位及功能的区块以不同类型的苹果命名：青苹果区定位为小资公寓，以年轻白领为目标客户；红苹果区定位为中产阶级住宅，以成熟的商务人士为目标客户；转基因苹果区定位为现代化的商务传媒港。

【策划案例】 杭州六合·天寓的另类住宅

六合·天寓是现代主义住宅的代表作，其大胆简洁的建筑风格、不拘一格的整体布局令人叹为观止，是杭州目前最另类、最具有争议的住宅。

天寓"设计改变生活""简于形，精于心"等广告语，体现的是"重设计、重品质""简洁、时尚""酷"等主题。

第4章 房地产形象策划

4.1 房地产形象策划概述

（1）形象策划的含义。形象策划是指对楼盘的形象、命名、视觉、理念、行为各子系统的规范与整合过程，通过CIS——项目识别系统来实施。

（2）形象策划的目的。形象策划的目的主要是制造项目整体形象的差异性，使消费者对项目有一种一致的认同感和价值观，并赢得消费者的信赖和肯定，以达到房地产营销的目的。

（3）形象策划的内容。形象策划的内容包括房地产文化定位、房地产形象定位、楼盘命名策划、楼盘形象设计、楼盘形象包装。

4.2 房地产文化定位

4.2.1 房地产文化与定位

1．房地产文化

房地产文化的基本特征如下：

（1）房地产文化是一种科学与艺术、经验与技术相结合的高度综合性的文化。

（2）房地产文化是整个房地产经营开发的灵魂。

（3）房地产文化丰富多彩，开发过程中的每一个环节都体现着文化。

（4）房地产文化为开发商提供文化积淀和品牌提升。

2．房地产文化定位

房地产文化定位就是从楼盘项目本身出发，将投资理念、时代特征同目标顾客群的文化价值观念完美地相融合，赋予房地产项目以富有魅力的文化生命。

定位的关键是在目标顾客的心智的相应坐标中，确立一个区别于竞争者的、独特的、鲜明的地位。

3．房地产文化定位的一般过程

（1）企业首先必须通过详尽深入区域文化调查，利用不同的文化特征作为细分变量，进行细分。

（2）根据自身的使命目标、竞争优势，确定目标顾客群体，再通过顾客本能需求分析，更加透彻地研究目标顾客群体的生活方式、审美情趣、消费观念、思维方式等要素，从中提炼出最核心或最具个性特色的文化特征。

（3）企业结合自身的企业形象、文化底蕴和竞争者的文化定位及其核心竞争力，进行企业内部文化定位，使内部文化定位与目标顾客的文化理念完美融合。

4.2.2 房地产文化定位模型

传承型文化定位模型与创新型文化定位模型的比较见表4-1。

表 4-1 传承型／创新型文化定位模型比较

定位模式	创新型文化定位模型	传承型文化定位模型
预期利润	利润远高于平均利润	稍高于平均利润
沟通成本	较高	较低
定位优势	显著、持久	直接、快速
反馈与优势	次数较多、过程多为双向	次数较少、过程多为单向
经营风险	较大	较小
企业创新能力要求	较高	较低

4.2.3 房地产文化类型

从楼盘社区的角度分类，房地产文化可划分为经济适用社区的文化、白领社区的文化、移民社区的文化、特殊社区的文化。

4.2.4 房地产文化定位方法

房地产文化定位方法包括以下几项：
（1）从楼盘品质上定位。
（2）从消费实力上定位。
（3）从文化层次上定位。
（4）从年龄结构上定位。
（5）模糊定位。
房地产文化定位应注意以下问题：
（1）文化定位是一个双向的、互动的过程。
（2）文化定位一定要和目标消费群体的文化相融合，真正做到"从群众中来，到群众中去"。
（3）文化定位缺乏个性，毫无特色，流于平庸，根本不可能产生竞争优势。
（4）文化定位最忌讳缺乏实际内涵，空喊口号，炒作概念。
（5）现代房地产市场，呼唤具有雄厚文化底蕴、良好文化修养的开发商。塑造高品位的房地产文化，需要高品位的房地产开发商。

4.3 房地产形象定位

4.3.1 形象定位与其原则

4.3.1.1 形象定位

房地产形象定位是指为房地产的具体项目或楼盘塑造一个恰当的公众形象,透过这样的形象体现楼盘的各个方面的优势卖点,经过形象的表现推广,达到房地产项目的营销目的。

4.3.1.2 形象定位原则

1. 核心原则

(1) 适应性原则:即房地产项目定位必须迎合市场和行业发展的趋势与机遇。具体包含两层含义:一是与区域的社会经济发展水平和消费者收入水平相适应。二是与区域房地产市场需求相匹配,一方面要根植于消费者生活中的根本需求和成长性需求;另一方面要高度重视市场及行业走势,特别要注重那些已经被人们认同,却又没有在市场上得到充分满足的需求。

(2) 与企业发展战略和项目资源优势相一致原则:在企业发展战略的框架下进行房地产项目定位,符合企业的核心能力,体现企业的竞争优势,实现企业的发展目标。同时,将项目独特的资源优势发挥出来,如果房地产项目定位不以自身优势迎合市场,即使定位概念做出来了,它的演绎和支持体系也不完善,甚至很容易被别人克隆,而且有可能做得更好。

2. 必要原则

(1) 差异化原则:包括市场差异化、产品差异化和形象差异化等,"差异化是房地产企业的第三利润源泉",是项目避开正面竞争和建立新规则的重要手段。这里所说的差异化是"有效差异化",在细分市场中能找到自己的市场容量。

(2) 经济性原则:

1) 指产品定位应具有较高的性价比,具有较高的价格竞争力和抗价格变化风险的弹性;

2) 从企业角度出发,在成本控制的基础上,做到效益最大化;

3) 在成本和收益测算、效益评估基础上计算的各项经济评价指标达到企业既定目标的要求或行业水平。

(3) 可行性原则:包括项目实施的技术可行性和经济可行性两个方面。

4.3.2 形象定位要求与方法

1. 形象定位要求

(1) 形象定位要善于进行第二次创造。

(2) 形象定位要赋予项目审美愉悦。

(3) 形象定位要在项目中体现人文关怀。

(4) 形象定位要使项目传承历史内涵。

(5) 形象定位要强调项目的品位价值感。

（6）形象定位要注意项目特点和优势的聚焦。
2. 形象定位方法

项目形象定位的方法一般采用头脑风暴法进行。头脑风暴法由美国 BBDO 广告公司的奥斯本首创。该方法主要由价值工程工作小组人员在正常融洽和不受任何限制的气氛中以会议形式进行讨论、座谈，打破常规，积极思考，畅所欲言，充分发表看法。

4.3.3 形象定位内容

形象定位内容主要有项目形象主题定位、建筑立面形象定位、推广形象定位、视觉识别形象定位。

4.4 楼盘命名策划

4.4.1 楼盘命名的重要性

楼盘命名之所以要重要，主要原因如下：
（1）楼盘名字是市场核心定位的反映。
（2）楼盘名字是市场的第一驱动力。
（3）楼盘名字是给置业者的心理暗示。
（4）楼盘名字是开发商给置业者的承诺。
（5）楼盘名字是楼盘市场品牌的昭示。

4.4.2 楼盘命名的要求

（1）特色命名，个性突出。
（2）古为今用，传承文化。
（3）好念、好记，寓意美好。
（4）中西合璧，超凡脱俗。
（5）名实相符，内外一致。
（6）锁定客户，突出卖点。
（7）传递信息，凸显优势。
（8）揣摩心理，昭示价值。
（9）物以类别，依人造势。

4.4.3 楼盘名称的分类

（1）以楼盘名称的内容来分，可分为地段位置类、异域风情类、田园山水类、财富尊贵类、前卫时尚类。
（2）以楼盘名称的形式来分，可分为楼盘总名、建筑单体名称、道路名称、组团名称。

4.4.4 楼盘命名的原则

楼盘名称反映出来的信息和人脑之间有一个最为重要的接触点，符合项目市场定位、有审查价值、有文化内涵的名称非常重要。就像给人起名字，虽可由策划人员依据本案地理位置、周边环境、竞争楼盘特色、总体规划、风格品位、历史脉络、风土人情等自由创意发挥，但要起一个寓意贴切、涵盖深邃、新鲜贴切的好名字很难。可以根据形象定位原则进行楼盘命名，根据经验有以下原则。

1．富有创意

尽量避免以"××花园""××公寓""××广场""××大厦""××小区""××中心"等形式命名，既俗套又容易雷同，而且不容易命名出富有特色的名字。

2．富有时代气息

除非楼盘定位情况特殊，否则尽量少用不为大众所知的字眼，如"××邸""××峰""××第""××台""××堡""××坊"等后缀，这些字眼古老而悠久，承载着厚重的历史和文化，但缺乏时代气息，给人的心理暗示是灰暗、封闭和缺少阳光的感觉，大型住宅尤不适宜采用。

3．富有文化气息

近来楼盘命名以"村""庭""庄""居""阁""轩""庐"等为后缀有上升趋势，这些后缀文化品位较高，虽同样古老却无腐朽之气，有神秘飘逸感，如"××村"给人以群体归属感，"××庭"给人以高尚独立感，"××庄"给人以回归自然颐养天年感，"××居"给人以悠闲潇洒空灵感，"××庐"给人以格调文化的品位感。须注意的是，"村""庭""庄"适宜大型住宅区，"居""庐""阁""轩"适宜组团命名或独立、小型楼盘。

4．个性突出

楼盘命名标示性强，个性突出，要体现楼盘的差异性及与众不同，并与市场形象定位相吻合。命名时，强调楼盘的地理，如"虹口典范"；强调人文，如"汉唐龙脉"；强调环境，如"水云山庄"；强调品牌，如"紫薇花园""万科星园"；强调楼盘定位，如"唐御康城"（功能定位）、"北美经典"（风格定位）、"钻石王朝"（目标市场定位——高收入阶层）、"万家灯火"（目标市场定位——普通收入阶层）。

5．富有感染力

楼盘命名还应具有较强的人情味和感染力，在字面、寓意方面都应具有温馨感和亲和力，在此基础上案名又具有地域特色，则楼盘就更富于吸引力。

地域特色包括两个方面：一是本土文化；二是异域文化。本地文化有较强的亲和力和人情味，但往往腐朽、落后和缺乏新意，不能满足人们对外界文化的天然追求心理；异域文化新颖时尚、感染力强，但又益于画虎类犬，脱离地域特色，案名容易不符实，如"阅（悦）海豪庭"很港台化，最适宜广东沿海，次适宜江浙沿海，山东勉强"阅海"尚可，"豪庭"勉强，辽宁就值得探讨，用于西北则贻笑大方，且不说无海可"悦"，经济收入也"豪"不起来，给人以"土财主"感觉。

6．与楼盘属性相符

楼盘名要起到筛分客户的作用，因此命名要与楼盘属性相符，如以贵族帝王式、欧美名胜命名的楼盘，则多为高收入阶层的公寓或别墅；以福禄寿传统式、温馨亲切式、风花雪月式命名的楼盘，则多为廉价的平民化住宅或经济适用房；山水风光式面对的是收入中上等阶层要求提升居住品质的高尚住宅；亭台楼阁古典式则面对文化层次较高的职业者，以"阁""轩"多为单幢多层、小高层建筑；"大厦""中心""广场"多为商务或商住单幢或双体高层、超高层建筑；"公寓"多为商住单幢多层、高层建筑；"园""苑"多为普通住宅；"庐""邸""第"多为高级住宅。

7. 有文化含量

除了考虑项目大小（如园、苑、轩、村、厦显然规模不同）、定位、品位格调（如"新花园""新村""小区""广场""中心"等品位格调显然不同），暗喻物业的风格和档次外，最好有一定文化含量，而蕴含中外历史文化积淀的楼盘名称是为上乘。如"汉唐龙脉""开元盛世""雅典娜""高山流水""上林苑""寒舍"。

8. 进行综合审视

从义、音、形上进行综合审视，要好记、好念、好听、好看。义，要寓意美好、令人遐想、避免歧义；音，要平仄适当、避免拗口、利于传播（如"唐园新苑""缘源园"等就犯了音上的忌讳）；形，要印、草皆宜，大小清晰，搭配美观。

9. 名实相符

楼盘名不仅要与楼盘属性相符而且要名实相符。如普通住宅却命名"××国际"；经济适用房却命名"××豪苑"使目标群体望而生畏，而高收入阶层容易认为是"挂羊头卖狗肉"，使开发商丧失信誉；如别墅本是成功人士社会经济地位的象征，楼盘命名要高贵显赫，让居住者感到荣耀和骄傲，若命名"福来花园""××人家""新世纪"就不能满足成功者被周边尊重、被社会承认的心理需要；如铺块草坪而起名"绿洲"，挖坑灌水起名"湖光"，开渠堆丘命名"山水"等，这种名实不符的楼盘不仅在置业者心中造成极大的心理落差，在市场上也同时丧失置信度和号召力。

10. 让人产生深刻印象

好的楼盘名，就像影视、体育明星的名字，让千万人铭记于心；好的楼盘名犹如美丽少女脸庞，让人过目难忘。在日常生活中，有一见钟情，再见倾心的说法。同样，楼盘名称给广大置业者的第一印象，虽说不起决定性作用，但有文化内涵、有审美价值的好名字，它的卓越的确能够在置业者心中产生一定的吸引力。而这种吸引力又时时贯彻于房地产项目营销的整个过程中，至少可以吸引目标客户群体注意自身开发的主要产品，进而导致购房决定的第二行为——客户在众多楼盘信息中，找出自身的楼盘详尽资料，进而到售楼中心现场咨询或者参观样板房。据长期从事房地产销售的一线员工及销售策划人员反映，一个给人以审美愉悦的名称，的确会强化客户的第一印象，而且在整个看房、选房，甚至最后签约过程中，都会起到一种潜移默化的导向作用。

纵观当今市场上的一些知名楼盘，它们的名字确实有不俗之处，给人以深刻印象，如红树西岸、香蜜湖1号、臻美园、阳光棕榈园、碧海云天、青春驿站、缤纷时代、奥林匹克花园、椰风海岸、山水缘、缇香茗苑、仙童御景、心语稚园、风和日丽、书香门第等。

11. 与客户定位相符

楼盘命名是房地产营销的重要环节，如何为楼盘取一个好名字，促进项目销售呢？

（1）楼盘命名一定要与该项目定位、目标客户群体定位及楼盘属性符合，否则会为项目的销售带来不必要的麻烦。如果发展搞开发的楼盘是针对普通工薪阶层的，就不适应取

"金域豪庭"这样的名称,这样的名称是告诉大家这是有钱人或大户人家的公寓或别墅。如发展搞开发的楼盘是针对成功人士或都市新贵一族的,就不应取"××新村"之类的楼盘名称,否则就无法有效区隔客源。让工薪阶层去购买别墅,让成功人士和都市新贵去挑普通的、平民化的住宅,肯定达不到较为理想的市场效果。

（2）楼盘名一定要符合项目属性,只有这样才能在营销推广的过程中针对目标客户群体进行有的放矢的广告诉求,让各个阶层的置业者各取所需,按照自己的意愿和经济实力进行合理选择。也只有这样发展商才不至于把有限的广告资源浪费掉,才能成功拉拢和预定目标客户。

12. 字数适中

好的楼盘命名不仅富有文化内涵,更应言简意赅,让受众接触到楼盘名后,对未来生活产生美好联想。因此楼盘名称一定要简短、精准。经过对产品中命名用文字商标长度的调查分析,词语长度偏好集中在5～8个字母构成的词,一般7个字母构成较好。即中文品牌2～4字为好,楼盘名2～6字为妙,否则不易记忆,达不到较为理想的传播效果。

日本《经济新闻》对品牌传播做过调查,显示品牌名4～6字的平均认知度高。好的楼盘名也是品牌名,如闻名全国地产界的"碧桂园"就是著名成功案例。

许多成功楼盘案例专家普遍认为,楼盘名太长,极容易让置业者记不清楚,也为楼盘推广带来一定阻力,同时在售楼员销售楼盘时,无疑带来一定阻力。简短的楼盘命名,已成为一种楼盘命名的流行趋势,为许多有智慧的房地产发展商所追捧。

纵观当今楼市上的知名楼盘,一般以2～6字为准:

二字名称:趣园、骏园、王府。

三字名称:山水园、云深处、锦上花、金海岸、百花园、观海台、恒盛居、润华苑、鸿浩阁、融景园、蟠龙居、裕宏园、碧桐湾、碧桂园、海天园、水云间、泓瀚苑、紫薇苑、雅然居、理想居、名商园、臻美园、雅颂居、漾福居等。

四字名称:青春驿站、青春家园、心怡花园、缤纷时代、碧海云天、漾日湾畔、西海明珠、椰风海岸、海印长城、长城盛世、风和日丽、缇香茗苑、加州地带、骏皇名居、翠海花园、国泰豪园等。

五字名称:蓝宝石花园、香谢丽花园、香蜜湖豪庭、碧海红树园、阳光棕榈园、山水情家园等。

六字名称:万科金色家园、帝港海湾豪园、裕康时尚名居、金色假日名苑、鹏盛年华公寓、新天国际名苑、南海玫瑰花园、城市印象家园、阳光带海滨城、深圳湾畔花园、东帝海景花园、东海丽景花园等。

在品牌营销时代,许多精明的发展商在开发楼盘项目初始阶段,即考虑到将企业品牌与楼盘品牌结合,以树立品牌形象。深圳万科地产是精于此道的高手。其在全国各大城市开发的楼盘名称往往与万科企业名有机结合在一起,真正取得了相得益彰的市场效果。

13. 突出项目优势点

楼盘命名随着时代的发展而不断变化,过去计划经济年代,房地产名多半以地名表示,如深圳红岭路的红岭大厦;以功能标示的如为银行、证券等金融机构提供服务的证券大厦、招商银行大厦,如位于深圳深南路的招商银行大厦、深圳发展银行大厦、中国平安保险大厦等。这些命名只是告诉人们一般信息，本身不含多大促销成分，如今，房地产市场群雄逐鹿，竞争激烈，开发商为了项目能够销售成功，不惜在概念炒作上动足脑筋。然而激烈的市场竞争也促使置业者越来越成熟，投资眼光也越来越理性。概念炒作可以在短期内迅速启动市场，但置业者最终看好的还是楼盘的综合质素。也就是说，项目要取得商业上的成功，必须具有其他同类竞争性楼盘所没有的且又为广大置业者所接受的产品优势点，而这些产品优势点的突出和强化，楼盘名称本身无疑是一个最好的载体。许多房地产发展商深谙此道，在仔细研究项目、分析市场的基础上，巧妙地将楼盘与项目最大优势点联系在一起，实践证明的确是较为理想的销售手段。

14．要起到拾遗补阙的作用

楼盘命名除要兼顾对项目优势点的渲染、传播外，其中最重要的是，楼盘命名作为房地产营销的重要环节和组成部分，更应起到拾遗补阙的作用。例如，可以通过命名来增添楼盘的文化内涵，给目标群体一种未来生活的昭示，努力通过后期的园林景观设计、后续的物业管理加以修正，因为有一些楼盘先天性存在的缺点是无法改变的，楼盘名称作为项目的重要组成部分，能起到弥补楼盘缺陷的作用，特别是产品的优势点并不是十分明显时，尽善尽美的楼盘命名能起到画龙点睛、锦上添花的效果。

15．好记、好念、好听

好记、好念、好听是楼盘命名的最基本原则，无论怎样好的楼盘都必须用最好的形式来表现，楼盘命名不仅要朗朗上口，还要传播得更广、更远而且要让人引以为豪，使购房者的人生价值能通过购置房产的名称充分彰显出来。

大多数房地产商都试图通过楼盘命名来吸引潜在目标客户，试图通过尽善尽美的好名字来进一步刺激购房者的购买欲望。这要求楼盘名好记、好念、好听，这样才能高效发挥楼盘名的识别功能和传播功能；反之，复杂烦琐、难读、难记，没有较强语感的名字，广告受众和主要的目标客户群体就很难记住，信息传递就会出现断层。发展商、广告代理商在对项目进行推广，为楼盘命名的时候，要精益求精、优中选优，确保楼盘名发音容易，朗朗上口，使广告受众及目标客户群体很快识别和记忆。如万科青春家园、香荔花园、香谢丽花园、风华盛世、香荔绿洲、碧海云天、港丽豪园、名商园等。

16．倡导全新的生活方式

好的楼盘名不仅富有深厚的文化底蕴，更具一定审美价值和对未来生活引导的作用。如深圳卓越地产的蔚蓝海岸，倡导一种滨海生活方式，传播一种浓浓的海洋文化，能让人从这个悦耳的名字里感受到滨海生活的惬意和浪漫。

4.4.5 楼盘命名的误区

（1）割裂历史，缺乏文化底蕴。

（2）朝令夕改，一案多名。

（3）竞相模仿，克隆雷同现象严重。

（4）名不符实，哗众取宠。

（5）另类化趋势严重，意义含混不清。

（6）故意西洋化，与楼盘格调不一致。

（7）低俗直白化，与楼盘定位不一致。

4.5 楼盘形象设计

4.5.1 楼盘形象设计及内容

楼盘形象设计是房地产形象策划的核心部分，它帮助房地产项目将楼盘理念、楼盘形象及楼盘整个优势传递给公众，让消费者对楼盘产生良好的印象。

企业形象设计又称 CI 设计。CI 是英语"Corporate Identity"的缩写，是指企业的经营理念、文化素质、经营方针、产品开发、商品流通等有关企业经营的所有因素。从信息这一观点出发，从文化、形象、传播的角度来进行筛选，找出企业具有的潜在力，找出它的存在价值及美的价值，加以整合，使它在信息社会环境中转换为有效的标识。这种开发及设计的行为就称"CI"。CIS 作为企业形象识别系统，包括理念识别（Mind Identity，MI）、行为识别（Behavior Identity，BI）和视觉识别（Visual Identity，VI）。

1. 企业理念

从理论上说，企业的经营理念是企业的灵魂，是企业哲学、企业精神的集中表现。同时，也是整个企业识别系统的核心和依据。企业的经营理念要反映企业存在的社会价值、企业追求的目标及企业的经营，通过尽可能简明确切的、能为企业内外乐意接受的、易懂易记的语句来表达。

2. 企业行为

企业行为识别的要旨是企业在内部协调和对外交往中应该有一种规范性准则。这种准则具体体现在全体员工上下一致的日常行为中。也就是说，员工们的行为举动都是一种企业行为，能反映出企业的经营理念和价值取向，而不是独立的随心所欲的个人行为。行为识别，则需要员工们在理解企业经营理念的基础上，将它变为发自内心的自觉行动，只有这样，才能使同一理念在不同的场合、不同的层面中具体落实到管理行为、销售行为、服务行为和公共关系行为中。企业的行为识别是企业处理、协调人、事、物的动态动作系统。行为识别的贯彻，对内包括新产品开发、干部分配及文明礼貌规范等；对外包括市场调研及商品促进、各种服务与公关准则，与金融、上下游合作伙伴及代理经销商的交往行为准则。

3. 企业视觉

任何一个企业想进行宣传并传播给社会大众，从而塑造可视的企业形象，都需要依赖传播系统，传播的成效大小完全依赖于在传播系统模式中的符号系统的设计能否被社会大众辨认与接受，并给社会大众留下深刻的印象。符号系统中基本要素都是传播企业形象的载体，企业通过这些载体来反映企业形象，这种符号系统可称作企业形象的符号系统。VI 是一个严密而完整的符号系统，它的特点在于展示清晰的"视觉力"结构，从而准确地传达独特的企业形象，通过差异性面貌的展现，从而达成企业认识、识别的目的。

对楼盘形象的设计，一般是通过 CIS，即企业形象识别系统来完成。

CIS 是企业理念、企业行为和视觉标志三者的有机统一体。

4.5.2 理念识别系统（MI）

房地产理念识别系统可分为基本要素和应用要素。

（1）基本要素：包括经营理念、组织结构、企业精神、发展目标、道德风尚、经营策略等。

（2）应用要素：包括信念、信条、警语、口号、座右铭、标语、训示、守则、企业歌等。

4.5.3 行为识别系统（BI）

房地产企业或项目的行为识别系统可分为对内应用和对外应用两部分。

（1）对内应用：包括教育培训、礼仪、服饰、体态语言、福利待遇、工作场所、环保观念、研究发展等。

（2）对外应用：包括营销观念、服务和产品开发、公共关系、银企关系、公益活动、文化表现等。

4.5.4 视觉识别系统（VI）

1. 房地产企业或项目的视觉识别系统

房地产企业或项目的视觉识别系统可分为基本要素和应用要素。

（1）基本要素：包括楼盘名称、品牌标志、品牌标准字体、标准色、象征图案、专用印刷字体、销售标语和品号等。

（2）应用要素：包括事务用品、办公用品、设备、器具、招牌、旗帜、标识牌、楼盘外观、建筑物的外观和颜色、销售人员的衣着服饰、交通工具、广告、传播、展示橱窗和陈列规则等。

2. VI 系统设计概念的确定

设计概念是楼盘的销售理念在各视觉设计要素上的具体化。

3. 楼盘 VI 系统的设计规则

（1）VI 设计应当遵循法律规则如知识产权保护法、专利法和商标法等。

（2）VI 设计必须遵守某些风俗习惯，不能采用与传统文化相抵触的东西作为其视觉形象。

（3）VI 设计必须遵循差异与创新相结合的规则，努力做到"人无我有，人有我新"。

（4）VI 设计还必须遵循美学规则。

4. 房地产项目的 VI 系统

（1）楼盘名称。

（2）楼盘标志。

（3）标准字、标准色。

（4）标语和口号。

5. 应用要素开发

除对视觉基础要素进行开发外，还应对应用要素进行开发。

标志应用：名片、销售人员胸卡、请柬、车体运用、小区物业管理等。

销售中心室内视觉应用规范，销售中心室外视觉应用规范，销售资料宣传品部分，楼盘自身的视觉应用规范。

4.6 楼盘形象包装

4.6.1 楼盘形象包装的含义及作用

1. 楼盘形象包装的含义

所谓楼盘形象包装，是指为促进销售、倡导新的生活理念，运用一定的技术手段、工具和策略对房地产内外形象、销售现场形象和概念性地产形象的设计和实施过程。

2. 楼盘形象包装的作用

（1）促进销售。
（2）有利于树立项目或企业的品牌。
（3）强化及深化广告宣传效果。
（4）提升楼盘品位。
（5）增强楼盘的市场竞争力。

4.6.2 楼盘形象包装的内容

（1）项目整体形象包装。
（2）开发商形象包装。
（3）楼盘外在形象包装：要体现楼盘的文化品位和使楼盘品牌化。
（4）楼盘内在形象包装。
1）街区功能的充分利用与延伸；
2）楼盘区域布局；
3）楼盘的配套设施功能；
4）房屋结构的合理化和人性化。
（5）现场销售形象。
1）销售人员形象；
2）现场售楼部形象；
3）现场样板房形象；
4）现场工地形象。

4.6.3 售楼部（营销中心）包装设计

1. 售楼部选址原则

（1）位置显眼，有利于展示项目形象，最好迎着主干道，在进行营销活动时，易于吸引过往人流。
（2）交通便利，有利于置业者快捷到达。
（3）位置相对固定，与主要时序高度结合，营销中心位置要相对固定，与施工场地容易隔离、现场安全性较高，不能因为施工时序的推进而经常变动。

2．售楼部设计布置原则

（1）创新——个性化。

（2）环境布置细化。

（3）服务质量的高素质随时随处可见。

（4）丰富售楼部内部空间，延长客户停留时间。

3．销售人员与物料包装

（1）销售人员服装设计提示。销售人员着装应给人热情周到、亲善友好的感觉。

（2）销售用品系列设计。销售用品系列包括名片、价目表、楼书、户型单张、宣传单张、折页、影像光盘、礼品赠品等，销售人员必须对这八大要素进行灵活运用。

4.6.4 工地现场包装

（1）建筑物主体。建筑物主体在建造到一定高度时，整体形象基本凸显，要进行楼体广告包装，要求楼体的横幅广告语简洁易记，即要求广告字数少、制作尺度大。

一般依据营销活动需要，可分为固定广告语与临时广告语包装。固定广告语内容包括项目名、项目主题、销售电话；临时广告语内容包括物业阶段性卖点。

（2）工地围墙。

（3）主路网及指示路线。

（4）环境绿化。

4.6.5 样板房包装

1．看楼通道

看楼通道策划应注意以下几点：

（1）看楼通道的选择以保证线路尽可能短和安全通畅为原则。

（2）要保证通道充足的采光或照明。

（3）通道设计不影响施工组织，施工组织也不能影响看房者的通行安全。

（4）对于特殊过道要有示范单位导视牌，必要时进行人性化提示。

（5）在通道较长的条件下，要做到移步换景，要丰富而不单调。

2．样板房

（1）样板房设计包装特点是具有针对性、展示性、煽动性、特色性。

（2）样板房设计包装要求：

1）扬长——充分展示自己的优点。

2）避短——通过设计的手法来弥补户型的缺憾。

样板房设计必须有明显的主题思路或风格，让人们记忆深刻。

（3）样板房设计包装关键因素。

1）光、灯具——光是营造气氛的重要工具。

2）色——颜色最能刺激人的视觉神经。

3）新材料、新技术——"新"代表着最新的时尚。

4）配饰——配饰是整个设计工作的重头戏。

(4）样板房设计包装要体现"一个中心、两个基本点"。"一个中心"是要有空间体验中心；两个基本点是要有"看点"与"卖点"。

1）样板房选择的主力户型、主推户型，要设在朝向、视野和环境较好的位置。
2）样板房要设在可方便由售楼处到达的位置。
3）多层楼花，尽可能设在一楼或低楼层。
4）高层楼花，尽可能设在较高楼层，一般布置在4～6层。

（5）商业（商务）项目样板房要充分展示商业价值大环境，营造"看点"与"卖点"：

1）设计装修应充分展示户型空间的优势，体现家居或商业空间特点。
2）要有统一的标识系统、示范单位说明牌。
3）针对空间的使用要给客户引导，特别是难点户型和大面积户型。
4）装修的风格和档次要符合项目定位和目标客户定位，布置应表现真实。
5）色彩要温馨。
6）家饰的整体风格要统一，干净光洁。
7）做工要精细。
8）光线要充足。
9）对于周边有安全网的样板房，适当加以绿化。
10）样板房门前要设置鞋架或专人派发鞋套，最好可以让客户直接进入。
11）在样板房个别空间如阳台要设挡板，给客户安全的印象。

4.6.6 房地产楼盘形象包装技巧

楼盘作为特殊产品，实际上更需要包装，这也是房地产竞争日趋激烈与成熟的表现，更是一种竞争手段的重要体现。

形象包装是楼盘销售的利器，这是被许多楼盘所验证的，具有可操作性和实践性。如果形象包装做得比较好，楼盘就等于在无声地宣传自己，能够成为销售的翅膀。

包装得好，可使楼盘的品质发生重大的变化，不断提升楼盘的价值，使楼盘处于一种高尚的状态。其实，许多国内的房地产公司是在不自觉中做了许多工作，但是没有进行系统化和整体化，而整个楼盘的个性色彩不突出、不显著，使各个包装的子系统都是松散的、零乱的，这就需要对整个楼盘的包装进行整合，使其能够在一个包装主题下发挥各自的功能和作用。

4.6.6.1 楼盘外在形象

当今消费市场可以是品牌的天下，以前住楼都是某单位家属院，都是几号楼，其代表都是阿拉伯数字，没有什么品牌意识和品牌感觉。品牌营销是近年来的一个热点，但楼盘的品牌经营还不尽如人意。

品牌经营作为楼盘形象包装的重要组成部分，是关系到楼盘的升值的部分，应引起各界的高度重视。

1. 楼盘的文化品位

楼盘作为硬邦邦、冷冰冰的建筑物，想要拥有生命、拥有生机，就需要注入一定的文化含量，使其具有较高的文化品位。

文化品位在楼盘中的表现是什么？如何体现出楼盘的文化品位？

实际上，楼盘中每一个组合因素都可以注入文化因素，如楼的形状、楼的布局、花草、房间布局等。

但是，楼盘中的文化绝对不是挂上几幅画而已，对文化的选择要有突出的文化个性，要选择一种文化作为代表。

作为文化含量，绝对不能硬性注入，而是要求有机结合，更不是搞文化的就懂得文化。因为目前很多研究企业文化的人大多不懂得企业管理。由研究文学与艺术的人去搞企业文化，这是一个误区。楼盘的文化设计必须由懂得房地产知识和技巧的人来做，否则搞出来的东西就成为"四不像"了。

2．品牌是身份地位的象征

大家买东西，都要有牌子的。名牌能够体现身份和地位，这是一种心理消费的重要价值取向。

对于楼盘也是这样，如一个人买的楼在某地方，无论是写字楼还是居住楼，楼的品牌很重要，在哪个地方办公或居住，就能立即知道你是哪一个层次的人。尽管这种情况还不是特别明显，但是随着以后的发展，可能会越来越明显。

对于品牌来讲，还是分种类层次的，不同层次和种类的品牌会吸引不同群体的人。

3．如何使楼盘品牌化

品牌实际上是指代表产品的、能体现产品内涵的、确定的文字和符号。其具体的表达形式是有形的，又是无形的。

（1）楼盘名称。作为楼盘名称，不同的分类方法有不同的楼盘名称。

按组成名称的结构划分，可分为专有名称和共用名称，也就是楼盘名称＝专用名称＋共用名称。专用名称如英协花园中的英协；共用名称如英协花园中的花园。

首先，作为专用名称要达到以下要求：

1）体现楼盘的特色，反映楼盘的个性。

2）好听、好记、好念、好写、好认的"五好"原则。

3）具有美感，给人以良好的想象。

4）具有一定的含义，尤其是文化含量要足。

5）简洁、明了。

但是，事实上许多楼盘名称达不到以上标准，问开发商自己也回答不上来代表什么，而是随便命名。对于命名，一定要重视起来，这不只是个名字问题，实际上是一笔重要的无形资产，也是一种经营策略，是对楼盘价值的挖掘。

楼盘专用名称是开发商投入大笔的资金和费用形成的一笔良好的无形资产，需要注册商标，予以法律保护。

对于共用名称，现在较多使用的是"小区""花园"等。

按照文字类型来分，楼盘名称可分为中文名称和英文名称两种，这就要求中文名称与英文名称的含义都一致起来，如莱荷花园的"LION"是"雄狮"的意思，最好是利用英文名称的发音，用汉字表达出来，这就形成中文名称，并且中文名称的含义必须按照楼盘专用名称的标准和要求来做。

（2）楼盘标志。现在要设计一个标志，要能够充分反映楼盘的个性与理念，必须简洁、明快，不能太复杂，让人记不住。看楼盘标志，就能够知道是哪一个公司开发的什么楼盘，要达到这个标准就可以了。

（3）标准字。标准字就是对楼盘名称的字体艺术化处理，是为了更有效、更能突出展现楼盘的形象。楼盘标准字体要能够独立运用，又能够与标志等联合在一起使用，使合与分都能产生良好的效果。

（4）楼盘象征图案。实际上，楼盘象征图案是对标志与标准字的一个有力补充，是起到装饰作用的，有时又能代表一定的含义，这种图案运用得较少，只是在一些广告等宣传中才使用到。

（5）楼盘色彩。颜色作为地域文化及民俗是不可缺少的研究范围，不同的民族对色彩有不同的要求和好恶，所以，楼盘在选定色彩方面要特别注意。

广州有一座楼，各方面都很好，就是楼顶用的绿色，怎么努力都卖不掉，最后经过调查，才发现原来错误与问题出在屋顶的颜色上，令人想到戴"绿帽子"，谁会住这种楼。

目前所开发的楼的颜色，白色占大多数，而其他的颜色都很少使用，就是使用也比较乱，使人没有整体的感觉，缺乏一种舒适感。

以上是楼盘视觉要素基本统一的内容，只有视觉形象达到统一化与个性化，才能使楼盘处于一个有效的识别体系中。

（6）楼盘绿化。作为一个生活小区，楼盘内的布局是靠绿化来进行点缀的，但是绿化中植物品种的选择也是有讲究的。这就要请园林专家按照整个楼盘的定位来进行配合，真正使楼盘锦上添花。

在种植花草树木时，应选择的品种有本地没有的；具有造型的；四季常青的；四季更换的，感知四季变化的；奇异珍贵的。这些不同种类要进行选择和组合很有必要。

（7）楼盘造型。一个楼盘中的建筑外观是什么形状的，直接影响到整个楼盘的销售，这就是楼盘的造型。

当人们对一座建筑物进行评价时，往往套用"高档""气派""豪华"等词语去表达，但这些并不是对这座建筑物的准确表达。实际上，建筑物的每一种线条、每一块色彩、每一组空间比例，都是蕴含着各种含义和思想的一串符号。正是这些符号，使人们能够感受到故宫太和殿的气势雄浑与君临天下、巴黎圣母院的幽清神隽、悉尼歌剧院的深情而奔放、白宫的华贵而坦荡……一幢楼是一种氛围、一种身份、一种精神，这是人们都能感受到的。这就是建筑语言，其是无声语言，是文化的积淀，人们只有用心灵来感受它。

1）楼盘的标志性建筑。广州的莱茵花园中八根模仿古罗马、古希腊传统造型的大柱子，就是莱茵花园标志性建筑。标志性建筑在特定的情况下将直接影响到整个楼盘的销售。如上海梅园房地产公司所开发的别墅一开始在销售上表现平平。但是，该公司在上海××路上为自己建造的一幢办公楼却吸引了众多的买家。一些外国大公司纷纷上门商洽，表示愿出高价将这幢楼买下。该公司经理开始莫名其妙，继而恍然大悟，干脆将该幢楼公开拍卖，狠狠地赚了一笔。该公司的这幢办公楼乍一看，上海的市民总觉得多少与著名的美国白宫有几分相似之处，于是人们便附会地称之为"小白宫"。

"小白宫"采用地道的欧洲巴洛克建筑风格。其母本是希腊建筑，在设计上非常忠实于母本的结构比例。南立面是该建筑物的标志，其拱顶由六根罗马柱支撑，柱子底部是普林特基座，上部为克林斯柱头和花式额枋，这几个细节一脉相承，奠定了该建筑华丽而庄严的巴洛克基调。拱顶的下腰间用一圈剑兰草图案相系，上腰间由层次丰富的宗教式线脚围绕，这与拱顶的大块面积形成粗犷和细腻的反差，顿生内涵之美。拱顶上方有三株曲架拱一球，如古将银盔上的一颗明珠，威武而有历史感，大球的轴心是旗杆，五星红旗在旗杆上飘扬。

主楼底层有两层面积较大，三层面积缩小，使楼顶形成阶梯状，这个铺垫为建筑物的第五立面提供了丰富的层次。主楼底层的南立面是与门庭风格一致的罗马柱室内长廊，二层是露天阳台，由间隔排列的阿特兰大男性造型花瓶构成围栏。东墙和西墙是巴洛克山墙，构成门楼的力感。主楼的窗户是铝合金格子方窗和半圆扇面窗相连。窗套上方饰有龙门石狮子徽，霸气十足。

"小白宫"的北立面中部有地块较大的平面空间，七米高的青铜巨鹰在此伏壁而飞，此为画龙点睛之笔，成为建筑物鲜明的文化个性。

"小白宫"的南面是一片花园，花园以草皮为主，东西各有一棵大雪松，楼前的石板路上镶嵌着四块花圃。庭院灯错落分布，分中、低、高三个空间层次。花园的一边是缀有花饰的秋白色围墙，沿马路的一边是宗教式铸铁雕花栅栏。门房间和车库也是巴洛克风格，和主楼浑然一体。

"小白宫"风格古朴，设施却十分现代，中央空调、灯控、声控，应有尽有，与办公配套的辅楼内有餐厅、舞厅、健身房等。

上海市民崇尚艺术品位，所以，"小白宫"建成即招来许多人品头论足、照相留念。该建筑在上海这一城市森林中的地位也就不言而喻了，一些注重形象的企业当然希望能买下来作为自己的招牌。

小区内建筑要有主楼作为一种独特的建筑语言，才能够代表和体现楼盘的特色，否则都是火柴盒式的建筑，给人以说不出味道的感觉。另外，在楼盘内建筑应互相协调，不能互不相容，形成分离的感觉。

2）楼盘的建筑旋律。作为楼盘内的建筑，要体现传达一种风格，实际上也是实现整个营销策略的手段和方法，尤其是在设计中，要告诉设计师。

建筑语言的不同会发生不同的结果，人们会感受到不同的体会：图腾式的建筑装饰块代表着相应的身份及信仰；花岗岩原石做的墙面给人以紧实厚重之感，代表着永不磨灭的信念；街区的直角平面布局给人以沉闷、压抑、毫无生气的感觉；顽固的对称布局是以自我为核心，对观赏者进行否定的一种潜意识起作用的结果；立柱的体积和高度所带给人的心理影响与人体自身的尺寸比例有关；动态与静态的视觉效果代表着建筑主人与他人沟通的意愿强烈或冷漠；坡面及尖顶构成空间的突破，给人以"还有更多的希望"的潜意识影响；穹窿顶让人有安全感和神圣感；各种空间比例关系与人的心态有关，将窗子做得像门一般大，开放自信而缺少含蓄；墙的退缩和柱廊造成的透视效果，给人以无拘无束、自在自主的自得感。

3）人格化的建筑。作为楼盘内的居民，都希望在这个天地中形成自己独特的"社区文化"，而各个开发商也都在努力通过各式各样的建筑来体现一种爱心。

每个人的需求都是不一样的，对建筑的审美要求不尽相同，这就要求根据目标顾客的要求来解决这些问题。

4.6.6.2 楼盘内在形象

楼盘内在形象是实实在在，能够摸得着、看得见的地方，必须进行系统的功能开发与定位。

1. 街区功能的充分利用与延伸

当某一个楼盘处于一条街时，这条街及附近的环境都需要实地去调查，同时要进行各方面手段的调查，如问卷调查、街访、座谈会、面访等，要对整条街的功能有所了解。

如靠近公园、学校、体育场、商场、医院、停车场等地方应怎样充分合理地利用，一定要调查整个白天与夜晚的差别，如靠近公园当然是好地方，然而公园里有一个露天舞厅就不好了，夜里响到半夜，早上不亮就吵闹起来，很不适合有小孩和年轻人的家庭居住，但比较适合老年人居住，因为可以就近锻炼身体。

就街道来讲，每个街道的情况是不同的，如区域性质、交通和人流量、商业网点、公益场所、其他建筑物、居住人的文化及收入职业等。利用街道功能和进行街区功能的再造和延伸，实际上是功能定位、市场定位及身份定位的综合作用。

由于历史发展的缘故，城市中的每条街道具备的不同状态决定了所开发的楼盘，因此很多人在不该开发高档写字楼的地方开发了，结果租售不出去，需要对其进行研究。

2. 楼盘区域布局

无论楼盘所占面积是大是小，结合位置，建筑物及公共设施、绿化等都应有一个科学合理的布局，并且能够增加艺术性和文化品位。

想要更人性化，能更多接受阳光，使车道、人行道更合理、更安全；能够更有效防盗，有更卫生的措施等，都需要一个整体科学的布局。在考虑布局时，要处理好容积率与绿化率的关系。

3. 楼盘的配套设施功能

楼盘品质的好坏，对配套设施的完备程度有很高的要求。

对于配套设施，可分为公共设施和特有设施。公共设施是普通楼盘都有的，如公用卫星电视、电话、空调等；特有设施就是一般楼盘所没有的，如游泳池、广场、网球场、图书室、商场、健身房、会所、幼儿园、小学等。一些小区内设一些单双杠、秋千等体育设施，以吸引人们来锻炼身体，也是可行的。

利用公共空间，在不影响交通下，尽可能增加一些供人们使用的设施，能够增加人们的购房兴趣。

4. 房型结构的合理化和人性化

在对质量要求的同时，对房型结构也提出了以下新的要求：

（1）要符合当地居民的文化习俗及心理风格要求。

（2）要具有未来性和超前性。

（3）要更具人性化，增加实用面积，不能让面积浪费。

（4）对每个房间都有特定功能和要求，对家用电器及家具有位置的设计。

1）洗衣机应该放在阳台。

2）卫生间不要浴盆，占地方也没有用，只是起到蓄水池的作用。

3）主卧室要大。

4）书房要合适，能够放下电脑桌、写字桌、书架、音响等。

5）冰箱应放到厨房去，不要是一种展示。

6）厨房应体现现代化水平。

7）阳台能晒被子。

5. 目标顾客的设立与满足

根据楼盘的定位与功能，将目标顾客找出来，然后一一争取目标顾客，打动目标顾客，使顾客能够激发购买的欲望。首先将目标顾客了解清楚，例如，他们喜欢看什么类报纸；他们喜欢什么样的表达方式；他们喜欢和谁交朋友；他们经常来往于什么地方；他们经常在什么场所娱乐、消费……对此要能全面掌握，并以此来决定楼盘价格、物业管理、广告媒体、广告用语、售楼人员乃至气氛、销售人员的服装等，做到丝丝入扣才能打动人心。好的创意无不来自对社会、对历史、对文化和对人类行为习惯的深刻理解，那种全凭一两句绝妙的广告词，就想将楼卖出去的想法是不可行的。

位于上海的三林苑投入建设之前，发展商即按行业内的游戏规则，组织一批专家进行了深入的调查研究，完成了详细的项目策划，营销思想明确，市场定位准确，建筑设计要求专业、具体。他们的营销思想是：以人为本，创造可持续性发展的居住环境，体现整体性、功能性、经济性、科学性、地方性和时代性。

他们的市场定位是：为从旧市场区中心动迁来的居民和部分工薪阶层"安居"，同时，还必须体现浦东新区作为国际大都市上海对外窗口的形象。因此，虽然三林苑小区的住宅面积标准、造价标准不高，但是外部环境的设计则力求创造一个舒适、优美的氛围，使从市中心动迁来的居民感到温馨和亲切。这些从以下五个方面得以充分体现：

（1）整体性的街区建筑规划。居住建筑作为大量建造的一般性民用建筑，其设计必然会遇到大量重复使用的问题。因此要使一个小区具有特色，就必须运用现代化城市设计的思想和方法，进行整体设计。整体性是居住小区环境设计的"灵魂"。在规划设计三林苑小区时，对整个环境的空间轮廓、群体组合、单体造型、绿化种植、地面铺砌、环境小品、整体色彩等一系列环境设计要素，进行整体的考虑。

（2）多层次的小区功能配置。住宅小区是功能性很强的建设项目。它涉及千家万户，男女老幼，功能多样，是一个"小社会"。而且随着人们生活水平的提高，还要考虑其发展的需要、动态的要求。在三林苑小区规划设计中，住宅的平面设计达到"三明""三大一小""三表出户"和厨、厕立管外移；电话、有线电话、煤气及热水器的位置等一步到位；住宅内部只进行初装修，让住户自行决定装饰的标准，避免浪费；采用坡顶和现浇楼面，既降低了高度，又防止渗漏小区的公共建筑配套齐全，且利用架空底层，灵活解决了居住小区中停车难的问题，为小汽车将来逐步进入家庭提供了条件，并考虑将大草地作为远期地下车库；为解决人口老龄化的问题，小区内的每个组团均有足够的架空层和步行院落供老年和儿童活动与休息。

（3）经济的开发成本控制。任何一个商品都要考虑其经济性，作为最昂贵的商品之一的住宅更应如此。因此，节地、节能、节材、降低土建造价、节省维护管理等费用，已成为居住小区规划设计考虑的重要方面。三林苑小区的规划设计采取了七项节地措施，使整个小区既达到高密度，又同时取得了良好的外部空间环境，并达到人均公共绿地面积 2.05 m^2。在上海首次大面积采用 2.2 m 架空层的办法，为业主增加了 2 万多 m^2 的建筑面积。另外，在建筑的材料和绿化种植方面，尽量做到"粗粮细作"，如外墙采用中档涂料，绿化种植以草皮为主，不用名贵树种等。

（4）充分利用建筑科学及材料科学技术，以降低成本，增强功能。三林苑小区在单体设计方面，采用外部环境整合的设计方案：通过小区内停车方式的研究，采用住宅底层架空预留未来停车场；水、电、气三表出户；厨、厕立管外移等。在新材料、新工艺、新产品的应用方面，有隔热保温薄膜、塑料门窗、室内节能灯具、PVC 塑料煤气管、电话通信网络的新设计方法的应用新技术等，在这里也不失时机地派上了用场。

（5）建筑设计充分体现地方性与时代性的文化内涵。长期以来，国内住宅小区的"千篇一律"简单几何建筑遍及全国各地,将住宅建筑的文化内涵降到了最低点,出现了大量的"文盲建筑"。三林苑小区的建筑规划及设计打破了这样的沉闷局面,在建筑设计中充分体现了地方性与时代性的文化内涵。谈到地方性,就会涉及对传统的继承和发展问题。一成不变的传统是没有生命力的,也就是既要有地方性还要有时代性。上海是一个开放性的城市,长期以来对中西文化的兼收并蓄,形成了特有的"海派"风格。三林苑小区在提出规划设计要求时,对20世纪90年代上海居住园区的海派特色作了初步的探讨,从而使三林苑小区的住宅单体与群体组合。三林苑小区的设计吸取了我国院落式和上海传统的里弄住宅在空间利用方面的传统手法,采用双折坡顶,考虑天窗、过街楼道、北向退台、院落组合等,以新的形式再现了上海里弄常见的一些建筑符号的传统空间,显示了亲切、细腻的历史延续性,使从旧市区动迁来的居民倍感亲切与认同;在外部环境的设计中,采用欧式弧形长廊、步行水街、天使喷泉、彩色地砖、大片弧形草地、线型不锈钢"群鱼"雕塑(象征我国传统民间风俗年年有余、丰衣足食、安居乐业)、天然巨石、浅墙红瓦、乌杆白灯等中西合璧的环境设施与小品,使整个居住环境显得高雅、大方、亲切、宜人。特别是住宅底层架空,使小区内部空间相互渗透,富有活力,体现出20世纪90年代海派风格。

4.6.6.3 现场销售形象

楼盘都是通过销售而卖出去的,其中现场销售占很大的成分,所以,对现场销售人员的形象要求应特别规范,以保持应有的形象。

1. 销售人员的形象

目前,很多销售部的销售人员知识与技巧较差,回答不了顾客所提出的问题。作为销售人员,应该具备的形象素质有:仪表端正;思维敏捷、口齿伶俐、心理承受能力强;专业知识和技巧要高;自信心强,热情开朗;服饰恰当,举止大方;不怕麻烦。但是许多房地产公司的销售人员对以上的要求没有做过系统的培训,都是拿来就用,仓促上阵。

培训内容应该包括忠诚度培训、专业知识培训、销售技巧培训三个方面。

(1)忠诚度培训内容:公司背景介绍;公司在公众眼中的形象;公司的理念及精神;公司的目标,包括项目推广目标和公司发展目标,确立员工对公司的信心;讲解公司的规章制度,以确立个人的行为准则及制定销售人员的收入目标。

(2)专业知识培训内容:房地产基本知识;楼盘的详细情况,包括规模、定位、设施、价格、买卖条件;楼盘周边环境及公共设施,交通条件;该区域的城市发展规划,以及宏观及微观经济因素对楼盘的影响;房地产有关法规;物业管理课程,包括物业管理服务内容、管理规则、公共契约等;有关客户的问题汇编。

(3)销售技巧培训内容:洽谈技巧,如何以问题获取答案,询问客户的需求、经济状况、期望等,掌握客户心理;电话技巧;推销技巧;语言技巧;身体语言技巧;客户心理分析;展销会会场气氛把握技巧,销售员依次序接待客户,与客户交谈的礼貌用语,多家、少家及下雨天应该怎么做;外出拜访客户的技巧。

在初步培训结束后,要进行参观或观摩实习,使学到的知识能够完全掌握住。

2. 售楼部的布置

对售楼部的布置,一要突出楼盘品牌形象;二要与目标顾客的文化背景相协调。

并不是越豪华越好,而是要有个性,气派过头会使客户产生自卑感。这就可以应用楼盘标志、标准字、标准色及广告词等,对楼盘模型、电视机、花木、楼型结构图等进行布置，以及销售人员站立的位置必须规定好。

3．样板房的布置

销售房子需要样板房来发挥作用。实际上，样板房是集中了发展商对目标客户的承诺兑现，这需要请一流的师傅来设计布置。样板房布置的关键是软件，即格调、气氛和家具配置。要根据目标顾客的文化背景进行设计，千万不能自以为是。

4.6.6.4　楼盘广告形象

有关房地产的广告以后将会进一步论述，这里讲的是整个楼盘的广告风格及广告语言、构图的一致性问题，也就是要保持一个统一的形象。

前面提到过的楼盘标志、标准字、象征图案、标准色等都要在广告中统一体现，它们的组合是有要求的，不能胡乱排列。

无论是平面广告还是电视广告，都要按照楼盘的定位和目标顾客的要求来进行设计，不可以今天一个样，明天一个样，使楼盘的形象遭到破坏。这就要根据目标顾客来做出确定。要求如下：

（1）用的语言风格，是朴素无华的，还是辞藻华丽的。

（2）用的设计风格，要看目标顾客的心理需求及文化背景。

（3）用的版面，是多大的、怎么排列的。

（4）投放媒体。楼盘广告不在三轮车及出租汽车上做，是因为这会降低楼盘的品牌形象。对楼盘广告一定要限定所固定的版面格式，以形成更好的统一的传播效果。

4.6.6.5　公关形象

公共关系作为企业有效展示形象的一种手段和工具，已被越来越多的企业所使用，但是结合房地产楼盘营销又是一项新的课题。

做公关应该有两部分内容：一是正面向上的公关，也就是锦上添花；二是危机公关，也就是雪中送炭。对于楼盘，适时举办一些公关活动，传达形象是必不可少的。

4.6.6.6　服务品牌形象

服务的形象主要是指物业管理，在楼盘的正常使用中，创造一个真正和谐美丽宁静的社区文化，这就要求物业管理人员的行为形象、效率形象、语言形象、服饰形象等有一个标准的规范，使楼盘能够保持一种旺盛的势头。

第 5 章 房地产前期市场策划

5.1 房地产前期市场策划概述

市场策划是指对房地产项目投资开发中涉及的诸多要素（经济、政策、法规、规划、国土、市场、消费者、人文、地理、环境、交通、商业、市政配套等）进行客观调查，并通过科学系统的定量定性分析和逻辑判断，寻找到满足项目众多元素的结合点（城市规划条件的满足、房地产商经济合理回报的需要、购房消费者的有效需求等）。简而言之，房地产市场调查是房地产市场策划的基础，房地产市场策划是房地产市场调查的归宿。市场策划的成果及结论（项目战略定位及产品定位建议）对后续各阶段策划具有方向性和指导性，市场策划是房地产策划的首要环节之一。

5.1.1 房地产前期策划的概念

房地产项目前期策划是由一系列的工作过程编制构成的一项复杂的系统工程，通常是指开发商在基于对项目具备的条件及自身实力进行充分分析的前提下，对宏观市场环境的特性和行业发展趋势变化进行明确，以此制定出有效把握机会、确立和发挥自身竞争优势、可以有效规避威胁的项目战略部署。

房地产项目前期策划，是在房地产投入运作前期，进行市场分析，对产品目标进行优化，制定出符合产品自身的消费市场、购买群体，明确产品的类型、档次、功能、价位、推销手段、销售节点、包装方式等，如图 5-1 所示。

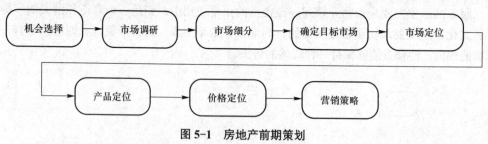

图 5-1 房地产前期策划

5.1.2 房地产前期市场策划的概念和内容

（1）市场策划的概念。在我国，策划最早出现于《后汉书·隗嚣传》中"是以功名终申，策画复得"。这句里的"画"通"划"，具有策划、谋划、计划的意思。而在当代，美国学者对于策划的解释是策划针对未来要发生的事情作当前的规划，是一种运用脑力的理性行为。国内学者吴粲则定义策划是对某个事/项目/活动进行的一种统筹酝酿，并最终予以实施的过程，通过综合运用广告、营销、公关等多种手段方式，使其取得最好的效果。结合以上对策划的理解，可以清楚地认识到，策划就是立足现在，面向未来的一项活动。

房地产项目开发与经营也是社会经济活动中的一种。要实现房地产顺利运营，保证后期的销售利益，就有必要对房地产的开发活动进行前期项目策划。

（2）房地产前期市场策划的概念。房地产市场策划是房地产策划师依据项目发展的总体要求，从房地产市场角度出发，对房地产项目进行内外部经济环境调研，进行房地产市场分析与研究，找出项目的市场空白点，最后进行房地产项目定位的创造性过程。

房地产前期市场策划是指根据房地产开发项目的具体目标，以客观的市场调研为基础，优选最佳的项目市场定位，综合利用多种策划方法，按照一定的程序对房地产开发项目进行创造性的构思，并以具有可操作性的策划文本作为结果的活动。一般来说，项目策划是"纲"，销售策划是"目"，"纲"举才能"目"张，如图5-2所示。

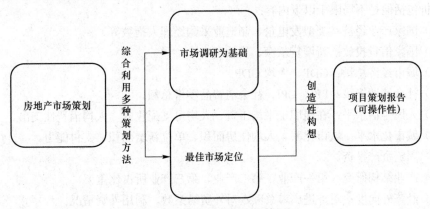

图 5-2　房地产前期市场策划 1

（3）房地产前期市场策划的内容。房地产项目前期市场策划的工作内容主要涉及区域市场分析、市场调研、市场要素、市场细分、确定目标市场和产品定位等方面，可通过图5-3来对其进行简单描述。

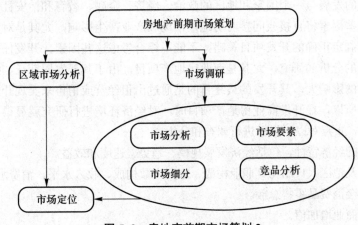

图 5-3　房地产前期市场策划 2

5.2 房地产项目区域市场分析

房地产项目区域市场分析应侧重于对区域经济分析、区位分析、市场供求与价格概括分析、市场趋势分析等进行现状及趋势的预判。

城市宏观经济研究这一部分是房地产企业战略决策的基础,宏观经济政策及经济发展潜力影响城市化率、居民可支配收入等,房地产及金融政策又将直接影响到房地产投资活跃程度。因此,分析房地产市场的宏观经济指标将对项目定位和营销策略产生重要影响。从房地产市场调查研究来看,国内外研究都是从宏观方面和微观层面两个方面入手,宏观上主要是运用城市经济学、区域经济学的经济学理论对区域的经济、政策、人口、整体市场进行研究论证;微观上主要是针对调研的结果,进行数据处理归类分析,运用一些模型和统计学知识不断完善结果,还有相当一部分是靠从业经验来做出项目的定位策略。

分析包括但是不局限于以下内容:
(1) 国家产业经济(类似发电量、制造业采购经理人指数等)。
(2) 国家信贷投放:新增贷款额、贷款利率。
(3) 城市经济总量:GDP、人均 GDP。
(4) 社会消费能级:PPI、CPI、社会消费品零售总额。
(5) 人民生活水平:在岗职工平均工资、人均可支配收入、人均消费性支出。
(6) 城市化水平:城市化率、人均住房面积、单位新增面积、支付能力。
(7) 固定资产投资。
(8) 产业结构研究(第一产业、第二产业、第三产业所占比重)。
(9) 经济外向度:对外进出口总额、对外贸易系数、利用外资情况。
(10) 房地产政策:中央房地产政策、地方房地产政策。

5.2.1 宏观层面分析

房地产业的发展与一个国家和地区的政治、经济、金融、教育和治安社会发展等因素息息相关。这些因素将直接或间接对房地产市场和产业产生影响,尤其是对房价和销售情况的影响。要制定正确的开发项目策略,不能不综合考虑这些因素。开发任何一个项目都涉及经济环境的分析和研究,尤其是商业房地产项目,由于其开发周期长、投资大,受经济发展和政策的影响大,其开发的最终目的是通过出租经营或销售来实现开发利润,因此其风险很大。所以,在开发商业房地产项目时,对经济环境进行研究就显得十分重要。在调查和研究时,重点对以下指标进行调查和分析。

(1) 城市的经济特性,包括经济发展规模、趋势、速度和效益。
(2) 人口及地区人口结构、职业构成、家庭户数构成、收入水平、消费水平等。
(3) 全社会消费品零售总额。
(4) 全市商业增加值。
(5) 城乡居民的人均可支配收入,城乡居民储蓄存款余额。

（6）国民经济产业结构和主导产业。
（7）与特定房地产开发类型和开发地点相关因素的调查。

5.2.2 宏观经济增长因素分析

（1）需求方面。需求带动经济增长一般是指投资、消费、出口三大需求要素。
（2）生产供应。生产供应主要是指三大产业对经济增长的影响作用。

5.2.3 区域未来经济走向分析

（1）未来宏观经济走势。未来宏观经济走势分析是对未来宏观经济将会产生影响的因素按照有利因素和不利因素分别进行判断其对经济走势的影响方面和影响程度。
（2）未来区域发展规划。
1）经济发展规划：包括经济增长速度、产业发展规划等；
2）社会发展规划；
3）城镇建设规划。

5.2.4 房地产市场概况及政府相关的政策法规

（1）项目所在地的居民住宅形态及比重。
（2）政府对各类住宅的开发和流通方面的政策法规。
（3）政府关于商品住宅在金融、市政规划等方面的政策法规。
（4）短中期政府在项目所在地及项目地块周边的市政规划。
（5）项目所在地房地产市场总体供求现状。
（6）项目所在地商品住宅市场板块的划分及其差异。
（7）项目所在地商品住宅平均价格走势及市场价值发现。
（8）商品住宅客户构成及购买实态分析。
（9）各种档次商品住宅客户分析。

5.3 竞品楼盘分析

5.3.1 竞品楼盘对比分析

周边环境及配套分析如下：
（1）外部周边配套。包括居住氛围、自然资源、生活、交通、教育、医疗等配套。
（2）内部配套。包括项目规模、产品分布、产品差异化、社区功能、环境配套、赠送面积等。
（3）风水。包括周围的自然景观、项目的地理位置、人文环境、朝向等。
（4）地块现状。包括有无分割地块的建筑物等。

(5) 价格优劣。包括周围各楼盘价格对比、装修对比等。
(6) 品牌形象。包括开发商实力、品牌、口碑、后期保障等。
(7) 销售情况。包括开盘时间、起价、均价、最高价、优惠措施、实际均价、销售价格、施工进度、开工日期、当前进度、销售进度、全盘销售率、潜在放量等。
(8) 项目推广。包括推广期的活动对比。如前期客户积累/开盘/中期。
(9) 营销阶段。包括不同营销手段的对比分析。
1) 媒介选择：广告投放、媒体投放、楼市、房展会等；
2) 广告主题：推广主题、推盘节奏与产品类别、营销动作等。

5.3.2　同区位、同类型、同价位竞争项目分析

通过对在地段、产品、价格等方面构成直接竞争或者潜在竞争的楼盘进行分析，寻求突破创新和差异化。
(1) 同区位。同区位包含同一地段或同等地段两个方面。
(2) 同类型。同类型是指在产品上具有相同属性。如同为郊区大盘、同为小户型等。
(3) 同价格。同价格包含同单价和同总价两个方面。
(4) 研究内容。同质产品供应总量、产品特点、价格、客户、营销手段、定价策略等。

5.3.3　经典楼盘分析

通过对同一个城市经典楼盘的分析，总结其成功和不足为项目前期策划所用。
分析内容：产品特色（包括产品理念、建筑风格、产品组合、面积配比、户型特点、小区规划等）、产品质量（包括产品采取的新工艺、新材料、新方法等）；营销策略（广告诉求、媒体运用、推广节奏等）；销售策略及其他成功因素。

5.3.4　成功案例分析

通过对国内外同类型项目成功案例的分析，总结其成功和不足，供房地产前期市场策划借鉴。
分析的内容为开发策略、产品特色、推广手法、销售策略及其他成功因素。

5.4　城市房地产市场研究

房地产前期策划是项目后期成败的关键，因此，研究城市总体规划、城市房地产市场总体情况、区域房地产市场情况、项目宗地（微观环境）就显得非常重要。

5.4.1　城市总体规划研究

城市总体规划是指城市人民政府依据国民经济和社会发展规划及当地的自然环境、资

源条件、历史情况、现状特点，统筹兼顾，为确定城市的规模和发展方向，实现城市的经济和社会发展目标，合理利用城市土地，协调城市空间布局等所作的一定期限内的综合部署和具体安排。房地产前期策划中城市总体规划的研究的内容包括城市的性质、发展目标和发展规模，城市主要建设标准和定额指标，城市建设用地布局、功能分区和各项建设的总部署，城市综合交通体系和河湖、绿地系统，各项专业规划和近期建设规划。城市详细规划在城市总体规划或者分区规划的基础上，对城市近期建设区域内各项建设做出具体规划。

房地产前期策划报告中对城市总体规划研究内容主要有以下几项：

（1）城市概况。

（2）城市总体性质：（含整体定位、发展方向）。

（3）城市区位：外部区位、内部区位。

（4）城市交通：外部交通、内部交通、交通规划。

（5）行政区划：该项目隶属于城市的行政区划。

（6）人口属性：人口总量、人口结构、人口发展趋势。

（7）城市规划：功能格局、区域／板块规划这一部分是解决问题的专业能力的切入点，通常来讲，这一部分需要简单评述对项目的初步理解、市场认知，以及策划的着眼点。

5.4.2 城市房地产市场总体情况

城市房地产市场总体情况分析是对城市房地产的市场规模、市场竞争、区域市场、市场走势及吸引范围等调查资料所进行的分析。其是指通过房地产行业市场调查和供求预测，根据房地产行业产品的市场环境、竞争力和竞争者，分析、判断房地产行业的产品在限定时间内是否有市场，以及采取怎样的营销战略来实现销售目标或采用怎样的投资策略进入房地产市场。

城市房地产市场总体情况分析可为客户正确制定营销策略或投资策略提供信息支持。企业的营销策略决策或投资策略决策只有建立在扎实的市场分析的基础上，只有在对影响需求的外部因素和影响购、产、销的内部因素充分了解和掌握以后，才能减少失误，提高决策的科学性和正确性，从而将经营风险降到最低限度。

（1）宏观房地产市场：

1）房地产整体市场预判；

2）房地产市场周期理论。

（2）宏观房地产建设指标分析：

1）固定资产投资与房地产投资；

2）施工、新开工及竣工面积。

（3）土地市场研究：

1）供求及价格；

2）分区土地成交；

3）土地成交价格；

4）本区域土地成交详情（含项目本身）。

(4)商品房市场分析：

1）商品房存/增量分析；

2）商品房销售额与销售面积；

3）商品房销售价格；

4）市场发展板块及格局分析。

(5)分物业市场分析（住宅）：

1）市场供求关系；

2）成交价格分析；

3）成交产品特征；

4）客户构成分析。

(6)市场未来发展预期。综合以上各个指标的研究，预计城市整体房地产市场及分市场（住宅）走势，判断投资风险，挖掘市场机会。

5.4.3 区域房地产市场研究

区域房地产市场发展状况、区域板块的市场价值、典型和竞品项目的成交、策略分析都将对项目本身的定位和策划产生重要影响。具体研究内容如下：

(1)区域市场概况：

1）市场地位；

2）优、劣势分析；

3）产品特征；

4）价格特征；

5）消费者特征。

(2)区域典型项目分析：

1）典型项目详情调研（表5-1）；

2）供应分析（体量规模、产品类型、面积区间）；

3）成交分析（总价均价、销售速度、客户结构）；

4）未来供应量；

5）重点竞争个案分析。

(3)区域市场竞争及发展趋势总结。

表5-1　楼盘调研标准

项目名称		项目地址		售楼电话	
相关单位	投资商				
	开发商				
	建筑设计				
	全程策划				
	营销代理				

续表

基本资料	总占地面积		总建筑面积		土地使用年限		
	容积率		建筑形式		开发期数		
	总户数		建筑风格		绿化率		
	外立面		装修		装修标准		
	当期资料（7期）						
	建筑面积		园区规模				
	认购时间		开盘时间		交工时间		
	总户数		贷款银行		按揭成数		
	采暖方式						
小高层（总）	层数、栋数		总建筑面积		得房率		
	建筑类型		建筑结构		层高		
	楼间距		底层形式		电梯		
	户型	形式	建筑面积	百分比	套数	销售率	
	时间	起价	均价	顶价	一次性折扣	按揭折扣	开盘至今销售率
	备注	调价周期			调价幅度		
高层（总）	层数、栋数		总建筑面积		得房率		
	建筑类型		建筑结构		层高		
	楼间距		底层形式		电梯		
	户型	形式	建筑面积	百分比	套数	销售率	
	时间	起价	均价	顶价	一次性折扣	按揭折扣	开盘至今销售率

续表

高层（总）						
	备注	调价周期		调价幅度		
物业情况	物业公司	物业顾问公司	多层物业费	小高、高层物业费		电梯费
	物业服务内容					
	室内硬件配套					
	室外硬件配套					
停车情况	总停车数			车位住户比		
	地上车库	个数		租售价格		
		面积		租售率		
	地下车位	个数		租售价格		
		面积		租售率		
	地下车库	个数		租售价格		
		面积		租售率		
	管理费					
商业情况	总面积			层数		
	面积区间			商网个数		
	销售率			价格		
	业态					
	备注					
周边配套	商业					
	教育					
	医疗					
	交通					
地理位置评估						
项目环境评估						
项目景观评估						
营销手段	客群定位	平层				
		跃层				
		职业		家庭结构		
		年龄		媒体习惯		
	项目定位					
	推广周期分析					
	媒体策略					
	个案诉求					

续表

SWOT 分析	优势	
	劣势	
	机会	
	威胁	

注：此为楼盘调研的基础表格，内容可根据自己调研的楼盘来完善或调整。其中除产品信息外，大部分信息不用每月更新。

1）区域内月土地市场供应与成交情况（若当月无、可不写）；
2）典型项目当月数据情况（根据市调的竞品做总结），分不同物业形态总结；
3）供应面积：以周为单位，用柱状图或折线图等形式表现，配总结性文字说明；
4）供应套数：以周为单位，用柱状图或折线图等形式表现，配总结性文字说明；
5）销售面积：以周为单位，用柱状图或折线图等形式表现，配总结性文字说明；
6）销售均价：以周为单位，利用折线图表现价格走势，配总结性文字说明。

5.4.4　项目宗地（微观环境）研究

宗地研究的任务是深入透彻地了解项目，掌握项目的优劣势所在，趋利避害，找准项目的价值点，为定位、启动运营等方面奠定基础。具体研究内容如下：

（1）项目区位：四至。
（2）项目交通：交通现状、未来规划。
（3）区域发展格局：市政规划 | 定位、重点项目规划。
（4）地块周边环境：生活配套（教育、医疗、商业、文体等）。
（5）周边现状及不利因素。
（6）地块开发指标（建筑密度、容积率、限高等）。

5.5　房地产项目市场定位

房地产项目开发运营项目定位的准确性被业内人士称为房地产开发第一难。没有准确清晰的定位，项目操作就失去了进行的方向和目标，随时都有失败的可能。而准确的定位可以给开发企业和项目带来良好的竞争力和较高的利润。因此，在现今的房地产市场中，一个项目在运行之初都是在进行充分的市场调研分析后，力求对其准确定位。

5.5.1　房地产项目市场定位的概念、理论基础

在对房地产项目市场定位展开具体研究之前，首先需要对相关概念进行明确。此后，还需明确市场中需要对房地产项目进行定位的原因，即房地产项目市场定位的具体作用。

5.5.1.1 房地产项目市场定位的概念

房地产项目市场定位是指房地产项目在国家和地区相关的法律、法规和规划的指导下，根据本项目所在的地域的经济、政治、人文和风俗习惯等，依据项目本身自有的特点和对市场未来发展趋势的判断，结合项目自身特有的其他制约因素，找到适合项目的客户群体，在客户群体消费特征的基础上，进一步进行产品定位，包括住宅项目、商业项目、写字楼项目、工业项目等。例如，在目前商住房市场中，针对三线及以下城市房价较低，用户对户型、空间设计要求较高的特点，开发户型较大、空间布局舒适合理的楼盘；而针对房价高、涨速快的一、二线城市，则着重开发中、小户型，空间利用率高的高层楼盘。

换而言之，房地产项目市场定位是企业在一定的市场调研基础上，根据顾客对某些方面的需求、分析同行之间产品竞争、地域文化差异等情况下，塑造出个性鲜明，更适合本公司项目市场竞争力的产品。市场定位包括企业品牌定位、生产产品定位及企业发展战略等多方面的内容，每个方面又有各自的操作模式。

5.5.1.2 房地产项目市场定位的理论基础

（1）USP 理论。UPS（Unique Selling Proposition，独特卖点）理论是关于市场定位理论中提出最早的，可以说为现如今市场定位理论的发展提供了指导。该理论是由美国人雷斯于20世纪初提出的，主要是：商品具有特殊的效益，能够和顾客有效地沟通，确认其购买的好处；利用广告效益说明商品非其他商品能够替代的特殊性，这一特殊性表现在其他商品无法与其竞争；能够打动和影响消费者的内心，让消费者能够从容购买。USP理论的根本是借助差别化的产品，来针对特定的消费群体产生消费效用。UPS理论可为房地产企业的发展提供指导：在推广产品的过程中着重突出自身特色，在市场定位中明确体现出自身的不可替代性。

（2）品牌形象理论。美国广告大师大卫·奥格威提出了品牌形象理论，这一理论得到广大消费者的认可，也成了各商家相互追捧的营销模式。该理论的基本观点有以下几点：

1）利用广告让品牌在公众心中呈现出良好的品牌形象；

2）广告效益是一个品牌长期的投资，牺牲短期效益而让消费者认可，从而产生良好的品牌形象；

3）商品和同类商品之间并无本质上的差异，能够吸引消费者购买的根本原因在于商家能够集中力量用于品牌宣传，将大量精力用于让消费者对品牌和商标的感知上，因此，描述产品形象比产品本身的品质更加重要；

4）消费者的购买行为主要由心理预期驱动，根据品牌的形象产生购买的欲望。

品牌形象理论给房地产企业的运营带来了很深入的启发。针对广阔的房地产市场及众多的竞争者，优秀的品牌形象是帮助企业脱颖而出的必备条件。

（3）定位论。20世纪70年代早期美国著名营销专家艾·里斯和杰克·特劳在《定位》一书中提出了一种在预期客户头脑中独树一帜的传播策略，该理论将基于产品的定位转变为基于消费者角度。该理论提出了三个具体的定位方法：第一，企业要不断地抢占消费者心中的第一定位，因为消费者的消费心理是在其将要产生消费行为时，往往是将在其心中处于第一地位的品牌作为首选，只要这一品牌在其心中的地位不变，其将一直购买该品牌。如果房地产开发商很难准确找到产品适合的消费群体，也就无法保证产品并采取合理的营销模式去很好地符合消费者的需求。久而久之，企业将难以在日趋激烈的房地产市场竞争中找到适合自己的发展模式，最终很可能被其他优秀的房地产企业所淘汰。

（4）现代市场定位理论。国内学者刘鑫通过剖析这一理论，提出了现代市场定位理论的核心就是差异化，其目标就是让产品在消费者心中占据一个重要位置。

5.5.2 房地产开发项目市场定位的分析体系

（1）市场定位的方法。当前市场定位的方法有：根据产品特色定位；根据利益定位；根据使用者定位；根据竞争需要定位。

（2）市场定位的步骤。第一，明确潜在的竞争优势；第二，选择相对竞争优势；第三，显示独特的竞争优势；第四，建立与市场定位相一致的形象；第五，巩固与市场定位相一致的形象；第六，矫正与市场定位不一致的形象。

（3）市场定位的目的。房地产市场定位的目的是寻找最佳的平衡点，满足产品、客户和投资效益的三者平衡，如图5-4所示。

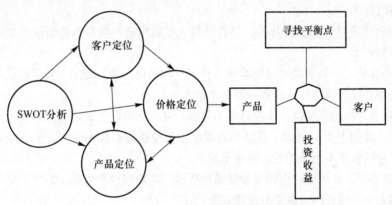

图5-4 房地产市场定位

5.5.3 项目整体定位

项目整体定位基于对市场现状及发展趋势的充分了解和预估，通过对市场机遇点、项目自身条件或优劣势的清晰把握，来对项目功能组合、产品和市场形象进行定位。这个定位可以是概念的、引领全局的，但必须是有市场支撑和建立在项目自身特点基础上的，常用的定位推导方法有SWOT和USP等。

项目定位是房地产策划报告的核心所在，在经过前期论证推演之后，给出项目的整体定位。但是在市场、客户、产品等方面这一部分还需要界定以下内容：

（1）开发主题及概念定位。
（2）功能定位及主题设计。
（3）项目市场形象定位。
（4）目标客户描述（整体定位后的目标客户描述将更为精确地使项目目标人群及后续产品、营销等策略的实施有据可依）。

5.5.4 目标客群定位

客户群定位的过程就是寻找客户群的过程，它作为项目定位的辅助工作，至关重要。因为客户是项目的最终享受者，所以客户群定位的准备工作做得充分，才能减少在项目推广过程中的工作量，从而达到降低推广成本、降低开支的目的。

（1）目标客群定位的方法。

1）目标客群的识别与地区划分主要根据项目目标市场细分结合项目所在地的一些自然条件等进行。

2）相关人员需要针对目标客群需求进行详细分析，结合市场调研情况，进一步了解目标客群自身心理特征，然后就目标客群需求实施有效分析与预测，最终实施定量化研究。

3）目标客群自身承购力研究，通常所说的承购力一般包括不同消费人员自身承购能力以及整个目标客群总体承购能力。

4）潜在客群所具有的消费诱因以及消费抗性。从某种程度上讲，对潜在客群产生消费影响的诱因种类较多，最主要的几点在于地理位置情况、周边环境情况、企业品牌情况以及产品价格情况等。

（2）房地产项目目标客群分类。结合消费人员对房地产项目销售情况的影响，可以将其划分成不同种类。

1）显性客户。一般来说，显性客户往往具有明显化的购买倾向，包括所认可区域的常住人口、公务员以及教师等，还有一部分乡镇客户。

2）隐性客户。也就是说，本项目并不是客户唯一认可的项目，客户还存在其他选择，在观望情绪上相对严重。例如，自己有自建房，但是还想要住小区房，或者是对于自己现在的住房配套设施并不十分满意的购房消费者。

3）偶然客户。受到项目促销或者是活动所触动，临时性产生购买欲望的消费群体，对于该部分客户往往没有相对显著的地理划分。

4）争夺客户。与所在区域的相关竞争项目保持重合的客户，一般情况下，该类客群体的争夺取决于后期工作人员的营销引导，在这种情况下，房地产营销人员的工作就会显得非常重要。

（3）房地产项目目标客群购买动因分析。

1）目标客群调研。主要是对目标客群的容量和结构进行调查。包括目标客群对某类房地产产品的总需求量及饱和度；现存刚性需求及潜在客群的数量与需求结构；客群的共同特性，如年龄、文化、家庭结构、职业等；目标客群的收入、消费水平及实际消费水平等。

2）购房动机调研。购房动机是刺激目标客群产生购房行为的主要原因。主要包括客户购买偏好（物业类别、户型偏好、位置偏好、预期价格）、影响购房动机的因素、购买动机类型等。

3）购房行为调研。房地产购房行为调查就是对房地产购买者购买模式和习惯的调查，包括购买房地产的产品的数量和种类，对房屋品质、价格、地段、配套的要求等。

不同客户群的差别都能通过市场调研进行掌握，锁定目标客群，进行客户定位，是项目成功操作的重要因素。

5.5.5 产品定位

产品定位描述项目未来所具备的各种功能，确立产品设计的基调，统领产品设计环节。并演绎各种产品功能，归纳产品矩阵，罗列每一矩阵之内的细化产品类型，为规划设计做出可落位的指导。产品定位应与总体定位需要协调、指向一致、逻辑合理（图5-5）。

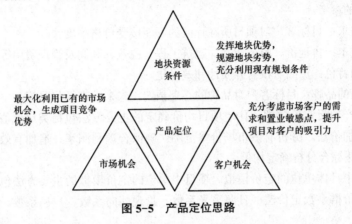

图5-5 产品定位思路

产品定位包括的内容有产品概念定位、形象定位、产品建议等。

在实际操作中，产品定位是将定位结论落地，依托项目整体定位，通过市场研判、经济测算等步骤给出最终决策建议。

（1）概念类定位。如主题概念定位、特色定位、科技定位、文化定位、生态定位。

（2）形象定位。形象定位是为房地产开发的楼盘或项目塑造一个独特、恰当的品牌形象，并对其进行推广和表现，以期透过此形象去凸显开发楼盘各方面独特的卖点或优势，从而达到房地产项目营销的目的。

（3）规划设计建议。包括总体规划建议、建筑风格建议、园林设计建议。

（4）产品建议。在产品定位的基础上对建筑单体、户型、面积、户型配比、户型设计细节、装修标准等进行更为具体翔实的建议。往往辅以大量的图片示意和新颖实用的设计建议，力求生动而具体。

（5）配套设施。包括功能配套建议、智能化建议、会所设施建议。

（6）社区服务建议。包括物业公司管理建议、物业服务内容建议。

5.5.6 开发运营建议

对于以住宅为主体的房地产大盘项目，实际操作中将会考虑开发商阶段目标和资金状况，在分期开发的过程中，对项目启动地块的选择，应遵循"地块价值低的土地和未来增幅多的土地不宜近期开发"的原则；要考虑项目的快速盈利能力，以及区域的示范效应，以提升地块的整体价值。开发运营策略的核心是实现价值最大化，切入点是选择合适的启动区策略，实现项目短期快速盈利，最终实现长期利益最大化。建议包括以下内容：

（1）项目整体开发模式。

（2）启动区选择。

（3）项目开发节点建议。

5.5.7 价格定位

(1) 价格定位的考虑因素。影响房价的主要有经济因素、社会因素、行政因素、人口因素、房地产内在因素及周边环境因素等多个因素。在房地产项目定价时需要考虑。

1) 竞争项目的价格：本项目客户可能选择其他竞争项目的价格水平和品质对比，可以作为价格定位的参考。

2) 市场需求：目标客户对项目所在片区的可能接受价格限度。

3) 项目成本：含地价、财务成本、建筑工程、税费、利润及管理费用等。

4) 产品的特色：产品有没有异质性和差异化。

5) 开发商的品牌：目标客户对品牌的心理预期；未来的市场状况等。

(2) 房地产项目定价模拟。住宅项目均价确定的主要方法包括类比价值算术平均法、有效需求成本加价法。分析有效市场价格范围；确保合理利润率，追加有效需求价格。运用以上两种方法综合分析确定均价。

(3) 项目中具体单位的定价模拟。项目中单位的定价模拟的主要方法包括商品住宅定价法和差异性价格系数定价法（日照采光系数、景观朝向系数、户型系数、楼层系数、随机系数）。

各种差异性价格系数的确定，包括确定基础均价；确定系数；确定幅度；具体单位定价模拟。

第6章 房地产产品设计策划

当前,人民日益增长的美好生活需要和不平衡不充分的发展之间的矛盾已经成为我国社会的主要矛盾。而房地产行业作为传统支柱行业,承载着人民群众对美好生活的热切向往。随着我国经济进入增速换挡的新常态发展阶段,城镇化进程持续推进,产业结构调整不断深化,信息技术快速发展,城镇居民消费观念升级和人口结构变化并存;特别是"互联网+""供给侧结构性改革""共享经济""跨界合作""轻资产"等概念层出不穷,为满足人民的需求,对房地产产品创新提出了新的要求。

6.1 房地产产品设计策划概述

6.1.1 房地产产品设计策划的含义

(1)设计策划的含义。在当代,美国哈佛大学企业管理丛书编纂委员会对策划的含义作了如下概括:策划是一种程序,在本质上是一种运用脑力的理性行为,策划是针对未来要发生的事情作当前的策划。美国学者苏珊在其所著的《西方策划学沿革》一书中认为:"策划就是人们事先的筹谋、计划、设计的社会活动过程。"而国内学者吴絮所著的《策划学》一书中把策划定义为:"对某件事、某个项目、某种活动进行酝酿、统筹、实施,运用新闻、广告、营销、公关、谋略等手段,综合实施运行,使之达到较好的效果的过程,称为策划。"

本质上讲,策划就是筹划或谋划,是一项立足现实、面向未来的活动。其是为了实现特定的项目发展目标,在充分获取相关有价值信息的基础上,借助一定的科学思维方法,对项目的未来发展方向进行判断,为项目的决策、执行而构思、设计、制作工作方案的过程。

(2)房地产产品设计策划的含义。房地产产品设计策划也称建筑策划。清华大学庄惟敏教授将建筑策划定义为,在建筑学领域内建筑师根据总体规划目标设定,从建筑学的学科角度出发,为达成总体规划的既定目标,对建筑设计的条件、环境和相关制约因素进行分析研究,从而为建筑设计提供科学的、逻辑的、优化的设计依据。即指在建筑学领域内建筑师根据总体规划的目标设定,从建筑学的学科角度出发,不仅依赖于经验和规范,更以实态调查为基础,通过运用计算机等近现代科技手段对研究目标进行客观的分析,最终定量地得出实现既定目标所应遵循的方法及程序的研究工作。

房地产企业应借助专业的建筑策划人员,以基于市场研究的建筑策划观点为服务客户提供建筑规划设计策划服务。投资商经常所提交讨论的关于"性价比"的市场观点,就是在建筑规划设计中寻找到建筑师的"作品设计"和投资商的"产品生产"的定位平衡。国内在这方面做得比较好的是深圳万科集团,万科有自己的产品研发中心,专门作建筑设计方面的研究,经过研究确立的产品基本上都经过了市场的检验,为客户提供"最符合市场化要求"的"建筑策划"和"建筑规划"及"建筑营销"服务。这就突显了产品策划在产品营销策划前的重要性。

目前大多数产品设计师往往注重建筑本身的设计，对市场和需求、对供给与消费缺乏相当的了解，他们是好的设计者却不是好的产品领路者。造成大量的房地产项目在规划立项到建筑设计之间存在一个"断层"，不少设计任务书制定得不合理、不科学，从而导致建筑设计不合理、不科学，以致项目建成后，社会、经济效益欠佳，使用效果不好。在项目运作过程中，技术与经济有脱节现象，搞技术的人不注意经济，搞经济的人不懂技术，二者不能够很好地结合。

6.1.2 房地产产品设计策划的目的

房地产产品策划的目的是让建筑项目产生经济效益，使项目设计的产品吻合客户的需求，为项目顺利走向市场打下坚实的基础。如果建筑师按照自己的思路闭门造车，那么辛苦设计的建筑项目就没有效益，无疑浪费了社会资源，也浪费了建筑师的劳动成果。

（1）树立品牌形象，体现项目价值。
（2）使产品具有较高的市场认可度。
（3）以成功的项目操作和品牌树立，打造开发商在业界的良好品牌形象，为开发商的后期开发铺平道路。

6.1.3 房地产产品的未来趋势

现在的房地产产品，无论是结构设计，还是功能分布，与几年前都不可同日而语。过去十几年来，房地产产品形态发生了巨大的变化，而且这种加速升级换代的趋势还会持续下去。这种升级是房地产行业本身发展的必然趋势，也是中国进入新时代以后，社会主要矛盾的改变对房地产企业的要求。未来我国商品房市场、商业地产市场，市场竞争会越来越激烈，产品升级换代的速度会进一步加快。

6.1.3.1 功能多样化

所谓产品功能多样化，是指一个房地产项目要兼具多种使用功能。例如，传统住宅项目的主要（甚至是唯一）功能就是居住。事实上，除居住需求和最基本的购物需求外，居住者还有教育、健身、社交等其他需求。越来越多的房地产企业开始在做好产品硬件的同时，注重社区软环境的打造，在社区、写字楼宇中设计了空间共享、交流互动等和谐元素，改善社区日渐疏远的邻里关系，激发社区活力，提高产品品位和吸引力。如社区中晨练场所、健身会馆、高端读书会所等公共共享空间。另外，近期比较热的社区O2O也是为了满足住户多样化需求。

另外，住宅不仅是栖息之所，更是生活平台。鲁能开发的鲁能7号产品，为社区有机打造了体育元素，吸引了更多客户群体的关注。

6.1.3.2 建设标准化

房地产产品标准化是指针对同一条房地产产品线，研究并固化形成相对统一的产品设计、配置标准，并应用于同一产品系列的不同项目中，以实现产品标准的复制应用，提高产品质量和开发效率。标准化开发模式就是同一产品线和产品系列下的不同项目，部分产品模块，如大门、围墙、会所、户型、外立面等，在多个项目上进行复制。产品标准化能够实现资金快速周转，提升企业绩效。企业不仅应具有一定的产品创新能力，更要有高效的产品转化能力，即将创新产品转化为成熟产品，再将成熟产品转化为标准化产品。

除功能多样化、需求智能化、建设标准化等趋势外，物联网、个性化、定制化也将是房地产产品的未来趋势。

6.1.3.3 物业服务升级

传统的物业管理服务包括环境清洁、绿化养护、安全防护、工程维护和公共秩序维护等工作。物业服务升级的内在逻辑是：一方面，通过现代化技术手段的使用提高了服务效率；另一方面，物业服务可以更快、更好、更准地满足业主的多样化需求。现代物业服务除使用更加智能的停车设备、更好的绿化环境外，更多的升级来自软件和服务，其中最为典型的是物业服务 APP。通过物联网、云技术、大数据及人工智能的创新科技，实现社区数字化、线上化、数据化，以此对接商业服务和公共配套，为住户提供更快捷、更贴心的增值服务。

6.1.3.4 配套更加宜居

产品宜居不仅包括住宅本身，还要有完善的社区服务配套。伴随消费需求升级，住房不仅要满足居住需求，还要满足消费者的商业、文化、医疗、养老等多种需求，为居民创造方便、快捷、舒适的生活环境。除传统的物业服务外，社区内的社会化服务体系，如文化活动中心、老年看护机构、托幼所、教育配套等，也是高品质住宅产品区别于其他产品的核心要素。其内在逻辑是以住宅为核心，将相关的配套服务综合化实现，使其更加宜居。物业服务的升级是与住宅紧密相连的，利用信息化技术将与居住相关的产品和服务串联起来，提供更加高效、快捷、匹配需求的服务。例如，通过线上平台，可以实现家政维修、电梯抢修，24小时服务，投诉与维修响应及时。在此之上，通过与其他业态相结合，还可以产生商业模式的升级。

6.1.3.5 迈向住有智居

信息化技术在住宅领域的应用，推动建筑更加智能。通过将建筑的结构、系统、服务和管理根据用户的需求进行最优化组合，为用户提供一个高效、舒适、便利的人性化建筑环境。

（1）建筑更加智能化。智能建筑是随着人类对建筑内外信息交换、安全性、舒适性、便利性和节能性的要求产生的。区别于一般的精装修建筑，智能建筑是集现代科学技术之大成的产物，其技术基础主要由现代建筑技术、互联网技术、物联网技术、云计算技术组成。比较常见的如覆盖全域的 Wi-Fi、人脸识别、二维码技术应用等。智能建筑以智能家居的应用为核心，它对人们的家庭生活和生活方式带来深远影响，目的就是让人们在家中能够享受到舒适、方便、安全的生活，并且生活方式更加符合环保的要求。随着人们对生活品质的需求不断提高，以及住宅智能化的不断发展，今天的智能家居系统拥有了更加丰富的内容，系统配置也越来越高。

（2）建筑与人更好地交互。除健康舒适外，建筑更加智能化主要体现在两个方面：一是能够自主学习的建筑才是更高层级的智能，自主学习使建筑更加聪明。通过引入人工智能，利用储存记忆，进行大数据分析，实现建筑的自主学习。二是利用各种技术手段更好地实现人与建筑的交互。例如，室内的暖气与空调会根据当时的天气条件，以及室内的温湿度和空气质量自动调节。

6.1.3.6 回归以人为本

从表象上看，住宅是钢筋混凝土的组合，它虽然叠加了绿色的理念和各种先进的技术，但这种产品升级路径始终没有跳出物品升级的逻辑。实际上，住宅作为房地产产品之一，其根本目的是服务于人的需求。所以，未来的住宅产品升级方向将是从重物到重人的转变，这本质上是以人为本的逻辑。

6.1.3.7 定制化服务增多

既然住宅产品要服务于人，那么从人的需求角度思考住宅产品升级，就要做更加人性化的考虑。既需要考虑人口结构的变化和消费理念的转变，又需要考虑消费者观念和偏好的转变。例如，"90后"新生代消费者群体正在崛起，他们与父辈有着不同的习惯与偏好，如追求自我认同感，因此，更偏好具有时尚感、设计感、个性化的住宅产品。而对于逐渐步入老年的"60后"，他们对住宅的服务配套有更多需求。为了满足各群体日益增长的多样化需求，新一代的住宅产品必然更加重视定制化，这是住宅从绿色、科技到以人为本的一次回归。住宅可以根据需求自我调节。例如，可以根据季节、居室、时段、居住者的不同进行定制化。

6.1.3.8 注重邻里关系

亚里士多德说："人类是天生的社会性动物。"社会性是人的本质，那么关于未来的住宅产品不得不重视居住于其中的家庭、个体之间的互动和交往，也就是所说的邻里关系。反观我国的邻里关系发展历史，从最初的平房、四合院大家的知根知底；到后来的公房时代，基本都是一个单位，也相互熟悉；再到后来的商品房时代，邻居之间都不熟悉，甚至很少见面，电梯里碰见都未必认识。住宅越来越现代化，但邻里关系越发淡薄，这不符合人的需求本质。人的社会性要求融入集体、被组织需求，这也是未来住宅产品的升级方向——需要打造好邻里关系。

营造良好的邻里关系，社群是个重要的突破点。社群通过让人参与、激发人的活力，从而创造价值，实现高级居住体验。通过内容的注入，社群将具有共同价值理念、消费观念、文化偏好等特点的人聚集起来，可以提升整个社区的幸福感和凝聚力。社群除有助于邻里关系外，还有助于直接建立生产者和消费者的联结，因而，能对消费者的需求做更精准的把握。

6.2 房地产产品概念设计

无论针对怎样的一种目标客户，建筑策划师都应该赋予项目一种得体的功能，赋予每种布局得体的生活内容，起到提高生活质量、引导生活、引导消费的作用。房地产产品策划研究人的基本需求，除要让未来的使用者能满足生活的基本需要外，如生理、安全的需要，更重要的是满足更高层次的需要，如自我学习的倾向、生活享受和精神愉悦的需求，为居住者提供一种他们所希望的生活。

6.2.1 房地产产品概念设计的概念与作用

(1) 房地产产品概念设计的概念。房地产产品概念设计或者说概念策划是设计的前期过程，概念设计的最后结果是设计方案。该方案是策划师、设计师设计思想和设计理念的具体表现，是实施项目规划的重要依据。概念设计是实现开发项目创新的关键，概念设计阶段是设计中最富有创造性的阶段。重视房地产项目的概念设计是提高我国房地产开发水平的重要途径。

(2) 房地产产品概念设计的作用。

1) 确定拟建设项目的功能定位。在项目立项阶段，有时业主不确定项目原则性的功能定位，希望通过采用征集或竞赛等方式，借鉴设计单位同类型项目设计任务的成功经验，得到已成功建设的类似项目功能需求定位的启发，获得明确本项目基本功能构成的概念设计。

2) 为项目规划意见书提供参考依据。同样在项目立项阶段，有时由于政府对项目建设用地尚无确定的具体规划意见，如限高、容积率、建筑风格要求等，导致业主无法取得政府规划管理部门提供的项目规划意见书。此时采用征集或竞赛等方式获得包括本项目基本规划设计因素的概念设计，通过邀请城市规划部门人员参加论证会的方式，配以相关学科专家对概念设计的专业评审，能够使城市规划部门在专家评审意见的基础上尽快确定项目规划意见书的主要内容和条件。

3) 作为编制项目修建性详细规划的技术载体。对于连片规划、分期开发建设的大规模项目或新规划开发区等的建设，通过编制修建性详规，对分期开发建设的项目进行规划的控制，进而最终实现整个开发项目的总体/控制性规划。

6.2.2 房地产产品概念设计的内容

(1) 前阶段的概念设计。前阶段的概念设计是确定设计理念，构思设计思想，进行形象思维和抽象思维，是策划师形成创新思维、产生创新灵感的重要时期。

(2) 后阶段的概念设计。概念设计的后阶段工作同样重要，它是具体的实施方案，不少策划设计者称之为方案设计。但方案设计又不同于详细设计，方案设计是按系统的功能结构需要，采用实现功能的可能载体组成多种可行方案。在方案设计中只是用文字、符号、图形表示功能相互关系和功能载体的基本参数的实施方案。这种实施方案具体表达了设计理念和功能实现，具有简单明了、便于分析的特点。但是要真正实施此方案还有待进行详细设计。

概念设计的前阶段重点进行创新思维，决定项目的创新性，概念设计的后阶段重点进行收敛思维，决定项目的可行性。一前一后相得益彰，使概念设计达到完美。深思熟虑又突发奇想就是设计灵感。概念设计的前阶段工作看起来似虚实际是实，这需要策划设计人员具有广泛的知识、优良的素质、丰富的想象、深厚的经验、高尚的品德。

总之，概念设计是方案全面创新的一个设计过程，它集中了策划师、设计师的智慧、灵感，先进方法的综合运用，设计资料和数据库的广泛采纳，相关的专业知识和经验的运用等（表6-1）。

表 6-1　概念设计的阶段与内容

概念设计		详细设计
前阶段	后阶段	建筑图、工程图
理念设计	方案设计	

6.2.3　房地产产品概念设计的相关理论支撑

（1）生态概念。生态住宅是运用生态学原理和遵循生态平衡及可持续发展的原则，即综合系统效率最优的原则，设计、组织建筑内外空间中的各种物质因素，使物质、能源在建筑系统内有序地循环转换，获得一种高效、低能、无废、无污染和生态平衡的人居环境。

在房地产开发项目中，拥有生态资源的楼盘，不仅具有秀丽迷人的自然风光，而且是花卉、水果的观赏之处，这样独具特色的休闲、居住文化，成了都市独具魅力的生态居住环境。一方面，人们可以在住所中最大限度地回归自然，进入一种原始自然状态；另一方面，人们又可以在住宅内充分利用现代科技文化的成果，在住房旁的果林花园中一边快乐地品尝咖啡的美味，一边利用计算机进行广泛的网上切磋与交流。一些都市城郊的楼盘就是生态概念的杰作。

（2）绿色概念。绿色住宅绝不是绿化了的住宅，它的基本要求如下：

1）居住环境的绿色不单是种树种草，还应体现绿化的四季分明和绿化品种的层次性，尤其是要在春花、夏萌、秋果、冬绿上做文章。

2）要利用楼盘中难得的天然或人工湖泊，为绿色住宅创造可贵的自然景观，要尽可能巧借自然水面，在依山傍水的区位布局高档住宅小区和别墅群落。

3）利用自然资源，节约水资源，小区垃圾要分类处理。在充分利用自然净化能力的同时，特别要防止人的居住对环境的污染和破坏。

4）利用产出率低的坡地和台地进行房地产开发，采用新型环保节能的建筑和装饰材料，尽可能就地取材。

5）构建具有充分环保意识和人文关怀的物业公司的有效管理机制，让楼盘的绿色住宅具有独特的文化内涵。

（3）健康住宅概念。健康住宅不仅强调居住环境的优化，而且主要强调居住活动本身有益于满足居住者的健康。具体体现在使居所满足居住者生理和心理的需求，使人们在健康、安全、舒适和环保的室内外居住环境中，杜绝因住宅和居住活动而引起生理及心理疾病。

健康住宅理念的含义是：一种体现在住宅室内和社区的居住环境方式，它不仅可以包括与居住相关的物理值，诸如温度、湿度、通风换气效率、噪声、光和空气品质等，而且应包括主观性心理因素，诸如平面空间布局、私密保护、视野景观、感观色彩、材料选择等。也就是说，在人的居住过程中，要尽量回归自然，关注健康，制止因住宅内外环境和居住活动而引发的疾病。包括居住小区及其附近地区要有文体活动场所和人际交往空间，要有医疗保健服务设施等。

（4）可持续发展概念。可持续发展概念意在寻求自然、建筑和人文三者之间和谐统一，即在"以人为本"的基础上，利用自然条件和人工手段来创造一个有利于人们舒适、健康的生活环境，同时，又要保护和控制对于自然资源的使用，经济合理地利用土地和其他自然资源，以实现向自然的适度索取与最优回报之间的均衡。

在大力发展房地产业的今天，必须更好地演绎房地产开发中可持续发展的概念。要严格限制风景旅游区开发经营房地产，以防止较大程度地毁坏植被和森林。要尽可能地在都市市郊植被稀疏的坡地、台地、河滩上开发房地产，在这些区位上较大面积地植树种草，可以对自然的生态环境进行人工的拾遗补阙。

（5）山水人居概念。"山水"泛指自然环境，"人居"泛指人工环境，山水人居是人工环境与自然环境协调发展的结晶，其最终目的在于建立人工环境与自然环境相融合的人类居住空间。因此，依山傍水自古以来就是人们所追求的理想的居住环境。城市化的进程在带给人们现代文明的同时，一度使人们远离了山水。山水人居使消费者回归了崇尚现代文明和自然生态相结合的居住理念，是从传统文化观念的精髓切入来追求21世纪人居发展模式的一种抉择。创造山水人居是一项巨大的自然与人相结合、生态措施与工程措施相结合的系统工程，具有重要的美学与生态学意义。

（6）休闲人居概念。现代人在繁忙的工作之余更加追求轻松与安逸，都市城郊的休闲人居便由此应运而生。休闲人居可以通过多元化的形式来实现：

1）"5+2"居住模式（5天在都市中心区上班，双休日回城郊休闲度假）。立足都市城郊所具有的自然生态环境的先天优势，"5+2"居住模式可以为现代繁忙的都市人营造闲适的田园生活，彻底消除5天工作所致的疲惫。

2）"白+黑"居住模式（白天在都市中心上班，晚上回城郊居住）。每天沿途的美好风景，让居住在都市城郊的白领们在上下班的途中感受到一种永远的快乐。对于崇尚走进城市又回归自然的都市人来说，在都市城郊居家无疑是追求时尚居住方式的一种满意选择。

3）"1+1"居住模式（子女在都市中心区居住，父母住在都市城郊）。都市城郊带有的自然生态环境为老年人提供了安享晚年的美好空间；同时，都市城郊快捷的交通，非常方便子女随时探望，实现"常回家看看"的愿望。

（7）以人为本概念。房地产项目特别是住宅项目与人们的生活密切相关，因此也是能够反映人的生理需求和精神需求的产物。现今的住宅消费市场越来越趋于理性，人们对住宅的认识也越来越专业。可以说，只有能够充分体现个性的楼盘，能够准确地抓住目标消费者群体的心理的楼盘才能备受青睐。

上述几种设计概念，开发商或策划师可以具体根据楼盘的实用性、居住者的感情需求、项目的优势资源、项目的功能类型、项目的高质量或项目的价值等来具体选择。

6.3　房地产产品内容与规模策划

房地产产品设计策划是研究投资立项之后的项目建设规模、空间内容、使用功能要求、心理环境等影响建筑设计和使用的各种因素。实质上是一项以战略为重、战术为辅但又必须可以实现由抽象概念向客观具体转化的策划工作。

项目的规模、性质、目标客户的定位策划是解决建筑设计中的物业为谁建、建多大、建哪种类型的问题，是项目设计策划中必须最先解决的问题，也是后面一系列设计策划内容策划的依据。三者之间互相联系，也互为依据，但其策划中所考虑的内容又有所不同。

6.3.1 项目策划的科学方法

（1）运用市场营销和建筑学的原理。
（2）需要市场经验和技术规范，但不仅依赖经验和规范。
（3）以实态调查为基础，用计算机、专业软件等现代化手段对目标进行研究分析。

6.3.2 项目策划需要的市场调研资料

项目策划应用在房地产开发的市场研究数据主要包含以下几项：
（1）建筑环境和历史背景研究。
（2）建筑文化和风格定位研究。
（3）主力户型选择和配比研究。
（4）室内空间尺度和布局研究。
（5）环境规划及景观艺术研究。
（6）公共装饰材料研究。
（7）目标客户群生活方式研究。项目策划是在项目建筑规划设计之前，提出建筑规划设计的各项要求，约束建筑设计如何去运作。投资商单纯从"产品生产"的角度出发，为获取最大的投资利益，所以，总要求建筑师提交最节省的建筑方案；而建筑师从单纯"作品设计"的角度出发，总是提出最大胆的建筑方案。所以，建筑策划是在投资商与建筑师之间为满足"投资性价比"而相互沟通的一个重要环节。

6.3.3 目标客户定位

对于一个项目，建筑策划师应首先分析其目标客户群，这类客户是如何生活的，从而得出未来项目的基本特性。很显然，目标客户群不同，他们的基本需求也不会相同，这直接影响建筑的投资、风格、造型和环境设计的决策。

以住宅小区为例，拟订目标客户群就是要对其生活轨迹、生活需求、年龄及家庭结构有一个概念性分析，从而确定的内容有：配套设施的设置、户型比例、户型面积，房间面积分配，户型优势分析，住区环境艺术取向，停车及交通环境设想，单位楼价估算及销售进度估算。结合市场调查，发现消费者买一种商品而不买另一种商品主要有两个方面原因：一是产品与产品之间的差异性；二是市场的需求。实行产品的差异化是企业为了强调自己的产品与竞争对手的产品有不同的特点而采用的一种策略。实行产品的差异化可以用较少的花费争取到较大的市场占有率。市场需求状况可以通过市场营销信息的调查分析、相关专家咨询、甲方销售策划资料等综合研究确定。

6.3.4 确定项目性质

在项目目标客户定位和规模确定的同时，项目的性质论证也在同时进行。
一个建设项目是多层和高层仅仅是最一般的项目性质论证，因为这种宽泛的性质论证不能说明住宅是公寓式还是错层式的空中别墅，常常导致设计师性质不明确而返工。通常确定项目性质时,是由开发商、建筑师、投资分析师、营销策划师一起确定,为的是使项目性质得到各专业特长人员的有效配合。

6.3.5 确定项目设计内容

通过完整科学的投资策划营销分析,房地产商有了明确的市场定位,从而进入了产品设计阶段。房地产经过多年的发展后,市场需求发生了根本性的变化,消费者对房地产的建筑规划和单体设计要求越来越高,他们追求又实用又好看的商品房,这就要求发展商将"以人为本"的规划思想和提高人居环境质量作为目标去实现消费者的需求。项目规划设计策划营销是基于市场需求而专业设计的工作流程。

项目规划设计策划营销是以项目的市场定位为基础,以满足目标市场的需求为出发点,对项目地块进行总体规划布局,确定建筑风格和色彩计划,紧紧围绕目标客户选定主力户型,引导室内装修风格,并对项目的环艺设计进行充分提示。

项目策划一般包括以下内容:

(1) 总体规划:
1) 项目地块概述;
2) 项目地块情况分析。
①建筑空间布局;
②道路系统布局;
③绿化系统布局;
④公共建筑与配套系统。

(2) 建筑风格定位:
1) 项目总体建筑风格及色彩计划;
2) 建筑单体外立面设计提示。

(3) 主力户型选择:
1) 项目所在区域同类楼盘户型比较;
2) 项目业态分析及项目户型配置比例;
3) 主力户型设计提示;
4) 商业物业户型设计提示。

(4) 室内空间布局装修概念提示:
1) 室内空间布局提示;
2) 公共空间主题选择;
3) 庭院景观提示。

(5) 环境规划及艺术风格提示:
1) 项目周边环境调查和分析;
2) 项目总体环境规划及艺术风格构想;
3) 项目各组团环境概念设计;
4) 项目公共建筑外部环境概念设计。

(6) 公共家具概念设计提示:
1) 项目周边同类楼盘公共家具摆设;

2）本项目公共家具概念设计提示。
(7) 公共装饰材料选择指导：
1）项目周边同类楼盘公共装饰材料比较；
2）本项目公共装饰材料选择指导及装修风格构思；
3）项目营销示范单位装修概念设计。

6.3.6 确定项目设计规模

在项目设计策划中，规模通常指项目的容积率、建筑密度和建筑高度等，这些在城镇总体规划中都有控制指标。但房地产项目首先是能够卖出去，同时获得最大的经济效益。对于容积率问题，越来越多的经验事实说明，容积率并非越大越好。一个项目的容积率、建筑密度、建筑高度的确定涉及两个方面的因素，即项目的经济性和市场接受度的问题。一块用地的开发在什么规模是最经济的，这种情况下市场能否接受，如果两个条件满足，则这种规模是可以认同的。如果只满足其简单的"账面"经济，市场接受度低，房子卖不出去，则无从谈起经济性。现在市场上仍然闲置着一些高密度的、连基本的居住环境都不满足的小区，这类小区市场的接受度极低，其规模也是不可取的。

因此，需要解决好以下三个问题：
（1）规模与经济性问题。
（2）经济性与项目"卖点"的关系。
（3）规模与市场接受度问题。

6.4 房地产产品设计的环境策划

建筑连接着人类与环境，建筑、环境和人之间是一种循环的关系。建筑依赖于环境，人也依赖于环境，最后延展而融为一体，这是一个承载着人的多样需求的建筑存在于环境之中的必要条件。每座建筑都是为实现特定功能，在特定的社会、特定的场所建造起来的。而每个建筑所处的场所是需要环境中的人去体验、观察和塑造的。一个合适的边界区域将建筑物与它所处的环境联结起来，靠忽略环境因素或与所在环境相互冲突醒目的建筑物不都是或最终不一定是成功的。建筑绝对不是无序的、杂乱的个体，而是从属于一个街区、一个区域的格局，从属于一个城市、一个社会的文化背景。

6.4.1 环境设计的定义性剖析

环境设计是一种具有很强的综合性的工作，其中不仅包括对于环境的规划与实施的策划，还包括对于空间的规划、施工材料的策划及各方面的配置，其展现在大众眼前的手段也是五花八门。环境设计作为一类对于艺术展现的形式，其自身对于环境就是一种天然的保护措施，是从守护生态环境的方向迸发的环境设计。这种做法的实质其实是使大众与生态保护相互依附在一起，从另一个方面来说就是将建筑物的实际使用功能和美化功能科学合理地综合成一部分，这与展现实际使用功能的建筑设计工作有着千丝万缕的关联。在现今这种各方面都在大力发展的环境下，大众需要一个美丽、清爽、安全的绿色城市环境来满足自身对健康向上生活的需求，这就需要相关的建筑设计工作人员有针对性地进行科学有效的规划与设置，创造出更美好宜居的生态家园。

6.4.2 环境设计与建筑设计之间的关联

建筑设计的作用是通过科学的策划和计划来达到使用者对于房屋建筑性能及功能的需要，从极大程度上来展现相关建筑的科学性与性价比，这中间涉及的具体工作及主体很多，还包括许多的较为细小的环节。这种类型的设计在最后还要综合相关的建筑方面的因素来实施同一化的策划，其主要目的是从整体上保证设计作品呈现给大众的是悦目的视觉效果，以及实际使用中的功能效果。然而随着经济水平的持续飞速提升，大众对于这方面的要求越来越高，造成建筑设计的难度和综合性越来越强。而建筑即是组成环境的一分子，其将要展现的视觉效果要与周边的环境条件相协调。

（1）项目周边环境调查和分析。根据四周状况来实施布置，以保障其整体展现的美观。与此同时，四周环境中的有机植物、区域景象等与所需要呈现的建筑视觉效果都有着十分紧密的联系，并且科学有效地实现四周环境和整体建筑的综合还能在极大程度上凸显大众与生态环境的友好相处，还达到了使区域景色更加丰富多样化的目的。

在对建筑物实施设计的进程中，生态环境的利用率对于环境设计有着极其重要的作用。这种行为有着十分高的经济利益和社会效益，生态环境本身是环境设计的主要构成主体，因为其本身的特别性，所以在对建筑物实施设计时要对如何运用生态环境的有效性、恰当性及相关性质有着充分的了解。

若想要对生态环境的效用有极大的运用，就应该对其将要建造的建筑物四周的生态环境实施高效的保护工作及采取合理的完善手段，尤其是已经受到损害的区域，应当运用相关建筑设计方式进行有效且及时的修补和维护，以达到在极大程度上健全生态环境，保障其拥有比较健全的实用功能以及美观效果。在实施上述措施的同时，还需要仔细地去探知如何利用当前的生态环境特点，要有针对性地将现场生态环境的基础特征以及相关绿化植物的分布，相关水源、地质的实际状况进行掌控，旨在为之后的相关建筑物策划以及对生态的运用打下牢固的基础。另外，要加强建筑物的设计与生态环境之间的协同关系，清楚地划分两者之间的协同特性，以达到保障两者之间在形式方面的无障碍交流以及交流的较高效用。

（2）项目总体环境规划及艺术风格构想。值得注意的一个要点是，环境设计是建筑物和四周环境相协调的重要方式，其大致可以分为两个方向实施侧重。第一是地块已有的自然环境利用，就是建筑物四周的生态环境的观赏效果，这是其展现环境设计的要点之处，建筑物周围的景象若可以较好地呈现出令人赏心悦目的效果，则会对建筑物形成良好的烘托作用；第二是项目人文环境的营造，就是对环境艺术的设计，设计人员要在设计作品中加入十分鲜明的生态保护的特征，并且使建筑物四周有绿色植物以展现出其自身更高的环保价值，所以，在目前的建筑设计中要加强对此方面的重视。

6.4.3 项目环境策划设计的内容和方法

项目环境策划重点在居住环境外部设计上，其主要内容包括小区的道路交通、停车、绿化、活动场地、设施小品等，还包括小区内的住宅建筑、公共建筑及居民的文化修养、邻里关系、治安状况等内容。

6.4.3.1 生态系统规划

（1）绿化设计。长期以来，人们偏重于从美化环境的角度出发认识绿化、建设绿化。绿化当然有美化环境的作用，但如果仅停留于此则是片面的、不够深刻的。人们应充分认识到绿色植物的生态作用。认识到植物是改善微观小气候、获得理想居住环境的重要保障。

绿化的规划设计应摒弃以往过分注重人工构筑物、过分重视建筑小品的传统。尽量提高绿化面积，注重发挥绿色植物净化大气、防风、防尘、防噪的作用。因此，绿地内不仅要有草地，更要有乔灌树木，在中心绿地应有大树，在植物材料的选择上立足于因地制宜、适地适树，优先选择乔木，切忌盲目引进外来珍贵树种。乔木、灌木、地被、草地的合理配比也十分重要。住区植物景观忌杂乱无章，太繁太简都不可取。尽量做到疏密有致，通常在密处配置层次分明的植物、疏处保留完整的草坪，形成空间上的对比关系。另外，对于建筑角隅部分的植物配置也需精心处理，在配置植物时还需要充分考虑植物的季节变化，使住区环境一年四季形成不同的植物景观特点。不一定要做到四季有花可赏，但必须充分体现季节的特色，为人们创造出安静、舒适、优美的居住环境。

宅旁绿地是住宅内部和外部环境的过渡空间，是居民出入住宅的必经空间，因此，在设计中应扩大单元入口处的硬地，人们常聚在单元口进行各种活动，这些空间有利于邻里交往；应以绿化为主，保持住区的安静，用绿化分割空间，同时，应考虑绿化树种、树的高度、树冠的形式，处理好绿地和硬地的组合关系，可在绿地上布置一些椅凳，使宅旁绿地成为组团绿地的重要补充；应注意宅旁绿地的空间形态效果，应美观舒适，绿化设计应考虑庭园的空间尺度、色彩搭配等，使绿化和建筑能够相互映衬，组成和谐的整体。

（2）水景设计。在居住区的水景设计时，应充分利用自然水体，将自然水体引入小区或临界自然水体本身，在自然水体周围选址设计建造住宅区，这样不仅可以节约成本，而且会给开发商带来更大的收益。自然水体一般周围环境较好，有利于动植物的生长和生存，也可以对其周围的环境进行改善，以创造更加宜人的景观效果。建筑临水布置，居民便可居家享受美丽的风景，获得开阔的视野和舒畅的心情。另外，自然水体应对其周边因需要设置亲水平台等临水空间设施，使人们不仅在视觉上感受到自然景观的美妙，更能让人们置身其中，有回归自然的无限乐趣和情怀。游人的安全是非常重要的方面，因此，需加强对自然水体沿岸的防护安全措施，人工水体是居住区普遍采用的形式，水体的设置是为了增加小区环境的吸引力，使整个小区显得更加自然活泼。小区中最常见的人工水体主要有喷泉、人工溪流、人工水池和人工叠水。

人工溪流可设置在小区的中心位置，以提高小区的整体环境，也可以设置在整个小区中，增加小区景观的整体观赏性和居民群体参与的效果。喷泉一般设置在小区的入口广场，或设置在小区的中心广场及中心位置中的下沉式广场中，喷泉可在人工水池中，也可直接在广场铺地中用不同的铺装形式划分来做旱喷。喷泉的设置可以使居住区内的居民参与其中，增加了居民的乐趣。

人工叠水多运用于小区的入口广场处，水的流动使人心情愉悦。在一些高档小区中，室外游泳池的设置不仅方便了居民，更增加了邻里关系的和谐。旱喷泉的地面铺装应该考虑防滑，且其喷洒范围内不易设置道路，以免在喷洒时影响交通。

6.4.3.2 道路与铺地

（1）道路。道路是居住区的构成框架。一方面，它起到疏散居住区交通的功能；另一方面好的道路设计本身也是居住区的一道风景线。因此，在进行居住区道路设计时，有必要对道路的曲直、宽窄、分幅、绿化等进行综合考虑以赋予道路美的形式。

随着视点的移动景观居住区中路网的设置，应首先考虑组织人流的情况，再确定形式。形式的确定离不开几个主要广场的位置及各类建筑，尤其是住宅建筑的位置和布置形式。路网的设计不能与建筑平面的分布没有任何联系，小区中道路要分级设计，主干道应连接到小区的出入口，并应与几个主要广场相连，确定人流路线以后，再对道路的形式加以调整。园路的设计也不是单一的考虑出入口和各单元住宅之间的连通，而是与建筑和景观相结合，共同构筑的完整体系。它的形式并不是随意的，而是应与建筑形式相协调的自然形式。各级道路的设置都应灵活多变；否则，便死板而缺乏灵活性。路面的形式有很多，具体采用的铺装形式与建筑和景观有关。各级园路宽度应根据使用功能的不同而不同，园路的线形设计要与地形、水体、植物、建筑物及其他设施相结合。在一个小区中，园路的宽度和铺装形式不能太单一，要形式灵活并且多变。这也与不同小游园的不同植物种植有关，路面的材料应耐磨，并且平整、防滑，不仅要形式多样美观，还应达到行走安全的目的。

为了居住区内行人的安全，有必要设置减速带或采用道路转弯的形式来限制车行速度，或设置一些车挡，它的目的主要是防止车辆通行。在小区中多采用移动式，也有将盆栽作为车挡之用的，这种形式的好处是当行人路过的时候感觉自然、舒服，并且不会破坏小区中的自然生态环境，而它自身也是自然环境的组成部分。

（2）铺地。铺地是居住区人们通过和逗留的场所，也是人流集中的地方，其处理的精细程度直接影响到住区整体景观效果。有必要在外观、色彩及质感方面有所变化，以反映其功能的区别，创造出富有魅力的路面和场地景观。目前居住区铺地材料非常丰富，如广场砖、石材、装饰混凝土、卵石、木材等。优质的硬地铺装往往别具匠心，极富装饰美感。例如，在小区中的装饰混凝土广场中嵌入孩童脚印，具有强烈的方向感和趣味性。值得一提的是，现代园林中源于日本的枯山水手法，用石英砂、鹅卵石、块石等营造出类似溪水的形象，颇具写意韵味，是一种较新的铺装手法。

6.4.3.3 公共小品设计

景观小品是居住区环境中小而不可缺少的部分，在小品的设计上应有特色，它们虽小却功能重要，所以，在设计中也不容忽视，应使之与周围环境相协调。

（1）雕塑小品。雕塑并不是每个小区都有的，可根据小区具体的文化、景观等环境考虑是否设置，雕塑的主要作用就是供人们观赏，但它也不能随意摆放，不仅位置上有要求，形式上也有严格的要求。建筑风格和居民文化素养的雕塑，不但达不到良好的景观效果，反而会影响整个小区的环境和人文精神，因此，雕塑的设计一定要有艺术性，并且要与小区整体的规划主题要相一致，它的尺度也应适宜。

小区中雕塑的位置一般设置在小区入口广场或中心广场中及喷泉处等，水景相对雕塑小品的设计要同其他环境和居住区风景相协调。优美的雕塑小品往往起到画龙点睛、活跃空间气氛的功效。现在广为使用的是情景雕塑，表现的是人们日常生活中某一瞬间的情景，耐人寻味。

（2）园艺小品。园艺小品是构成绿化景观重要的组成部分。苏州古典园林中的芭蕉、太湖石、石桌椅、曲径小桥等是古典园艺的构成要素。当今的居住区园艺绿化中，园艺小品则更趋多样化，一堵景墙、一座小亭、一片旱池、一处花架、一堆块石、一个花盆、一张充满现代意味的坐椅都可能成为现代园艺中绝妙的配景。其中有的是供观赏的装饰品，有的则是供休闲使用的小区家具。

（3）设施小品。在居住区中还有许多方便人们使用的公共设施。如路灯、指示牌、垃圾桶、信报箱、公告栏、电话亭、自行车棚等。如居住区灯具，有广场灯、草坪灯、门灯、射灯、建筑轮廓灯、广告霓虹灯等。路灯又有主干道灯和庭院灯之分。现代人白天忙于繁重的工作，夜晚往往成为喘息放松的时间段。因此，高质量的照明体系对于一个住区环境的场所利用率的提高至关重要。虽然夜景设计可以通过一系列景观要素，如建筑、广场、绿地、水石间接展现出来。但这只是对体量、外观、质感及色彩的第二次表现，灯具的设置则是夜景设计最直接的自我表现方式。它白天作为设施小品对环境加以点缀，晚上则是人类的第二只眼睛，起到指示和引导的作用。总之，小品在居住区景观中具有举足轻重的作用。精心设计的小品往往成为人们视觉的焦点和住区的标志，成为居住区环境的闪光点，体现出于细微处见精神的意境。

小区环境中最不能缺少的就是座椅。在住区中，人是主要的使用者，体现以人为本并不是环境多么优美，形式多么富有变化，最重要的是怎样满足人的要求，在小区环境中，道路旁、广场中等多处设置座椅可使人们停留与交流，还可以欣赏。使用环境座椅的高度以 0.35～0.45 m 为宜，其宽度应设置为 0.4～0.6 m，这样人使用起来才会更舒适，座椅的设置位置随意性很强，可单独设置于路旁或者树荫下和广场景点中，也可设置在灯柱旁或围绕种植容器形成的树池座椅。座椅的材质很重要，应采用木质材料，石材或者金属的使用时间长，但使用频率低，早晚太凉，中午太热，冬季太凉，夏天太热，因而使用的人很少，如此只当摆设之用却达不到设置的目的。木质质软、舒适，得到广大居民的喜爱，从而吸引更多的人在小区中游玩、散步、观景、休息等，同时，也增加了小区中其他环境设施的使用率，更重要的是邻里交流增多，从而使邻里关系更加和谐。自古以来，椅子和桌子是分不开的，但由于小区中座椅的数量设置过多，而桌子没有座椅的使用率高，且太多的桌子反而影响小区的环境。但桌子的角色也是重要的，它一般可设置于亭子或廊中。中老年人可以聚集在此进行下棋、打牌等娱乐活动，儿童也可在此写字、画画、读书等。

6.5　房地产产品设计的功能和空间策划

室内是建筑的灵魂，是人类艺术与物质文明的结合。自从人类有了建筑活动，室内就是人们生活的主要场所，并开始对室内空间环境有所要求。人的一生中的大部分时间是在室内度过的。在室内，人们需要完成不同的行为，如生活、起居、工作、学习、娱乐等。因此，为了满足这些行为的需要，人们设计创造的住宅产品，必然会直接影响到室内的人们生活、生产活动的效率，也必然关系到人们最基本的健康、舒适、集约、高效等，以及具有一定文化内涵环境的心理需要。

住宅在建筑设计时只提供了最基本的空间条件，如面积大小、平面关系、厨房浴厕等，还需要设计师进行再创造、再探讨住宅的空间功能。

随着房地产业的发展及人们需求的多样化，增强了对开发项目与城市环境相互协调发展的要求，与此同时，对建筑自身的品质也提到了更高的层次。因为房地产产品是一种特殊的商品，它的功能与空间设计不仅要满足客户要求，还要考虑对城市发展的影响。为了使开发项目既经济又适用、市场效果好、社会效益明显，必须做好对项目本身在建筑功能和空间上的精心打造，创造出适合市场的精品。

6.5.1 建筑功能策划

在房地产开发中，每一个开发项目不仅要满足自身的需要，更重要的是满足该地区城市及居民错综复杂的功能使用需要。功能策划是指对建筑的功能要求及使用者使用方式的调查和研究，确定自身的功能内容和布局及建筑与城市的功能关系，在满足自身需要的同时照顾整个城市的功能分配，最大限度地利用项目用地。

在房地产开发活动中，要使项目体现功能的综合化，在形体组合上的策划主要有两种类型：一种是单体式，即一栋建筑；另一种是组群式，即多栋建筑。至于策划何种类型，要根据各种信息和条件诸如基地位置、基地面积大小、投资多少、包含功能多少来综合考虑。在多功能和相互关系策划方面有两种：一种是互补型，如住宅与公共建筑，住宅中的居民为公共建筑提供工作人员和顾客，公共建筑为居民提供多种服务和就业机会；另一种是互益型，如不同的商业、金融、办公的综合，可以彼此增加许多潜在的客户。这种是商业性质的综合体，在综合效益上较为明显，容易被开发商接受而作为开发内容。

策划不同功能组合关系时，要从功能的内在联系出发，以人们的行为模式和行为特点为基本点，并结合实际调查研究人们的日常生活，来确定能够产生积极的空间效果和经济效益。房地产策划技术与案例分析的功能组织关系确定时要考虑功能间能相互提供共同持续的支持，还要考虑使用不同功能空间及周期性活动时间的合理安排。

具体的功能组合策划上，因为不同的功能区域对公共性和私密性要求的程度也不同，因此相互的关系可分为完全隔离关系、共容关系、有分隔也有共容的关系三种。

一般来说，大型公共建筑的寿命为70～100年，而社会需求的变化周期越来越短，那么如何才能协调两者的关系呢？由于建筑寿命不会改变，因此关键在于开发出的建筑产品能否具有发展变化的性能，即建筑在使用功能上要有广泛的适应性，如适应那些更新很快的设备、社会活动项目、公共交通方式等。要使房地产开发项目具有广泛的适应性，必须在策划中认真收集各种社会信息，掌握社会发展动向，确定开发项目各功能的发展趋势与态势，为进一步设计提出指导性建议。

要深入考虑功能转换的可能。市场需求不断变化，房地产产品的商品化对房地产开发提出销得快、销得好的要求。但是市场风云变化，为使建筑产品不失去开发的经济价值，就要做到开发项目随着市场需求来改变内容，在策划过程中考虑功能转换的可能性。在房地产开发中，许多3～5层的建筑也多策划为框架结构，而不用砖混结构，其中一个重要原因就是考虑功能转换的可能。另外，为适应市场需求，可以策划二次设计、二次施工的做法，将室内设计、装修工程预留到发售后进行。在策划功能分区时，还可按层次划分和按栋划分，并考虑功能的相互转换。如在开发设计中，由于写字楼与公寓面积不能确定，开发商要求写字楼与公寓将来可能转换使用功能，故在策划中可考虑双塔方案，双塔外形相同，一为公寓，二为写字楼，上部相连，这样就可随业主和市场销售情况任意调整二者的面积比例。

6.5.2 建筑空间策划

房地产开发项目的空间策划是指根据开发项目各个开发分项目的基本要求和特性进行草拟空间的规定，确定内部空间形式，对平面布局、分区朝向、自然通风、采光采暖进行构想策划，并对建筑内外部空间的文脉延续、空间成长、环境设计及对城市空间再创造进行构思策划，从而寻找合理的内外部空间形式。

6.5.2.1 建筑内部空间策划

建筑内部空间是人们为了某种目的而用一定的物质材料和技术手段从自然空间中围隔出来的，是建筑整体的有机组成部分，它与人的关系最为密切。建筑内部空间策划的目的是使空间丰富和完善，根据空间使用性质和所处的环境指导设计并运用物质技术及艺术手段创造出功能合理、舒适美观、符合人们生理要求的空间。

建筑内部空间环境有两层含义：一是指内部视觉环境、空气质量环境、声光热环境等物理环境和心理环境；二是指自然环境、美学环境、文脉环境等审美方面的内容。内部空间策划主要包括以下三个方面：

（1）平面设计和空间组织策划。平面布局策划应根据人对空间的使用要求，按照人对空间的心理和行为，指导有关空间的分区朝向、空间的比例、尺度及空间的流线组织设计。在进行策划时要熟悉各种空间对人心理的影响，例如，高度和进深很大的空间容量容易形成肃穆的气氛，依据隔墙和绿化对空间进行适当的分隔易形成舒适的空间，既能满足不同功能要求，又能创造宜人的空间环境。建筑以人为本，在进行空间策划时要考虑按照人们的行为习惯来策划组织空间。

（2）室内设计策划。室内设计策划是指以创造特定的空间环境气氛为策划目的，综合分析诸多与室内空间有关的因素，创造出功能合理、舒适、美观，符合人的生理与心理需求的理想场所。其包括空间界面和室内装饰体的尺度、比例、材料肌理、色彩等相关因素，同时，还要掌握不同色彩、不同材料、不同图案、不同物质对空间风格和人的心理产生的影响，以此来指导以后的室内设计。

（3）内部物理环境设计策划。内部物理环境设计策划是指对室内气温、采暖、光照、通风、温度调节等方面因素加以测量和分析，为室内物理设计提供指导信息，使建筑内部空间满足生理生存需要。对于内部物理环境策划，要敢于采用新技术、新方法，节约能源，保护环境，做到既经济又舒适耐用。

综上所述，建筑室内空间的合理利用，在于不同功能区域的合理分割、巧妙布局、疏密有致。例如，卧室、书房内向性强，因突出其私密性，可设置在靠里边一些的隐蔽位置，以不被其他室内活动干扰；起居室、客厅外向性强，是对外接待、沟通交流的场所，可设置在靠近入口的开敞位置；卧室、书房与起居室、客厅相连处又可设置过渡空间或共享空间，可以起到间隔调节作用。

6.5.2.2 建筑外部空间策划

传统的建筑是封闭式的,是一种筑高墙、围大院的建筑,它的外部空间是冷漠的,对建筑的外部空间没有足够重视。美国风景建筑师奥姆斯特德于1858年提出了"风景建筑学"的概念,使浪漫的英国风景园林与城市生活相结合,对建筑外部环境质量的提高做出了有益的贡献,将园林扩大到了城市环境。

随着社会经济的发展,建筑业空前繁荣,向人们提供优美的外部空间是历史的必然,它不同于历史上的私家园林,它是归还给人们属于自己的诗意空间和栖息之所。同时,作为建筑师与策划师,对于建筑外部空间的重视也应像对建筑内部空间一样,让人们能感受到内外一致的贴切关怀。

(1) 外部空间分类。建筑外部空间按使用性质,大致可分为以下几类:

1) 活动型。活动型的外部空间一般规模较大,能容纳多人活动,其形式以下沉式广场与抬起式台地居多。如合肥市的明珠广场为下沉式广场,而北京天坛的圜丘却是抬起式的圆台。不同的围合给人以不同的感受。

2) 休憩型。休憩型的外部空间以小区内住宅群中的外部空间为多,一般规模较小,尺度也较小。

3) 穿越型。城市干道边的建筑及一些大型的观演建筑常有穿越型的外部空间,或者是城市里的步行通道或步行商业街。如合肥市的淮河路步行商业街和花园街,其间点缀绿化、小品等,既可穿越,也可休息,还可活动,可以说是多功能的外部空间。

(2) 功能分区。建筑外部空间按功能可分为人的领域及除人外包括交通工具的领域。而要获得舒适的人的逗留空间,就需要以限定空间的手法创造一定的封闭感。利用标高的变化及墙的运用均可以得到不同程度的封闭感。同时,外部空间不同于内部空间,它应该具有开敞、流动的特点。意念空间的设计也是限定区域的重要手段,如美国福特希乐学院的外部空间设计,建筑师采取了独特的空间布局,强调了不同的功能分区,具体如下:

1) 边界区,即与邻近土地相连的界区。

2) 停车场道路系统区。

3) 步行区。

4) 建筑群中的开发空间。

5) 小区庭院。

(3) 规模与尺度。建筑外部空间的规模与尺度受城市规划、日照及不同的生活习惯影响。其尺度的不同给人以不同的感受。建筑师应该利用这种尺度的差异来创造不同的建筑外部空间形态,也可以弥补原有空间的先天不足。

(4) 建筑外部空间设计手法的运用。为了获得宜人、丰富的外部空间,仅仅一种手法是不够的,需要多种手法综合运用。根据不同的建筑及不同的环境需要综合运用不同的手法。

1) 空间的延伸和渗透。内部空间与外部空间的相互延伸及渗透是空间的连续和相互作用造成的时空的连续。如古典园林中的借景与对景都是空间的延伸和渗透手法的运用。

2) 层次与序列。要创造有序而丰富的外部空间,就要考虑空间的层次。而对于运用空间就要有空间导向,就要有序列,就要有高潮和过渡。外部空间的序列通常表现为"开门见山"和"曲径通幽"两种。

3) 建筑尺度的处理。建筑作为外部环境的主体,其本身的尺度必须有适应人体尺度的过渡。建筑本身需要以一个较大的尺度去适应所处的大环境，又要以一个较小的尺度去满足本身的外部环境。建筑物应具有多层次的尺度关系。

4）其他。在建筑外部环境运用中，小品及雕塑的运用常常能起到画龙点睛的作用，如贝聿铭先生设计的美国国家美术馆东馆门前的雕塑。有时，雕塑或小品往往就是环境的主题，如合肥市和平广场上的主题雕塑等。

6.5.3 空间品质及造型的策划

空间形体策划后，需要策划产品的空间品质，包括一些界面的材料、色彩、细部构造、植物、造型等，这些都会影响到此空间与相关室外空间的个性。

（1）材料。策划时在空间品质中运用何种材料，要掌握3条原则：一是要恰当地使用新材料，以有利于空间环境个性的塑造；二是要尊重并挖掘传统材料在新时代的表现形式，根据经济、地理条件、科技水平选择适宜的材料；三是探索材料与空间形式的完美结合。玻璃幕墙、花岗石、钢结构等都是高科技下的新兴材料，它们的质感肌理对人们心理感受会产生不同的影响。传统材料与新型材料巧妙结合可以创造出强烈的效果，为空间增添无限的趣味。对这些应该认真把握，并根据不同情况加以分析，以指导对这些材料合理的设计和运用。

（2）色彩。在进行色彩策划时，要依据人的心理进行自然色彩的安排。地面色彩可模仿土、沙石及苔藓，室内屋顶的色彩应联想到开阔的天空，色彩范围可以从深蓝色到水绿色，从云雾色到柔和的灰色等。观察自然不难发现自然界物体从土地、山水、树木、天空等无不与自然的绿色形成和谐的对比，在建筑外部色彩策划时要模拟这些色彩安排，创造宜人的自然环境色。

（3）细部构造。重视细部构造，丰富其内涵，对于创造一个富有变化的空间具有重要的作用。对于细部构造的重视，即使是体型完全相同的建筑也会在门窗、阳台、入口等处有所不同，经过精心雕琢，创造出丰富的变化。

（4）植物。植物也是形成空间特性的又一要素。除维持生态平衡、保护环境、为居民提供休息娱乐场所外，还为人们带来自然意识与盎然生机，是美化环境、创造丰富而又和谐优美景观的重要手段。

（5）造型。造型是塑造空间实体的外部形式，对于不同的建筑，其造型策划内容不同，侧重点也不同。但是，从造型的普遍意义来说，需要从恰当性、分寸性、同一性、整体性、深刻性、一致性、个性、韵味等方面加以体现，把握造型策划的方向，策划塑造出良好的造型，提高空间环境质量。

6.6 房地产产品设计的户型策划

经过长期实践，住宅户型设计需要考虑居住功能的实际生活需要，也就是紧密围绕功能主题，并从多种角度去研究和解决人的各种需求，户型设计应针对不同类型的实用需求进行有针对性的空间规划，而家庭因素是住宅类建筑户型设计的主要依据，也是建筑内部空间设计创意定位的首要构成要素，合理而协调地处理好这些因素才可以做出成功的设计。

住宅空间设计就是根据不同居住者的功能需求，采用众多的手法进行空间创造，使居室内部环境集科学、实用、审美于一体，使之可以满足不同对应人群的居住体验，在各类美学特征方面达到完美的结合，突出家庭生活中需要团聚、交流的主题，使居住者在生理及心理上获得舒适、温馨、和睦的感受，为不同的群体创造出与之生活相适应的空间。

6.6.1 影响户型策划的因素

目标客户家庭规模与结构有以下几种：

（1）新生家庭住宅。家庭从新婚起到第一个儿女出生以前，人口简单，这种家庭如独立居住，对住宅空间要求具有一定的私密性，对面积要求相对较低，小户型较受青睐，此时属于经济性住宅需求，如与上一代家庭居住则不在此列。

（2）发展期住宅。此时新生家庭的儿女诞生，直至少年期、青年期，至另组新生期家庭。在此阶段，第一代需要照顾下一代的成长，家庭居住形式是两代结合式。但需考虑下一代进入青少年期始，至另组新生期家庭为止，在此阶段还保持适度独立性和私密性，采用"两代自由式"或"两代分离式"为宜，此阶段后期如新生二胎，则更换更大面积的住宅，称为改善型住宅需求。

（3）再生期住宅。此时儿女另组家庭。人口减少，第一代人步入中晚年，中老年人独立居住无须面积过大。

（4）老年期家庭住宅。此阶段因第二代完全离开家庭，甚至产生第三代家庭成员，此时对住宅空间需求为在满足平时自身居住需求的同时，还需要增设可供小家庭临时居住的卧室，并适度增设卫浴空间，以便于周末、节假日第二代家庭成员携第三代探望时使用。

家庭在不同阶段对住宅的需求应随之变化，只有根据实际人口年龄、性别结构和成员关系分别采取适宜形式的设计，才能满足不同人群的需求。家庭成员的爱好、职业特点、文化水平、个性特征、生活习惯、地域、民族、宗教信仰等也影响室内空间布局。室内空间的功能是基于人的行为活动特征而展开的，要创造理想的生活环境，设计中应注重"以人为本"，从环境与人的交互关系这一最基础的研究开始，逐步分析人的居住和行为需求。

6.6.2 户型内部空间的规划

住宅空间规划及尺度由家庭活动决定，主要有以下功能需求：

（1）起居空间——主要是与家人聚谈、生活的场所，包括聚谈、用餐、视听、学习等，同时兼有部分对外会客的功能。

（2）私人空间——家庭成员的私密场所。同家人交流时，也保持适度距离，避免干扰，包括睡眠、休闲、工作、学习、个人喜好等。

（3）家务空间——较为繁重的工作，如准备膳食、清洁等。家务空间中包括的餐厨空间是家人团聚交流的另一主要场所，且需要使用多种工具，不但要求建筑内部空间规划时有更多考虑，对设计者的人体工程学相关知识也是一种考验。

厨房是烹调菜肴的地方，需干净整洁，动线考虑充分合理，最好可以严格遵循"取—洗—切—煮"的工作程序，并需有充分的照明。从细节上来考虑，在碗橱内，可以考虑设置杀菌灯。居住者在厨房内处理餐前准备事务及餐后整体工作时所占据的时间比例往往是烹煮等加工时间的两倍，因此，在厨房空间前期规划时就可将该备餐工作区域设置为开放或半开放空间，以减少在厨房工作的家庭成员内心的孤独感，并方便在进行该工作时可以及时与其他家庭成员进行沟通交流和互动。对于有幼童的家庭，这样的设置还可以在工作的过程中随时监控到幼童的状态，以免发生危险，如此便可以使其放心及更高效地处理家务。作为住宅中的重要工作区域——厨房的空间宜尽可能大。该空间内除容纳传统的厨房用具外，各类日新月异、不断出现的辅助类设施应考虑在内，使其具备一定的扩展性，如烤箱、面包机、面条机、电饼铛、榨汁机和豆浆机等各类厨用电器需要有各自的安放空间，这类器具既提高厨房的工作效率，更提升家庭生活的幸福感，是现代生活不可或缺的一部分。

只有满足以上功能，并使人在其中可方便舒适地生活才是宜居的住宅室内空间。不同时期的住宅空间设计，其在本质上的区别是对以上三大功能的侧重点不同，在一定程度上，各功能空间越大，住宅舒适度越高。

6.7 房地产产品设计的配套策划

6.7.1 公共服务设施规划

一般来说，住宅区的公共服务设施可分为公益性设施和营利性设施两大类。按其服务的内容又可分为商业设施、教育设施、文化运动设施、医疗设施、社区管理设施五类，见表6-2。

表6-2 房地产产品的配套设施

类型	主要设施
商业设施	小型超市、菜市场、综合百货商场、旅店、饭馆、银行、邮电局、储蓄所
教育设施	托儿所、幼儿园、小学、中学
文化运动设施	文化活动中心、居民运动场所
医疗设施	门诊所、卫生站、小型医院等
社区管理设施	社区活动（服务）中心、物业管理公司、街道办事处

上述设施在布局中应考虑平面上和空间上的结合，其中公共服务设施、交通设施、教育设施和户外活动设施的布局对住宅区规划布局结构的影响较大。各类公共服务设施宜根据其设置规模、服务对象、服务时间和服务内容等方面的服务性在平面上或空间上组合布置。例如，商业设施和服务设施宜相对集中布置在住宅区的出入口处。各类教育设施宜安排在住宅区内部，与住宅区的步行和绿地系统相联系；中小学的位置应考虑噪声影响、服务范围及出入口位置等因素。避免对住宅区内居民的日常生活和正常通行带来干扰。文化娱乐设施宜分散布置或集中布置在住宅区的中心。

6.7.2 市政公用设施规划

住宅区的公用设施包括为住宅区自身供应服务的各类水、电、气、冷热、通信，以及环卫的地面、地下工程设施。住宅区市政公用设施的规则应遵循有利于整体协调、管理维护和可持续发展的原则，节地、节能、节水、减污，改善居住地域的生态环境，满足现代生活的需求。

（1）住宅区的供水包括居民生活用水、各类公共服务设施用水、绿化用水、环境清洁用水和消防用水。

（2）排水系统包括污水排水系统和雨水排水系统。

（3）住宅区的供电有建筑用电和户外照明用电两大部分。其中，建筑用电中住宅用的电量最大。住宅区的电力设施有变（配）电所、开闭所和电缆分支箱，宜设置在负荷中心附近。高层住宅一般以高压引入，配电所设置在高层建筑内，低压线路采用户外电缆分支箱。

（4）通信系统。现代化的通信除包括传统的电话、电视和邮政外，还包括语音、数据、图像和视频通信合一的综合业务数字网和有线电视。

住宅区内的通信设施一般包括用户光纤终端机房，500～1 000户预留一处（15～20 m^2）；公用电话亭，服务半径为200 m；邮政局（所），服务半径不小于500 m。每个住宅单元应设置住户信报箱，也可以设置由物业管理公司管理的集中收发室。

（5）燃气系统。住宅区应实现管道燃气进户。住宅区的燃气设施有气化站或调压站，二者均要求单独设置并与其他建筑物保持一定的安全距离，调压站的服务半径一般为500～1 000 m。

（6）冷热供应系统。住宅区的冷热供应一般有三种：一是以城市热电厂或工业余热区域锅炉房为冷热源的区域集中供应系统；二是以住宅区或单栋住宅为单位建立独立的分散型集中供应系统；三是以用户为单位的住户独立供应系统。住宅区冷热供应设施有住宅区锅炉房、热换站或太阳能集热装置等。锅炉房应设在负荷中心并与住宅保持一定的隔离。

（7）环卫系统。住宅区环卫的主要工作是生活垃圾的收运。不同的垃圾收集方式影响着不同环卫系统设施的配置，一般采用在住宅区内布置垃圾收集点（如垃圾箱、垃圾站）的方式。垃圾收集点的服务半径不宜超过100 m，占地6～10 m^2。

（8）工程管线综合。住宅区的工程管线主要有给水管、排水管、电力管、电信管、燃气管、热力管（蒸汽、热水）等。住宅区的工程管线综合应该遵循以下原则：

1）各类管线布置应整体规划，近远结合，并预留今后可能建设的工程管线的管位。

2）各类管线应采用地下敷设的方式，走向应沿道路或平行主体建筑布置，并力求短捷，减少交叉。

3）各类管线应满足相互间水平、竖向间距和各自埋深的要求。

4）当综合布置地下管线发生矛盾时，应采取的避让原则为：压力管让重力管、小管径让大管径、易弯管让不易弯管、临时管让永久管、小工程量让大工程量、新建管让已建管、检修少而方便的管让检修多而不易修的管。

6.7.3 停车设施

住宅区机动车和非机动车的停车设施均有停车场和停车库（房）两种，同时，还设有机动车停车位和非机动车停车点两种复合用途的场地。

住宅区的集中停车一般采用建设单层或多层停车库（包括地下）的方式，往往设在住宅区和住宅群落的主要车行出入口或服务中心周围，以方便购物、限制外来车辆进入住宅区，并有利于减少住宅区内汽车通行量，减少空气和噪声污染，保证区内或住宅群落内的安静和安全。

一般居民的自行车停车设施应该以分散为主，最多不大于以住宅群落（居住组团）为单位来安排集中的自行车停车房（棚）。

非居民车辆的停放，应该与居民车辆的停放采取不同的处理原则。一般情况下，非居民车辆的停放应该集中，其停车设施的布局应该尽可能地独立于居民的居住生活空间，一般布置在住宅区外围；对一些临时的、短时间的外来车辆的停放，可以借用居民晚间车辆停放的空间。

住宅区停车设施建设可以根据条件和规划要求采用多种形式，如可与住宅结合，设于住宅底层的架空层内或设于住宅的地下层内；可与配套公共设施（建筑）相结合设于地下层等；也可通过路面放宽将停车位设在路边；还可与绿化地和场地结合，设于绿地和场地的地下或半地下空间，在其上覆土绿化或作为活动场地。

6.7.4 安全设施

居住区的安全设施一般较为常用的有对讲系统（包括可视对讲系统）设施和视频监视系统设施。对讲系统是指住户与来访者之间通过对讲机（包括可视对讲机）进行单元门或院落门锁开启的安全系统；视频监视系统是指在居住区内（可包括住宅内的公共部位）和外围设置能够监视居住区全部通道出入的摄像装置并由居住区保安管理监控室负责监控和处理。这两种保安系统均由居住区的专用线或数据通信线传送信息，需要设置居住区的中央保安监控设施。

6.7.5 户外场地设施

住宅区的户外场地设施包括户外活动场地、住宅院落及其中的各类活动设施和配套设施。在住宅区中，户外活动场地有幼儿游戏场地、儿童游戏场地、青少年活动与运动场地、老年人健身与消闲场地和包括老年人健身与消闲场地在内的社会性活动场地。各类活动设施包括幼儿和儿童的游戏器具、青少年运动的运动器械和老年人健身与消闲使用的设施。配套设施包括各类场地中必要的桌凳、亭廊、构架、废物箱、照明灯、矮墙和景观性小品如雕塑、喷泉等。

幼儿游戏场地的位置应该尽可能地接近住户或住宅单元，以便家长能够及时、方便甚至在户内进行监护，一般希望有一个相对围合的空间，而住宅院落是一个理想的位置，但要保证基本没有交通——特别是机动车交通的穿越。它的服务半径不宜大于50 m，或每20～30个幼儿（或每30～60户）设一处，儿童游戏场地宜设在住宅群落空间中，可设在住宅院落的出入口附近，有可能时宜设在相对独立的空间中。若干个住宅院落组成的住宅群落（约150户，或100个儿童）设一处儿童游戏场地，服务半径不宜大于150 m，相当于居住区中的一个居住组团。青少年活动与运动场地应设在住宅区内相对独立的地段，约200户设一处，服务半径不大于200 m。

老年人的健身与消闲场所具有多样性、综合性的特点，在不同的时间段往往会有不同的使用内容和使用对象。早晨是老年人晨练的主要时间，下午主要是老年人碰面和交流的时间，其他时间可能作为青少年或家庭户外活动（如游玩、散步、读书等）的空间，而假日更多的是住宅区居民家庭户外活动的场所，有时也会是社区活动的地点。因此，老年人的健身与消闲场所应该考虑多样化的用途，位置布局宜结合在住宅区各种形式的集中绿地内，服务半径一般为200～300 m。

6.7.6 服务管理设施

住宅区的管理设施包括社区管理机构和物业管理部门。社区管理机构是一种由行政管理与居民业主委员会管理共同构成的综合性管理机构（如居委会等），主要承担对关系到住宅区的各项建设与发展和住户利益事务的居民意愿、意见的征求以及讨论决策；物业管理部门则受居民业主委员会委托负责住宅区内部所有建筑物、市政工程设施、绿地绿化、户外场地的维护、养护和维修，负责住宅区内环境清洁、保安及其他服务，如日常收费等。在规划设计中，可以将社区管理机构和物业管理部门办公场所合并考虑。

物业管理机构与居民日常生活关系紧密，许多物业管理公司已经发展了许多为业主（住户）服务的新项目，如家政家教、购物订票、物业租售代理、家庭装修等，部分代替了社区的一些服务设施的功能。因此，在布局上宜与社区（活动）中心结合，便于联系与运作，一般服务半径不宜超过 500 m。

6.8 房地产产品设计的新材料、新工艺策划

6.8.1 房屋建筑施工新工艺

（1）混凝土地坪一次成型技术。混凝土地坪一次成型技术是将楼板混凝土与表面找平砂浆合二为一的施工技术，该技术在房屋建筑施工过程中的应用十分广泛，要求加强对混凝土标高的控制，标高误差达到水泥砂浆的质量要求。在施工过程中，在楼板混凝土初凝之后终凝之前，要用混凝土磨光机对表面进行二次压光，并且消除混凝土楼板的早期裂缝，使房屋建筑的混凝土地坪达到水泥砂浆地坪的质量要求。这种技术在房屋建筑施工过程中的应用可以提高地坪的平整度和美观度，而且不需进行装修找平，节约了装修找平的时间，还可以节省水泥砂浆材料。随着我国房屋建筑施工逐渐朝着大型化、高层化方向发展，混凝土地坪一次成型技术的应用也越来越广泛，尤其是在超高层钢结构外框楼板混凝土施工过程中，具有很高的应用价值，如果楼板混凝土后期要镶贴地面砖，则可以在混凝土表面打磨光滑之后采用排刷拉毛，增强混凝土地坪的黏结力，防止地面砖空鼓现象出现。

（2）数控钢筋弯箍机施工。在房屋建筑施工过程中，钢筋是主要材料，在对钢筋进行处理时可以采用数控钢筋弯箍机。这种机械是由工业计算机控制操作的钢筋弯曲机械，可以代替传统的人工操作模式，提高钢筋的加工精度，生产出更加符合生产要求的钢筋材料。数控钢筋弯箍机主要加工棒材钢筋，可以对 50 mm 以内的国家标准钢筋进行弯曲，而且可以一次加工多根钢筋，加工形状标准，将这种机械生产技术应用到房屋建筑施工过程中，可以极大地提高钢筋材料的质量，并实现对专用超强钢筋的加工。

（3）节能技术。当前的社会崇尚节约、节俭，建筑设计也应遵循这一规律，节约型绿色建筑是建筑行业的发展方向，在绿色节能建筑施工过程中，必须加强对节能技术的应用。第一，热泵应用技术。该技术可利用低温、低品位热能资源融合少量的高品位电能输入，实现低品位能向高品位能转移，空气源热泵技术和水源热泵技术是常见的两种热泵应用技术，可以实现在向建筑物供热供冷的同时对环境污染进行控制。第二，变风量空调技术。变风量空调系统是一种节能的空调方式，根据跟随用户的需求以及负荷的变化对总送

风量进行调节,尤其是在负荷较大的时候可以减少风机动力消耗而节约能量。采用变风量空调技术可以实现10%～30%的节能目标。第三,辐射性供热节能技术。在现代房屋设计过程中,为了对能耗进行控制,在供热时可以采用地板辐射、天花板辐射、垂直板辐射技术。辐射性供热节能技术是一种对房间热微气候进行调节的节能供热系统,给人营造舒适的生活环境,并且减少对能源的消耗。第四,太阳能热利用技术。太阳能是一种清洁能源,在房屋建筑施工过程中要加强一体化建筑设计,实现对太阳能的充分利用。尤其是在太阳能充分的地区,如青藏高原、云贵高原地区,太阳能十分充裕,可以充分利用太阳能实现发电、供热,结合光伏电池技术为建筑物供电,实现能源循环利用。

(4) BIM技术。现代建筑与传统建筑设计理念不相同。随着我国建筑行业的不断发展,建筑设计理念逐渐创新,加强建筑项目规模化和规范化管理是建筑行业发展的要求。近年来,建筑行业也逐渐推行BIM技术,BIM技术也可以翻译为"建筑信息模型",是利用数字模型对建筑工程进行设计、施工、运营管理的技术,可以对建筑项目的整个周期实行集成管理。这个模型不仅包括建筑物的各种信息模型,还包括建筑工程管理行为的模型。将建筑物的信息模型与建筑工程的管理行为模型进行完美组合,可以提高建筑项目施工组织水平,在一定范围内模拟建筑工程的施工行为,对施工过程中的各种问题进行发现,并且对其进行解决,对施工现场的各种人员进行配置,对材料和机械进行配备,从而最大限度地利用施工材料。例如,在装配式房屋施工过程中,BIM技术的应用可以优化预制构件的生产流程,对预制构件库存管理进行改善,并且模拟施工流程,对施工方案进行优化,从而对装配式建筑的运行维护阶段的质量管理水平进行提升。

6.8.2 绿色建筑

"智能与绿色建筑"将环保技术、节能技术、信息技术、网络技术渗透到居民生活的各个方面,即用最新的理念、最先进的技术和最快的速度去解决生态节能与居住舒适度问题。

(1) 雾霾防治。

1) 24小时新风置换系统。24小时新风置换系统可以根据环境状况自动选择全热交换新风还是打开窗户进行自然通风,智能加湿。也可以对盗贼越窗、小孩翻窗等情况发出报警,对室内有害气体浓度进行感知。系统的判断行为及结果可传送至用户手机进行信息的交互。系统硬件和软件采用模块化设计,控制程序采用C++语言编制,方便控制功能更新换代程序移植和升级,也能体现人性化的优点,可满足用户的多样化需求,提高用户生活质量。新风系统的工作原理决定了它不单单是一个防雾霾的产品,还是一个真正改善人们居住环境空气质量的必需品,让人们头疼的装修污染最简单有效的方法就是通风换气,因为甲醛的释放时间长达3～15年,所以除甲醛是一个需要长期去做的事情,安装了新风系统只需轻轻一按就可以完美解决装修污染问题。房间的异味问题自然也是不攻自破,由于新风系统取代了开窗通风,不仅可以减少噪声污染,还可以减少室外灰尘的进入,从而减少了打扫房间的次数。

2) 抗霾防PM2.5除尘系统。抗霾防PM2.5除尘系统除初效过滤及中效过滤外,还增加了静电除尘,有效过滤90%以上的PM2.5。

(2) 建筑围护结构。

1) 装配式一体化外墙系统。外墙装饰节能一体化系统,简单来说,就是将外墙装饰和外墙节能两个分项工程预先在工厂合二为一制成成品,到现场后直接安装到建筑物外墙上，是一种功能集成化的外墙系统，通过一次简单的施工就可完成装饰和节能两种建筑功能。外墙装饰节能一体化系统是由外墙装饰节能复合板、固定连接材料和嵌缝密封材料组成的。外墙装饰节能复合板是在工厂预制复合的，兼具装饰、节能功能的功能型板材。传统的做法在装饰和保温上是分开的。保温是保温的做法；装饰是装饰的做法。先做保温，然后进行涂料，就会导致外墙涂料渗水、裂变、脱落等，那么就体现出了施工上的劣势。并且当出现问题时，还会出现保温和装饰互相扯皮的情况。装饰工艺会说是保温材料出现了问题导致的；而保温工艺则会说是装饰涂料破坏了保温层。导致业主不知道如何进行责任的划分。而一体化外墙系统在这方面就完美地解决了这个问题。将装饰面层和保温层结合在一起，然后固定在墙体上即可。铝板装饰节能一体化系统是由铝板岩棉装饰保温复合板、固定连接件、嵌缝密封材料共同组成；具有装饰、节能和防水功能的构造体系。

2）门窗设计。好门窗都有一块好玻璃。LOW-E玻璃就是低辐射玻璃，它是在玻璃表面上镀膜，是玻璃的辐射率 E 由0.84降低到0.15以下形成的。该玻璃的特点如下：

①红外反射率高，可直接反射远红外热辐射；

②表面辐射率低，吸收外来能量的能力小，从而再辐射出的热能少；

③遮阳系数大，可根据需要控制太阳能的透光量，以适应需要。

（3）节能照明。利用太阳能发电，不消耗煤炭，减少温室气体排放，有利于环境保护。小区公共照明部分均采用太阳能灯，包括景观照明、小区道路照明。采用效率高、寿命长、安全和性能稳定的照明电器产品。用卤钨灯取代普通照明白炽灯，大力推广高压钠灯和金属卤化物灯的应用，小区走廊采用声控照明，室内采用绿色照明。

（4）水资源利用。雨洪利用技术。雨洪利用就是将从自然或人工集雨面流出的雨水进行收集、集中和储存，是从水文循环中获取水为人类所用的一种方法。该小区运用环保型透水地面砖，对传统的铺装地砖进行革新，解决透水性提高、强度相对降低的矛盾。

（5）节能节水技术。卫生器具如水龙头、小便器和坐便器等选用节水器具。绿化灌溉采用高效节水的微灌方式。当采用再生水灌溉时，因水中微生物在空气中易传播，应避免采用喷灌方式。微灌的用水应进行净化处理。

（6）蓄热供暖。

1）供暖锅炉系统节能技术。该小区利用供暖锅炉系统节能技术，根据煤质采用合适的煤层厚度，并按照燃烧情况决定炉排速度，同时合理控制煤风比例，充分利用锅炉排烟余热将空气加热，然后再送入炉膛燃烧，这样不仅有效改善燃烧状况，而且提高了燃料的利用率，降低能耗，改善环保环境，减轻工人劳动强度和提高供热自动化管理水平。

2）高温空气燃烧技术。高温空气燃烧技术也称无焰燃烧技术，该小区将此技术应用在锅炉炉窑中，可以节省燃料，减少二氧化碳和氮氧化物排放及降低燃烧噪声，保持一个洁净的生活空间，改善环境质量。

（7）风机减排。对中央空调水系统和冷却风机系统的变流量智能控制，并通过智能优化单元，提高主机效率，科学地实现了中央空调的供冷量随末端负荷变化而变化，在保证环境舒适度的前提下，最大限度地提高空调电能利用效率，达到最佳节能降耗的目的。

6.8.3 智能建筑

（1）楼宇自控系统。楼宇自控系统主要是对楼宇或小区内的机电设备实现自控控制，以计算机控制、管理为核心，用各类传感器进行检测，利用各种相应的执行机构，对区内的供电系统、空调系统、照明、电梯、给水排水、喷淋、灌溉等各种设备进行统一集中的控制和管理。实行分散控制、集中管理，起到节能、减少维护人员、延长设备使用寿命的作用。

（2）中央净水系统。中央净水系统先有效清除水中的氯、重金属、细菌、病毒、藻类及固体悬浮物，后用活性炭进一步去除各种有机物，让出水清澈、洁净，可直接饮用；系统具备自动维护功能。中央软水系统是通过天然树脂置换出水中钙、镁离子等，降低水的硬度；有效减少对衣物的磨损，保护人体皮肤，避免管道、洁具、卫浴设备等结垢问题。中央纯水系统采用反渗透法，经精密计算的五道过滤程序，使出水变为纯净水，不含任何杂质和矿物质。

6.8.4 智能家居系统

随着科技日新月异的发展，"舒适、便利、智能化"已成为高档住宅的建设理念，并越来越深入人心，采用目前最先进的家居智能化系统，力求创造安全、舒适的生活环境，为客户创造超值的享受。智能家居系统可以实现的控制功能包括：家庭安防入侵系统、家庭消防报警，家庭燃气和呼叫系统；灯光控制；可视对讲；情景控制；网络信息服务。

家庭安防配置包括以下几项：

（1）在多层住宅楼的一、二层住户的客厅安装被动红外探测器，厨房安装煤气、天然气泄漏探测器，客厅和主卧安装紧急求救按钮，周边窗户设置幕帘式红外探测器进行防护，针对火灾检测可以在室内主要区域设置火灾状态检测器。对于其他层住户，每户仅在厨房安装煤气、天然气泄漏探测器，客厅和主卧安装紧急求救按钮。

（2）紧急求救按钮。设置在客厅、主卧室内，暂定每户配置2个。在住户家内发生紧急情况时提供一个应急手段，主要是为了防止入户抢劫和突发疾病时向报警中心进行求救。

（3）煤气泄漏探测器。设置在厨房内，每户配置1个。煤气是会影响人身安全的有害气体，如果煤气意外泄漏，到达泄气的报警浓度时泄漏探测器会发出报警信号，提醒住户及报警中心的管理人员及时处理，避免出现意外。方案仅对煤气泄漏探测器进行预留设计，管线设计到位，探测器可由住户确定是否安装。

6.8.5 同层排水系统

同层排水是将排水横支管敷设在本层卫生间内，不穿越下层楼板，在本层汇入立管。降板同层排水和不降板同层排水区别在于管道在本层的走管方式。不降板同层排水是同层排水领域一种新的科学技术应用。实现建筑卫生间（也适用于厨房和阳台）既不结构降板也无须额外抬高完成地面的同层排水方式。通过排水汇集器（WAB）和特殊的可调式配件（WAB）实现不降板同层检修排水系统（WAB）。不降板同层排水系统是根治沉箱积水的有效措施，也逐渐被行业内越来越多的地产企业所重视并接受。采用排水汇集器（WAB）的不降板同层排水系统，"共用水封"是整个系统中所有废水管唯一的存水弯，减少存水弯的使用可以大大提升系统的排水通畅性。"共用水封"作为唯一可能的堵塞点，这套系统特为此地设计了检修口，假使出现堵塞的情况，也可以由住户自己轻松完成清通。

第 7 章 房地产投资策划

7.1 房地产投资策划概述

7.1.1 房地产投资策划的概念

房地产投资策划是指房地产项目在房地产市场调研和预测基础上,以投资效益为中心,从机会选择、项目构思到正式立项等一系列的策划工作,是以获取具体的投资方案为目的的创造性活动。

7.1.2 房地产投资策划的目的

房地产投资策划的目的是针对房地产项目,从环境、地点、内容、筹资、经济等方面进行具体的分析和研究,使项目沿着正确的轨道发展,避免项目在以后的运作中出现偏差。

7.1.3 房地产投资策划的内容

房地产投资策划的内容包括项目投资环境的分析与评价,项目投资时机的分析与选择,项目投资区位的分析与选择,项目投资内容的分析与选择,项目投资模式与开发模式的选择,项目投资的经济分析与评价,房地产投资策划应用案例。

7.2 项目投资环境分析和评价

7.2.1 投资环境

(1)按投资环境因素作用范围的大小,可分为宏观投资环境和微观投资环境。
(2)按投资环境因素的不同性质,可分为硬环境和软环境。
(3)按投资环境因素不同的内容,可分为自然地理环境、经济环境、社会政治环境、法律环境、社会文化环境、基础设施环境、社会服务环境等。

7.2.2 项目投资环境因素

(1)自然环境要素:基础设施状况、区位交通条件、环境状况、土地状况。

(2) 经济环境要素：物价、地价、居民收入水平、利率与银行按揭状况、经济增长水平、房地产开发供应状况。

(3) 行政环境要素：政治稳定性与战争风险、房地产政策与政府办事效率、税费水平。

(4) 社会文化环境要素：区域人口数量、区域人口素质、家庭人口、消费文化与价值观念。

7.3　项目投资时机分析和选择

7.3.1　投资时机

(1) 客观时机：即政府的政策、城市的总体规划。
(2) 主观时机：即判断、决策时机。

7.3.2　投资时机分析

(1) 产业政策分析：对于国家地方产业布局产业政策进行针对性分析。
(2) 金融政策的分析：主要是利率限贷政策及货币政策分析。
(3) 房地产周期的分析：根据房地产周期阶段进行针对性分析。
(4) 市场需求的分析。

7.3.3　投资时机选择

投资时机主要选择在经济萧条的危机时期；房地产周期在低谷时的危机时期；通货膨胀来临之前。

7.4　项目投资区位分析和选择

7.4.1　投资区位

区位是指某一经济事物或经济活动所占据空间位置及与其周围微观主体或中观环境之间的经济地理关系。

区位的特征是动态性、相对性、层次性、等级性、稀缺性、设计性。

最优区位是通达性强、政府重大项目启动、可供开发的土地资源。

7.4.2　投资区位理论

投资区位理论按其研究对象的特征，可分为微观投资区位理论与宏观投资区位理论。前者是指研究单一投资项目的选址规律；后者则指研究总体投资的空间指向规律。按照行业的类型划分，微观投资区位理论又进一步细分为农业投资区位论、工业投资区位论、商业投资区位论等。

（1）农业投资区位论是指揭示农业投资项目选址规律的理论。从1826年开始，德国经济学家杜能陆续发表了其代表作《孤立国对于农业及国民经济之关系》（简称《孤立国》，全书共分三卷），成为该理论的创立者。现代都市周围及其主要交通干线两侧农业用地类型的变化，正是农业投资区位规律的表现。在农业投资中，若投资者遵循这一空间规律，可望使所投资的项目具备良好的竞争力；反之，将可能导致投资收益的下降，甚至完全失败。

（2）工业投资区位论是指揭示工业投资项目选址规律的理论。1906年，德国经济学家韦伯发表了他的代表作《工业区位理论——第一部区位的纯粹理论》，使他成为工业投资区位理论的奠基者。受原料、燃料与市场等许多因素空间分布不均衡的影响，工业投资项目仅仅因为空间位置的不同，将形成不同的生产成本与收益工业投资区位理论，也就深受理论和实践工作者的高度重视。按工业部门划分，工业投资区位理论可进一步细分为轻工业、重工业、手工业等投资区位理论分支。特别值得注意的是，工业产品高度的竞争性使得一个企业微弱的区位优势可能转化为强大的经济优势；反之，则可能导致企业的最终破灭。可见，工业投资区位是投资者可以选择的企业产品的一项"先天"优势。

（3）商业投资区位论是指揭示商业投资项目选址规律的理论。1933年，德国地理学家克里斯·泰勒发表了他的代表作《德国南部的中心地》，有时又译为《南德的中心地》，使他成为中心地学说的创始人。由于该学说在城市商业投资选址上的重要理论指导意义，故成为商业投资区位理论的核心内容。商业口岸是商业投资区位的一种通俗表达，它的重要性已为商界人士所普遍接受，再进一步，便是对城市地价的评估，或者说是对城市地产投资区位的选择，它的最好说明便是城市地价的巨大差异。精明的地产投资者正是通过对城市地价潜力之发掘而获得成功的。由此可见，商业投资区位理论在实践中的作用是十分重要的。

以上分别介绍了微观投资区位理论的三个主要分支，仅从上述粗浅的说明中，人们不难看出，微观投资区位在具体投资项目选址上的重要理论指导意义及其显著的经济价值。与微观投资理论相对应的是宏观投资区位理论，按其投资的空间指向，可细分为均衡投资区位论、非均衡投资区位论与协调投资区位论三个分支，现分述如下：

（1）均衡投资区位论是指以各地区均衡发展为出发点而给出投资空间指向的理论。该理论认为，通过向不发达地区投资，不仅能促进该地区的发展，而且缩小了地区间的差距，总体上能促进国民经济的健康发展与保持社会的稳定，以从根本上实现全社会共同富裕的目标，其主要代表学派是大推动理论和新古典成长理论等。

（2）非均衡投资区位论是指从资本的本质及资源禀赋的差异出发，认为投资的空间指向应当选择利润产出最大的地区。该理论认为，由于资本的稀缺性、生产要素的空间差异性以及周边地区、国家和国际竞争的压力，使得投资必须向收益最高的地区集中，尽快增强国力，以抗衡外部的竞争压力，保持国家和民族的繁荣与进发。其主要学说有增长极理论、梯度推移论和循环累积因果理论等。

协调投资区位论是指投资的空间指向以国民经济之长期的可持续良性发展为根本的理论。该理论通过对均衡与非均衡投资区位理论观点与内容的扬弃，以期促进国民经济的长期全面发展。其重要学术思想是可持续发展理论。

7.4.3 投资区位影响因素分析

投资区位影响因素包括自然条件因素、经济条件因素、社会条件因素、政策限制因素、城市规划因素。

7.4.4 投资区位的选择方法

投资区位的选择应遵循两个基本规律：一是距离递减规律；二是区域分离规律。投资区位的选择方法有很多，主要包括：根据城市总体规划来进行区位的选择；针对不同收入水平灵活布局，按照地产商的实力进行区位选择。要针对热点投资区域来选择区位，要考虑区位的升值潜力，要预测到未来区位的发展变化趋势。

7.4.5 不同类型物业对投资区位的要求

1. 居住项目
（1）市政公用的公共建筑配套设施完备程度。
（2）公共交通便捷程度。
（3）环境因素。
（4）居民人口与收入。

2. 写字楼项目
影响写字楼项目的区位选择的特殊因素包括以下几项：
（1）与另外的商业设施接近的程度。
（2）周围土地利用情况和环境。
（3）易接近性。

7.5 项目投资内容分析和选择

项目投资内容包括土地房地产、住宅房地产、商业房地产、工业房地产、旅游房地产和综合房地产六大类。

7.5.1 土地房地产类

1. 土地房地产的概念
土地房地产是指对土地进行投资的一种形式，简称地产。

2. 土地房地产的投资特征
土地房地产的投资特征主要是：最基本的投资形式，易受政府政策的制约，土地投资简单、灵活投资获利最为明显。

3. 土地房地产的分类
我国土地可分为农用地、建设用地和未利用地三大类。

具体来说,我国土地可分为耕地、园地、林地、牧草地、居民点及工矿用地、交通用地、水域、未利用土地八大类。

7.5.2 住宅房地产类

1. 住宅房地产的概念

住宅房地产是指满足人们起居、卫生、饮食等基本要求的居住空间,以及与其配套的环境和设施。

2. 住宅房地产的投资特征

住宅需求量最大,住宅在于居住、保值或升值,住宅投资风险较小,住宅的样式丰富多样,住宅是房地产开发的主流。

3. 住宅房地产的投资前景

住宅房地产的投资前景有以下趋势:

(1) 人居环境生态化。

(2) 住区布局分散化。

(3) 住区规模大型化。

(4) 建筑结构高层化。

(5) 造型风格多样化。

(6) 功能配置合理化。

(7) 住宅设施现代化。

(8) 庭院景观园艺化。

(9) 社区氛围亲情化。

4. 住宅房地产的类型

(1) 按住宅的建设档次划分,可分为普通住宅、高级住宅。

(2) 按住宅的通用名称划分,可分为一般住宅、公寓住宅、花园别墅。

7.5.3 商业房地产类

1. 商业房地产的概念

商业房地产是指以商业物业的建设与经营为目的的房地产开发,通过经营管理可以获取可持续回报或者可持续增值的物业。

2. 商业房地产的投资特征

商业房地产的投资特征主要有开发模式专业化、开发金融产品化、顾问机构专业参与、招商先于规划设计。

3. 商业房地产的投资模式

具体来说,房地产开发商介入零售商业的投资模式有以下三种:

(1) "营业额提成+保底"委托经营模式。

(2) 参股经营模式。

(3) 控股(或全资)经营模式。

4．商业房地产的类型

（1）零售商业类：购物中心、商业街区。
（2）餐饮娱乐类。
（3）写字楼类。
（4）酒店宾馆类。
（5）批发市场类。
（6）物流中心。

7.5.4 工业房地产类

1．工业房地产的概念

工业房地产是指工业类土地使用性质的所有毛地、熟地，以及该类土地上的建筑和附属物。

2．工业房地产的投资特征

工业房地产的投资特征是有稳定的投资收益率，以工业园区引进企业，目标侧重"微型工业"。

3．工业房地产的类型

（1）工业房地产从园区的角度划分，可分为一般工业园区、科技工业园区和生态工业园区。
（2）工业房地产从用途的角度划分，可分为工厂厂房、研究与开发场所、仓储与配销库房及附属配套设施。

7.5.5 旅游房地产类

1．旅游房地产的概念

旅游房地产是以旅游为目的，以旅游资源为卖点，以房地产开发为营销方式，开发全部或部分实现了旅游功能的房地产。

2．旅游房地产的投资特征

旅游房地产的投资特征是投资与消费的双重性，功能上的娱乐性的休闲性，消费档次高，消费可存储性和期权消费。

3．旅游房地产的类型

（1）娱乐类旅游地产，主要是指在旅游区内为旅客活动建造的各种娱乐等非住宿性质的房地产。相应的房地产开发主要有主题公园房地产开发、公园房地产开发、旅游景区娱乐房地产开发。
（2）观光类旅游地产，主要是指在旅游区内为游客活动建造的各种观光、休闲等非住宿性质的房地产。
（3）接待类旅游地产，主要是指在旅游区或旅游区旁边提供旅游服务的商店、餐馆、娱乐城建筑物及智能空间。
（4）景观旅游住宅地产，是指在景区范围内利用旅游开发带来级差地租升级而开发的房地产，主要是与旅游区相连接的各类住宅建筑。

7.5.6 综合房地产类

1. 综合房地产的概念

综合房地产又称都市综合体,是指将城市中分散的商业、办公、居住、旅店、展览、餐饮、会议、文娱、交通等不同性质、不同用途的社会生活空间的三项以上集中起来组合,并在各个部分之间建立一种相互依存、相互助益的能动关系,形成一个完整的街区,或一座巨型的综合楼,或一组紧凑建筑群体的一种房地产类型。

2. 综合房地产的特征

综合房地产的特征主要是整体协同性、功能复合性、使用均衡性、空间连续性、交通平衡性、环境艺术性。

3. 综合房地产的投资特点

综合房地产的投资特点主要是投资大但收益高、独特的风格设计、社会各界的广泛支持、科学的综合管理、良好的功能互补。

7.6 项目投资模式与开发模式的选择

投资模式是指投资收益的具体方式,主要是从投资的过程来说的,即从投入资金开始,进入开发建设到变成产品,最后形成新的价值的具体过程。

开发模式是指投资开发的具体方式,是在确定具体投资模式的基础上,灵活地选择各种开发方式,使房地产投资更加科学、规范地进行。

7.6.1 投资模式

投资模式主要有以下几项:
(1)"投资—转让(出售)"模式。
(2)"投资—开发—出售"模式。
(3)"投资—开发—出租"模式。
(4)"投资—开发—出售、出租"模式。
(5)"投资—开发—自营"模式。
(6)"投资—开发"模式。
(7)"收购—包装—租、售、营"模式。
(8)"思路—选定城市—融资—拿地—开发—租售"创新模式。

7.6.2 开发模式

开发模式主要有短平快的合作开发模式、小而全的多项目开发模式、精耕细作的成片开发模式。

7.7 项目投资的经济分析与评价

7.7.1 项目投资费用估算

1．项目投资成本费用构成

（1）开发成本：包括土地费用、前期工程费、建筑安装工程费、基础设施费、公共配套设施费、开发期税费、不可预见费。

（2）开发费用：包括管理费用、销售费用、财务费用。

2．项目投资成本费用估算

（1）开发成本的估算：包括土地费用、前期工程费、建筑安装工程费、基础设施费、公共配套设施费、开发期税费、不可预见费。

（2）开发费用的估算：包括管理费用、销售费用、财务费用的估算。

3．房地产销售税费

（1）与转让房地产有关的税费。

1）增值税：房地产经营销售按增值额的10%计征。

2）城市建设维护税：对房地产销售而言，税率为增值税的7%。

3）教育费附加：附加税率为增值税的3%。

4）交易印花税：计税标准按房地产交易价的1‰，买卖双方各负担一半，即各负担0.5‰。

5）房地产交易服务费：按当地房地产管理部门的有关规定标准缴纳。

（2）土地增值税：土地增值税实行四级超率累进税率。增值额未超过扣除项目金额50%的部分，税率为30%；增值额超过扣除项目金额50%，未超过扣除项目金额100%的部分，税率为40%；税率超过扣除项目金额100%，未超过扣除项目金额200%的部分，税率为50%；税率超过扣除项目金额200%的部分，税率为60%。

（3）企业所得税：一般按企业应纳税所得额的25%计征。

7.7.2 项目投资收入估算与资金筹措

1．项目投资收入的估算

（1）租售方案的确定主要是确定租售比例及时间。

（2）租售价格的确定主要是运用市场比较法测算房地产产品租售价格。

（3）经营收入的估算根据不同收入性质分别计算。

2．项目投资的资金筹措

（1）项目投资资金的来源是资本金、银行贷款、预售款。

（2）资金筹措计划和使用计划。

7.7.3 项目投资财务分析

（1）项目财务分析基本报表包括现金流量表、资金来源与运用表、损益表和资产负债表。

(2)项目财务盈利能力分析包括财务内部收益、财务净现值、投资回收期、投资利润率、资本金利润率、资本金净利润率。

7.7.4 项目投资风险与不确定因素分析

7.7.4.1 项目投资风险分析

1. 风险类型

在房地产投资过程中,投资风险种类繁多并且复杂,其中主要有以下几种:

(1)市场竞争风险:是指由于房地产市场上同类楼盘供给过多,市场营销竞争激烈,最终给房地产投资者带来的推广成本的提高或楼盘滞销的风险。市场竞争风险的出现主要是由于开发者对市场调查分析不足所引起的,是对市场把握能力不足。销售风险是市场竞争能力的主要风险。

(2)购买力风险:是指由于物价总水平的上升使得人们的购买力下降。在收入水平一定及购买力水平普遍下降的情况下,人们会降低对房地产商品的消费需求,这样导致房地产投资者的出售或出租收入减少,从而使其遭受一定的损失。

(3)流动性和变现性风险:首先,由于房地产是固定在土地上的,其交易的完成只能是所有权或使用权的转移,而其实体是不能移动的。其次,由于房地产价值量大、占用资金多,决定了房地产交易的完成需要一个相当长的过程。这些都影响了房地产的流动性和变现性,即房地产投资者在急需现金的时候却无法将手中的房地产尽快脱手,即使脱手也难达到合理的价格,从而大大影响其投资收益,所以,给房地产投资者带来了变现收益上的风险。

(4)利率风险:是指利率的变化给房地产投资者带来损失的可能性。利率的变化对房地产投资者主要有两个方面的影响:一是对房地产实际价值的影响,如果采用高利率折现会影响房地产的净现值收益;二是对房地产债务资金成本的影响,如果贷款利率上升,会直接增加投资者的开发成本,加重其债务负担。

(5)经营性风险:是指由于经营上的不善或失误所造成的实际经营结果与期望值背离的可能性。产生经营性风险主要有三种情况:一是由于投资者得不到准确充分的市场信息而可能导致经营决策的失误;二是由于投资者对房地产的交易所涉及的法律条文、城市规划条例及税负规定等不甚了解造成的投资或交易失败;三是因企业管理水平低、效益差而引起的未能在最有利的市场时机将手中的物业脱手,以至使其空置率过高,经营费用增加,利润低于期望值等。

(6)财务风险:是指由于房地产投资主体财务状况恶化而使房地产投资者面临着不能按期或无法收回其投资报酬的可能性。产生财务风险的主要原因有:购房者因种种原因未能在约定的期限内支付购房款;投资者运用财务杠杆,大量使用贷款,实施负债经营,这种方式虽然拓展了融资渠道,但是增大了投资的不确定性,加大了收不抵支、抵债的可能性。

(7)社会风险:是指由于国家的政治、经济因素的变动,引起的房地产需求及价格的涨跌而造成的风险。当国家政治形势稳定经济发展处于高潮时期时,房地产价格上涨;当各种政治风波出现和经济处于衰退期时,房地产需求下降和房地产价格下跌。

(8)自然风险:是指由于人们对自然力失去控制或自然本身发生异常变化,如地震、火灾、滑坡等,给投资者带来损失的可能性。这些灾害因素往往又被称为不可抗拒的因素,其一旦发生,就必然会对房地产业造成巨大破坏,从而给投资者带来很大的损失。

2．风险因素

（1）地段。买住宅讲究地段，买商铺就更讲究地段了，有可能相差很短的距离，而租金、售价就可能相差很大。所以，在商铺的选址时，要对地段进行详尽的调查分析，才能达到预期目的。

商铺的地段一般分为三类，第一类是成熟的中央商务圈——在经济活动最活跃的地区。这样的地区往往人气最旺，最有活力，租赁需求也最多。第二类是成型中的商圈。这些地区多临近大型的住宅区或就业中心区（能吸收大量就业人口的商务办公楼群或经济开发区），并且交通、通信、基础设施的管线网络发达。第三类是住宅小区内部。小区配套种类齐全，这也同样等于增加了人们可及的资源量和可选择性。后两类应是一般投资人的投资重点。

一般来说，就业中心区为住宅区提供了需求市场，住宅区为就业中心区提供了充足的劳动力，也为商铺的迅猛发展创造了条件。而商铺的兴起，将启动住宅与就业的二度兴旺，特别是新建楼盘的品质和价位会有明显的提高，这反过来又会令商铺的增值更为可观。但若投资小区内的商铺则需要比较慎重，一方面是人流有限；另一方面住户在小区内消费仅仅是为了便利，而难有持续的、大宗的消费。适宜投资的小区内商铺，一般应具有足够大的规模，或者是开放式小区，有宽敞的街区道路。

（2）环境。生态、人文、经济等环境条件的改善会使房产升值。生态环境要看小区能否因绿地的变化而使气候有所改良。要重视城市规划的指导功能，尽量避免选择坐落在工业区的住宅。每一个社区都有自己的文化背景，文化层次越高的社区，房产越具有增值的潜力。商铺投资要看周边的商业环境是否已构成成熟商圈时，如肯定，店铺的升值是毋庸置疑的。

（3）建筑品质。有投资价值的物业具有以下特点：

1）要具备耐用性。物业越是耐用，投资人就越节省，给投资人带来的回报就越多。耐用性具体体现在：物业的材质要经得住时间的考验，要真材实料。物业制造工艺要精细。物业的设备也要耐用和有效率。要有良好的物业管理，它相当于对固定资产的维修和保养的支持系统。

2）要具备适宜性。要适于人们居住和使用，物业的功能空间布置要适合于人的行为习惯。功能空间和用具的度要符合人体活动舒适性的要求。要有良好的通风采光，以维护人与自然的交流通道，才有益于保持使用者的良好的生存状态。要尽可能地、最大限度地引入人文的或自然的景观，以满足人的安全感、超脱感、优越感等心理需求。要有较高的智能化水平。

3）要具备可更改性。这就意味着给人们的行为方式的改变留下余地，室内的间隔是可拆改的，功能空间的位置是可调和重新组合的。这是出租型物业必备的条件。

4）要有可观赏性。要有审美价值，有精神和灵性。物业的风格和品位是各有差异的。在诸多风格中，能够形成一种主旋律，得到多数人推崇的才是有投资价值的。

（4）产权状况。拟投资购买的住宅、商铺，其产权一定要合法、有效、手续齐全，无任何法律纠纷和经济纠纷。要弄清楚有无银行抵押或其他抵押，也要弄清楚是否已出租。产权的年期与法定房屋的功能也很重要，有的房屋位置虽然很好，但是其土地使用剩余年期已经不多。有的房屋法定使用功能为住宅，但是转让时已作商场使用，而投资购买时是不能按照商业用房来购置的。

（5）价值分析。投资者要对拟购房地产的现时市场价值进行估价。

首先，选择一家品牌好、信誉好、客源多的房地产机构。其次，根据房子的各种因素，测算出房子在特定时间、地点、环境的市场价格，并依照房子的实际情况选择不同的方法。最后，将几种不同的结果综合考虑，得出一个最接近市场行情、最能反映房地产真实价值的价格。

房地产买卖投资赚取的是未来的收益，在投资购买某项房地产时，对未来市场价格走势的预测判断尤为重要。

（6）房地产市场供需分析。房地产买卖投资大多数是在市场供不应求的时候才去考虑的，如果市场已经供过于求，投资者应当格外小心。这时要考虑两个方面：一是价格很低，将来升值空间大；二是作长线投资，否则很容易被套住，短期内解不了套。

3．风险防范

房地产投资风险的防范与处理是针对不同类型、不同概率和不同规模的风险，采取相应的措施和方法，避免房地产投资风险或使房地产投资过程中的风险减到最低程度。

（1）投资分散策略。房地产投资分散是通过开发结构的分散，达到减少风险的目的，一般包括投资区域分散、投资时间分散和共同投资等方式。房地产投资区域分散是将房地产投资分散到不同区域，从而避免某一特定地区经济不景气投资的影响，达到降低风险的目的。而房地产投资时间分散则是要确定一个合理的投资时间间隔，从而避免因市场变化而带来的损失。例如，当房地产先导指标发生明显变化时，如经济增长率、人均收入、储蓄额从周期谷底开始回升，贷款利率从高峰开始下降，而国家出让土地使用权从周期波谷开始回升，预示着房地产业周期将进入扩张阶段，此时应为投资最佳时机，可以集中力量进行投资。共同投资也是一种常用的风险分散方式。共同投资开发要求合作者共同对房地产开发进行投资，利益共享，风险同担，充分调动投资各方的积极性，最大限度发挥各自优势避免风险。如与金融部门、大财团合作，可利用其资金优势，消除房地产筹资风险；与外商联盟，既可引进先进技术和管理经验，又能获得房地产投资开发政策优惠。

（2）投资组合及保险。对于房地产投资者来说购买保险是十分必要的，它是转移或减少房地产投资风险的主要途径之一。保险对于减轻或弥补房地产投资者的损失，实现资金循环运动，保证房地产投资者的利润等方面具有十分重要的意义，尤其对于保证房地产投资者的信誉，促进房地产经营活动的发展具有积极作用。一般来说，房地产保险业务主要有房屋保险、产权保险、房屋抵押保险和房地产委托保险。房地产投资者在购买保险时应当充分考虑房地产投资者所需要的保险险种，确定适当的保险金额，合理划分风险单位和厘定费率及选择信誉良好的保险公司等几方面的因素。

房地产投资组合策略是投资者依据房地产投资的风险程度和年获利能力，按照一定的原则进行恰当分析基础上搭配投资各种不同类型的房地产以降低投资风险的房地产投资策略。例如，房地产开发商可以投入一部分资金在普通住宅，投资一部分在高档写字楼等。因为各种不同类型的房地产的投资风险大小不一，收益高低不同。风险大的投资回报率相对较高，回报率低的投资相对风险就低些，如果资金分别投入不同的房地产开发，整体投资风险就会降低，其实质就是用个别房地产投资的高收益来弥补低收益的房地产的损失，最终得到一个较为平均的收益。房地产投资组合的关键是科学确定投入不同类型房地产合理的资金比例。

7.7.4.2 项目投资不确定因素分析

1. 敏感性分析

通过预计房地产项目不确定性因素发生的变化，分析对项目经济效益产生的影响；通过计算这些因素的影响程度，判断房地产项目经济效益对于各个影响因素的敏感性，并从中找出对于房地产项目经济效益影响较大的不确定因素。

2. 临界点分析

测算一个或多处不确定因素发生变化时，房地产项目达到允许的最低经济效益时的极限值，并以不确定因素的临界值组合显示项目的风险程度。通常可进行临界点分析的因素有以下几项：

（1）最低售价和最迟销售时间、最低租金和最低出租率。

（2）最低土地价格。

（3）最高工程费。

3. 概率分析

使用概率研究预测不确定因素对房地产项目经济效益影响的一种定量分析方法，通过不确定因素的变化情况和发生的概率，计算在同条件下房地产项目的经济评价指标，说明房地产项目在特定收益状态下的风险程度。

7.7.5 项目投资方案的比选

项目投资方案的比选指标有差额投资内部收益率、净现值、等额年值。

房地产项目的投融资管理根据一般规律，这个极端繁荣的房地产市场背后一定有一个强大的金融支撑和多元化的融资工具相对应。但事实恰恰相反，房地产金融长期以来落后于房地产开发。房地产公司融资的唯一渠道是银行贷款。按揭制度也是1996年后才逐步推出的。但大量的房地产公司在这个相对恶劣的金融环境下面奇迹般地发展壮大起来。以小资金撬动大资产，迅速地完成了资本的原始积累。

房地产融资除银行外的形式不多，目前主要有上市、股权融资、信托计划、发行债券、产业基金等。

我国房地产业目前面临很多问题，如房地产资金来源和资金运用结构不匹配，房地产资金来源过度集中于银行等。这样房地产资金压力较大，银行也面临较大风险，理想的房地产项目应该多元融资、多方投资并共担风险。在目前商业银行平台的诸多限制之下，房地产与新金融产品结合是现阶段地产融资的主要通道。

但除信托外，其他似乎很难实现，房地产信托成为新的亮点，特别是信托已成为房地产融资环节中最重要的前端部分，并成为最具创新元素与组合优势的核心力量。

7.7.6 房地产融资途径及房地产金融的其他模式

7.7.6.1 传统融资模式

1. 银行直接融资

（1）开发贷款。前提是取得土地使用权，自有开发资金不低于30%，立项、规划、报建完毕具备开工条件。由开发商向银行申请发放的用于项目开发建设的贷款。

（2）流动资金贷款。开发商用于工程购置设备，材料之用的短期贷款。

（3）按揭贷款。由开发商向银行提出申请，贷给购房者个人用于支付购房款的长期贷款并以所购房产作抵押，分期偿还本息。按人民银行规定不高于房款的70%，开发商提供还款担保。该贷款一般在工程主体完工或高层建筑出地平取得预售许可证就可以发放。

（4）工程单位流动资金贷款。由施工单位根据施工合同向银行申请。用于施工单位购置材料和施工组织。

（5）专项贷款。专项贷款指国家示范工程、重点工程、经济适用房建设中银行提供的政策性贷款。由财政贴息或根据发改委立项的指标下达。

2．根据目前房地产投资资金来源统计显示

（1）自有资金平均为15%～20%。

（2）银行开发贷款、流动资金贷款为15%。

（3）施工企业垫资（由银行贷款转移的）占30%～40%。

（4）按揭贷款占20%～30%。

（5）其他预收款和借款占10%。

3．直接融资渠道

（1）股权融资。通过股票交易市场上市发行股票是最合适和效果较好的融资手段。经证监会批准，上市公开发行股票达到融资的目的。但由于上市审核严格，对房地产公司长期采取限制政策。上市的房地产公司比例很小。股权私募融资、出让股权或增资扩股是目前应用较广泛的形式。但缺乏流动性，募集难度大。

（2）公司债券。企业以某项目开发建设的预期收益和企业的信誉为偿付保证。通过证券公司（投资银行）向投资人发行的证券。住宅建设债券的审批环节较复杂，能够申请的企业不多。但最近国家主管部门已改为核准制。

（3）预售款。在房地产建设过程中，一般为开工之时。由开发商向消费者出售预期住房（也称楼花），一般收取房款的5%～50%不等。预售合同（也有称为认购证）在交房前（或一定时期内）可以转让。一些房地产公司规定可退房，并由房地产公司补偿一定的利息损失。该售房行为不是真实销售行为，房地产公司常在表内处理为负债。

（4）其他融资行为。如住房卡、预租金、定金、互助基金等。由于所占的比重不大，这里就不一一列举，住房卡已被明令禁止。

7.7.6.2 房地产创新融资工具

1．房地产资产证券化

资产证券化是20世纪60年代在美国兴起的住房抵押证券，在20世纪80年代被广泛运用并扩大到其他行业。资产证券化是将企业不流通的存量资产或可预见的未来收益构造和转变成为可流通的金融产品的过程。

房地产的资产证券化目前的形势有以下几项：

（1）以销售实现而做表外处理的证券化：房地产公司将自有资产出售给SPV。该资产经出售后与原公司（发起人）的债务隔离。SPV通过中介使该资产信用提高（资产收益保证担保、保险、发起人连带偿付责任等）。由投资银行进行证券化设计，向投资人发行ABS收回现金用于向发起人购买资产。

（2）以资产担保而融资的资产证券化（表内处理）：房地产公司将自己名下的资产收益出售给 SPV，向投资人发行 ABS 融资。由于该资产没有实现销售，房地产公司是以该资产为证券偿付的抵押担保，该资产还在发起人的资产负债表上。

抵押贷款证券化，也是这种形式。由贷款银行将抵押贷款本息收益组合，出售给 SPV，并通过投资银行发行资产支持证券的过程。它使银行的长期贷款变成可流通的证券，加速了银行资金周转，降低了远期风险，同时，也促进了房地产业的进一步发展。

附权流通证券，相似于可转换债券。以期房的预期收益作为偿付保证，将该期房组合出售给 SPV，并发行附权流通证券。到期偿付时，投资人可获得本息，也可按约定购买价优先购买该房产实现抵押权。

房地产资产证券化，在我国推广目前还面临增值税、印花税、交易手续费等税费政策改革问题；以及产权过户制度等管理制度的配套法律，如果没有相关立法保障，将大大增加交易成本和风险，使资产证券化无法推行。

（3）房地产融资租赁资产证券化：是指租赁公司将不动产租赁合同的收益权通过债务融离出售给 SPV 并发行 ABS 融资的过程。

2. 房地产信托受益凭证

房地产信托受益凭证是房地产公司以在建项目为抵押，通过信托投资公司发行受益凭证进行融资的行为。特别是 2020 年 6 月 1 日建设部销售管理办法出台后规定：今后不得出售期房。房地产公司面临沉重的压力。如发行可转换受益凭证，使购房者间接地购买期房。即到期后按约定价格和特定标的物交付投资人相应的房产。该信托受益凭证一般通过契约形式背书发行。

3. 房地产投资基金

在我国根据现行法规一般将房地产投资基金归入产业投资基金范畴。

房地产投资基金是由房地产公司或金融机构发起，向特定投资人募集专门用于房地产投资的基金。具体的组织形式可以是公司型，也可以是信托型。

7.8 房地产投资策划应用案例

7.8.1 项目概况

福州宗地 2019-04 号位于晋安区六一北路，处在金鸡山公园、温泉公园和洋下公园之间。

项目占地面积为 85 445 m^2，由于道路改造，本项目共分为六个区域，其中安置型商品房为 A、C、F 三个区块，商品房为 B、E、G 三个区块，项目绿化率为 30%，详见表 7-1。

表 7-1　重要指标

序号	项目内容	数值	单位
1	项目用地面积	85 445	m^2
2	住宅建筑面积	212 136.2	m^2
3	商业建筑面积	34 000	m^2

续表

序号	项目内容	数值	单位
4	配套公共建筑面积	13 710	m²
5	地下室建筑面积	89 365.8	m²
6	容积率	3.04	
7	建筑密度	29.68%	
8	绿化率	30.00%	
9	机动车车位	2 573	个
备注	建设指标要求：建设用地 85 445 m²，容积率 1.0 以上、3.5 以下（商业建筑面积不低于 29 900 m²，不超过 34 000 m²），建筑密度：29.7% 以下，绿地率：30% 以上（含 30%），建筑限高：80 m 以下（含 80 m，住宅高度 18 m 以上）		

7.8.2 技术经济效益分析估算的依据

（1）相关机构发布的建设工程造价费用构成、估算指标、计算方法。
（2）专门机构发布的工程建设其他费用估算办法和费用标准。
（3）地方政府制定的相关取费标准。
（4）福建省相关工程造价信息。
（5）相关项目的造价成本经验值。

7.8.3 投资与成本费用估算

7.8.3.1 开发成本估算

1．土地成本：301 275 万元

房地产项目土地取得费用是指房地产开发企业为取得房地产项目使用权而发生的费用。出让土地成交价款包括土地补偿费、地上物（含人员）的征迁安置费用，以及城市基础设施配套费、地段差价及土地出让业务费等政府的土地收益。

土地成本构成，详见表 7-2。

表 7-2 土地成本构成表

项目名称	上善温泉屿
计容建筑面积 /m²	259 846.2
楼面地价 /（元·m⁻²）	11 594.36
土地契税（土地成交价 3%）	8 775
土地出让价	292 500
土地成本 / 万元	301 275

注：根据福州市土地发展中心公告该出让土地成交价款不含土地契税。土地契税由竞得人按照税法规定另行申报缴纳。

2. 前期工程费：3 554.52万元

前期工程费主要包括开发项目的"三通一平"、前期规划设计和可行性研究及水文地质勘探等土地开发工程费的支出，详见表7-3。

表7-3 前期工程费构成表

序号	项目	计算依据	计价/万元
1	三通一平	土地面积×30元/m²	256.30
2	规划设计费	建安工程费×3%	2 473.66
3	可行性研究费	建安工程费×0.5%	412.28
4	水文、地质、勘察费	建安工程费×0.5%	412.28
	合计		3 554.52

注：安置型商品房成本：2 181.52万元，商品房成本：282.46，商业成本：268.38万元，地下室：822.16万元。

3. 建安工程费：82 455.22万元

建安工程费是指用于工程建设的总成本费用，主要包括建筑工程费、设备与安装工程费及室内装修工程费等，详见表7-4。

表7-4 建安工程费构成表

序号	项目	单价/(元·m⁻²)	工程量/m²	商品房/万元	安置型商品房/万元	总金额/万元
一	高层住宅					
1	桩基础	110	212 136.2	235.40	2 098.10	2 333.50
2	土建工程	1650	212 136.2	3 530.93	31 471.54	35 002.47
3	一般水电安装	190	212 136.2	406.59	3 624.00	4 030.59
4	通信	4	212 136.2	8.56	76.29	84.85
5	室内精装修（普通档次）	400	198 669.4	317.31	7 629.47	7 946.78
6	室内精装修（高档次）	1100	13 466.8	1 481.35	/	1 481.35
7	电梯	90	212 136.2	192.60	1 716.63	1 909.23
8	消防	60	212 136.2	128.40	1 144.42	1 272.82
9	天然气	35	212 136.2	74.90	667.58	742.48
10	有线电视	10	212 136.2	21.40	190.74	212.14
11	智能化设施	50	212 136.2	107.00	953.68	1 060.68
小计			212 136.2	6 504.44	49 572.45	56 076.89

注：安置型商品房住宅面积为190 736.6 m²，商品房住宅面积为21 399.6 m²。

续表

序号	项目	单价/(元·m^{-2})	工程量/m^2	金额/万元
二	商业服务设施		34 000	
1	桩基础	60	34 000	204.00
2	一般水电安装	150	34 000	510.00
3	通信	3	34 000	10.20
4	室内精装修	300	34 000	1 020.00
5	土建工程	1 150	34 000	3 910.00
6	消防	20	34 000	68.00
7	智能化设施	30	34 000	102.00
小计	1 713	34 000		5 824.2

注：其中政府回购1 684 m^2，成本价为288.47万元。

序号	项目	单价/(元·m^{-2})	工程量/m^2	金额/万元
三	地下室			
1	地下室建安费	2 300	89 365.8	20 554.13

注：合计：56 076.89+5 824.2+20 554.13=82 455.22（万元）。
安置型商品房成本49 572.45万元、商品房6 504.44万元、商业5 824.2万元、地下室20 554.13万元。

4．基础设施费：7 119.73万元

基础设施费又称为红线内工程费，包括供水（电、气）、绿化、道路、排污（洪）、电信通讯、环卫等工程费用。依据现行福州市项目计算基数进行基础建设费用估算，详见表7-5。

表7-5 基础设施费估算表（计算基数未标明总建筑面积）

序号	项目	单位造价/(元·m^{-2})	计算基数	计算基数单位	金额/万元
1	供电工程	110	349 212.0	m^2	3 841.33
2	供水工程	28	349 212.0	m^2	977.79
3	绿化工程	110	25 630（绿化面积）	m^2	281.93
4	排污工程	20	349 212.0	m^2	698.42
5	道路工程	42.13（万元/公顷）	8.5434（用地面积）	公顷	359.93
6	电信通信	10	349 212.0	m^2	349.21
7	供气工程	17.5	349 212.0	m^2	611.12
合计					7 119.73

注：安置型商品房成本：4 196.23万元，商品房成本470.78万元，商业成本：702.86万元，地下室：1 749.86万元。

5. 公共配套设施费：2 069.17 万元

公共配套设施费主要包括不能有偿转让的开发小区内公共配套设施发生的支出，详见表 7-6。

表 7-6 公共建筑配套设施费估算表

序号	项目	单价/（元·m⁻²）	建筑面积/m²	金额/万元
1	物业用房	1 100	892.46	98.17
2	门卫室	900	90	8.10
3	养老照护中心	1 800	300	54.00
4	社区老年服务站（居家养老服务站）	1 100	1 200	132.00
5	垃圾集散点	400	90	3.60
6	设备用房	600	2 860	171.60
7	机房	500	212	10.60
8	消控室	1 000	286	28.60
9	邮政所	900	200	18.00
10	社区用房及居民活动用房	1 000	600	60.00
11	居民活动中心（室外）	900	2 000	180.00
12	社区卫生中心	1 400	1 400	196.00
13	环卫设施	500	170	8.50
14	其他配套设施			1 100
	合计			2 069.17

注：安置型商品房：1 792.97 万元，商品房成本 201.17 万元，商业成本 75.03 万元。

6. 开发期间税费：7 514.00 万元

开发项目投资估算应当考虑项目在开发过程中所需负担的各种税金和地方政府或有关部门征收的费用，详见表 7-7。

表 7-7 开发期间税费估算表

序号	项目	计算依据	缴纳税额/万元
1	配套设施建设费	建安工程费×6%	4 947.31
2	建筑工程质量安全监督费	建安工程费×0.4%	329.82
3	工程定额测定费	建安工程费×0.1%	82.46
4	建设工程交易中心招标服务费	中标价×0.06%	175.5
5	工程建设监理费	建安工程费×0.9%	742.10
6	其他	建安工程费×1.5%	1 236.81
	合计		7 514.00

注：安置型商品房成本 4 547.94 万元，商品房成本 594.15 万元，商业设施成本 542.60 万元，地下室：1 829.31 万元。

7. 不可预见费：15 858.95 万元

不可预见费是根据项目的复杂程度及其 1～5 的各项费用估算的准确程度所决定的。一般以 1～5 项目之和为基数，按照 3%～5% 计算。本项目按照 4% 计算，详见表 7-8。

表 7-8　不可预见费

项目	计算方法	金额 / 万元
不可预见费	（1+2+3+4+5）4%	15 858.95

8. 开发成本合计：419 846.59 万元

本项目开发成本总计 419 846.59 万元，为项目 1～7 合计，详见表 7-9。

表 7-9　开发成本合计

项目	计算依据	金额 / 万元
开发成本合计	1+2+3+4+5+6+7	419 846.59

7.8.3.2　开发期间费用估算

1. 管理费用：12 595.40 万元

管理费用是指企业的行政管理部门和组织经营活动而发生的各种费用，详见表 7-10。

表 7-10　管理费用

项目	计算依据	金额 / 万元
管理费用	开发成本 ×3%	12 595.40

2. 销售费用：9 671.17 万元

销售费用是指开发建设项目在销售产品过程当中发生的各种费用及专门设立销售机构或者委托销售代理所产生的各项费用，详见表 7-11。

表 7-11　销售费用估算表

序号	项目	计算依据	金额 / 万元
1	广告宣传及市场推广费	销售收入 ×2.5%	5 144.24
2	销售代理费	销售收入 ×1.5%	3 086.54
3	其他销售费用	销售收入 ×0.7%	1 440.39
	合计		9 671.17

注：除安置型商品房和政府指定回购商业外，销售收入为 205 769.52。

3. 财务费用：7 898.11 万元

本项目财务费用为 7 898.11 万元，详见表 7-12。

表 7-12　2020 年 4 月中国人民银行贷款基准利率表

一年以内（含一年）	4.35
一年至五年（含五年）	4.75
五年以上	4.90
公积金贷款	利率
五年以下（含五年）	2.75
五年以上	3.25

本项目贷款两年，贷款金额为 110 000 万元，贷款利率为 4.75%，从 2019 年 9 月开始贷款，应用年等额还本付息的方式进行偿还，详见表 7-12。

年还本付息为 110 000×4.75%×（1+4.75%)^2/ [（1+4.75%)^2-1]=58 949.05（万元）

第一年利息：110 000×4.75%=5225（万元）

第二年利息：（110 000-58 949.05+5225）×4.75%=2 673.11（万元）

总利息：5 225+2 673.11=7 898.11（万元）

所以财务费用为 7 898.11 万元。

4. 开发费用合计：30 164.68 万元

本项目开发费用合计为 30 164.68 万元。以上 1～3 项合计，详见表 7-13。

表 7-13　开发费用

项目	计算依据	金额 / 万元
开发费用合计	1+2+3	30 164.68

5. 投资与成本费用测算结果汇总

投资与成本费用测算结果汇总详见表 7-14。

表 7-14　投资与成本费用测算结果

序号	项目	计费基础	费用总额 / 万元
一	开发成本	1+2+3+4+5+6+7	419 846.59
1	土地费用	土地出让价款	301275
2	前期工程费	建安工程费 ×4%+ 土地面积 ×30 元 /m^2	3 554.52
3	建安工程费	福建省工程造价概预算	82 455.22
4	基础设施费	按实际估算	7 119.73
5	公共配套设施费	按实际估算	2 069.17
6	开发期间税费	建安工程费 ×8.9%+ 中标价 ×0.06%	7 514.00
7	不可预见费	（1-5）×4%	15 858.95
二	开发期间费用	1+2+3	30 164.68
1	管理费用	开发成本 ×3%	12 595.40
2	销售费用	销售收入 ×4.7%	9 671.17
3	财务费用	实际估算	7 898.11
合计	—	—	450 011.27

7.8.4 项目资金筹措与投资计划

7.8.4.1 资金筹措方案

本项目自有资金为 300 000 万元，需筹措资金 110 000 万元，其余资金由销售资金继续投资。资金筹措方案有两种，第一种是发行可转债股票；第二种是向银行进行贷款。

（1）发行可转债股票共计 11 亿，筹资用途为上善温泉屿项目，发行年份 2019 年 5 月，发行价格 100 元，期限为 3 年。利息详见表 7-15。

表 7-15 利息表

年份	第一年	第二年	第三年
利息	1.0	1.2	1.8

发行对象：向发行人原股东优先配售。

回售条款：自本次可转债第二个计息年度起，如果公司股票在任何连续 30 个交易日的收盘价格低于当期转股价格的 70%，可转债持有人有权将全部或部分其持有的可转债按照 103 元（含当期应计利息）的价格回售给公司。若在上述交易日内发生过转股价格因发生送红股、转增股本、增发新股（不包括因本次发行的可转债转股而增加的股本）、配股以及派发现金股利等情况而调整的情形，则在调整前的交易日按调整前的转股价格和收盘价格计算，在调整后的交易日按调整后的转股价格和收盘价格计算。如果出现转股价格向下修正的情况，则上述"连续 30 个交易日"须从转股价格调整之后的第一个交易日起重新计算。自本次可转债第二个计息年度起，可转债持有人在每年回售条件首次满足后可按上述约定条件行使回售权一次，若在首次满足回售条件而可转债持有人未在公司届时公告的回售申报期内申报并实施回售的，该计息年度不应再行使回售权。可转债持有人不能多次行使部分回售权。

赎回条款如下：

1）到期赎回条款：在本次发行的可转债期满后五个交易日内，本公司将以本次发行的可转债的票面面值的 106%（含最后一期到期利息）的价格向投资者将为转股部分的可转债进行赎回。

2）有条件赎回条款：在转股期内出现以下任意一种情况时，公司有权按照以面值加当期应计利息的价格赎回全部或部分未转股的可转债。

①在转股期内，如果公司股票在任何连续 30 个交易日中至少 50% 的交易日的收盘价格不低于当期转股价格的 130%（含 130%）。

②当本次发行的可转债未转股余额不足 2 000 万元时。

（2）银行贷款 11 亿元。央行利率表详见表 7-16。

表 7-16 2020 年 4 月中国人民银行贷款基准利率表

一年以内（含一年）	4.35
一年至五年（含五年）	4.75
五年以上	4.90
公积金贷款	利率
五年以下（含五年）	2.75
五年以上	3.25

经过计算,贷款两年期,按年等额还本付息,利息共计 7 898.11 万元。

本次融资以项目投资中的总成本为基础共计 453 351.91 万元,其中自有资金为 300 000 万元,融资 110 000 万元,其余资金由销售收入补足。对于方案 1 来说,可转债融资存在一定风险,就最近一期房地产可转债融资股票(格力转债)来说行情不容乐观,格力转债最终完成转股只有 0.36%,其余所有股票为到期赎回,赎回价格为 106 元/股,在转股期内多次下修转股价格。股票市场飘忽不定,再加上这两年国际市场不太稳定,2019 年中美贸易战,造成股票价格下跌,对于中小盘企业来说,不是特别稳定。国内房地产板块从 2018 年 1 月的 7 835.85,到 2018 年 10 月的 4 384.65 点,下降比例达到了 44.04%,又在 6 个月的时间,于 2019 年 4 月回升至 7 039.63 点,对股价造成不稳定的行情,容易达到强制赎回的条件,造成财务压力。并且近些年房地产企业发售可转债的企业极其稀少,所以暂不考虑此方案。

因此本次资金筹划选用银行贷款,贷款期限为两年。

7.8.4.2 投资应用计划

投资计划与资金筹措表见表 7-17。

表 7-17 投资计划与资金筹措表

序号	项目	合计	建设运营期					
			2019		2020		2021	
			上半年	下半年	上半年	下半年	上半年	下半年
			10%	30%	25%	25%	10%	
1	投资总额	450 011.27						
1.1	开发建设投资	442 113.16	44 211.32	132 633.94	110 528.29	110 528.29	44 211.32	
1.1.1	土地费用	301275	150 637.5		150 637.5			
1.1.2	前期工程费	3 554.52	355.45	1 066.36	888.63	888.63	355.45	
1.1.3	建安工程费	82 455.22	8 245.52	24 736.56	20 613.81	20 613.81	8 245.52	
1.1.4	基础设施费	7 119.73	711.97	2 135.93	1 779.93	1 779.93	711.97	
1.1.5	公共配套设施费	2 069.17	206.92	620.75	517.29	517.29	206.92	
1.1.6	开发期间税费	7 514.00	751.40	2 254.20	1 878.50	1 878.50	751.40	

续表

序号	项目	合计	建设运营期					
			2019		2020		2021	
			上半年	下半年	上半年	下半年	上半年	下半年
			10%	30%	25%	25%	10%	
1.1.7	不可预见费	15 858.95	1 585.89	4 757.69	3 964.74	3 964.74	1 585.89	
1.1.8	管理费用	12 595.40	1 259.54	3 778.62	3 148.85	3 148.85	1 259.54	
1.1.9	销售费用	9 671.17	967.12	2 901.35	2 417.79	2 417.79	967.12	
1.2	银行贷款利息	7 898.11				5 225		2 673.11
2	资金筹措	445 453.80						
2.1	自有资金	300 000.00						
2.2	银行贷款	110 000.00		110 000				
2.3	销售收入再投入	35 453.80				20 000	10 000	5 453.80

注：有福州市土地发展中心公告，土地费用给付成交地价款方式，竞得人分两期（比例各为50%、50%）付款，分别于土地出让合同签订之日起30日、360日内支付。

7.8.5 项目销售（出租）收入测算

7.8.5.1 测算说明

楼盘均价是整个项目销售价格控制的一个重要的指标，确定楼盘均价是在综合考虑定价目标、市场的需求和产品的成本，以及竞争楼盘状况的基础上采用一定的定价方法确定的。本楼盘将采用市场比较法和成本法进行测定。

7.8.5.2 收入估算

1. 项目均价的测定

（1）市场比较法。

1）可比实例楼盘。在对本项目楼盘周边新建及其建成楼盘进行资料收集，根据交易时间接近、用途大致相同、地段相近的原则，筛选出以下三个可比实例，详见表7-18。

表 7-18　可比实例楼盘

可比项目	A	B	C
项目名称	正荣悦榕府	世茂东望	中海锦园
地理位置	二环内	二环内	二环内
楼盘地点	晋安区茶园街道北二环东路25号	晋安区塔头路与塔头支路交汇处	晋安区晋安中路58号
建筑类型	高层	高层	高层
容积率	2.79	3.00	2.90
绿化率	30%	30%	30%
类型	普通住宅	普通住宅	普通住宅
建筑面积 /m²	227 243.86	140 000	95 712.52
均价 /（元·m⁻²）	31 307（安置型商品房每 m² 18 900 元）	32 500（安置型商品房每 m² 18 900 元）	32 000（安置型商品房每 m² 18 900 元）

注：数据来源于房天下福州。

2）交易情况修正系数表。正荣悦榕府从 2019.12 首销价格为 31 000 元 /m² 到 2020.05 的 31 307 元 /m²，世茂东望开盘为 2020.05 首销价格为 32 500 元 /m²。中海锦园为 2020.01 首销价格为 31 700 元 /m² 到 2020.05 的 32 000 元 /m²。结合情况，可比实例成交价格高于正常价格则为正值，低于则为负值，详见表 7-19。

表 7-19　交易情况系数修正表

项目	可比项目 A	可比项目 B	可比项目 C
交易情况	+1	0	+2
修正系数	100/101	100/100	100/102

3）交易日期修正。交易日期修正系数是以商品成交时的价格为基础确定的，上善温泉屿的推出日期为 2020.06。正荣悦榕府开盘为 2019.12，世茂东望开盘为 2020.06，中海锦园为 2020.01，从成交日期到 2020.05 为估价时点，当可比实例价格上涨时为正值，下跌时为负值，详见表 7-20。

表 7-20　交易日期修正表

项目	可比项目 A	可比项目 B	可比项目 C
交易日期	+1	0	+2
修正系数	100/101	100/100	100/102

4）区域因素打分，详见表 7-21。

表 7-21　区域因素打分表

估价对象及可比实例 比较因素		可比项目 A	可比项目 B	可比项目 C	本项目
区域因素	周边环境	40	40	39	40
	交通因素	11	9	11	10
	景观因素	10	10	9	10
	生活配套设施	29	31	29	30
	发展前景	10	12	10	10
总计		100	102	98	100
区域因素修正系数		100/100	100/102	100/98	

5）产品设计规划打分，详见表 7-22。

表 7-22　产品设计打分表

估价对象及可比实例 比较因素	可比项目 A	可比项目 B	可比项目 C	本项目
户型设计	38	41	40	40
园林规划	19	19	18	20
物业服务	29	29	32	30
配套设施	10	10	9	10
总计	96	99	99	100
产品设计规划修正系数	100/96	100/99	100/99	

6）综合修正系数表详见表 7-23。

表 7-23　综合修正系数表

修正类型 \ 修正系数项目	正荣悦榕府	世茂东望	中海锦园
交易情况	100/101	100/100	100/102
交易日期	100/101	100/100	100/102
区域因素	100/100	100/102	100/98
产品设计	100/96	100/99	100/99
交易价格/（元·m^{-2}）	31 307	32 500	32 000
修正后价格	31 969	32 185	31 702
本项目价格	（31 969+32 185+31 702）/3=31 952		

(2) 成本法。

1) 计算依据。开发总成本费用＝开发成本＋开发费用＝土地成本＋前期工程费＋建安工程费＋公共配套设施费＋开发期间税费＋不可预见费＋管理费用＋销售费用＋财务费用，经估算销售费用为销售收入的 4.7%，由成本法得出最低售价。

2) 计算。

①除销售费用外，其余成本合计为 440 340.10 万元。

②安置型商品房成本为（除销售费用外）346 274.83 万元。

③商业设施成本为（除销售费用外）54 139.54 万元。

④剩余成本合计 =440 340.10–346 274.83–54 139.54 =39 925.73（万元）。

⑤假设开发商对本项目的期望盈利为 20%，销售商品房面积为 21 399.6 m²，则设期望销售额为 X

$$(39\ 925.73+4.7\%X)\times 120\%=X$$

则期望销售额为 50 774.56 万元。

⑥商品房每平方米成本定价法所得价格 =50 774.56/21 399.6=23 726.87（元 /m²）。

(3) 均价定价。最后均价定价为 32 000 元 /m²。

2．销售收入测算

销售收入估算表详见表 7-24。

表 7-24　销售收入估算表

年份	项目	销售比例	销售均价 /（元·m⁻²）	销售面积 /m²	销售金额 /万元	合计
2020 上半年	商品房	15%	32 000	3 209.94	10 271.81	30 371.81
	车位	5%	30 万 / 个	24 个	720.00	
	商业	15%	38 000	5 100.00	19 380.00	
2020 下半年	商品房	35%	32 000	7 489.86	23 967.55	70 627.55
	车位	10%	30 万 / 个	48 个	1 440.00	
	商业	35%	38 000	11 900	45 220.00	
2021 上半年	安置型商品房	100%	18 900	190 736.60	360 492.18	430 685.8
	商品房	30%	32 000	6 419.88	20 543.62	
	车位	75%	30 万 / 个	363 个	10 890.00	
	商业	30%	38 000	10200	38 760.00	
2021 下半年	商品房	20%	32 000	4 279.92	13 695.74	37 101.59
	车位	10%	30 万 / 个	48 个	1 440.00	
	商业	15%	38 000	5116	19 440.80	
	回购商业	5%	14 994.36	1684	2 525.05	
合计			—			568 786.75

注：政府回购商业面积为 1 684 m²，单价为楼面地价 +3 400 元建安综合成本。

3. 销售增值税及附加估算

(1) 由于安置型商品房和政府指定回购项目部分扣除开发总成本费用后，盈余部分需按照规定缴纳增值税，因此剥离这两部分除土地成本外的其余开发总成本费用，并且这两项由于市政府指定购买，所以销售费用为0，详见表7-25。

表7-25 剥离除土地成本外的其余开发总成本费用

项目	安置型商品房/万元	政府指定回购/万元	合计/万元
开发总成本费用（除土地成本、销售费用）	111 598.64	686.98	112 285.62
扣除后收入	248 893.54	1 838.07	250 731.61

注：扣除安置型商品房成本和政府指定回购商业成本后销售收入为（除土地成本和销售收入）456 501.13万元。

(2) 房地产企业中的一般纳税人销售租赁自行开发的房地产项目，使用一般计税方法计税。2019年4月1日后房地产销售增值税税率为9%（包括销售不动产、租赁不动产），详见表7-26。

表7-26 销售增值税及附加

数目	名称	计算依据	金额/万元
1	销售收入	扣除安置型商品房成本和政府指定回购商业成本后的销售收入	456 501.13
2	土地成本	土地出让价+土地契税	301275
	1-2	销售收入-土地成本	155 226.13
3	销售额	（1-2）/（1+9%）	142 409.29
4	增值税	销售额×9%	12 816.84
5	城市建设维护费	增值税×7%	897.18
6	教育费附加	增值税×3%	384.51
合计		4+5+6	14 098.53

4. 土地增值税

土地增值税是以转让房地产取得的增值额为征税对象征收的一种税（表7-27、表7-28）。

表7-27 土地增值税适用税率表

级距	增值率	税率/%	速算扣除率/%
1	增值率50%以下部分	30	0
2	超过50%至100%部分	40	5
3	超过100%至200%部分	50	15
4	超过200%部分	60	35

土地增值额 = 转让房地产的总收入 − 扣除项目金额

应纳税额 = 土地增值额 × 适用税率

表 7-28 土地增值税计算表

序号	项目	计算说明	合计/万元
1	转让房地产总收入	见收入表	568 786.75
2	扣除项目金额	（2.1-2.4）之和	548 079.12
2.1	开发成本	见开发成本合计表	419 846.59
2.2	开发费用	见开发费用合计表	30 164.68
2.3	与转让房地产有关的税费	见增值税及附加表	14 098.53
2.4	财政部规定的其他扣除项目	（2.1）×20%	83 969.32
3	增值额	（1）−（2）	20 707.63
4	增值率	（3）/（2）	3.78%
5	适用增值税税率	见表 7-27	30%
6	增值税	应纳税额 = 土地增值额 × 适用税率 − 扣除项目金额 × 速算扣除率	6 212.29

7.8.6 项目财务评价

7.8.6.1 技术经济指标测算分析

项目资金来源与运用表见表 7-29。

表 7-29 项目资金来源与运用表

序号	项目	2019		2020		2021	
		上半年	下半年	上半年	下半年	上半年	下半年
1	资金来源	300 000.00	110 000.00	30 371.81	70 627.55	430 685.80	37 101.59
1.1	销售收入	0.00	0.00	30 371.81	70 627.55	430 685.80	37 101.59
1.2	自有资金	300 000.00					
1.3	银行贷款	0.00	110 000.00				
2	资金运用	44 211.32	132 633.94	116 048.86	182 267.88	63 990.72	65 785.54
2.1	开发建设投资	44 211.32	132 633.94	110 528.29	110 528.29	44 211.32	
2.2	借款还本付息	0.00	0.00	0.00	58 949.05	0.00	58 949.06
2.3	增值税金及附加	0.00	0.00	1 654.23	3 831.37	6 050.60	2 562.33
2.4	土地增值税	0.00	0.00	779.11	1 805.38	2 766.51	861.29
2.5	所得税	0.00	0.00	3 087.23	7 153.79	10 962.29	3 412.86

续表

序号	项目	2019		2020		2021	
		上半年	下半年	上半年	下半年	上半年	下半年
3	盈余资金 (1)-(2)	255 788.68	-22 633.94	-85 677.05	-111 640.33	366 695.08	-28 683.95
4	累计盈余资金	255 788.68	233 154.74	147 477.69	35 837.36	402 532.44	373 848.49

由累计盈余资金得知，在开发各个年份的累计盈余资金都大于零，说明本项目资金没有缺口，有资金平衡能力。

7.8.6.2 财务能力指标分析

1. 销售利润预测表（表7-30）

表7-30 项目销售利润预测表

序号	项目	计算依据	金额/万元
1	项目销售收入	见销售收入部分	568 786.75
2	销售总成本费用	见投资成本分摊表	450 011.27
3	销售税金及附加	见销售增值税及附加估算表	14 098.53
4	土地增值税	土地增值税表	6 212.29
5	利润总额	(1-2-3-4)	98 464.66
6	企业所得税	(5)×25%	24 616.17
7	税后利润	(5-6)	73 848.49
8	盈余公积	(7)×10%	7 384.85
9	可分配利润	(7-8)	66 463.64

2. 静态盈利分析及评价

（1）投资利润率。

$$投资利润率 = 利润总额 / 项目投资总额 \times 100\%$$
$$= 98\,464.66/450\,011.27 \times 100\% = 21.88\%$$

（2）资本金利润率。

$$资本金利润率 = 利润总额 / 资本金 \times 100\%$$
$$= 98\,464.66/300\,000 \times 100\% = 32.82\%$$

（3）资本金净利润率。

$$资本金净利润率 = 税后利润 / 资本金 \times 100\%$$
$$= 73\,848.49/300\,000 \times 100\% = 24.62\%$$

（4）销售净利润率。

$$销售净利润率 = 可分配利润 / 资本金 \times 100\%$$
$$= 66\,463.64/300\,000 \times 100\% = 22.15\%$$

3. 动态盈利指标与现金流量表（表7-31）

表 7-31 动态盈利指标与现金流量表

序号	项目	合计金额/万元	建设经营期						
			2019		2020		2021		
			上半年	下半年	上半年	下半年	上半年	下半年	
1	现金流入	678 786.75	0.00	110 000.00	30 371.81	70 627.55	430 685.80	37 101.59	
1.1	销售收入	568 786.75	0.00	0.00	30 371.81	70 627.5	430 685.80	37 101.59	
1.2	银行贷款	110 000.00	0.00	110 000.00					
2	现金流出	604 938.26	44 211.32	132 633.94	116 048.86	182 267.88	63 990.72	65 785.54	
2.1	开发建设投资	442 113.16	44 211.32	132 633.94	110 528.29	110 528.29	44 211.32		
2.2	借贷还本付息	117 898.11	0.00	0.00	0.00	58 949.05	0.00	58 949.06	
2.3	增值税及附加	14 098.53	0.00	0.00	1 654.23	3 831.37	6 050.60	2 562.33	
2.4	土地增值税	6 212.29	0.00	0.00	779.11	1 805.38	2 766.51	861.29	
2.5	企业所得税	24 616.17	0.00	0.00	3 087.23	7 153.79	10 962.29	3 412.86	
3	净现金流量 (1) − (2)	73 848.49	−44 211.32	−22 633.94	−85 677.05	−111 640.33	366 695.08	−28 683.95	
4	累计净现金流量	—	−44 211.32	−66 845.26	−152 522.31	−264 162.64	102 532.44	73 848.49	
5	净现金流量现值	23 606.17	−59 683.27	−157 300.21	240 589.65				
6	累计净现金流量现值	—	−59 683.27	−216 983.48	23 606.17				
7	税前净现金流量 (1) −2.1−2.2−2.3−2.4	98 464.66	−44 211.32	−22 633.94	−82 589.82	−104 486.54	377 657.37	−25 271.09	
8	累计税前净现金流量	—	−44 211.32	−66 845.26	−149 435.08	−253 921.62	123 735.75	98 464.66	
9	税前现金流量现值	42 002.19	−59 683.27	−149 136.13	250 821.59				
10	累计税前净现金流量现值	—	−59 683.27	−208 819.40	42 002.19				

本项目基准收益率为 $I_c=12\%$

（1）项目投资财务净现值（税前）

$$FNPV=42\ 002.19\ 万元$$

（2）项目投资财务净现值（税后）

$$FNPV=23\ 606.17\ 万元$$

（3）项目投资财务内部收益率（税后）

$$FIRR=21.39\%$$

$$\sum(CI-CO)\ t/(1+FIRR)\ t=0$$

内部收益率是指项目在整个计算期内各年净现金流量现值代数和等于零时的折现率。经计算，此项目税后 FIRR=21.39%，大于银行贷款利率，同时也大于基准收益率（12%），说明此项目可行。

4．项目投资回收期

项目静态回收期是指在不考虑资金时间价值的条件下，以项目净收益抵偿全部投资所需的时间。

静态投资回收期 P_t=（累计净现金流量出现正值的年份）-1+（上年累计净现金流量的绝对值/当年发生的净现金流量）

=3-1+|-264 162.64|/338 011.13=2.78（年）

动态投资回收期 P_t=（累计净现金流量现值出现正值的年份）-1+（上年累计净现金流量现值的绝对值/当年净现值）

=3-1+|-216 983.48|/240 589.65=2.90（年）

由于项目中的安置型商品房于 2021 年 1 月开售，因此投资回收期相对较长，但此项目在规定时间能收回资金，所以项目可行且合理。

7.8.7 项目不确定分析和风险分析

7.8.7.1 项目不确定分析和风险分析

在房地产投资项目的技术经济效益分析中，有大量的技术经济数据，这些数据是根据一些国家政策和数据资料对未来的可能性做出一定的预判，因此有一定的风险和不确定因素。房地产开发具有较长的建设经营期，在建设经营期间，由于一些条件的变化（主客观都有），所以在一些投资所用的数据上也会有不同的变化，如国家政策造成的房地产市场价格的变动，或者是在房地产建设期间原材料上价格出现波动，这些不确定因素都会对最后的投资回报造成一定的影响。在这么多不确定因素当中，那些不确定因素是影响较大的，是对项目危害最严重的因素，需要借助不确定分析和风险分析来解决上述问题。

7.8.7.2 盈亏平衡分析

影响本项目的因素主要有总投资成本费用、销售价格、销售率等。

利润 = 总收入 – 总成本费用 – 销售税费及附加 – 土地增值税

（1）总成本费用因素的盈亏平衡点。当利润 =0 时，设盈亏平衡点总成本费用为 X，则

X= 总收入 – 销售税费及附加 – 土地增值税

= 568 786.75-14 098.53-6 212.29=548 475.93（548 475.93-450 011.27）/450 011.27×100%=21.88%

说明当本项目总成本费用增加 21.88% 时，利润总额为零。

（2）商业设施销售单价因素盈亏平衡点。当利润 =0 时，设盈亏平衡点为可售部分销售单价为 X。

（34 000−1 684）X+14 490+360 492.18+2 525.05+68 478.72−450 011.27−14 098.53−6 212.29=0

X=7 530.68（元）

（38 000−7 530.68）/38 000×100%=80.18%

说明如果项目的商品房销售价格下降 80.18%，项目利润总额为零。

（3）商业设施销售率为盈亏平衡点。当利润 =0 时，设盈亏平衡点为可售部分销售率为 X。

（34 000−1 684）X×3.8+14 490+360 492.18+2 525.05+68 478.72−450 011.27−14 098.53−6 212.29=0

X=19.82%

说明当商业设施销售率为 19.82% 时，项目利润总额为零。

此项目当总成本提升 21.88% 的时候达到盈亏平衡点。在其余因素保持不变的情况下，商业销售率仅需达到 19.82% 就可以达到盈亏平衡状态，说明在本项目目前的市场环境下开发，风险较小，项目可行。

7.8.7.3 敏感性分析

本项目分别就项目总成本费用、商业单价两个因素对项目投资所得税后财务内部收益率进行单因素敏感性分析。取值变化率为 ±10%，详见表 7-32。

表 7-32 敏感性分析表

变化项目	变化率	FIRR	较项目方案增减
商品房收入	+10%	23.51%	+2.12%
	−10%	19.29%	−2.10%
总成本费用	+10%	7.51%	−13.88%
	−10%	37.57%	+16.18%
商业收入	+10%	25.23%	+3.84%
	−10%	17.63%	−3.76%

由表 7-32 可知，各因素便会对此项目财务内部收益率的影响不同，在 ±10% 的变化范围中，仅总成本费用增加 10% 时使得所计算的 FIRR 小于行业基准收益率，这是因为安置型商品房在总成本中占比较大，且安置型商品房收入较低，为政府指导价格，所以在总成本上升时，其余产品的利润会被加速稀释，因此应当控制总成本费用，防止出现亏损。按照敏感性程度排序从大到小为总成本费用、商业收入、商品房收入。经综合分析，此项目有较好的抗风险能力。

7.8.7.4 风险分析

1. 财务风险

本项目安置型商品房和部分商业设施由政府指定回扣，根据福州市土地发展中心的公告,此项目安置型商品房理论上在预售许可证取得六个月内可以收回百分之八十的安置型商品房资金,但政府拖延付款是一大难题,这么庞大的数额不及时回笼会造成一定的财务风险,会给项目造成一定的损失。

2. 政策风险

国家这几年倡导"房住不炒"的政策。在2019年年底,住建部再次强调三稳(稳地价、稳房价、稳预期)和长期坚持"房子不是用来炒"的定位,不将房地产作为短期刺激经济的手段的政策,再次给未来房市定调,市场大部分也都处在观望状态,对房地产市场还是有一定的影响。

福州市在2020年将进行"多校划片"试点,在教育逐渐公平化的今天,学区房也逐渐降温。

3. 市场风险

从福州市房屋产权登记处了解到,福州市房地产市场在住宅市场方面,截至2019年12月30日,福州市可售住宅套数共计40 108套,住宅面积为396.2万m^2,将近400万m^2的空置面积,此数据较2018年年底上涨了将近20 000套,所以,此项目面临着极大的竞争压力。并且二手房市场大幅降价抛售,直降十几二十万元的房源不断涌出,对一手房的价位也造成一定冲击。

福州市场旧改推进,2020年入场的安置型商品房将达到20 000套,会对商品房市场造成一定冲击。

7.8.7.5 防控风险措施建议

(1)需要做好一定的资金预算,用以应对政府拖欠等因素所造成的风险,并且此项目由于楼面地价较低,所以商业的利润较大,应当在开发过程中加强商业等项目的营销,加强资金回笼的速度。

(2)密切关注政府政策走向,把握市场风向,及时调整项目整体发展目标和发展策略。

(3)把握好房地产市场定价,做好产品精准定位,加强产品在同类房地产项目中的竞争力,从而提升投资者的投资兴趣。

7.8.8 项目技术经济效益的结论与建议

通过上述分析得出以下结论:

(1)首先,本项目地理位置较佳,处在金鸡山公园和温泉公园两大城市公园之间,有较好的生态环境;其次,本项目表明商品房位置,不再用抽签形式决定安置房,并且由于地块特殊,商品房与安置房分离,这样可以得商品房拥有更高的收益空间,并且拥有较高的商业设施,使得生活更加便利,多因素会增加本项目的竞争力。

(2)本项目总投资为4 500 011.27万元,税后利润为73 848.49万元,税后利润率为16.41%,高于行业平均水平。财务内部收益率为21.39%(税后),大于基准收益率12%,财务净现值23 606.17万元(税后)大于0,投资静态回收期为2.78年,由此可说明本项目投资收益率较高并且有较强的清偿债务能力,经济效益高,具有良好的抗风险能力,所以本项目在经济上是合理、可行的。

对本项目的建议：

（1）尽量加快安置型商品房预售证的获取速度以提高资金回笼速度，降低财务风险。

（2）由于本项目利润空间较大，可以适当对商业或商品房进行促销销售。

（3）近两年，购买力逐步减少，市场积压库存较多再加上前所未有的土拍量，这几点会对未来的房地产市场造成一定影响，所以应该加强营销，将房地产价格合理定价，吸引投资者的目光，让观望者转变为购买力。

综合技术经济效益等指标判断，此项目可行。

第8章 房地产营销策划

8.1 房地产营销与营销策划

1. 房地产营销的概念

根据市场需要组织生产产品,并通过销售手段将产品提供给需要的客户称为营销。营销的核心概念包括目标市场和市场细分、营销者和预期客户、欲望和需求、产品、价值与满意、交换和交易、关系和网络、营销渠道、供应链、竞争、营销环境及营销组合等。

房地产营销就是市场营销学在房地产行业的应用,即通过出售商品房换回房地产开发企业建设价值的一种管理过程。由于房地产商品的不可移动和价值大的特点,其核心营销观念就与其他商品有所不同,最注重目标市场的定位、目标客户寻找和产品的设计。

2. 房地产营销策划的概念

在古代,策划的名词性较强,与现在的计划、计策、计谋、谋略、对策的意思较接近;而在现代,策划的动词性含义增强,信息、创意、点子、谋略、目标等要素为其内核。"策划"的全面含义为:在全面谋略上指导操作者去圆满地实施对策、计策或计谋,从而达到预期的目的。策划既是科学又是艺术,既是技术又是文化,是一门涉及许多学科的综合性科学与艺术。

美国哈佛企业管理丛书编委会对策划的定义为:策划是一种程序,在本质上是一种运用脑力的理性行为。策划是找出事物的因果关系,衡量未来可采取的途径,作为目前决策的依据,即策划是预先决定做什么、何时做、如何做、谁来做。日本策划专家和田创对策划的定义是:策划是通过实践活动获取更佳成果的智能或智能创造行为。综合来说,策划本质上是人类运用脑力的理性行为,是一种思维活动、智力活动,即人们认识、分析、判断、预测、构思、想象、设计、运筹、规划的过程。

由于对房地产营销策划认识不同目前未形成统一的定义,但核心意思表述为:房地产营销策划是针对特定地块和楼盘,通过创造性劳动来挖掘市场的兴奋点、机会点和支撑点,在获得消费者认同的前提下,实现交易并着力提供相关配套及后续服务方案的全过程行为。

综合上述内容,房地产营销策划是房地产策划(投资策划、建筑策划、营销策划等)的一个分支,以综合运用市场营销学及相关理论为基础,以房地产市场调研为前提,针对特定地块或楼盘,挖掘其附加值,使其与目标市场有效需求相吻合,科学地配置企业可运用的资源,制定切实可行的营销方案并组织实施,从而实现价值兑现和服务认可的一系列创造性思维和活动的总称。

房地产营销策划是营销管理活动的核心,是一个综合性、系统性的工程,需要在先进的营销理论指导下运用各种营销手段、营销工具来实现房地产价值的兑现,实质上是一个从了解市场、熟知市场到推广市场的过程，其中心是顾客。

尽管房地产营销方式已从单一化趋向全面化，营销服务已从注重表面趋向追求内涵，营销推广已从杂乱无章趋向规范有序，但需要从根本上认识房地产营销策划的合理内涵。房地产营销的实质是以消费者对产品的需求为起点和核心、终止于房地产产品售后服务的全程营销；实现的是顾客、代理商、设计师、按揭银行、物业管理方等多角度的多赢。房地产营销是一种文化营销，企业应实现经济效益、社会效益、生态环境效益的多赢。

由于每宗房地产有不同的区位，同一区位有不同的路段，在同一路段有不同的地块，在同一地块有不同的幢号，在同一幢号有不同的房型等。这形成了房地产产品天然的独特性、差别化，针对房地产的营销策划自然就是因时、因地、因人而完全不同的排列组合过程。因此，任何房地产营销策划必须忠实于房地产项目本身所占有的资源，必须忠实于与这些资源的排列组合相对应的市场定位和细分市场。

3. 对房地产营销策划的理解

（1）创新是房地产营销策划的持续主题。营销策划是一种创新行为，体现在营销理念创新、策略创新、营销组合创新、产品创新、手段创新和服务创新。营销策划必须结合具体项目形成独特的创意，创意成功与否是营销策划是否出新的关键。

（2）房地产营销策划是房地产营销管理活动的核心。房地产企业的营销管理活动很多，如营销组织、营销决策等，但其营销管理的核心还是营销策划，营销策划是将营销管理活动的每一个环节通过引入全新的构思与创新，形成一个整体方案，并以之作为营销执行的准绳，以及追踪、纠正、评定绩效等行动的依据。这是由营销策划在管理活动中的重要性决定的。

（3）房地产市场调研是房地产营销策划的基础。只有通过深入的房地产市场调研，才能对楼盘的购买群体、消费层次、户型、价格进行合理的策划决策。房地产营销策划属于市场要素整合学，必须时刻关注房地产市场的过去、现在和未来的发展，分析楼盘与市场的对接问题，体现市场的要求，做好营销策划的合理调整。

（4）房地产营销策划是各种资源的有效整合。要开发好一个房地产项目，需要调动各种资源协调发展，如概念资源、人力资源、社会资源、物力资源、财力资源等。这些资源在房地产营销策划工作未介入前，处于分散状态。房地产营销策划就是参与到各种资源中去，厘清资源的相互关系，分析其功能并进行整合，形成一种新的优势，围绕中心形成共同的奋斗目标，使房地产项目开发成功。

（5）房地产营销策划要符合实际、易于操作。房地产营销策划是对营销方案的构思、实施到评价的规范程序和科学方法，其根本是房地产营销策划方案的实施。首先是在实际市场环境中有可操作的条件，市场条件不允许则难以操作好。其次是在具体的实施上有可运作的方法。最后是策划方案要易于操作，容易实施。

（6）房地产营销策划是一个庞大的系统工程，由各个策划子系统组成。房地产项目营销从开始到完成要经过市场调研、市场细分与定位、规划设计、价格策划、推广策划、销售执行、物业管理等几个阶段，每个阶段构成策划的子系统，各个子系统又由多个更小的子系统组成。在理论上，房地产营销策划也要更多地吸收哲学、行为科学、心理学、社会学、人类学、广告学、计算机科学等学科的研究成果，以便丰富和完善房地产营销策划理论体系。

8.2 房地产营销发展阶段

1. 世界房地产营销观念演进历史

房地产营销观念是客观经济环境的产物,在一系列销售观念基础上演化而来。

(1) 生产观念阶段(19世纪末20世纪初)。此阶段经济增长迅速,但国民收入很低,产品不够丰富,市场呈现供不应求的现象。其实质内容是生产什么就卖什么。各企业将工作重点放在有效利用生产资源及提高劳动生产率,以获得最大产量及降低生产成本上。此观念的指导下生产和销售的关系是以产定销。

此阶段对于房地产商是找到密集的居住区或者商业地带进行开发,并尽最大可能将房子建得简单实用,以节省成本。由于市场处于供不应求阶段,缺乏市场营销观念,产品价格较低,以价格竞争为主。

(2) 产品观念阶段(20世纪初至20世纪30年代)。此阶段企业开始关注产品质量,以优质的产品赢得市场,虽然有企业重视研究顾客的新需要,但忽视在新品开发上做准备。

此时房地产商开始认识到顾客的需求并非局限于价格,还有高质量、好性能和多样化等方面,于是开发商开始将注意力转移到产品本身设计。但是此阶段忽视了消费者的实际需求,片面地追求建筑产品的品质,结果造成部分资源的浪费。

(3) 推销观念阶段(20世纪30—40年代)。此阶段从生产不足进入生产过剩,竞争越来越重要。实质内容是推销什么就让人们买什么。即无论消费者是否真正需要,不择手段地采取各种推销手段,将商品推销给消费者。企业管理工作全部为销售货物工作所淹没和代替。

此阶段房地产商大多认为顾客总是处于被动地位,通常对产品的判断力不足,单纯以为可用一整套行之有效的推销和促销手段刺激顾客的购买欲望。因此,导致开发商在开发项目时没有详细周全的前期研究和可行性研究,只是关注销售环节。

(4) 市场营销观念阶段(第二次世界大战后至20世纪70年代)。第二次世界大战后,科技革命进一步兴起,军工转民用,生产效率大大提高,生产规模不断扩大,社会产品供应量剧增;高工资、高福利、高消费政策导致消费者购买力大幅度提高,需求和欲望不断发生变化;企业间的竞争进一步加剧。其实质内容是市场需要什么就生产和推销什么、能卖什么就生产什么。企业的一切行为以市场需要为出发点,而又以满足市场的需要为归宿。

与推销阶段相比,市场营销阶段将企业和顾客在产品关系拓展到企业主导的"推"和"拉"结合的模式。在实践中,以营销观念为导向的开发项目取得了较好的成绩。开发商开始重视前期研究和产品定位,随着广大居民消费倾向与消费心理的变化,楼盘的营销也在逐年转变。营销的深度广度不断延伸,全程营销深入开发的各个环节。

(5) 生态学市场观念阶段(20世纪70年代以后)。市场营销观念已被普遍接受,但在实践中有的企业片面强调满足消费者需要,追求企业不擅长生产的产品,导致经营上的失败。其实质内容是:"任何事物必须保持与其生存环境的协调平衡关系,才能得到生存和发展,企业应扬长避短,生产那些既是消费者需要又是自己擅长的产品"。企业生产经营活动的理性化加强了。房地产开发商生态卖点逐步取代高科技卖点,成为楼盘卖点的主流,"绿色""生态""人居""健康"概念受到了空前的重视。

2. 中国房地产营销观念演进历史

中国房地产营销的兴起、发展与中国房地产业紧密联系在一起。从当初的"一无所有"到现在的"无处不在",房地产项目策划从萌芽、起步发展到现在 20 多年的历程。纵观房地产策划史,从运用各种策划技术手段使房地产开发项目成功推向市场的角度看,可分为单项策划阶段、综合策划阶段和复合策划阶段三个阶段。

(1) 单项策划阶段(1993—1997 年)。此阶段房地产策划的主要特点是运用各种单项技术进行策划,并在某种技术手段深入拓展,规范操作上,取得了良好的效果。随着房地产策划实践的日益深入,通过房地产策划成功的个案不断增多,房地产策划理论思想也逐渐形成。由于房地产开发项目在各个阶段引入策划的理念和手段而获得成功,房地产策划因而普遍得到了开发商的认可。

(2) 综合策划阶段(1997—1999 年)。此阶段房地产策划的主要特点是各项目根据自己的情况,以主题策划为主线,综合运用市场、投资、广告、营销等各种技术手段,使销售达到理想的效果。此阶段出现了"策划基本理论"和"全程策划理论"。在各种策划手段的整合中,各项目根据自己的特点各有所侧重、创新。

(3) 复合策划阶段(1999 年至今)。此阶段房地产策划的主要特点是狭义地产与泛地产相复合,即房地产策划除在房地产领域运用各种技术手段外,还可以运用房地产领域以外的其他手段。此阶段的房地产策划思想以"泛地产"思想较有代表性。所谓"泛地产",就是不局限于以"房子"为核心,是在某一特定概念下营造一种人性化的主题功能区域,"房子"可能是主体,也可能成为附属的配套设施,这种功能区域的主题各有不同,如生态农业度假区、高科技园区、高尔夫生活村、观赏型农业旅游区等。"泛地产"思想是对"概念地产"思想的进一步发展,对此阶段的房地产策划影响很大。开发房地产可以不局限于房地产,还有更广阔的领域等待人们去开拓、去探索,如房地产与 IT 业相结合、房地产与自然山水相结合,还有房地产与养生保健业相结合、房地产与旅游业相结合、房地产与海洋文化相结合等。

3. 房地产营销策划的未来发展

随着时代的发展,传统的房地产营销理论逐渐不适应市场的要求,无法为当前许多房地产开发商所做的种种创新探索指明方向,造成了营销创新实践的无序和混乱,更加大了房地产开发商的创新成本与风险。目前,房地产企业的大量营销实践为探讨买方市场条件下的营销创新理论,提供了丰富多彩的素材和极具价值的思路。

(1) 意识创新——房地产营销创新的先导注重文化理念,营造环境氛围。消费者内心渴望既有高质量居住空间,又追求回归自然、返璞归真、崇尚生态的生活氛围。环境型、生态型住宅成为新的营销主题。小区环境与人文文化氛围的有机结合所带来的满足将逐步取代以往衡量住宅的三个传统标准——地段、房型、价格。顺应时代潮流,强化科技意识,充分利用联机网络、计算机通信和数字交互式媒体,创造全新的营销方式和内容。

(2) 组织创新——房地产营销策划的源泉。在传统的房地产企业中,营销组织结构一般是直线式的,权力集中于组织的顶端,这对内部信息沟通、外界信息反馈是不利的。实践表明,矩阵式组织结构对房地产开发经营企业中的营销创新比较有效。

(3) 产品创新——房地产营销创新的基础。产品创新主要包括产品开发、更新速度及产品质量和水平。其可划分为以下四类:

1）高科技型。高科技型是指数字化、智能化建筑，利用信息高速公路实现家庭办公、网络购物等活动。

2）绿色环保型。从设计、建材选用、公共设施和居室配置到社区管理，都遵循着节约资源和能源的原则，降低对环境的负荷。

3）社会保障型。主要指老年住宅的开发。老年人的生活问题将是21世纪必须面临的社会问题之一。老年人是一种特殊的消费群体，老年公寓开发的市场潜力相当大。

4）设计综合型。通过高超的技术设计、完美的艺术设计，使企业获得技术附加值、艺术附加值及心理附加值。

（4）手段创新——房地产营销创新的内涵。房地产营销一般都由广告、销售促进、公共宣传及人员推销四种主要工具组成。这些营销工具的有效性以及产生的费用均有所不同。而房地产营销者对营销工具的选择又受到多种因素的影响，因此，营销人员首先要充分了解这些工具独有的特性与成本。

1）广告。有效的广告不仅能帮助房地产公司建立足够的知名度，而且能够提醒潜在的顾客。更重要的是，在有影响的报纸杂志上登载广告，可证明房地产公司及其项目的合法性。广告将由传统媒体"大量生产"的模式转为以顾客为中心的模式，如网络广告，使消费者与企业双方的沟通变得人性化、个别化。

2）销售促进。销售促进包括折让、有奖销售、先租后买、降低利率等各类措施，大多能产生更强烈、更快速的反应，能引起消费者对房产的注意。

3）公共宣传。公共宣传具有高度的可信性，并能消除消费者的心理防卫。然而，房地产公司要想得到有影响力的媒介宣传，就必须在自身的管理、项目的开发等各方面有独到之处。

4）人员推销。房地产营销人员与潜在的消费者之间存在着一种直接的和相互影响的关系，双方能在近距离观察对方的需求和特征，并能及时作出调整。销售人员的服务心态、知识素养、信息掌握量、言语交流水平，对消费者及时了解掌握物业情况、对消费者的购买决策都有着重要影响。

不同的营销工作具有不同的特征，房地产营销人员可根据需要形成不同的组合。

（5）金融创新——房地产营销创新的保障规范。政府对住房金融的社会管理职能；完善与住房金融配套的服务体系；采用多种融资渠道，积极拓展新的住房融资方式。

（6）服务创新——房地产营销创新的延续。由于信息时代的来临，开发商在服务品种、服务质量上的市场创新空间加大。同时，开发商更加重视物业管理，既能提供楼盘的品牌，使开发商的形象得到提升，又可使业主的居住质量和生活品位得到保障。

产品可以被"克隆"，立足于创新的核心营销策划"技术"无法被"克隆"。惯于追风仿效的中小开发商必将被消费者冷落。只有建立自己独立的核心营销策划"技术"，才能成为房地产市场的领旗手。

4. 世纪房地产营销策划的主旋律

房地产营销策划应以理性驾驭市场，用科学的思维方式，结合各方面的要素和自身优势，找到最佳的扬长避短的战略决策。房地产项目的营销策划是对消费层希望的、苛求的东西进行挖掘，是对需求信号的及时梳理引导。

（1）树立以人为本思想，体现对人的关怀。首先，规划设计面向目标消费群的人本需求；其次，根据房产的区域固定性，在固有区域上进行市场细分；最后，在同区域内对人本需求动机进行细分（自用、投资及其相关追求点），并结合消费者本体是冲动型还是理智型，在心理上追求的是解决安居、追求生活享乐还是显示身份地位等，从而使目标更明朗、手段更奏效。

（2）更加注重市场分析，以分析和研究市场需求为营销重点。市场分析不准会造成楼盘积压，投资失误。房地产企业必须以需求为导向，坚持以销定产；在可行性研究的同时，进行市场营销策划；建立企业营销信息系统，准确掌握市场新动向。

（3）主动寻找、发现市场机遇。在任何市场上，都有未满足的需要，如果这种需要能够形成市场，就表明存在一些市场营销机会。当营销机会与本企业的任务、目标、资源条件相一致，企业就能够选择那些比其潜在竞争者有更大优势的市场营销机会。企业要抓住市场机遇，首先要认清房地产形势，不盲目跟风开发；其次，要挖掘企业内部潜力，充分利用本企业的竞争优势；最后，要细分目标市场，开发受市场欢迎、有特色的项目。

（4）努力完善售后服务。市场营销是以消费者为中心，不仅以消费者为起点，而且以消费者为终点，满足消费者需求。物业管理是房地产开发的延续和完善，也是关系到开发商整体形象与群众口碑的重要一环。房地产企业必须将物业管理当作品牌战略的重要功课，也是营销活动的重要内容，必须促使物业管理向着专业化、社会化、企业化的方向发展。

（5）全过程营销策划与整合营销跃上前台。全过程营销策划有助于减少发展商在项目前期决策上的失误，改变发展商在楼盘烂尾后无所适从的被动局面，从而提高房地产开发的整体水平，为发展商在新世纪赢得更广阔的生存空间。整合营销是在营销环节高度专业化分工的基础上，通过市场渠道，围绕具体项目，由多个专业性营销机构形成多种专业人才互补型、互利型的共同组织，并由其对诸如资金、智能、品牌、社会关系等房地产营销相关要素进行整理、组合，形成合力，高效运作，从而形成从投资决策到物业销售全过程的系统控制，进而实现预定营销目标的一种新型的、市场化的房地产营销模式。整合营销克服了一般营销模式"中间强、两头弱"的缺陷，同时避免了策划商与销售代理商之间各自为政、互不协调的局面。整合营销围绕具体项目进行资源整合，提高房地产行业内部专业化分工与协作，其优势在于智能互补、利益共享、风险共担。

8.3 房地产营销策划的作用

1. 房地产营销策划的地位

（1）房地产营销策划在知识经济时代属于智力产业，能为房地产企业创造社会价值和经济价值。21世纪是知识经济时代，知识经济的一大特征是智力，智慧产业将得到进一步发展。成功的房地产企业的价值越来越取决于他们能否从策略面上取得生产、分配及应用知识的能力。这种能力就是思想、智力、方略等，智能与财富结合会爆发出巨大的能量。

（2）房地产营销策划在房地产企业充当智囊团、思想库，是企业决策者的亲密助手。房地产营销策划接触面大、实践广泛。从项目选址到物业服务的每个环节，策划活动都参与其中。在房地产策划的每个成功案例中，都有不少精彩绝妙的概念、理念、创意和手段。由于众多策划人努力实践，在创造许多精彩的项目典范和营销经典的同时，还梳理出不少闪光的策划概念、思想，总结出富有创见的策划理论。这都给房地产企业以智力、思想、策略的帮助与支持，给房地产企业出谋划策，创造更多的经济效益。

（3）房地产营销策划在房地产开发项目建设中自始至终贯穿在一起，为项目开发成功保驾护航。房地产开发项目建设要完成一个项目周期，需要经过市场调研、项目选址、规划设计、建筑施工、营销推广、物业服务等一系列过程，这些过程中的某一环节出现问题，都会影响到项目的开发进程，甚至使项目变成"半拉子"工程。房地产营销策划参与项目的每个环节，通过概念设计及各种策划手段，使开发的商品房适销对路，占领市场。

2．房地产营销策划的重要性

（1）房地产营销策划能使企业决策准确，避免项目运作出现偏差。一个房地产企业通常拥有大量的营销人员，但是这不能保障房地产企业营销活动的成功。营销策划正是解决这一问题的有效武器。房地产营销策划能够使营销部门站在市场导向的角度，以用户的消费心理为指导，综合考虑房地产企业的外部环境和内部资源，从房地产企业的长远利益出发，制定合理的营销目标及营销的战略和策略，使企业最终获得良好的营销效果。

（2）房地产营销策划能够确保房地产企业的资金良性回收。房地产企业如果想要获得成功，必须将投入的初始资金全部收回并获得更大的收益，所以，房地产营销策划活动就是为了实现这一目标。房地产营销策划能够使开发商的所有活动都围绕营销目标展开，通过对企业营销活动进行系统科学的规划，确保营销活动不偏离方向，使房地产开发项目增强竞争能力立于不败之地。

（3）房地产营销策划能够确保房地产营销活动有序开展。房地产开发商要想获得理想的营销效果和良好的营销效益，除要有明确、合理的营销目标外，还要保证营销活动紧紧围绕其营销目标有计划、有步骤地开展。而房地产营销策划是对营销活动的目标、战略、策略，以及具体实施方案事先进行的系统的设计和计划，有其科学的程序和步骤，是一项系统工程，因此，能够很好地指导营销活动的有序进行。

（4）房地产营销策划能够提升楼盘的价值和附加值。一个房地产开发项目如果是在同一城市同一区域，由于房地产营销策划的介入，它的价值就会有所提升，甚至比同一供求圈或毗邻不做策划、策划做得不好的楼盘提升很高。另外，房地产营销策划经过人文故事、自然想象的挖掘，可以增加楼盘的附加值。

8.4 房地产营销策划的基本原则

（1）独创原则。房地产项目的定位、建筑设计的理念、策划方案的创意、营销推广的策略，没有独创、毫无新意，则无法在市场竞争中赢得主动地位。独创就是独到、创新、差异化、有个性。独创具有超越一般的功能，它应贯穿房地产策划项目的各个环节，使房地产项目在众多的竞争项目中脱颖而出。

（2）创造市场原则。"市场不是调查出来的，而是创造出来的"，房地产的市场调查只是营销策划的基础，而创造市场、在没有市场的空白点中找出市场，才是营销策划的目的所在。很多项目看上去好像没有市场，或建好的房子卖不出去，但经过策划人的精心策划，找到了与客户需求的吻合点，找到了市场密码，没有的"市场"真的就"创造"出来了。

(3) 顾客导向原则。营销策划必须从客户和市场需要出发,特定的产品有特定的购买群体,其年龄、性格、家庭构成、文化程度、工作经历、爱好等形成的一定共性,未必和策划人或开发商的相应体验与表现相同。所以,唯有在搞好市场调查的基础上,从客户出发,综合分析,投其所好,才能打动他们,夺得更多的市场。因此,房地产开发一定是首先强调"以人为本"的营销策划。房地产企业的一切经营活动都必须围绕消费者的愿望、需求和价值观念来展开,这是房地产营销的根本所在。

(4) 差异策略原则。差异策略是指为使企业产品、服务、企业形象等与竞争对手有明显的区别,以获得竞争优势而采取的战略。这种战略的重点是创造被全行业和顾客都视为是独特的产品和服务。差异化战略的方法较多,如产品差异化、服务差异化和形象差异化等。实现差异化战略,可以培养用户对品牌的忠诚。因此,差异化战略是使企业获得高于同行业平均水平利润的一种有效的竞争战略。在整个房地产营销策划过程中突出市场细分,强调与其他产品的不同的细节点,强调与其他产品的差异性,这就是房地产营销策划的精髓所在。

(5) 整体营销原则。营销策划讲究的是创意,然而思维上的灵机一动表现在具体的策划工作上可能就成为"孤军深入"。因此,策划的灵感与创意一定要忠实于总的主题。在客户最终选择产品的因素中,性价比是竞争胜出的关键,没有哪一个因素是绝对第一重要的,同样也没有哪一个因素可以被忽视。这就要求策划的各个细节环环相扣,在尽量面面俱到的前提下统筹安排,广告的发布、工程的进展、设计的优化、物业管理、价格变动等,都要规范布局、互相协调、目的一致,实现营销的整体性。

(6) 与销售紧密呼应原则。营销策划的最后工作就是销售策划,销售情况也是验证前期所有策划工作效果的标准。因此,销售也应该纳入统一的总体策划思路中。策划的目的就是促进项目成交,优化项目品牌。要想提高策划对项目销售的帮助程度,就必须强调销售对策划的反馈,强调销售对策划思路的理解与配合。市场与信息的变化是永恒的,策划与销售两者互为表里、彼此修正、紧密呼应,这才是真正负责且科学的营销思维方式。

8.5 房地产营销策划的理念体系

4Ps、4Cs、4Rs 营销理论是从国外引进的营销理念,经过多年的实践运用,已经融入了房地产开发、经营、管理的过程中,形成了房地产营销策划的理念体系。对于开发商而言,从选址征地到规划设计,从建筑施工到市场推广,都要将市场营销的理念放在第一位。

(1) 房地产 4Ps 的营销策划理念。4Ps 指代的是 Product(产品)、Price(价格)、Place(地点,即分销或渠道)和 Promotion(促销)四个英文单词。

1) 房地产的产品是一个产品体系。如房地产产品的种类根据层数分为多层、小高层、高层;房地产产品的质量,包括建材、施工水平、土地状况、设计风格、小区环境、配套设施、容积率、绿化率等。

2) 房地产的价格是一个价格体系。对房地产商品而言,价格包括土地取得成本、前期费用、规划设计成本、建造成本、销售成本、融资成本等加上利润形成一个价格体系,销售时也有底价、起价、均价、最高价、收盘价等一套相关的价格策略。

3）房地产营销渠道的简单化。由于房地产不可移动，不存在其他商品物流的过程中层层加价的现象。开发商的渠道主要集中在政府、媒体、企划、广告、金融、建筑、装修、印刷、设计等上端渠道的建设，下端则直接面对客户。

4）促销力度大。由于房地产流通环节的消失，房地产商更愿意多花资金在广告宣传上。既有传统宣传手段，也有扩充与放大。

（2）房地产4Cs的营销策划理念。4Cs是美国营销大师劳特朋所创4C理论的简称，即顾客（Customer）、成本（Cost）、方便（Convenience）、沟通（Communication）。

1）以顾客的需求为出发点。4Cs是建立在买方市场基础之上，以顾客的需求为出发点，通过与顾客的充分联系和交流，了解顾客的有效需求商品和所需的便利服务，并以此作为房地产开发工作的指导方针，最终有效地推出适销的产品以赢得市场。物业的内在素质是成功的第一要素，但消费者的生活经历、受教育程度、工作性质、家庭结构、个人审美情趣各不相同，对物业品质需求的重点也不相同。了解并满足消费者的需要与欲求应始终贯穿于楼盘开发的全过程。

2）消费者为满足其需求所愿意支付的成本。成本在此处指的是消费者所投入的金钱、消费者因投资而必须承受的心理压力，以及为化解或降低购房风险（如建筑质量是否优良、能否及时交付、法律手续是否齐备等）而耗费的时间、精力、金钱等诸多方面。只有深入调查、专业研究，及时准备探明消费者的需求，并采取一切可行措施切实消除或减低消费者的置业风险，切实有效节省消费者的精力、时间成本，消费者才能将购房意愿转化为行动，而且愿意付出更多的"金钱成本"。

3）在提供消费者购买便利方面，许多发展商与代理商已取得共识。在买方市场的压力下，发展商不仅愿意交由中介公司代理商销售，而且选择中介公司时有严格的要求；中介代理商在服务专业化、规范化建设方面也取得了长足的进步。

4）注重与消费者建立双向式沟通。在广告创作前必须进行广泛、深入的调查研究，确切掌握目标消费者的构成，以及对应的文化社会、收入、心理等状况，并通过调查测试确认消费者关注的利益点，最后以富于个性创意的方式表现出来。从当前成功的营销策划案例更加注重人文环境氛围的营造、房型的个性化设计、物业管理的完善等系列显著变化中，可以验证4Cs理论在房地产实践中发挥了其指导作用。

（3）房地产4Rs的营销策划理念。4Rs营销理论是由美国学者唐·舒尔茨在4C营销理论的基础上提出的新营销理论。4R分别指Relevance（关联）、Reaction（反应）、Relationship（关系）和Reward（回报）。该营销理论认为随着市场的发展，企业需要从更高层次上以更有效的方式在企业与顾客之间建立起有别于传统的新型的主动性关系。将4Rs移植到现今的房地产销售行业，4Rs是一个较为准确描述开发商与业主之间关系的一种营销策略，同时也符合当前人们对商业的普遍要求，也是第一次将双赢的概念引入房地产的营销策略。

1）紧密联系顾客。在当前竞争激烈的房地产市场，顾客具有动态性。要提高顾客的忠诚度，赢得长期而稳定的市场，就得与顾客建立某种利益方面的关联。

2）提高对市场的反应速度。对房地产企业来说最现实的问题不在于制订、实施计划和控制，而在于及时地倾听顾客的希望、渴望和需求，并做出反应来满足顾客的需求。

3）重视与顾客的互动关系。4R营销理论认为抢占市场的关键已转变为与顾客建立长期而稳固的关系，而沟通是建立这种互动关系的重要手段。

4)回报是营销的源泉。要追求回报,房地产企业必然实施低成本战略,充分考虑顾客愿意付出的成本,实现成本的最小化,并在此基础上获得更多的顾客份额,形成规模效益。这样,房地产企业为顾客提供价值和追求回报相辅相成、相互促进,客观上达到的是一种双赢的效果。对房地产企业,市场营销的真正价值在于其为企业带来短期或长期的收入和利润的能力。

利用4Rs策略,感动业主,使业主与开发商能相互理解、相互支持,完全可以成就一个名牌楼盘,进一步成就一个名牌企业。

8.6 房地产营销策划的模式类型

1. 代理商的独家销售代理模式

独家销售代理就是由一家代理公司代理整个楼盘的销售。这种销售模式是现今房地产市场的一种主流模式,也是市场的发展趋向,在国内的大型城市,独家代理的楼盘占了在售楼盘总量的70%以上。它的优势主要表现在分工明确,各展所长。

由楼盘代理商去负责项目的营销工作,可以较准确地把握当地市场、客户需求、客户心理、客户消费习惯等一些在销售过程中起重要作用的因素,也可以避免开发商盲目揣测市场和客户心理而导致偏离市场需求,做出来的产品不被市场认受的风险。而开发商则集中精力做好生产及品质控制等工作,做出符合并超越市场期待的精品楼盘。

开发商和代理商合作是优势互补,分工明确,各展所长,有利于避开因错误判断市场而造成的投资风险,也有利于代理商凭自身优势为楼盘的销售起快速推进作用。

2. 代理商的联合销售代理模式

联合销售代理是由一家以上的代理公司去代理整个楼盘的销售。其优势主要表现在充分竞争,推动销售。联合销售代理模式正成为一些发展商逐渐尝试的销售模式。理由在于为代理商带来竞争,代理商为了声誉,必然全力以赴,用最好的人力、物力来销售,这就能对楼盘的销售带来很大的推动力。因为有了竞争,竞争对手良好的销售业绩必然给另一方造成压力,激发出更大的潜力,从这个角度来看对开发商是非常有利的。其劣势主要表现在恶性竞争,管理困难。代理商的恶性竞争,代理商为取得更好的业绩,必然想法破坏公平和平衡。在日常的销售工作中,两家代理商之间发生摩擦在所难免,代理商之间抢客的现象也时有发生。

综上所述,联合代理模式需要开发商、代理商都拥有成熟的营销管理经验,同时,代理商之间要有良好的竞争心态,才能发挥这种模式的优势。否则会增加开发商管理的难度,代理商之间抢客等现象也可能对项目带来负面影响,结果是多输的局面。

3. 开发商的自产自销模式

开发商的自产自销是开发商同时负责楼盘的开发和销售。其优势主要表现在:节约成本,保持利润。开发商的自产自销模式中又分为两种情况:一种是开发商自行组建销售团队,成立专门负责销售的销售部或营销部,这是属于成立一个部门的形式;另一种是开发商成立一间销售代理公司,专门负责自己公司开发的楼盘的销售,这是属于成立一个子公司的形式。

开发商认为自产自销最大的好处就是节约销售成本,不用支付代理公司高昂的代理费用。这种模式是由开发商直接支付销售人员的月薪和佣金,省去代理公司的利润部分,将该部分资金直接转为开发商的利润,从而将项目成本降低,利润提高。

开发商组建的销售团队属于开发公司,便于管理和控制。开发商的销售策略,能直接传递到销售人员,不需要受代理公司管理层意见的左右,不会产生意见传达偏差的现象。

开发商自产自销模式的劣势主要表现在市场信息少,人才易流失。代理商一般会利用自己公司的市场调查组和中介网点等部门,对房地产的二、三级市场进行了解、调查,以及将收集回来的资料加以分析,成为协助开发商进行开发决策时的利器。而除非规模比较大的开发商,否则一般不会设专门负责市场调查和分析的人员或部门,使开发商所能掌握的市场信息比较少,如果在做出决策前没有以足够的市场信息作参考论证,将会增加决策的盲目性,容易造成失误。

在项目销售过程中,销售员的月收入起伏较大。此时开发商若没有新项目开发或距离下一个项目销售期的时间太长,销售人员为保证收入,可能会因此而跳槽到其他项目。如果人员流失较多,将会对开发商造成管理压力:一方面需要招聘新人;另一方面要融合新人及旧人,保持团队的稳定性。

4. 开发商与代理商协同销售模式

协同销售指开发商自行组建团队销售,同时也委托代理公司进行销售。这种销售模式是比较少见的,它虽然和代理商联合代理有某种相似之处,但从根本意义上并不相同。其优势主要表现在存在竞争,相互促进。这种销售模式的好处和联合代理的模式基本相同,可以参考联合代理模式的优势部分。从乐观的角度,代理商为面对开发商销售人员的竞争,会选用比较好的人在这个楼盘销售,保持并争取更好的销售业绩,以免遭受开发商淘汰,也为自己争取更多代理收入。其劣势主要表现在恶性竞争,管理困难。这种模式的缺点也跟联合代理模式类似,可以参考联合代理模式的劣势部分。两个团队同场销售时,代理商可能不会尽最大努力推动销售,包括动用代理商手上的客户资源。那就没有起到应有的最大作用,对开发商来说代理费花得不是物有所值。

综上所述,开发商与代理商协同销售,有利也有弊,对开发商的管理水平也有相当的考验。如果开发商对管理有信心,有相当水平的操盘人才,也可以尝试采用这种销售模式。

8.7 房地产营销策划的组织与设计

8.7.1 房地产营销计划与组织设计

房地产企业的营销管理过程,就是市场营销的计划、执行和控制过程,是企业结合自身资源特点,根据外部环境变化,不断地调整和修正营销战略,以实现营销目标的管理活动,如图8-1所示。

(1)房地产营销计划的制订过程。制订房地产营销计划是房地产企业根据自身所处的营销环境,整合营销资源,制定营销战略和营销策略的过程。

1)营销战略的制定。制定营销战略的依据是外部环境分析和内部环境分析,此战略包括以下几项:

①企业市场营销目标的确立。经过内外环境分析,将外部机会与威胁同内部优势、劣势加以综合权衡,利用优势,把握机会,降低劣势,避免威胁。这个过程就构成了总

成本领先战略、差别化战略和集中战略三种市场竞争战略方法的选择过程。通过这三种基本战略方法的特征分析及企业所处行业的结构特点分析、竞争对手分析及企业具备的优势、存在的弱点、面临的机会与威胁分析，可以确定企业自身的基本战略模式，并可根据企业的现有条件，如市场占有率、品牌、经销网络，确定企业的营销战略目标。企业营销战略目标通常包括产品的市场占有率、企业在同行业中的地位、完成战略目标的时间。

②企业的营销战略重点。通常根据企业已确定的市场营销战略目标结合企业的品牌优势、成本优势、销售网络优势、技术优势、形象优势确定企业的营销战略重点。

③企业的营销战略实施步骤。为建立保持当前市场和开发新市场双重目标，可以把企业的营销战略实施分为短期战略、中期战略及长期战略三种情况。

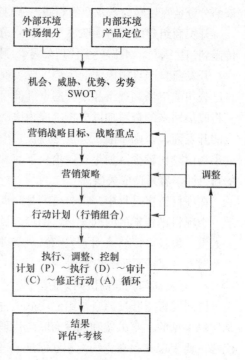

图 8-1　营销计划的调整、实施与控制过程

2）营销策略的制定。营销策略必须为市场营销战略服务，即全力支持市场营销战略目标的实现。市场营销计划的制订过程包括以下四个组成部分：

①发现、分析及评价市场机会。市场机会是市场上存在的尚未满足的需求，或未能很好地满足的需求。寻求市场机会一般有以下方法：

a. 通过市场细分寻求市场机会；

b. 通过产品/市场发展矩阵图来寻找市场机会；

c. 通过大范围搜集意见和建议的方式寻求市场机会。

②细分市场和选择目标市场。同一细分市场消费者的需要和欲望极为相似。细分市场是一个分解的过程和聚集的过程。在市场细分的基础上，企业可以从中选定目标市场，同时制定相应的目标市场范围战略。由于不同的细分市场在顾客偏好、对企业市场营销活动的反应、盈利能力及企业能够或愿意满足需求的程度等方面各有特点，营销管理部门要在选择的目标市场上慎重分配力量，以确定企业及其产品准备投入哪些市场部分，如何投入这些市场部分。

③市场定位。目标市场范围确定后，企业就要在目标市场上进行定位。市场定位是企业在全面了解、分析竞争者目标市场上的位置后，确定自己的产品如何接近顾客的营销活动。市场定位离不开产品和竞争，所以市场定位常与产品定位和竞争性定位的概念交替使用。市场定位强调的是企业在满足市场需要方面，与竞争者相比，应处于什么位置；产品定位是指就产品属性而言，企业与竞争者的现有产品，应在目标市场上各处于什么位置；竞争性定位是指在目标市场上，和竞争者的产品相比，企业应提供什么样有特色的产品。

④市场营销组合。就是企业根据可能的机会，选择一个目标市场，并试图为目标市场提供一个有吸引力的市场营销组合。市场营销组合是制定企业市场营销战略的基础，它能保证企业从整体上满足消费者的需求，是企业对付竞争者的强有力的武器。市场营销组合

包括产品策略、定价策略、分销策略、促销策略、市场营销预算。

（2）房地产营销计划。房地产市场营销计划是对房地产市场营销活动方案的具体描述，规定了企业各项营销活动的任务、策略、目标、具体指标和措施，使企业的市场营销工作按照既定的计划循序渐进，从而最大限度地避免营销活动的混乱和盲目性。房地产项目的营销计划要依据前面的项目营销组合策划编制，通常由以下八个部分组成：

1）计划概要。计划书的开头要对本计划的主要目标和建议作扼要的概述，计划概要可让上级主管很快掌握计划的核心内容。

2）营销现状分析。

①应阐明影响未来房地产市场的重要的宏观环境趋势，如人口、经济、技术、政治、法律、社会文化等趋向。

②应提供关于目标市场的资料，说明市场规模与近年来的增长率，同时预测未来年份的增长率，分析目标客户群的特征和购买行为，并按一定的因素进行市场细分。

③过去几年各种商品房的销量、价格和利润等资料。

④主要竞争对手的规模、目标、市场占有率、商品房质量、营销策略等方面的资料，做到知己知彼。

3）机会与威胁分析。机会是指营销环境中对企业有利的因素；威胁是指对企业营销不利的因素。评估环境机会可从以下两个方面进行：

①看吸引力，即潜在获利能力的大小；

②看成功的可能性。

4）制定营销战略与目标。市场营销战略是营销机构借以实现其市场营销目标的营销逻辑，要围绕营销目标制定营销战略与目标。营销目标是营销计划的核心部分，它对企业的策略和行为起指导作用。营销目标包括销售总额、销售收入、销售收入增长率、销售收入利税率、目标销售额、目标成本、目标利润、目标市场开拓数。

5）制定营销策略。主要内容是确定项目的营销组合。

6）行动方案。有了营销策略，还要转化为具体的行动方案，如何时开始，何时完成，由谁做，花费多少，这些都要按照时间顺序列成一个详细且可供实施的行动方案。

7）预算开支。根据行动方案编制预算方案，收入方列出预计销售量及单价，支出方列出人员、广告及其他营销费用，收支差即预计的利润。

8）营销控制手段。规定如何对计划执行过程进行控制，基本做法是将计划规定的目标和预算按季度、月份或更小的时间单位进行分解，以便于主管部门能对计划执行情况进行监督检查。在执行计划过程中，要按照一定的评价和反馈制度，了解和检查计划的执行情况，评价计划的效率，分析计划是否在正常执行。有时，市场会出现意想不到的变化，甚至会出现意外事件，销售部门要及时修正计划或改变战略策略，以适应新的情况。

实践经验：房地产促销计划制定方法

按销售促进涉及的内容，建立的房地产促销计划一般包括人员推销计划、宣传广告计划、营业推广方面的计划、公共关系方面的计划、促销策略组合计划、指标（发展新业主数、巩固老业主数、广告收益率、宣传广告费控制数、展览收益率、楼盘知名度及产品形象、企业知名度及企业声誉等）。

（3）影响房地产营销组织决策的因素。房地产市场营销组织是指为了实现企业的市场营销目标，而对企业的全部市场营销活动从整体上进行平衡协调的有机结合体，涉及企业内部市场营销活动的各个职位及其结构。市场营销组织既是保证市场营计划执行的一种手段，也是企业实现其营销目标的核心职能部门。它是以市场营销观念为理念建立的组织，以消费者的需求为中心。影响房地产市场营销组织决策的因素主要有以下三个方面：

1）企业规模。通常企业规模越大，市场营销组织越复杂，组织决策的速度越慢。

2）市场状况。通常决定市场营销人员分工和负责区域的依据是房地产项目的市场地理位置。

3）产品特点。包括企业的产品种类、产品特色、产品项目的关联性及产品的技术服务方面的要求等。另外，商品房有直接销售方式和间接销售方式，方式不同也会影响组织营销决策。

(4) 房地产营销组织的演化过程与组织模式。

1）房地产市场营销组织的演化过程。房地产市场营销组织的演化过程大致经历了以下五个阶段：

①单纯的销售部门。在这个阶段，销售部门的职能仅仅是推销生产部门生产出来的产品。对产品种类、规格、数量等问题，几乎没有任何发言权。

②兼有附属职能的销售部门。20世纪30年代大萧条以后，市场竞争日趋激烈，企业大多数以推销观念作为指导思想，需要进行经常性的市场研究、广告宣传及其他促销活动。这些活动逐渐变成专门的职能，当工作量达到一定程度时，便会设立一名市场营销主管负责这方面的工作。

③独立的市场营销部门。随着企业规模和业务范围的进一步扩大，原来作为附属性工作的市场营销研究、新产品开发、广告促销和为顾客服务等市场营销职能的重要性日益增强。市场营销部门成为一个相对独立的职能部门，作为市场营销部门负责人的市场营销经理直接接受总经理的领导，销售和市场营销成为平行的职能部门，在工作上密切配合，向企业总经理提供分析企业面临的机遇与挑战的机会。

④现代市场营销部门。尽管销售经理和市场营销经理需要配合默契和互相协调，但相互之间实际形成的关系存在竞争性。销售经理：趋向于短期行为，侧重于取得眼前的销售量；市场营销经理：多着眼于长期效果，侧重于制定适当的产品计划和市场营销战略，以满足市场的长期需要。销售部门和市场营销部门之间矛盾冲突的解决过程，形成了现代市场营销部门的基础，即由市场营销经理全面负责，下辖所有市场营销职能部门和销售部门。

⑤现代市场营销公司。现代公司取决于公司内部各种管理人员对待市场营销职能的态度，只有当所有管理人员都认识到公司一切部门的工作都是"为顾客服务"，"市场营销"不仅是一个部门的名称，而且是一个公司的经营哲学时，才能算是一个"以顾客为中心"的现代市场营销公司。

2）房地产营销部门的组织模式。市场营销组织必须与营销活动的职能、地域、产品和市场四个方面相适应。房地产市场营销组织有以下五种模式：

①职能型组织。这是最常见的市场营销组织的形式，它强调的是市场营销各种职能的重要性。

②地区型组织。一个销售范围遍及全国的企业，通常都会按照地理区域来安排其营销机构（图8-2）。

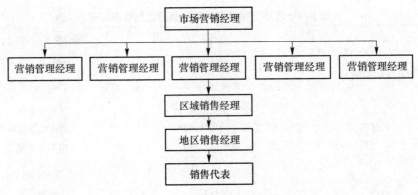

图 8-2 地区型营销组织机构

③项目型组织。也叫产品型组织,拥有多种房地产项目(产品或多个品牌)的企业,往往按照项目(产品或品牌)建立管理组织。

④市场型组织。它是由一个总市场经理管辖若干细分市场经理,各细分市场经理负责自己所管市场发展的年度计划和长期计划(图 8-3)。

⑤项目——市场型组织。这是一种既有项目(产品)经理,又有市场经理的二维矩阵组织。

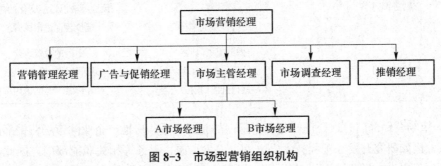

图 8-3 市场型营销组织机构

(5)房地产营销部门同其他部门的关系。

1)市场营销部门在企业中的地位和作用。

①营销部门与财务、人事、生产等部门职能处于同等地位。在企业的战略规划中,各种职能的地位平等,没有主次之分。

②营销职能是企业最重要的职能。

③市场营销是企业的主要职能。市场营销部门应是公司的中心,其他职能作为支持职能为中心职能服务。

④顾客是企业经营管理的中心。在顾客导向思想指导下,所有职能部门共同努力、彼此平等地了解顾客、服务顾客和满足顾客。

⑤为了正确解释和有效满足顾客的需求,市场营销部门仍处于公司的中心支配地位。因为营销部门的职能是吸引和保持顾客,但同时顾客实际得到的满足程度受到其他部门工作的影响。因此,营销部门必须影响其他部门,向这些部门贯彻以顾客为中心的经营管理,才能使顾客得到期望的满足。

2)市场营销部门与其他部门之间观点不同。市场营销部门基本职能主要有市场调研、市场策划、广告宣传与公关促销等。市场营销部门与其他部门之间主要的不同点见表 8-1。

表 8-1 市场营销部门与其他部门之间的不同点

部门	强调重点	市场营销部门的强调重点
研究与开发部门	产品内在价值 产品功能形象	产品外在价值 产品销售形象
工程部门	注重长期设计 很少的规格和数量 标准化结构	注重短期设计 许多品质规格 根据客户要求
采购部门	很少产品种类 材料价格 经济采购批量	广泛的产品系列 材料质地 根据客户需要采购
建设部门	长期生产单一产品 不改变产品式样 标准订单 产品结构简单 一般的质量控制	短期内生产许多产品品种 经常改变产品式样 由顾客决定订单 符合审美观的产品形象 严格的质量控制
财务部门	按标准严格控制支出 硬预算 定价补偿成本	根据判断讨论决定支出 预算灵魂以适应变化的需求 定价要促进市场开发
信贷部门	很低的投资风险 严格的借贷条款和手续 对客户进行全面的财务审查	中等的投资风险 灵活的贷款手续和条件 对客户做中等的信用审查

3）市场营销部门必须处理好与各个部门的相互关系。房地产企业除市场营销部门外，还有其他诸如研究开发、工程技术、采购、人力资源、财务等相关职能部门。因此，在企业运行过程中，市场营销部门必须与各个部门密切配合、共同协作完成企业的总目标。但是在实际工作过程中，由于各个部门所处的角度不同，扮演的角色不同而存在分歧，营销部门应本着协调一致的原则处理好与相关部门的关系，取得最大的整合营销价值。

（6）房地产营销组织设计。

1）分析营销组织环境。分析营销组织环境首先要分析市场，市场状况对企业营销组织的影响主要来源于市场产品结构、产品生命周期和购买行为类型三个方面。除市场状况外，竞争者的状况也是企业在设计其营销组织形式时所必须考虑的一个环境因素。

2）确定营销组织内部的各项活动。市场营销组织内部的活动主要有两种类型：一种是职能性活动，它涉及市场营销组织的各个部门，范围宽泛，企业在制定战略时要确立各个职能部门在市场营销组织中的地位，以便开展有效的竞争；另一种是管理性活动，涉及管理任务中的计划、协调和控制等方面。

3）建立组织职位。企业在建立组织职位时应考虑职位类型、职位层次和职位数量三个要素，从而清晰各个职位的权力、责任及其在组织中的相互关系。

①职位类型。对职位类型的划分有以下三种方法：

a．将职位划分为直线型和参谋型；

b．将职位划分为专业型和协调型；

c. 将职位划分成临时型和永久型。

②职位层次。职位层次是指每个职位在组织中地位的高低，如普通营销员、营销主管、营销经理等。

③职位数量。职位数量是指企业建立组织职位的合理数量，企业可以把市场营销活动分为核心活动、重要活动和附属性活动三种，并配以适当职位数。

4) 设计组织结构。营销组织一般有直线型、参谋型和项目矩阵型等结构。企业在设计组织结构时必须注意把握好分权化程度和确定合理的管理宽度两个问题。

5) 配备组织人员。企业主要根据组织环境、组织内部活动、组织职位、组织结构来配置组织人员。另外，在分析市场营销组织人员配备时，必须考虑新组织和再造组织两种组织情况。

6) 检查和评价营销组织。当营销组织初步设计好后，要对组织进行评价，当发现不够完善时，则需要及时进行调整，其调整的原因主要有以下几项：

①外部环境的变化。

②组织主管人员的变动。

③改组是为了证明现存组织结构的缺陷。

④组织内部主管人员之间的矛盾。

8.7.2 房地产营销的 OTO 执行与控制

执行和控制市场营销计划是市场营销管理过程的最后一个步骤，也是市场营销管理过程的一个关键性的、极其重要的步骤。

(1) OTO 执行房地产营销计划。

1) "OTO"，即"线上到线下"，OTO 商业模式的核心就是将线上的消费者带到现实的售楼部中，在线支付购买线下的房屋和服务，再到线下去享受服务。

2) OTO 执行营销计划，是指采用线上、线下相结合的手段将营销计划转变为具体营销行动的过程，即将企业的经济资源有效地投入企业营销活动中，完成计划规定的任务、实现既定目标的过程。

3) 企业要有效地执行市场营销计划，必须建立起专门的市场营销组织。企业的市场营销组织通常由一位营销副总经理负责。

4) 营销部门在开展营销工作时的有效性，不仅依赖于营销组织结构的合理性，同时还取决于营销部门对营销人员的选择、培训、指挥、激励和评价等活动。

(2) 控制房地产市场营销计划。房地产市场营销过程控制方式：

1) 跟踪型控制。对系统运行全过程实施不间断的控制。在市场营销中，对战略规划决策，外部市场环境变化，新产品开发等的控制就属于此类。

2) 开关型控制。确定某一标准作为控制的基准器，决定该项目工作是否可行。例如，确定合理的公司投资报酬率，以此来评价市场机会或产品项目，如达到规定标准，则列入考虑范围，像产品质量控制、财务控制均属此类。

3) 事后控制。将结果与期望标准进行比较，检查其是否符合预期目标，比较偏差大小，找出偏差产生的原因、决策经验和教训，以便下一步行动和有利于将来的行动。如市场占有率控制、销售率控制等，一般可归于此类。

4）集中控制和分散控制。集中控制是指最后决策的制定和调整，均由最高一级系统决定；分散控制是将控制极限分别由各子系统（各级主管部门和职能部门）分担，这些子系统有一定独立行使控制权的自由，最高级系统往往只起协调平衡的作用。

5）全面控制和分类控制。全面控制是对某一活动的各个方面实施控制；分类控制则是将活动按其类别不同，分别控制。例如，按市场类型、销售地区、产品种类、销售渠道、销售部门等进行区分实施控制，就属分类控制。

（3）房地产营销控制的基本程序。房地产营销控制就是企业用于跟踪营销活动过程的每一个环节，确保能够按照计划目标运行而实施的一套完整的工作程序。房地产营销控制的基本程序如图 8-4 所示。

图 8-4　房地产营销控制的基本程序

1）确定控制对象。即确定控制的内容和范围，确定应对哪些市场营销活动进行控制。具体包括：销售收入、销售成本、销售利润等营利性控制；项目开发、项目定价、分销渠道、广告宣传、消费者服务等专项营销组合因素的控制；营销目标、方针、政策等战略性控制。

2）设置控制目标。即对控制对象设立各种控制活动的目标。目标市场营销系统的核心一方面是只有明确了目标才能进行营销控制；另一方面目标又是市场营销控制的归宿。市场营销控制的目的是更好地实现目标，只有达到目标才能说明营销控制是否有效。

3）建立衡量尺度。衡量市场营销活动优劣的尺度可分为"量"的尺度和"质"的尺度两类：一种是"量"，如销售量、费用率、利润率等，对于这些指标要数量化；另一种是"质"，如销售人员的工作能力、组织能力等，这些很难用数量来表示，企业可以考虑将多种尺度配合使用。

4）确立控制标准。控制标准是指以某种衡量尺度表示的控制对象的预期活动范围。在具体确定时，还要结合产品、地区、竞争等情况区别对待，尽量保持控制标准的稳定性和适应性。

5）收集信息。为了控制，必须收集各种信息，了解计划的完成情况。

6）比较实绩与标准。运用已建立的衡量尺度和控制标准对计划完成结果（实绩）进行检查与比较。检查的方法可根据实际需要而定，比较时有频率的比较、数量的比较和质的比较三种方法。

7）分析偏差原因。实绩与计划目标产生偏差的原因大致有三种情况：第一，房地产企业对自身资源及外部环境与目标市场等因素的估计不足，导致企业营销计划不符合客观实际；第二，市场营销系统的外部环境发生恶劣重大的变化；第三，市场营销系统的内部发生了重大变化。

8）采取改进措施。当实绩与计划不符时，就要采取纠正措施。如果在制订计划时，同时也制订恶劣应急计划，改进就能更快；但多数情况下并没有这类预定措施，这就必须根据实际情况迅速制定补救方案，或适当调整某些营销计划目标。

（4）房地产营销控制的类型。房地产营销控制按其内容的不同可分为四类，具体见表 8-2。

表 8-2　房地产营销控制类型及手段

控制类型	控制人员	控制目的	控制手段
年度控制计划	中、高层经理	检查计划目标是否达到	销售量分析 市场份额分析 销售费率分析 财务结果分析
盈利控制	营销负责人	检查是否在盈利	按以下划分分别计算盈利率： 　产品 　区域 　顾客群 　渠道 　销售金额
效率控制	业务和职能部门经营、营销负责人	提高营销费用的使用效率	分析效率情况 销售队伍 广告 营销推广 渠道
战略控制	高层经理	检查企业是否在市场、产品和渠道方面抓住了最佳机会	营销长期有效性分析 营销审计 营销成功经验总结

8.8　房地产营销策划的创新

8.8.1　调整营销观念

传统的 4Ps 营销组合理论自 20 世纪初诞生以来，一直成为市场营销理论的基石，指导着中国房地产市场不断生产房地产产品，生产各种"需求"和"空置"。这一理论的出发点是卖方，即销售者，它是以产品作为营销工作的起点，通过价格、地点和促销手段的变化展开竞争，其本质上仍然是一种传统意义上的产品推销模式，而不是现代营销理论所追求的社会营销模式。

而 20 世纪 90 年代初"新鲜出炉"的 4Cs 营销组合理论是建立在买方市场基础之上，以顾客的需求为出发点，通过与顾客的充分联系和交流，了解顾客的有效需求商品和所需的便利服务，并以此作为房地产开发工作的指导方针，最终有效地推出适销的产品以赢得市场。4Cs 理论是当今消费者在市场营销中越来越居于主动地位、消费者的生活节奏越来越快、市场竞争空前激烈、传播媒体高度分化、信息膨胀过剩的营销环境下的必然要求。

物业的内在素质永远是成功的第一要素，但消费者的生活经历、受教育程度、工作性质、家庭结构、个人审美情趣各不相同，每个人对物业品质需求的重点也大不相同。了解并满足消费者的需要与欲求不能仅表现在一时一处的热情，而应始终贯穿于楼盘开发的全过程。

4Cs 理论认为正确的定价方法应该是看消费者为满足其需求所愿意支付的成本。Cost（成本）在这里指的不单是消费者所投入的金钱，还包括消费者因投资而必须承受的心理压力，以及为化解或降低购房风险（如建筑质量是否优良、能否及时交付、法律手续是否齐备等等）而耗费的时间、精力、金钱等诸多方面。只有深入调查、专业研究，及时准备探明消费者的需求，并采取一切可行措施切实消除或减低消费者的置业风险，切实有效节省消费者的精力、时间成本，消费者才能更快地将购房意愿转化为行动，而且愿意付出更多的"金钱成本"。

在提供消费者购买便利方面，许多发展商与代理商已取得共识。在卖方市场的压力下，开发商不仅愿意交由中介公司代理商销售，而且选择中介公司时有严格的要求；中介代理商在服务的专业化、规范化建设方面也取得了长足的进步。当然，在提供消费者购买方便的工作中仍有许多功课需要去做，如咨询、销售人员的培训，信息资料的提供，更多销售网点的设立等。

按照 4Cs 理论，房地产营销策划必须十分注重与消费者建立双向式沟通。在广告创作前必须进行广泛、深入的调查研究，确切掌握目标消费者的构成，以及文化社会、收入、心理等状况，并通过调查测试确认消费者关注的利益点，最后以富于个性创意的方式表现出来。

从当前成功的营销策划案例更加注重人文环境氛围的营造、房型的个性化设计、物业管理的完善等系列显著变化中，可以验证 4Cs 理论在实践中发挥了其指导作用。

8.8.2 构建营销创新体系

在消费者需求个性化、多样化的表面下，也掩盖着消费者需求的感性化和难以驾驭的情况。因此，仅仅以消费者需求为导向，一味不切实际地在消费者需求导向下跟风追涨，并不是营销策划的"法宝"。营销策划的"利器"更应体现于以专业知识和超前的眼光去发现市场、引导市场、创造市场，从而引导消费者的需求。

8.8.3 房地产营销策略的创新

（1）品牌营销。建立良好的品牌对房地产营销十分重要。目前，房地产市场竞争日趋激烈，房地产品牌的作用日益凸显。品牌不仅是企业或产品标识，更是无形资产，能强化企业在市场和行业中的地位，并且在企业的兼并收购、投融资等对外合作中发挥重要的作用，从而为企业创造更加良好的经营效益。要建立良好的品牌，必须以优良的品质、适合的价格提高品牌知名度；同时，兼以完善的售后服务提高品牌忠诚度以及适当的树立品牌形象的手段提高品牌影响力，以及参加各类大型的房地产展销会展示公司形象，推销公司的楼盘等。而在现实的房地产营销中，由于资金的周转，市场的激烈竞争等问题，导致房地产开发商不注意进行品牌效应的积累，只是针对在建或竣工的个别楼盘借助媒体或广告的力量进行炒作。而品牌的创造和维护应该贯穿整个项目的始终。只有这样，才能使品牌成为企业的竞争优势；另外，企业往往将品牌理解成为案名，只要案名好就能树立良好的品牌效应。其实，案名只是品牌的重要组成部分，品牌应该注意"内外兼修"，既要有好的案名，更要有好的质量及服务，做到"名实双具"。

（2）人文营销。房地产营销应该是以人为本，为顾客创造良好的环境，体现人文情怀。第一，文化是人文的重要组成部分，深厚的文化底蕴或高品位文化景观和楼盘的结合可以给顾客以享受。第二，人文还体现在房地产开发商与顾客的关系建立上。对于现在正处于买方市场的房地产企业，应该更加注意与顾客建立良好的关系，与顾客形成互动，在展示企业形象的同时，更让顾客感受到关怀，在选择时倾向性更加明显。第三，人文营销体现在为买主提供最大便利上。所以，从房地产开发到售后的过程完整贯彻以人为本的原则，是提升销售量的重要手段之一。

（3）知识营销。目前，对于大多数消费者而言，对房地产的理解只是限于"一栋房子"的概念。因此，房地产开发商应当本着诚实的原则定期开展相关知识的宣讲会，在宣讲会前可以进行问卷调查，了解消费者在此方面的困惑，在宣讲会上可以针对调查结果要求相关专业人员先进行房地产行业概况介绍，然后认真、耐心地回答消费者对房地产行业或有关楼盘的任何问题，最后总结以上内容，达到让消费者获得知识的目的。可见，宣讲会是沟通房地产商和消费者之间的桥梁。在向顾客介绍知识的同时，又宣传了企业的品牌，提高了大众的认知度，增加了购买欲望；同时，对房地产有了认识的顾客又会对房地产提出更高层次的要求，促使房地产开发商运用新技术，创造新工艺，推动市场的前进。

（4）绿色营销。居住环境的质量已经成为人们购房时考虑的重要因素，开发区域的绿地覆盖率也就成为楼盘的卖点。于是，企业纷纷提出以环境保护为营销理念、以绿色文化为价值观、以绿色营销为核心的营销战略。而针对目前能源紧缺而提出的绿色节能住宅的概念，同样要运用到绿色营销中，增加社会效应。虽然目前节能住宅的单价相对于普通住宅要高，但由于"发展节能住宅是利国利民的大事"，绿色节能住宅的发展将成为趋势，也将成为卖点。

（5）合作营销。与其他商品一样，对于商品房的销售同样可以采取合作营销的战略。房地产开发商与很多单位存在利益关系。第一，应该积极与下游供应商进行联系，由于长期的合作，可以给开发商带来一定的折扣，减少成本；同时，消费者购买商品房之后进行装修，开发商可以推荐房主使用与其合作的供应商售卖的材料，既为房主提供了优惠，也会给供应商带来不少的收益。第二，开发商积极与金融信贷部门进行联合，前期可以通过宣传开发项目优势的方式，向金融信贷部门请求贷款或通过项目融资的方式邀请进行项目合作，利用金融信贷资金进行开发建设；在后期的销售过程中，与金融部门沟通，为顾客设计贷款或按揭的组合方式，为顾客提供多种丰富的支付手段。第三，与其他开发商进行联合造势，形成双赢的格局。

（6）服务营销。对于房地产产品的服务也可分为售前、售中和售后三个服务阶段。在售前服务阶段，应该向每位潜在的消费者提供真实的关于楼盘的资料，接受他们的咨询，让对所感兴趣的楼盘有全方位地了解，从而有了初步的认知和倾向；售中服务是开发商必须提供符合协议规定质量合格的商品房给用户，并协助他们办理相关手续；开发商应当注意商品房产品的售后服务，对业主提出的问题给予及时的反馈与维修；并自己成立物业公司或委托第三方代理物业管理，为业主提供安全、舒适、美观的理想人居环境。这是时代发展的必然，同时也为企业的发展奠定坚实的基础。

（7）社会营销。社会营销观念是随着现在流行的可持续发展观念提出来的，它主张企业提供的产品和服务，不仅要满足消费者的市场需求或短期欲望，而且要符合消费者的长期利益，不忽视社会利益。企业发展中的社会效益有助于企业提升其形象。

8.8.4 21世纪房地产营销策划的主旋律和发展趋势

在未来的中国，市场包含了太多的要素。房地产营销策划应以理性驾驭市场，用一种科学的思维方式，结合各方面的要素和自身优势，找到最佳的扬长避短的战略决策。房地产项目的营销策划是对消费层希望的、苛求的东西进行挖掘，是对需求信号的及时梳理引导。

（1）树立以人为本思想，体现对人的关怀。首先，规划设计面向目标消费群的人本需求；其次，根据房产的区域固定性，在固有区域上进行市场细分；最后，在同区域内对人本需求动机进行细分（自用、投资及其相关追求点），并结合消费者本体是冲动型还是理智型，在心理上追求的是解决安居、追求生活享乐还是显示身份地位等，从而使目标更明朗。

（2）更加注重市场分析，以分析和研究市场需求为营销重点。市场分析不准，往往会造成楼盘积压，投资失误。房地产企业必须以需求为导向，坚持以销定产；在可行性研究的同时，进行市场营销策划；建立企业营销信息系统，准确掌握市场新动向。

（3）主动寻找、发现市场机遇。在任何市场上，都有未满足的需要，如果这种需要能够形成市场，就表明存在一些市场营销机会。当营销机会与本企业的任务、目标、资源条件相一致时，企业就能够选择那些比其潜在竞争者有最大优势的市场营销机会。企业要抓住市场机遇，就要认清房地产形势，不盲目跟风开发；挖掘企业内部潜力，充分利用本企业的竞争优势；细分目标市场，开发受市场欢迎、有特色的项目。

（4）努力完善售后服务。市场营销是以消费者为中心，不仅以消费者为起点，而且以消费者为终点，满足消费者需求。物业管理是房地产开发的延续和完善，也是关系到开发商整体形象与群众口碑的重要一环。房地产企业必须将物业管理当作品牌战略的重要功课，它也是营销活动的重要内容，必须促使物业管理向着专业化、社会化、企业化的方向发展。

（5）全过程营销策划与整合营销跃上前台。全过程营销策划有助于减少发展商在项目前期决策上的失误，改变发展商在楼盘烂尾后无所适从的被动局面，从而提高房地产开发的整体水平，为发展商在21世纪赢得更广阔的生存空间。

整合营销是在营销环节高度专业化分工的基础上，通过市场渠道，围绕具体项目，有多个专业性营销机构形成多种专业人才互补型、互利型的共同组织，并由其对诸如资金、智能、品牌、社会关系等房地产营销相关要素进行整理、组合，形成合力，高效运作，从而形成从投资决策到物业销售全过程的系统控制，并进而实现预定营销目标的一种新型的、市场化的房地产营销模式。整合营销克服了一般营销模式"中间强、两头弱"的缺陷，同时避免了策划商与销售代理商之间各自为政、互不协调的局面。整合营销围绕具体项目进行资源整合，提高房地产行业内部专业化分工与协作，其优势在于智能互补、利益共享、风险共担。

第9章 房地产销售策划

9.1 房地产销售策划概述

1. 销售人员能力与职责

（1）销售人员的素质和能力。开发商通过房地产销售策划方案的实施使消费者选择购买，整个营销过程和营销质量的高低，在很大程度上取决于销售人员的素质和能力。

1）销售人员的素质。

①礼仪修养。

a. 个人形象。销售人员应有整洁的仪表、亲和力较强的仪容；有主动积极、面带微笑、亲切诚恳的态度；有进退有序的规范的礼仪；有流利的口才、收放自如的交谈能力等。

b. 电话礼仪。电话礼仪是销售人员应具备的素质之一。通过电话给客户留下良好的印象，有利于销售工作的开展。接听电话要采用正确的接听方式和礼貌用语。

c. 接待顾客时的礼仪。接待顾客时应注意和客户目光的交流，既能了解客户心理活动，又符合国际惯例；同时，还应注意引领客户看房时及客户离开时的礼仪。

②知识结构。

a. 房地产企业相关知识信息。房地产销售人员应熟悉房地产开发企业或房地产销售代理企业的历史及其在同行业中的地位；房地产企业发展历程、企业文化；房地产企业已开发的产品、品牌、社会知名度等。了解本企业的优势，可以增强销售人员的信心。

b. 房地产开发有关知识信息。它主要包括房地产的地点、交通、位置、环境、总建筑面积、占地面积、容积率、建筑物覆盖率、绿化率；房地产产品的结构、功能、用途、价格、得房率及物业管理等知识；竞争楼盘的有关情况、本楼盘的卖点，以及与其他竞争对手的产品优劣比较。销售人员只有对产品的认识多于顾客，才能解答客户对产品的使用、功能等方面提出的各种问题，才能增强销售人员成功推销房地产产品的信心，增加成功地说服客户做出购买决定的机会。

c. 顾客有关的知识信息。顾客有关的知识信息包括购房者的购买动机、购买心理和购买习惯；购买决策人，影响购买决策者的人，在购买者家庭中扮演的角色和地位等。另外，还包括其支出模式，以及购买的方式、条件、时间、偏好等有关信息情况。

d. 房地产产业和市场行情有关知识信息。为了更有效地工作，销售人员必须掌握产业和市场内的当前商情和顾客活动的趋势，目前顾客情况、潜在用户、潜在的销售量，以及国家有关房地产政策法规等规定。房地产企业占有的市场信息有多少，对市场变化发展的趋势预测准确性等。

e. 房地产销售有关法律法规等知识信息。房地产营销人员应了解民法、合同法、商标法、广告法、税法、反不正当竞争法、消费者权益法、城市房地产管理办法、房地产销售管理办法等知识。

③敬业精神。销售人员是房地产企业与顾客间沟通联系的桥梁，是企业文化、社区文化和楼盘主题概念传播的窗口，并肩负着不断开拓新顾客维系老顾客的重任。因此，具有企业的使命感和迫切完成销售任务的责任心，具有坚忍不拔的进取精神与扎实的工作作风，具有一股勇于进取、积极向上的敬业精神，才能扎扎实实地做好销售工作。但是，销售人员工作往往困难重重、环境艰苦，有时甚至遭受顾客的白眼，所以，销售人员更应该积极发掘销售机会，掌握好适当的销售时机，尽可能促成顾客的购买。

④心理素质。房地产销售人员应具备自知、自信、自尊、自爱、乐观开朗、坚忍奋进的心理素质，了解自己的职业、了解客户、了解企业，才能开展好销售工作。乐观、豁达、越挫越坚的性格和良好的心理素质，是优秀的销售人员必备的基本素质之一。

⑤职业道德。房地产销售人员除掌握必要的专业知识和其他知识外，还应该具备良好的职业道德素质，如守法经营、以诚为本、恪守信用、尽职尽责、团结合作等，良好的职业道德是房地产销售成功的要件。

⑥身体素质。销售人员在销售旺季每天面对大量的顾客，客户离开后还要对当天的客户各种信息和有关资料进行归类整理、统计和分析。因此，必须有好的身体素质，才能精力充沛，充满信心地应对繁忙的工作。

2）销售人员的能力。

①创造能力。销售人员需要有较好的创造力和坚强的信念，对行业、企业和市场了解得越深就会越有创意。由于与销售人员相对的客户，有一种抗拒感。若顾客有了这种抗拒感，再加上受强制的感觉，销售人员就很难与顾客进行有效的沟通交流。杰出的推销员给客户的是期待而不是强制。

②判断及察言观色的能力。由于房地产市场环境和顾客凸显的个性日益复杂化，而且受许多因素的制约，这就要求销售人员在销售过程中具有极大的灵活性，要有敏锐的观察能力，因人而异地选取推销方式，并随时观察顾客对推销陈述和推销方式的反应，有针对性地改进推销方法，提高推销的成功率。

③自我驱动能力。推销是一项专业性较强的工作，要成为一个成功的推销员更应该跟自己较量，战胜自己，确立绝不言败的个性及精神。

④人际沟通的能力。销售人员必须有沟通能力，能在很短时间内缩短与客户之间的距离，找到谈话的共同点，同时让客户接受自己，让顾客愿意将自己的想法意见说出来，彼此形成良好的合作关系，就离成功近了一步。

⑤从业技术能力。销售人员应熟悉房地产市场交易法规、程序，具有策划和组织小型促销活动的能力，具有一定的文案写作能力，具有丰富的房地产市场知识并能灵活运用的能力，能为消费者提供合意的方案，能针对不同类型的消费者从不同的角度作不同的介绍，对房地产市场信息能做出正确的分析和判断，如此才能为客户提供优质的服务。

⑥说服顾客的能力。销售人员要能熟练地运用各种推销技巧，成功地说服顾客。同时，要熟知推销工作的一般程序，了解顾客的购买动机和购买行为，善于展示和介绍产品，善于接近顾客，善于排除顾客的异议直至达成交易。另外，销售人员还应树立双赢理念，做好置业顾问。虽然销售人员代表企业利益，但也要为顾客着想，重视顾客利益，因为满足顾客需要是保证销售成功的关键。

(2) 销售人员的职责。房地产销售人员的职责主要包括以下几点：

1）认真贯彻执行公司的销售政策。
2）为客户提供一流的接待服务。
3）熟悉房地产基本常识和所销售产品的详尽知识。
4）在规定的时间内完成销售指标。
5）宣传园区，提升品牌形象。
6）执行销售业务流程所规定的全部工作。
7）建立良好的人际关系，积极收集反馈意见。
8）开展市场调研工作，为公司收集第一手市场资料。
9）负责按揭资料的准备。
10）积极挖掘潜在客户。
11）努力向上，坚持学习。

2．房地产销售人员的培训

（1）房地产销售人员培训的必要性。首先，从开发商的角度。市场竞争不断向纵深发展的结果之一便是产品的"同质化"程度越来越高，服务在销售中所起的作用越来越大，同时，需要企业应对市场变化的动作越来越灵敏。因此，处于与客户接触第一线的售楼人员在整个营销体系中的作用也日益重要，其身份属性日趋复杂。是现场劝说客户、促成最终购买的主力；服务态度、服务精神折射着公司的经营理念、价值取向；是市场最新动态、客户实际需求、客户对公司广告促销等营销手段反应的第一感知者；是客户资料信息的最佳收集、整理、深加工者。其次，从消费者的角度。"同质化"一方面使消费者有了从对策、理性选购的机会，但要在价格、素质各方面均甚为接近的楼盘间做出最佳购买选择，对于在建筑、结构、材料、规划、环艺等方面知识有限的消费者较为困难。消费者最渴望、最需要的是能有一位专家出来，以客观的态度、专业的知识为其提供从地段发展趋向、建筑规划理念、户型之于人居活动的关系、小区共享空间设置、绿化及环境设计特色等方面理性、中肯的分析意见。

对售楼员进行培训的必要性还体现在以下几个方面：

1）销售业绩决定企业的成败。没有销售就没有企业，而要提高销售额，必须对售楼员进行培训，以提高售楼员的工作能力。

2）售楼员在推销产品时同是在推销自己。售楼员要推销产品，首先要学会推销自己，对售楼员的培训是企业创造整体产品的一部分。

3）磨炼应付市场变化的能力。要在激烈竞争的市场中生存发展，必须培养售楼员的随机应变能力。

4）克服孤独。很多时候售楼员都是处在独立作战的环境中，有孤立无援的感觉。而训练就像精神的兴奋剂，缺乏训练将使售楼员士气不振。

5）摆脱恐怖感和自卑感。很多时候售楼员都会遭到客户的拒绝，因此产生挫折感，有时甚至有害怕被侮辱的心理。因此，员工训练反复不断地进行，对确立售楼员的使命感有很大的作用。

6）培养客户开发能力。对于售楼员来讲，每一个接触的人都可能成为潜在的客户，但要有眼光并能够想办法把这些潜在客户培养成真正的客户除长期经验磨炼积累外，培训也是好的方法。

7）销售工作科学化的需要。销售既是一门艺术，也是一门实践性很强的科学。要想成为一名优秀的售楼员，需要有意识地加强和培养各方面的知识和能力，如建筑专业知识、销售技巧和处理事务的能力。

（2）房地产销售人员培训的时机与流程。

1）培训的时机：

①新招聘人员工作。

②新的工作或项目刚刚成立时。

③旧工作将采用新方法、新技术执行时。

④改进员工的工作状况时。

⑤使员工在接触不同工作时，都能保持一定的工作水准。

⑥当现有的工作人员以缺乏效率的方式执行目前的工作时。

⑦当需要一种现有劳动中并未具备的特殊技术和技巧时。

⑧当需要一种特殊的技术和技巧，而现有的售楼员并不具备时。

⑨当员工现有的能力不足以完成工作时。

2）培训的流程：

①培训需求分析。很多销售经理发现如客户不满、内部混乱、员工士气低落、工作效率低时，便想通过培训加以解决。做培训需求分析时，可以通过对售楼员观察、面谈、问卷调查、自我诊断、客户调查等多种方式进行，以了解售楼员需要通过培训加以提高的诉求。

②制订培训计划。在对售楼员进行培训需求分析后，销售经理应拟订一份培训计划书，计划内容包括制定培训目标、选择培训人员、制定培训内容、选择培训讲师。

③培训形式。互动式教学效果最好，学员要积极参与，通过案例分析、角色演练来培训效果。

④实施培训。地点可以根据具体情况进行选择，持续时间最好不超过半个月，否则学员太疲乏。

⑤培训绩效评估。作为销售经理，对售楼员的培训效果必须有评估。评估通常在培训后进行，可让学员填写培训评估表，对培训内容、培训讲师、培训管理及培训成果等做具体评价。

⑥不断提高，进行下一轮培训。

（3）房地产销售人员培训的大致内容。

1）忠诚度培训。主要培训内容有公司背景介绍、公司在公众中的目标形象、公司理念及精神、公司推广目标（确立员工对公司信心）、公司规章制度（确定行为准则及制定销售收入目标）。

2）专业知识培训。这是实现从"售楼员"到"置业顾问"转变的关键，是培训的重点，可分为四个部分：一是房地产基本知识，包括基本概念、法律法规、按揭付款等；二是楼盘详细情况（包括规模、定位、设施、价格、户型、主要卖点）、周边环境及公共设施、交通条件、该区域城市发展规划；三是竞争楼盘分析；四是物业管理培训（服务内容、管理准则、公共契约）。

3）销售技巧培训。主要目的是提高售楼员现场观察能力、现场沟通能力、现场把握能力，从而促进整体销售业绩。主要包括洽谈技巧，以问题套答案技巧，询问客户需要、经济状况、期望等技巧，（拨）电话技巧，推销技巧，语言技巧，身体语言技巧，客户心理分析，展销会场气氛把握技巧，外出拜访技巧。结合近几年国内房地产市场发展趋势，应增加并特别重视以下内容的培训：

①最新人居理念的发展。包括现代生活方式的演变对建筑的影响，城市及小区规划理念，室内室外空间协调基本概念等。

②竞争对手调查内容与调查技巧。这是为客户提供理性比较分析的基础。

③客户资料收集、整理、加工知识。

3．项目销售策略

（1）房地产项目销售程序。在房地产项目进入销售阶段，应做好销售准备工作和销售实施工作。

1）房产销售准备。

①房产项目合法的审批资料准备。房产项目应准备：《建设工程规划许可证》《土地使用权证》，预售商品房要准备《商品房预售许可证》，现房销售应准备《商品房现售许可证》等资料。如果委托中介机构代理销售，还应准备正式的《代理销售委托书》。

②销售资料准备。宣传资料的准备、客户置业计划准备、购房须知准备、价目表与付款方式一览表准备和其他相关文件可根据项目自身来确定，如办理按揭指引、须交税费一览表、办理入住指引等相关文件或资料。

③销售人员准备。为保证销售工作能顺利完成，必须保证销售人员的数量与素质。对招聘的销售人员，要进行系统的售前培训工作，以提高其素质和能力。

④销售现场准备。一般情况下，售楼现场应做好售楼处的设计布置、看楼通道的安全畅通、样板房的精装修等工作；

另外，可做一些户外广告牌、灯箱、导示牌、彩旗等，以营造现场喜庆的氛围。

2）房产销售实施工作程序。

①客户接待与谈判。该项工作由销售人员负责，此项工作销售人员必须按照有关规定进行。其他财务、工程及物业管理方面的专业人员，可在销售经理指示下及销售人员的请求下协同工作。

②定金收取及认购合同签订。该项工作由销售人员与财务人员配合完成，认购合同由财务人员统一保管，在使用前由销售人员按顺序号领用，然后才能通知收取定金。

③交纳首期房款、签订正式楼宇买卖合同。认购合同中一般都约定首期房款缴纳的具体时间。约定时间到达前2日，由销售人员负责提醒客户预备首期款，并将反馈情况向财务人员通报，并在到期日配合财务人员做好收取工作。

在整个过程中销售人员应做好客户接待、指引工作，并协助做好有关事宜解释工作。

④交纳余款或办理按揭。该项工作由财务人员及专职人员负责完成，销售人员须做好客户接待、指引工作，在销售经理指示及有关专职人员要求下配合完成有关工作。

⑤其他售后服务。其他售后服务包括已购房顾客的回访、顾客提出有关申请的跟进与落实、项目入住手续的协助办理等。

（2）顾客购房心理。顾客的消费行为是其心理活动的外在表现，即顾客的行为受其内在心理活动的支配和制约。

1）理智稳健型顾客。

①心理活动特征：考虑问题冷静、稳健，不容易被销售人员的言辞所打动。对于项目的疑点，他们一定会详细了解，不会有半点含糊。

②销售对策：在销售过程中加强对房屋本质、开发商信誉及房屋独特优点的介绍，而

且说辞必须有理有据，从而获得顾客的理解和信任。

2）小心谨慎型顾客。

①心理活动特征：做事过分小心，常常因为一个无关大局的小事而影响最终决定。

②销售对策：销售人员应该在销售过程中通过几个细节的介绍尽快取得对方的初步信任，加强其对产品的信心。在其交纳定金后，更应该"快刀斩乱麻"让其签约，以坚定其选择。

3）沉默寡言型顾客。

①心理活动特征：做事谨慎，考虑问题常常有自己的一套逻辑，并不轻易相信别人的话，外表严肃，反应冷漠。

②销售对策：在介绍产品的特点以外，应通过亲切的态度缩短双方的距离。通过多种话题，以求尽快发现其感兴趣的话题，从而了解其真正需求。

4）感情冲动型顾客。

①心理活动特征：这种人天性易激动，容易受外界刺激，则很快就能做出决定。

②销售对策：从一开始就不断强调产品的特色和实惠，促使其快速决定。当顾客不想购买时，更应该应对得体，以免其过激的言辞影响其他顾客。

5）优柔寡断型顾客。

①心理活动特征：内心犹豫不决，不敢做决定，可能是第一次购房，所以经验不足，害怕上当受骗。

②销售对策：销售人员必须态度坚决而自信，通过信而有征的公司业绩、产品品质、服务保证等赢取顾客信赖，并在适当的时机帮助其作决定。

6）盛气凌人型顾客。

①心理活动特征：由于具有一定的背景或经济实力，习惯说话趾高气扬，并拒人千里之外，以此显示自己与别人不一样。

②销售对策：应及时稳住立场，态度不卑不亢，在尊敬对方的同时也应该适当恭维对方，从而寻找其"弱点"，创造销售机会。

7）敏感型顾客。

①心理活动特征：比较敏感，事事容易往坏处想，任何小事都容易刺激到他，其实也是表现了其心里没底，需要帮助。

②销售对策：开始时必须言行谨慎，多听少说，仪态庄重严肃，在取得信任后以有力的事实说服对方，不要做过多的描述。

8）借故拖延型顾客。

①心理活动特征：随意看看，不能立即决定，或者根本就没有购买的打算。习惯于借故拖延，推三阻四，期盼更大的优惠出现。

②销售对策：在介绍过程中不断试探顾客不能决定的原因，并设法解决，掌握分寸，不好意思再推脱。

（3）房产销售中的策略运用。

1）探询性策略。当房屋销售人员对购房顾客的需求情况并不了解，无法确定诉求的重点时往往采用这一策略。销售人员可以先用多种话题探询顾客，在吸引其注意的同时，掌握他的兴趣所在及属于哪种类型的消费者等。在准确了解顾客的反应后，采取相对应的房产营销措施，如强调房产的实际效用、内在质量、价格优势、交通方便、保值增值等。因此，房产销售人员往往花较多的时间、精力放在探询顾客的需求上。

2）针对性策略：针对性策略的运用是建立在原有的调查、经验基础上，或通过探询性策略已了解顾客的需求，方可采取针对性策略。销售人员针对顾客的实际情况，有目的、有步骤地宣传、展示和介绍商品，使顾客产生购买欲望。

运用针对性策略时，销售人员一定要始终体现出诚意，当顾客感到销售人员真的是在为其出谋划策而不是推销房产时，交易也就成功了。

3）诱导性策略。诱导性策略指销售人员运用能激起顾客某种需求的说服方法，诱导顾客进行购买的推销策略。

有时顾客在和销售人员的交谈中，一些潜在的需求变得很强烈，甚至产生了一些从未考虑过的需求，最后自觉地加入购买行列中。诱导性策略是一种"创造性营销"，要求销售人员运用高超的营销艺术与技巧，去诱发客户产生某方面需求，并激发这种需求，然后再不失时机地推出房产产品，来满足这种需求。

4．房地产销售技巧

（1）现场销售。

1）现场接待准备。

①理念准备。售楼人员要做顾客的朋友，做他们的理财顾问，与他们一起探讨楼市的未来，为他们安全、快捷地办理各类手续提供方便等。销售人员还要不断地学习新知识，取人之长、补己之短，提高综合判断能力，学会从顾客的谈话信息中判断顾客实际需要和真实想法。

②形象准备。销售人员应着统一的职业装并佩戴员工号牌，统一佩戴在左胸处，得体的衣着能给人自信和尊重感。

③开场白准备。与初次见面的陌生人交流，会涉及工作范围和职务，成功的自我介绍可以更快地与陌生人缩短距离，而精心准备的开场白会给顾客留下良好的第一印象。

④资讯准备。销售人员要争取做一名专家，了解每年的供应量、开发量、竣工量、销售量、积压量，了解房产的价格走势，了解竞争楼盘的产品功能定位、定价、销售方式和促销策略，了解市场上畅销的户型及销售率。信息掌握得越多，越有利于说服客户，让客户信服。

2）现场接待客户。

①礼貌地迎接客户售楼人员在售楼处入口笑迎客户，道声："你好，欢迎光临！"同时留意客户开的车、来的人数等情况，以适时调整接待方式。

②安顿客户。

a．"自助式"服务。若客户进入接待中心并说随便看看时，则悉听尊便。但售楼人员应在与客户2 m的距离范围内，随时向有疑问的客户提供咨询。

b．"一对一"服务。若售楼人员与客户是一对一的服务，则安顿客户看完有关展示后坐下来，是留住顾客的重要一步。之后，给资料、倒水并开展详细的咨询与问答。

c．"一对多"服务。若售楼处客户较多，一个售楼人员必须同时接待两个甚至两个以上的客户时，安顿客户则是最重要的一环。道歉、递资料、书刊报纸应在1分钟内完成。安顿客户的目的，是尽量不要让客户受冷遇。人手不足时，现场售楼人员也一定要互相协助，集体行动，注意团队合作，共同完成任务。全员销售的精神将发挥明显的作用。

③了解客户。调用售楼人员的洞察能力、综合判断能力，从客户零散的信息中把握他的实际需要：是换房，是第一次买房，还是买第二套房等。询问、了解客户的需要，可以掌握第一手顾客资料，以便随时调整营销策略。

④留住顾客。有时客户要货比三家，这时最重要的是设法留住顾客。如客户到售楼处

看房，因有不同看法或因选择性太多，不可能第一时间就明确立刻买房，应留时间给他考虑。但要让客户留下电话、姓名，同时销售人员要将名片递给他，确保这次洽谈的第一印象。送走客户后，要及时清理洽谈处的纸屑等杂物，以保持洽谈处的整洁，然后将客户咨询情况登记在"客户登记表"上。

⑤签署协议。客户购房意向确定后，应及时签署认购协议和销售合同，收取定金。签署协议的关键点是协议的条款应尽可能合情合理。其中，交房日期的条款应更为谨慎，因为入住时间是最大的纠纷。

⑥办理其他事项。客户签了名，交付了有关款项，留了身份证等有关复印件，剩下的手续，销售人员应主动替客户办理。如果不能全部办理，可协助客户办理，告知预先准备的证件、资料，提醒客户办理时间等。

⑦售后服务。售后服务包含三层意思，一是继续为客户完成各项服务承诺，办理各项事务，保质保量；二是让客户享受专业的地产服务咨询；三是建立自己的客户档案，将最有可能的各类客户进行分类。

3）现场销售应注意的问题。

①客户共享楼盘资源。如果遇到两个以上的客户对同一房屋有意向，应遵循成交优先原则，现在是先交预定款费用者先得。

②折扣控制。销售经理是负责具体楼盘销售组织的，应严格控制优惠折扣，业务人员一概不得承诺各种额外折扣和优惠条件，要据实推介。如遇特殊情况，应向销售经理提出，由销售经理确定。

③现场接待顺序。现场接待客户应询问是否已接受公司其他同事服务，如果没有，由接待售楼员负责现场接待；如果已进行过客户登记或进线电话登记，谁接待时间在前，由谁负责。

④客户登记。随时跟进销售人员应人手一本客户登记簿，及时简要记录自己接待的客户及每次跟进的情况。

⑤注意发扬团队协作精神，互谅互让，尊重同事劳动。

（2）带客户看房技巧。销售人员一定要亲自带客户看房，同时注意使用规范用语。在路上是和客户进行沟通的好机会，要主动进行情感沟通，可以拉近彼此距离。通过这种沟通可了解客户需求面积、预选楼层、能承受的价格、家庭结构、职业、现居住条件、想要改善的方向，还可探寻其是否看过其他楼盘，有何评价，尽量多说，让客户始终为你所吸引，找到销售的突破口。

介绍样板房时，应突出此户型的卖点，如没有浪费面积、比较实用、总价合理、日照时间长、视野好和面临小区景观等，让客户切实感受自己所选的户型的特点，增加客户购买欲望。

通过带客户看房，一路边走边谈，如果利用得当，很可能和客户成为朋友，为以后的买卖做铺垫。但需要注意，在介绍过程中，如客户认为本案不如其他某某楼盘时，只能强调本楼盘的优势，强调凡事不可能十全十美，但不得诋毁其他楼盘。另外，待看的路线应事先规划好，注意沿线的整洁与安全。

（3）谈判成交技巧。

1）营造和谐的谈判氛围。与客户谈判，要注意拉近彼此的关系，也要诚意地赞扬客户。

2）针对客户利益谈判。通过对客户的接待和接触，销售人员应把握顾客的主要利益诉求点，有针对性地进行谈判。在售楼实践中，谈判应强调以下四点：

①向客户介绍楼盘最大的一个利益点；

②征求客户对这一利益的认同；

③当客户同意楼盘这一利益点的存在时，向客户提出成交的要求；

④注意谈判中应总结房屋能带给客户的利益与其他房屋的区别之处。

3）强调房屋的保值增值。买房也是一种投资行为，作为投资就要讲它的回报率，都希望自己的房子升值。

4）面对房子不满意的谈判技巧。嫌房之人即是买房之人，正是客户有购买欲望才更挑剔。因此，回应了解客户的不满，解答客户的疑问，争取客户。如户型结构不合理情况，可以让客户说出个人好恶，如"您认为这户型该怎样改""是不是这样的"等。

5）提问引导成交技巧。当销售人员向客户详尽地讲解完楼盘的概况并回答完顾客的疑问后，就要主动提出成交的要求。当客户说"我需要考虑一下"，你可以说："买房不是一件小事，考虑得周全一些是应该的，您主要担心哪些问题？"销售人员也可以设计一些客户感兴趣的题目吸引客户，如地理位置、面积、住房条件、总价、交通等。

不要在客户拒绝后就与此顾客"拜拜"。顾客拒绝成交，是出于对自我利益的保护。在客户没有完全明白在购买行为中能得到什么利益点时，不要再一次提出成交的要求。

谈判后无非会出现两个结果：成交或失败。如果失败，你可以对客户的拒绝装着没听见，继续向客户介绍一个新的利益点，再次征得客户的认同和提出成交的要求。有时，甚至提出四五次成交要求后，客户才肯最终签约。经验表明，韧性在售楼的成交阶段是很重要的。

谈判的关键在于主动、自信、坚持，这是因为：

①售楼员应假设谈判成功，成交已有希望（毕竟你是抱着希望向客户推荐的），主动请求客户成交。

②要有自信的精神与积极的态度，充满自信地向顾客提出成交要求。

③要多次向客户提出成交要求。

9.2 房地产销售计划与周期

1. 房地产销售计划

房地产销售计划是房地产项目销售实施管理的基础，它既是一种市场工作的工艺流程，也是一种指导性文件。房地产销售计划不同于房地产项目营销策划。后者为"纲"，前者为"目"。

（1）制订房地产销售计划的目的。

1）在科学预测的基础上，为改变企业的经营方向做出战略决策。制订和实施销售计划的主要任务就是要及时、正确、广泛地收集市场的信息资料，并运用科学的方法进行分析研究，结合市场需求和企业的实际情况，为企业进入和扩大新的市场领域做出战略决策。

2）通过综合分析，制定最优方案。房地产销售工作面对的是多种需求和迅速变化的市场，企业要经常关注市场形式的变化，一方面为管理提供较好的信息，以便做出满意的决策；另一方面对房地产企业的机会与威胁进行分析，帮助企业更好认识企业的潜力及优势与劣势，进行良好的内部协调活动。

3）实现全盘综合考虑与安排，减少企业风险。房地产企业面对的是竞争激烈的市场，客户的消费习惯和企业经营环境也在不断改变，使销售风险增加。销售计划就是要使销售工作做到有备无患，从而降低风险。使之更好地了解正在变化的环境，提高房地产企业适应环境的能力，通过考核与评价房地产企业目前的经营活动，根据企业环境的变化以及企业的目的，加以适当的调整。

（2）制订房地产销售计划应具备的能力。

1）沟通组织目标的能力。将组织目标明确化、具体化，并将目标纳入年度计划中，通过检验实际功效，实现目标的能力。

2）设定组织目标的能力。在沟通目标的基础上，设定目标。

3）环境分析能力。管理者应对企业所处的周围环境有分析能力，从而掌握市场、社会、竞争对手等多方面的信息。

4）整体规划能力。管理者将自己放在一个大背景中，纵观全局，作整体把握，以便将行动方案完善地制作出来。

5）人际关系能力。激发员工整体工作精神，协调内外人际关系。培养员工更系统地思考问题。绩效考核具有量化标准。为公司整体计划提供基础依据。

（3）制订房地产销售计划的基本原则。

1）目标原则。

2）领先原则。

3）普遍性原则。

4）效率原则。

5）层次性原则。

6）程序化原则。

7）承诺原则。

8）灵活性原则。

9）调整原则。

（4）制订房地产销售计划的步骤。

1）项目研究。即项目销售市场及销售状况的研究，详细分析项目的销售状况、购买人群、接受价位、购买理由等。

2）制定目标。作为公司要制定公司的总体销售目标，各地区及各部门要制定各地区、部门的销售目标，每个销售人员要制定个人的目标；要有长线目标、中线目标和短线目标，每年、每季、每月、每周、每天及业务拜访中的每次拜访都要制定目标。制定目标有助于优先销售活动，以及更好地利用时间。

3）确立行动方针。销售经理和销售人员都应当为提出一项达标的行动计划做好准备。

4）编制行动计划。在编制房地产销售计划时，要注意该项目的总体销售思路。

5）制订销售计划可达到的效果。

①明确房地产项目营销计划及其发展方向，通过销售计划的制订，理清销售思路，从而为具体操作市场指明了方向，实现了销售计划从主观到理性的转变。

②实现数字化、制度化、流程化等基础性营销管理。不仅量化了销售目标，还通过销售目标的合理分解，细化到每个人和每一天。

③整合企业的营销组合策略，通过销售计划，确定新的营销执行的模式和手段，为市场的有效拓展提供了策略支持。

(5）房地产销售计划的内容。

1）计划概要。对拟议的计划给予扼要的综述，以便管理部门快速浏览。主要内容包括以下几项：

①楼盘营销目标。包括市场目标、销售目标、利润目标、竞争目标、进度目标等。

②主要策略。包括促销策略、价格策略、渠道策略等。

③财务指标。销售成本费用及其构成。

④计划内容目录。为便于检索而提供的本计划的章节目录表。

2）市场营销现状。提供有关市场、产品、竞争、配销渠道和宏观环境等方面的背景资料，是对本次销售的内外环境条件的客观描述及评价。其内容主要包括以下几项：

①关于市场形势的分析研究。按细分市场研究其市场规模、增长变动状况、消费者需求信息、变动趋势等。

②关于产品形势的分析研究。详细列举同类产品的特性、变动趋势、市场份额、价格、销售额、收益水平等。

③关于竞争状况的分析研究。主要竞争对手的辨识，他们的规模、目标、市场份额、产品质量、技术水平、竞争实力与竞争策略等。

④关于相关宏观环境的分析研究，与产品有关的政治、经济、社会、文化、法律环境研究。

3）机会与问题分析：

①市场机会研究，辨认能影响企业发展的内外环境，寻找市场机会并分析机会的发展前景。

②竞争优劣势分析，研究公司（项目）的内部条件和面临的竞争环境，辨认公司（项目）所拥有的竞争优势及面临的劣势，确认在计划中必须注意的问题。

4）目标设置：

①财务目标。每个公司都会追求一定的财务目标，企业所有者将寻求一个稳定的长期投资的概率，并想知道当年可取得的利润。

②市场营销目标。财务目标必须转化为市场营销目标。

5）市场营销策略。提供用于完成计划目标的主要市场营销办法。主要的市场营销策略纲要，或者称之为"精心策划的行动"。策略陈述书可以包含目标市场、产品定位、价格、广告、研究与开发、市场营销研究等内容。

6）执行方案。销售计划的执行是将销售计划转化为行动的过程，并保证这项任务的完成，以实现计划的既定目标。

7）预计盈亏报表。综述计划预计的开支。行动方案可使经理能编制一个支持该方案的预算，此预算基本上为一项预计盈亏报表。主管部门将审查这个预算并加以批准或修改。

8）控制。计划的最后一部分为控制，用来控制整个计划的进程。通常，目标和预算都是按月或季来制定的。有些计划的控制部分还包括意外应急计划，简明扼要地列出有可能发生的某些不利的情况时公司应采取的步骤。

2．房地产销售周期

按时间可分为四个阶段，即第一阶段（开盘前期），第二阶段（开盘热销期），第三阶段（销售中期），第四阶段（销售后期）。

（1）第一阶段（开盘前期）：

时间：进入案场售楼处至楼盘开盘。

目的：早期客户积累，掌握客户意向，为开盘做准备。

销售道具准备：楼盘模型、项目宣传片、施工图纸、LOGO墙、楼书、宣传单页等。

工作内容：

1）通过各种媒体宣传推广楼盘。

2）客户积累。做好客户登记积累工作，为开盘销售做准备；根据客户累计及登记意向情况计划制订开盘计划及销售价格。

3）客户接待。为客户详细介绍楼盘情况，推荐客户购买；告知客户购买物业所需的相关手续及资料；与客户保持联系，及时通知客户关于楼盘的相关活动规定及情况。

4）媒体宣传。宣传途径：开原市内各媒体广告、公交线路车体广告、路旗、市内各主要路段大型户外广告、工地现场围挡广告、各主要乡镇墙体广告、DM单等。

（2）第二阶段（开盘热销期）：

时间：开盘当月。

目的：销售去化率为50%～60%。

销售道具准备："五证"、认购协议书、空白预售合同、预售合同样本及相关附件。

工作内容：

1）开盘销售。

2）日常销售：为客户详细介绍楼盘情况，推荐客户购买；告知客户购买物业所需的相关手续及资料；与客户保持联系，及时通知客户关于楼盘的相关活动规定及情况。

3）预售合同签订及银行按揭办理：销售人员必须按规定及时督促客户签订合同办理相关手续，以保证资金及时到账。

4）促销活动。

5）媒体宣传。

宣传途径：东北三省媒体广告、相关城市火车站、人流聚集地户外广告、市内各主要路段大型户外广告、工地现场围挡广告、公交线路车体广告、路旗、DM单、录制相关电视台专访类节目等。

（3）第三阶段（销售中期）：

时间：销售热销期后3个月。

目的：销售去化率为80%以上。

工作内容：

1）日常销售：为客户详细介绍楼盘情况，推荐客户购买；告知客户购买物业所需的相关手续及资料；与客户保持联系，及时通知客户关于楼盘的相关活动规定及情况。

2）预售合同签订及银行按揭办理。销售人员必须按规定及时督促客户签订合同办理相关手续，以保证资金及时到账。

3）媒体宣传。

宣传途径：东北三省媒体广告、相关城市火车站、人流聚集地户外广告、市内各主要路段大型户外广告、工地现场围挡广告、公交线路车体广告、路旗、DM单、录制相关电视台专访类节目等。

（4）第四阶段（销售后期）：

时间：销售中期后至交房。

目的：销售去化率为95%以上。

工作内容:
1)日常销售:为客户详细介绍楼盘情况,推荐客户购买;告知客户购买物业所需的相关手续及资料;与客户保持联系,及时通知客户关于楼盘的相关活动及情况。
2)预售合同签订及银行按揭办理:销售人员必须按规定及时督促客户。签订合同办理相关手续,以保证资金及时到账。
3)协助交房办理:协助客户办理交房手续,协调在交房时可能出现的意外情况。

9.3 房地产项目市场分析与定位

1. 房地产 STP 战略与市场细分

(1)房地产 STP 战略。房地产 STP 战略是房地产目标市场营销,可分为三个步骤,即市场细分(S-Segmenting market)、选择目标市场(T-Targeting market)、市场定位(P-Positioning),又称 STP 营销或 STP 三步曲。营销大师菲利普·科特勒认为:战略营销的核心,可被定义为 STP。市场细分、目标市场选择和市场定位的步骤如图 9-1 所示。

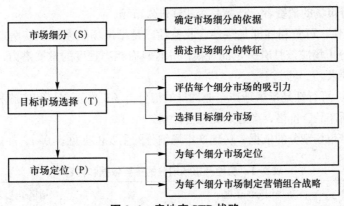

图 9-1 房地产 STP 战略

1)市场细分(S)。市场细分就是指按照消费者的收入水平、职业、年龄、文化、购买习惯、偏好等细节分变量,将整个市场划分成若干个需求不同的子市场或次子市场的过程,其中任意子市场或次子市场都是一个拥有相似需求的购买者群体。

2)选择目标市场(T)。选择目标市场就是明确企业应为哪一类用户服务,满足他们的哪一种需求,是企业在营销活动中的一项重要策略。企业通过市场细分,从众多的细分市场中,选择出一个或几个具有吸引力、有利于发挥企业优势的细分市场作为自己的目标市场,综合考虑产品特性、竞争状况和自身实力,针对不同的目标市场选择营销策略。

3)市场定位(P)。市场定位是指企业针对目标市场潜在顾客的心理进行营销设计,创立产品、品牌或企业在目标客户心目中的某种形象或个性特征,保留深刻的印象和独特的位置,从而取得竞争优势。

(2)房地产市场细分(S)及作用。

1)房地产市场细分。房地产市场细分是指在房地产市场调研的基础上,从消费者需求的差别出发,以消费者的需求为立足点,根据消费者购买行为的差异性,将消费者市场划分为具有类似性的若干不同的购买群体子市场,使房地产企业可以从中认定目标市场的过程和策略。

2)房地产市场细分的作用。

①有利于营销者找到有利的市场方向,掌握市场上的现实购买量与潜在购买量、购买者满足程度及竞争状况等,搞好市场定位;

②有利于房地产企业把优势力量集中在目标市场上,做到有的放矢,取得更大的社会经济效益。

房地产市场营销者通过房地产市场细分,能针对目标市场制定适当的营销组合方案,从而将有限的资源集中投入目标市场上,开创出适合自身企业的房地产经营特色之路,从而提高自己的市场占有率和知名度。

(3)房地产市场细分的原则。

1)差异性。差异性是指各个细分市场与众不同,而且具有稳定性。

2)可测量性。可测量性是指各个细分市场的现实或潜在购买力和市场规模大小是可以识别、可以衡量的。

3)可进入性。可进入性是指房地产企业可能进入所选定细分市场的程度。主要从三个方面判断细分市场对于企业是否具有可进入性:企业进入细分市场的条件;企业是否能将产品推广到细分市场的消费者;产品是否能够进入市场。

4)可营利性。可营利性即足量性、收益性,是指市场规模足以使房地产企业有利可图。即一个细分市场应该具有一定的规模,并且具有相当程度的发展潜力,足以满足企业销售和利润的要求。

5)可行性。可行性是指房地产企业选择的细分市场,能否制订和实施相应有效的市场营销计划,包括产品、价格、渠道及促销等计划。

(4)房地产市场细分的依据。房地产市场细分的主要依据见表9-1。

表9-1 房地产市场细分的主要依据和内容

序	市场细分的依据		细分内容
1	地理细分	居住区	都市、近郊、乡村
2		区域	东部、西部、南部和北部、中部
3	人口细分	家庭规模	1人,2～3人,4～5人,6人以上
4		家庭收入(年)	5万元以下;5万～10万元,10万～15万元,15万元以上
5	心理细分	活动	保守型、激进型、自由型
6		兴趣	外向型、内向型
7		意见	主导型、服从型
8	行为细分	购买的动机	自用、改善、投资、投机
		对档次、价格的反映	高档(价)、中档价(价)、低档(价) 价格弹性小
9		对促销推广的反映	冲动型、理智型、经济型、感情型

1）地理细分。地理细分是按照消费者所在的地理位置、地形、气候等因素来细分市场。

2）人口细分。人口细分是按照人口的一系列性质因素所造成的需求上的差异来细分市场，主要有家庭规模、家庭类型、家庭代际数。

3）心理细分。心理细分是按照消费者的生活方式和个性进行市场细分。生活方式是指个人或群体对消费、工作和娱乐的特定习惯和倾向性方式。可以从活动、兴趣和意见三个尺度来测量消费者的生活方式。

4）行为细分。行为细分（外在表现）是按照消费者购买或使用某种产品的时机、追求的利益、使用情况、使用程度、信赖情况、消费者待购阶段等行为变量来细分房地产市场。

（5）房地产市场细分的方法。

1）在细分依据中选择重点因素。通常情况下，房地产市场的细分要对照上述细分依据，在各种细分的因素中选择重点考虑的因素。房地产市场细分所要重点考虑的因素一般有四项：一是收入状况，决定其购买能力；二是购买动机，决定其购买欲望；三是需求档次，档次决定整个项目的市场定位；四是需求房型，决定项目楼盘的产品类型。

2）根据重点因素进行市场细分。这是将消费者特征和产品特征进行匹配的过程。例如，高收入的经理阶层，其买房的动机就不仅是自用，可能是出于某种炫耀的心理，或者是证明自己成功的心理，他对档次的要求一般是高档的，对房型的要求就可能是别墅住宅或市区里离其办公地点较近的高级公寓。

3）评价市场细分结果。市场细分的目的是更好地发现市场机会，评价一个成功的市场细分必须满足四点：一是要形成足够进行开发的销量并能产生利润，确保在盈亏平衡点之上；二是细分之后的市场的需求和购买力可以量化处理，能估算出投资回报；三是细分之后的市场上的消费者可以通过某种营销渠道最大幅度地接近，便于楼盘成功销售；四是细分之后的市场的营销行为相对单一，可以促使其产生购买行为。

（6）房地产市场细分的程序。

1）确定市场方向，根据需要选定产品市场范围。

2）研究客户的潜在要求，列举潜在顾客对房地产的基本需求。

3）区分客户的需求差异，分析潜在顾客的不同需求，初步细分房地产市场。

4）进行细分市场的初步筛选，舍去共同需求，以特殊需求作为细分标准。

5）划分房地产市场，为市场暂时取名。

6）分析市场营销机会，认识各自市场的特点。

7）确定客户群体的规模，确定可进入的细分市场，设计市场营销组合策略。

2. 房地产项目市场分析与目标市场选择

（1）房地产项目市场分析、流程及内容。

1）房地产项目市场分析。房地产项目市场分析是对项目相关的市场规模、位置、性质、特点、市场容量及吸引范围等调查资料所进行的经济分析。市场分析是通过市场调查和供求预测，根据项目产品的市场环境、竞争力和竞争者，分析、判断项目投资后所开发的产品在限定时间内是否有市场，以及采取怎样的营销战略来实现销售目标。市场分析的主要任务是：分析预测社会对项目产品的需求量；分析同类产品的市场供给量及竞争对手情况；初步确定开发规模；初步测算项目的经济效益。一般可按统计分析法进行趋势和相关分析，也可以根据已有的市场调查资料，采取直接资料法、必然结果法和复合因素法等进行市场分析。

2）房地产市场分析流程。尽管不同的房地产项目所要分析的具体问题不尽相同，但房地产市场分析一般过程如图9-2所示。

3）房地产项目市场分析内容。房地产项目市场分析内容见表9-2，主要包括项目所在的总体市场分析、项目所在的地段市场分析及项目的SWOT分析。

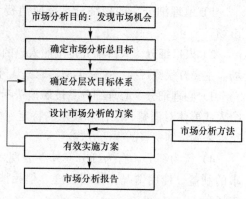

图 9-2 房地产市场分析流程

表 9-2 房地产市场分析内容

项目市场分析要素			
房地产项目市场分析	项目所在的总体市场分析	市场分析现状	需求分析
			供给分析
		市场供求现状分析	价格分析：售价和租价
			交易数量分析
			空置率分析
		贷款条件分析	利率
			贷款条件
		房地产市场周期阶段分析：兴旺—平淡—萧条—复苏	
	项目所在的地段市场分析	该地段的限制因素分析	城市规划
			基础设施
			交通运输条件
			社会环境
			地质情况和环境保护要求
		类似项目的价格或租金分析	
		市场需求的数量和房型分析	
		市场对该地段的房地产功能、档次需求分析	
	项目的SWOT分析	优势	
		劣势	
		机遇	
		风险	

①项目所在的总体市场分析。项目所在的总体市场分析是指对项目所在的城市规划区范围内的特定类型的房地产市场发展状况的分析。

a. 市场供求现状分析。具体又包括需求分析；供给分析；价格分析；交易数量分析；空置率分析。

b. 房地产市场周期阶段分析。房地产市场体现出"兴旺—平淡—萧条—复苏—兴旺"的循环往复周期，房地产市场周期阶段分析目的就是正确判断当前处于周期中的阶段。这对房地产开发商，在不同的阶段选择不同的经营行为是十分必要的。在兴旺期进行投资实际上是冒巨大风险的，因为这时投资成本大，而且房地产投放市场时可能正好赶上房地产市场趋于平淡甚至是萧条阶段，就面临着巨大的资金回收压力。房地产市场的萧条阶段是最理想的投资时期，这时不仅投资的成本低，而且当投资的房地产投放市场时可能正好赶上房地产市场复苏甚至是兴旺阶段，将会获得巨额的经济利益。

c. 房地产信贷条件分析。信贷条件主要是指利率走势和抵押贷款年限。房地产市场是受金融市场强烈影响的市场，分析房地产信贷条件是了解房地产市场走向的重要依据。信贷条件宽松，即利率低、抵押贷款年限长，则房地产市场活跃；反之，则房地产市场沉闷。

②项目所在的地段市场分析。

a. 限制性因素分析。主要包括城市规划；基础设施；交通运输条件；社会环境；地质情况和环境保护要求。

b. 类似项目的价格或租金分析。目的是判断特定地段所设想开发的房地产项目在整个市场上的竞争力。只有在价格或租金上不高于类似房地产项目，所开发的房地产项目才会有市场竞争力。同时，在进行类似项目的价格或租金分析时，一方面要选取最相似的房地产项目作为分析对象；另一方面也要注意不同的房地产项目的性能价格比的测算。类似项目分析要做到知己知彼，定位出自己的特色，超越竞争对手。

c. 市场需求的数量、房型分析。不同的消费者有着不同的空间需求和不同的空间组合需求。对于住宅项目来说，应该根据该项目所要吸引的消费者的数量、家庭结构、生活水平、行为习惯等因素，合理确定房型。对于商业用房的项目开发来说，则应该根据预期的营业范围、吸引的顾客量、所处商业中心的市场级别，来确定商业用房的规模和内部设计。对于写字楼的项目开发来说，则应该根据所要吸引企业的规模、业务特点和经营习惯来确定写字楼的规模和内部设计。总之，要选择市场需求量大、房型集中的对象作为开发主攻方向。

d. 市场个性需求分析。重点分析市场对这一特定地段房地产功能、档次的需求，目的是想知道是否需要提供特殊配套服务设施。提供配套服务设施，虽然可能会增加开发成本，但有助于开发项目的销售和租赁。

③项目的SWOT分析。

a. SWOT分析方法。SWOT是优势（Strength）、劣势（Weakness）、机会（Opportunity）和威胁（Threats）的合称。其是将项目内外部各方面内容进行综合和概括，进而分析项目的优势和劣势、机会和威胁的一种方法。其中，优势和劣势分析主要着眼于项目自身的实力及与竞争对手的比较；而机会和威胁分析是指外部环境的变化及对项目的可能影响，两者之间有着紧密的联系。项目的SWOT分析内容（图9-3）可以从项目位置、交通、当地居民收入、人文氛围、房地产政策、城市规划等方面来分析。

b. SWOT分析矩阵与营销战略。根据上述项目的SWOT分析，就可以按照SWOT分析矩阵，见表9-3，采取相应的市场营销战略。企业可选择的四种战略：一是SO战略——理想的业务；二是WO战略——有风险的业务；三是ST战略——成熟的业务；四是WT战略——麻烦的业务。

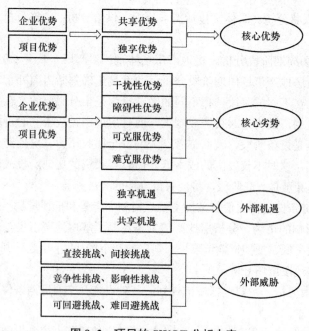

图 9-3 项目的 SWOT 分析内容

表 9-3 SWOT 分析矩阵

项目战略	内部优势 S	内部劣势 W
外部机会 O	SW 战略 依靠内部优势 抓住外部机会	WO 战略 利用外部机会 克服内部弱点
外部威胁 T	ST 战略 利用内部优势 抵制外部威胁	WT 战略 减少内部弱点 回避外部威胁

（2）房地产项目竞争者分析。竞争者分析是指企业通过某种分析方法识别出竞争对手，并对它们的目标、资源、市场力量和当前战略等要素进行评价。其主要分析内容有以下几项：

1）识别竞争者。从产业竞争角度看，可用波特的五力竞争模型分析。竞争者有现有企业、潜在加入企业、替代品企业、供应商的讨价还价能力、购买者的讨价还价能力。从市场竞争角度看，竞争者有品牌竞争者（品牌竞争）、行业竞争者（行业竞争）、需要竞争者（平行竞争）、消费竞争者（愿望竞争）；从企业所处的竞争地位来看，竞争者有市场领导者（leader）、市场挑战者（challenger）、市场追随者（follower）和市场补缺者（nichers）。

2）确定竞争者的战略目标。在识别了主要竞争者之后，还要搞清楚每个竞争者的战略目标。了解竞争者对目前盈利的可能性、市场占有率的增长、资金流动、技术领先、服务领先和其他目标所给予的重要性权数。了解了竞争者的这种加权目标组合，就可以了解竞争者对目前的财力状况是否感到满意、对各种类型的竞争性攻击会做出的反应等。对市场竞争动态了解，企业就可以争取主动。

3）分析竞争者的优劣势。一是产品。竞争企业产品在市场上的地位、产品的适销性以及产品系列的宽度与深度。二是销售渠道。竞争企业销售渠道的广度与深度、效率与实力以及服务能力。三是市场营销。竞争企业市场营销组合的水平、市场调研与新产品开发的能力、销售队伍的培训与技能。四是生产与经营。竞争企业的生产规模与生产成本水平、设施与设备的技术先进性与灵活性、专利与专有技术、生产能力的扩展、质量控制与成本控制、区位优势、员工状况、生产要素的来源与成本、纵向整合程度。五是研发能力。竞争企业内部在产品、工艺、基础研究、仿制等方面所具有的研究与开发能力；研究与开发人员的创造性、可靠性等方面的素质与技能。六是资金实力。竞争企业的资金结构、筹资能力、现金流量、资信度、财务比率、财务管理能力。七是组织。竞争企业组织成员价值观的一致性与目标的明确性；组织结构与企业策略的一致性；组织结构与信息传递的有效性；组织对环境因素变化的适应性与反应程度；组织成员的素质。八是管理能力。竞争企业管理者的领导素质与激励能力；协调能力；管理者的专业知识；管理决策的灵活性、适应性、前瞻性。

4）判断竞争者的反应模式。主要有从容不迫型竞争者、选择型竞争者、凶猛型竞争者、随机型竞争者四种类型。

5）采取相应的对策。可根据以上分析，结合竞争者的强弱、竞争者与本企业的相似程度、竞争者表现的好坏等要素采取相应的对策。实践经验：房地产项目竞争者快速简易分析法在实际操作中由于时间紧迫、人手少等，对房地产项目竞争者的分析主要采用对细分市场竞争者的分析，内容主要包括：细分市场竞争者产品的供应量；竞争者产品的空置率；竞争者产品的市场价格。

(3) 房地产项目目标市场选择（T）条件及原则。

1）房地产目标市场（Target market）。房地产目标市场是指房地产企业在市场细分的基础上，经过评价和筛选后决定要进入的那个市场部分，也就是房地产企业准备用其产品或服务来满足的一组特定消费者。

2）房地产目标市场选择的条件。一是有足够的规模和良好的发展潜力。二是具有良好的盈利能力，细分市场结构有吸引力。三是符合房地产企业的目标和能力。

3）房地产目标市场选择的原则。有七个原则，分别为相对稳定性原则、传播可达性原则、足够大原则、可识别原则、差异性原则、增长性原则和可占领原则。

(4) 房地产项目目标市场选择战略。房地产项目目标市场选择战略，如图9-4所示。目标市场营销战略选择的影响因素有企业实力、产品差异性、产品所处的生命周期阶段、市场差异及竞争者的营销战略等。

1）无差异性目标市场策略。将整个市场作为一个大目标开展营销，强调消费者的共同需要，忽视其差异性。采用这一策略的企业，一般都是实力强大进行大规模开发方式，又有广泛而可靠的分销渠道，以及统一的广告宣传方式和内容。

2）差异性目标市场策略。通常

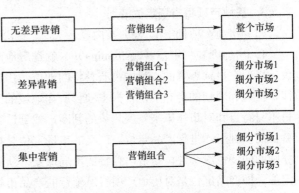

图 9-4　房地产项目可供选择的目标市场营销战略

是将整体市场划分为若干细分市场作为其目标市场,针对不同目标市场的特点,分别制订出不同的营销计划,按计划开发目标市场所需要的产品,满足不同消费者的需要。

3)集中性目标市场策略。选择一个或几个细分化的专门市场作为营销目标,集中企业的优势力量,对某细分市场采取攻势营销战略,以取得市场上的优势地位。

一般来说,实力有限的中小房地产企业多采用集中性市场策略。房地产企业选择目标市场的过程就是对房地产投资项目进行可行性研究和做出投资决策的过程。

(5)房地产目标(细分)市场风险分析。

1)购买力风险。购买力风险是指购买力下降引起对细分市场产品需求降低这种情况出现的可能性。

2)财务风险。财务风险主要是资金风险,是指房地产企业运用财务杠杆在使用贷款扩大投资利润范围的条件下,增加了不确定性,其增加的营业收入不足以偿还债务的可能性。

3)利率风险。中央政府对房地产行业高度关注,随时会出台变动利率等调控措施。由于房地产投资具有资金量大、开发周期长的特点,房地产投资不可避免地存在着随市场利率的变动而产生的风险。贷款利率的高低直接影响着消费者进入房地产细分市场的能力。

4)变现风险。变现风险是指投资产品在没有压低价格情况下(不低于市场价),能迅速将其兑换成现金的可能性。由于房地产商品的实体不能流动,变现性较差,应提高房地产细分市场抗变现风险的能力,否则会遭受经济上的损失。

5)经营能力风险。经营能力风险是指因经营能力问题导致投资失败的可能性。房地产企业应加强对细分市场的调查和研究,熟练业务,提高投资决策及经营管理水平,以减少经营性风险。

6)社会风险。社会风险通常是指由于国家政治、政策、法规、计划等形势和经济形势的大气候变化等因素的影响给房地产细分市场带来经济损失的风险。

(6)房地产项目市场分析报告。

1)房地产项目市场分析报告。房地产项目市场分析报告是将所从房地产市场调查得到的分析结论加以整理,经过分析、综合形成文件,报告给有关领导或部门,它是认识市场、了解市场、掌握市场的主要工具。

2)房地产项目市场分析报告的基本结构:标题;导语;主体;结尾。

3)市场分析报告的格式:产品市场概述;市场竞争状况分析;市场特点;消费状况;主要房地产品牌产品售价市场调查;主要结论、建议。

3.房地产项目市场定位策划

(1)房地产项目定位(P)及内容。

1)房地产项目定位(Positioning)。就是房地产项目楼盘的市场定位和目标客户群定位,以便在目标顾客的心目中占有独特的地位。房地产项目定位要在国家和地区相关的法律、法规和规划的指导下,根据本项目所在地域的经济、政治、人文和风俗习惯,结合项目本身特点和对市场未来发展趋势的判断,找到适合于项目的客户群体,在客户群体消费特征的基础上,进行产品定位。广义的市场定位是指通过为自己的企业、产品、服务等创立鲜明的特色或个性,塑造出独特的市场形象,从而确定本企业的市场位置,狭义的市场定位,即产品定位是对房地产项目所施行的产品市场定位行为,是根据企业现有产品在市场上做出的位置,塑造本项目产品与众不同、有鲜明个性或特色的形象,以适合目标顾客的需要或偏好，如图9-5所示。

2）房地产项目定位的内容。定位是项目策划的核心、本源，是项目全程策划的出发点和回归点，是在项目策划初期就必须首先明确。包括：客户定位诸如高端客户、中端客户、低端客户；产品定位，如品质定位、价格定位；形象定位，如主题定位、竞争定位。市场定位以后，房地产项目实施才进入实质阶段。

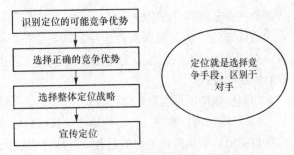

图9-5　房地产项目选择整体定位战略

3）房地产项目的定位语。房地产项目的定位语是指高度概括项目定位特征的精练语言，一般用一句话，便于市场传达和目标客户记忆。

（2）房地产项目定位原则。房地产项目的市场定位有三重标准，即准确地结合需求、差异的存在和市场容易传播。需要考虑市场需求、市场机遇、市场竞争及企业拥有的内外资源。其主要原则如下：

1）与企业发展战略相一致的原则。这里的企业发展战略包括品牌战略、经营战略和管理战略等。

2）经济性原则。包括：产品定位应具有较高的性价比，在满足必要建筑功能的前提下，租售价格合理；从企业角度出发，在成本控制的基础上，做到效益最大化；在成本和费用测算、效益测算基础上计算的各项经济评价指标达到社会平均水平，确定项目盈利预期的可能性和风险性，明确项目经济利益实施的可行性。

3）适应性原则。包括：与当地或区域的社会经济发展水平和消费者收入水平相适应；与所在区域房地产市场的物业档次、标准、品质相适应；与经市场调查分析确定的目标客户群的消费特点和消费能力相匹配；与企业的技术和管理水平相适应。

4）差异化原则。项目定位在满足适应性原则的同时，还要考虑差异化，有产品差异化、服务差异化、人员差异化和形象差异化，要根据项目地块的特点和目标客户的消费特点做出项目的差异化，如建筑规划设计、景观、物业档次、品质等。

5）可行性原则。包括项目实施的可行性和经济评价的可行性两个方面。要根据项目规模、地块特性和本项目的优势来分析入市的时机，准确设计项目的实施进度；要运用微观效益分析与宏观效益分析相结合、定量分析与定性分析相结合、动态分析与静态分析相结合的方法，对项目进行经济评价，分析各经济评价指标是否可行；在市场定位时应该解决项目规模、开发模式和项目进度受到经济实力、融资能力和企业管理能力等因素的限制。

（3）房地产项目定位方法。房地产项目定位工具有四维分析模型，如图9-6所示。

房地产项目定位的过程是市场调研—土地条件分析—确立开发理念—明确用途功能—分析和确定潜在客户群—市场细分、筛选目标客户—客户定位、进行项目初步设计—产品定位（户型、面积、档次等）—形象定位—销售价格定位—征询意见—方案调整—成本与费用测算—预测销售收入和销售进度—经

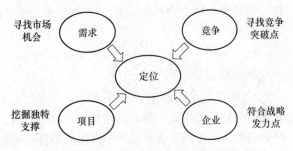

图9-6　房地产项目定位的四维分析模型

济评价—确定最后项目定位方案。

市场定位方法一般有属性定位、利益定位、使用者定位、竞争定位、质量—价格定位、在产品情感上的定位、为特定使用场合的定位、比附的定位等。房地产项目定位方法没有固定的模式。

（4）房地产项目客户定位。

1）房地产项目客户定位。房地产项目客户定位是指在项目市场定位的基础上，企业为该项目确定、确认潜在客户的过程。一般是通过区域、人文、消费心理、购买行为等方面来全方位刻画客户群，明确客户的生活惯性、消费习惯、居住意识等，为项目营销推广提供准确对象。

2）目标客户群的定位过程。一是客户细分。客户是千差万别的，企业必须从家庭状况、社会和经济背景等因素对客户进行细分，整理出客户类别、家庭特征、职业特征、经济收入特征，企业从中选择一类客户作为该项目的主力客户群。二是客户需求分析。根据市场调研，对项目潜在客户的需求进行研究分析。要注重从客户购买心理上分析，即从"用得上—买得起—信得过—看得中—急着用"五个层次来综合分析。三是锁定目标客户群。对该房地产项目，目标客户群特征内容主要包括区域结构、年龄结构、职业特征、消费能力与方式、对产品特征的需求、对环境与配套的需求及购房目的等。根据这些内容描绘出该项目的目标客户群，用该项目的定位特征来锁定所描绘的目标客户群。

（5）房地产项目产品定位。

1）房地产产品定位。房地产产品定位是指企业在对项目市场细分、目标市场选择、客户需求分析、目标客户锁定的基础上，对房地产项目的主要技术参数、开发模式等的确定和确认，是对产品的概念规划，争取独特的市场形象并为市场所接受。产品定位是建立在客户需求的基础之上，是以需求为导向的定位。准确的产品定位离不开正确的市场分析。通过各种手段进行市场调研做出的市场分析必须能够回答以下五个问题：谁是消费者？消费者买什么（样）？消费者何时购买？消费者购买的目的是什么？消费者如何购买？

2）房地产产品定位的意义。进行正确的产品定位，可解决服务对象的问题，反映了公司或产品的竞争能力。通过产品定位，以房地产开发商或土地使用者的立场为出发点，满足其利益目的；通过产品定位，以目标市场潜在的客户需要为导向，满足其产品期望；通过产品定位，以土地特性及环境条件为基础，创造产品附加值；通过产品定位，以同时满足规划、市场、财务三者的可行性为原则，设计供求有效的产品。

3）产品定位的内容包括小区规划、建筑风格、小区环境、户型设计、功能定位、物业名称、物业管理等。产品定位是在抓住需求和市场机会点的前提下，对产品设计创新，在竞争中树立产品差异化，以产品本身充分的独特性诉求打动客户，实现品牌与利润的双赢。

4）房地产产品定位方法。主要有：需求导向的定位方法；竞争导向的定位方法；生活方式导向的定位方法。

5）避免3种可能出现的定位错误。一是定位过低。即定位不足、过窄，会使消费者对公司的定位印象模糊，看不出与其他公司的差别。二是定位过高。即定位过头，使消费者对公司的某一种特定的产品产生强烈的印象，而忽略了对其他产品的关注，就有可能失去许多潜在的客户。三是定位混乱。即定位不稳定令人怀疑，会使消费者对公司的形象和产品产生模棱两可的认识，产生无所适从的感觉，从而丧失其购买欲望。

（6）房地产项目形象定位。

1）形象定位。从企业层面讲是企业在市场中、在公众中、在同行和社会中的位置。

2）房地产项目形象定位。就是房地产项目在市场中的位置和在竞争楼盘中的位置，也就是在市场上的形象，在客户心目中的形象。房地产项目形象定位亦指项目的品牌形象定位，形象定位是要在广告宣传中反复出现的，是开发商在消费者心目中极力强调和渲染的，也是消费者接受广告宣传以后，心目中留下的项目形象。它首先承担着表现产品、告知信息和塑造形象的功能，最后达到促进销售的目的。

3）房地产项目形象定位原则。主要遵循五位一体原则，包括独特性，愉悦性，品位、档次，人文关怀性，历史人文性五个原则。

4）房地产项目形象定位要注意五个方面：一是项目形象易于展示和传播；二是项目形象定位应与项目产品特征符合；三是项目形象应与项目周边的资源条件相符合；四是项目形象应与目标客户群的需求特征符合；五是项目形象定位应充分考虑市场竞争的因素，与其他楼盘有比较明显的差异和区别。

9.4 房地产定价策划

1. 房地产价格及其影响因素

房地产价格是价值的货币表现，是房地产商品交易时，买方所需要付出的代价或付款，包括建筑物连同其占用的土地的价格，通常用货币来表示。

（1）房地产价格形成条件及构成。

1）房地产价格的形成条件。房地产价格形成需要具备3个条件：一是有用性。房地产的内在使用价值，是房地产价格形成的基础。二是稀缺性。供求规律和竞争规律也是调节房地产价格的重要因素。三是有效需求。人们对一种物品有需求，是指不仅愿意购买它，而且有能力购买它。

只有需要而无支付能力，或者虽然有支付能力但不需要，都不能使购买行为发生，从而不能使价格成为现实。

2）房地产价格构成，通常有七大项，即土地取得成本；开发成本；管理费用；投资利息；销售费用；销售税费；开发利润。

（2）房地产价格的特征。

1）房地产价格受区位的影响很大。除其地理坐标位置外，还包括它与重要场所的距离，从其他地方到达该宗房地产的可及性，从该宗房地产去往其他地方的便捷性，该宗房地产的周围环境、景观等。

2）房地产价格实质上是房地产权益的价格。在交易中可以转移的不是其实物，而是其所有权、使用权或其他权利。

3）房地产价格既有交换代价的价格，又有使用代价的租金。房地产同时存在着买卖和租赁两种交易方式、两个市场。

4）房地产价格是在长期考虑下形成的。因为房地产具有独一无二的特性，相互之间难以比较，加上价值量大，在房地产交易时双方是十分谨慎的，所以，房地产交易价格通常难以在短期内达成。

5）房地产价格通常是个别形成，容易受交易者的个别因素的影响。

（3）房地产买卖价格和租赁价格。

1）房地产买卖价格。房地产买卖价格是以买卖方式支付或收取的货币额、商品或其他有价物，简称买卖价。

2）房地产租赁价格。房地产租赁价格常称租金，在土地场合称为地租，在房地混合场合称为房租。房租有按使用面积计的，有按建筑面积计的，也有按套计的。房租还有天租金、月租金和年租金之分。

（4）房地产成交价格与市场价格。

1）房地产成交价格。房地产成交价格简称成交价，是房地产交易双方实际达成交易的价格。只有当买者所愿意支付的最高价格，高于或等于卖者所愿意接受的最低价格时，交易才可能成功。

2）房地产市场价格。房地产市场价格是指某种房地产在市场上的一般、平均水平价格，是该类房地产大量成交价格的抽象结果。

（5）现房价格和期房价格。

1）现房价格。现房价格是指以现状房地产为交易标的的价格。无论是现货交易还是期货交易，付款方式又有在交易达成后立刻或在短期内一次付清、按约定在未来某个日期一次付清和分期付清等，因此形成了多种组合形式。

2）期房价格。期房价格是指以目前尚未建成而在将来建成的房屋为交易标的的价格。期房价格通常低于现房价格。期房价格＝现房价格－预计从期房达到现房期间现房出租的净收益的折现值－风险补偿。

（6）房地产单价和总价。

1）房地产总价格。房地产总价格简称总价，是指某一宗或某一区域范围内的房地产整体的价格。房地产的总价格一般不能反映房地产价格水平的高低。

2）房地产单位价格。房地产单位价格简称单价，对于土地来说，具体是指单位土地面积的土地价格；土地与建筑物合在一起的房地产单位价格通常是指单位建筑物面积的价格。价格单位由货币和面积两方面构成，单位是元／m^2。房地产单位价格一般可以反映房地产价格水平的高低。

（7）房地产市场调节价、政府指导价和政府定价。

1）房地产市场调节价。房地产市场调节价是指由经营者自主制定，通过市场竞争形成的价格。

2）政府指导价。政府指导价是指由政府价格主管部门或者其他有关部门，按照定价权限和范围规定基准价及其浮动幅度，指导经营者制定的价格。

3）政府定价。政府定价是指由政府价格主管部门或者其他有关部门，按照定价权限和范围制定的价格，如保障房定价。政府对价格的干预，还有最高限价和最低限价。

（8）房地产实际价格和名义价格。

1）房地产实际价格。房地产实际价格是指在成交日期时一次付清的价格，或者将不是在成交日期时一次付清的价格折现到成交日期时的价格。

2）房地产名义价格。房地产名义价格是指在成交日期时说明，但不是在成交日期时一次付清的价格。

(9)房地产价格的影响因素。

1)自身因素。自身因素也就是房地产产品因素,包括权利、位置、地质条件、地形、地势、面积、日照、通风、建筑物状况等。产品因素过硬,一般房地产价格就高。

2)环境因素。环境因素包括视觉环境、声觉环境、大气环境、水文环境、卫生环境等。环境条件好,一般房地产价格就高。

3)人口因素。房地产的需求主体是人,人口因素对房地产价格有很大影响。人口因素包括人口数量、人口素质、家庭人口规模。

4)经济因素。经济因素包括经济发展、物价、居民收入。

5)社会因素。社会因素包括政治安定、社会治安、房地产投机、城市化。社会环境好,一般房地产市场比较稳定,房地产价格波动就小。

6)行政因素。行政因素包括房地产制度、政策、发展战略、规划、交通管制等。

①房地产税收因素。税费也在相当程度上影响房地产价格。目前在中国,可列入商品房成本进入房地产销售价格的税种主要有增值税、城市维护建设税、教育费附加和固定资产投资方向调节税。当政府觉得房地产已经过热时,往往就会通过提高房地产税费的征收标准,抑制过热的房地产市场。而当政府觉得房地产市场持续低迷时,往往就会通过降低房地产税费的征收标准激发房地产市场。

②城市规划因素。城市规划会确定房地产所在区域的商服中心、道路、交通、城市设施和环境状况,这些因素都会影响当地房地产价格,如规划中的地铁会造成沿线所有房价上涨。

③交通管制因素。交通管制会改变房地产道路通达因素、交通便捷因素,当交通管制改善了房地产的道路通达状况,使交通更加便捷时,则会刺激房价上涨;反之,房价可能会下跌。

7)心理因素。心理因素包括心态、偏好、时尚风气、风水、吉祥数字等。主要是对房价的心理预期会影响房地产价格。当心理预期房价会上涨,则会选择购买房地产,从而可能真正造成房价上涨;反之,则会选择不买房或售房,从而可能真正造成房价下跌。

8)国际因素。国际因素包括世界经济、军事冲突、政治对立、国际竞争等。国际形势动荡,会传递到国内房地产市场,引起房地产价格波动。

9)供求因素。供求因素包括房地产供给、需求。在供大于求的情况下,一般房地产价格会下降;相反,在求大于供的情况下,一般房地产价格会上涨。

10)其他因素。除上述九方面的因素外,也有其他因素可能会影响房地产价格波动,如地震造成的连锁反应会引起相关房地产市场价格波动。

(10)影响房地产价格的个别因素、区域因素与一般因素。个别因素导致相同地区之间的价格差异;区域因素导致城市内部不同地区之间的价格差异;一般因素导致城市与城市之间的价格差异。

1)个别因素。个别因素包括房地产自身因素。土地的个别因素有区位、面积、形状、容积率、用途、使用年限因素等;建筑物的个别因素有面积、结构、材料、设计、设备、施工质量、是否与周围环境协调等。

2)区域因素。区域因素包括人口因素、经济因素、社会因素、环境因素、行政因素、心理因素、供求因素。如区域内商务繁华、道路通达、交通便捷、城市设施状况、环境状况等因素。

3)一般因素。一般因素主要包括国际因素、社会因素、经济因素、行政因素和心理因素等。另外，还可以从自然因素、经济因素、社会因素和行政因素四个方面分析房地产价格的影响因素。

①自然因素。包括房地产自身因素。

②经济因素。包括经济因素、供求因素等。

③社会因素。包括人口因素、社会因素、环境因素、心理因素、国际因素等。

④行政因素。包括行政因素、国际因素等。

（11）房地产价格偏差的特殊因素。

1）有一定的特殊利害关系的交易主体之间的房地产交易。如集团公司下属企业自有房产的内部销售，一般会偏离市场价格，通常低于市场价格。

2）有特别动机的房地产交易。如交易双方有特殊关系，购房者是开发商的贷款银行领导，开发商会变相行贿银行领导，交易价格会偏离市场价格，通常会远低于市场价格。

3）交易双方信息不对称。房地产一般只有少数几个买者和卖者，有的房地产甚至只有一个买者和一个卖者，所以，交易双方信息不对称，容易引起价格偏差。

4）其他特殊的交易情形。如房地产作价入股，通常房地产价格会高于市场价格。

2. 房地产项目定价目标与原则

（1）房地产项目定价目标。房地产项目定价目标（Pricing Objectives）是房地产企业在对其开发的项目制定价格时，有意识地要求达到的目的和标准。定价目标是整个定价策略的灵魂。一方面，它要服务于房地产项目营销目标和企业经营战略；另一方面，它还是定价方法和定价策略的依据。房地产定价目标一般有以下三种形式：

1）利润最大化目标。当该宗物业独特性较强，不易被其他产品替代时，可在边际利润与边际成本一致的点位定价。一方面靠促销激发需求；另一方面有计划地供给，就可获得最大限度的利润。由于房地产定价受经济环境的影响，繁多的变量会增加定价的难度，因此，需要动态地分析企业的内部条件和外部环境，不能单纯定位于项目利润，忽视市场相关因素和公司经营战略，则会欲速不达。

2）市场占有率目标。以市场占有率为定价目标，是一种志存高远的选择方式。市场占有率是指一定时期内某企业房地产的销售量占当地细分市场销售总量的份额。市场占有率高意味着公司的竞争能力较强，说明公司对消费信息把握得较准确、充分，房地产开发业资金占用量极大，规模经济现象表现明显。而且企业利润与市场占有率正向相关。提高市场占有率是增加企业利润的有效途径。一般来说，成长型的公司适宜采用市场占有率目标，通过薄利多销的经营方式，达到以量换利，提高市场地位的目的。

3）树立企业形象目标。树立企业形象目标是以树立企业形象为定价目标，不太关注利润和市场占有率，一般很少有企业采用，只有少数企业在少数项目上偶尔采用，一般是新企业或老企业到新城市需要树立形象时采用，或房地产项目刚开盘时采用。

但是，在某些特殊时期，房地产企业也需要制定临时性定价目标。如政策调控背景下，房地产市场行情急转直下时，企业就要以保本销售或尽快脱手变现为定价目标；为了应对竞争者的挑战，企业也可能以牺牲局部利益遏止对手为定价目标。但是一旦出现转机，过渡性定价目标就应转变为长远定价目标。

（2）房地产项目定价原则。

1）市场导向原则。项目价格应能反映产品的定位和消费群的定位，成为目标消费群能够接受并愿意支付的价格。该原则还包括另一层意思，在同类竞争中，借助价格优势，取得更好业绩，树立企业和产品的品牌形象，为其他同类产品开发做好铺垫。

2）加快销售速度，加速资金回笼原则。合理的价格有利于市场销售，并实现目标利润，定价过高将产生较大的营销障碍和销售滞后性，利润也只能是虚拟的账面利润。

3）弹性灵活原则。定价应有灵活性，以适应市场的变化情况。项目入市时，宜采用较低价格聚人气，随着工程进度的发展，产品的成熟，可逐渐提高价格。

4）价值相符原则。项目的价格应与项目的地段、品质相符合，才能赢得消费者的信赖。无论企业的战略、产品和服务如何与对手不同，最终都体现为客户让渡价值。

5）购买力适应原则。所定价格还应与目标客群的购买力相适应。

6）有利竞争原则。项目销售初期建议采用对消费者有较大吸引力的价格入市以利于在市场竞争中取得优势。

3. 房地产项目定价方法

房地产定价一般采用加权点数定价法，充分考虑房屋朝向差价、楼层差价、采光差价、面积差价、视野差价、产品差价、设计差价等综合因素制定价格。房地产价格＝每栋楼的基准价格＋垂直价差＋水平价差＋其他因素价差。

（1）房地产项目垂直价差的确定。

1）垂直价差。垂直价差是指同一栋建筑物中不同楼层之间的价格差异，通常以每平方米的单价差额来表示。一般在制定垂直价差时，常会先决定一个基准楼层，使基准楼层的单价等于该栋建筑的平均单价，然后再评估其他楼层与该基准楼层之间价格差异的程度。

2）影响垂直价差的因素。

①楼层数。楼层数越多，最高层与最低层之间的差价也就越大。

②市场状况。市场状况较好时，价差幅度大；市场状况不佳时，价差幅度小。

③产品单价。产品单价水平高时，价差幅度大；产品单价水平低时，价差幅度小。

④目标客户的购房习性。目标客户的购房习性比较保守时，大多无法接受差异大的价格，因此价差的幅度不宜过大；反之，若客户多来自本区域之外，或客户的背景多元化，则价差幅度可能较大。

3）确定垂直价格的分布规律。就2楼以上而言，无论是小高层还是高层，其最高单价层几乎全在楼顶，最低单价层则为2楼。至于其他楼层之间价格高低的顺序，可以依据实际情况划分等级。决定各楼层之间价格高低顺序后，选定垂直价格的基准层，即垂直价差为0的楼层。基准层的确定一般需视楼层数量而定，且以取价格顺序居中的楼层最为常见。各楼层之间的价差也因产品而异。

4）首层住宅的定价方法。一楼住宅价格的确定方式，大多以2楼以上平均单价（或基准层单价）的倍数来计算，其价格为2楼以上平均单价的0.9～1.3倍，倍数的大小视环境、配套、绿化宽度或庭院大小来确定。附近的环境优良、适合居住，则差价的倍数较大，反之则倍数较小；配套设施完善，如附近即为公园，则倍数较大，反之则倍数较小；庭院的面积大，且形状方正实用，则价差的倍数就大。

5）地下室的定价方法。用作停车场，由于地下室不计容积率，且大多地下室规划为停车场，其价值主要视当地停车场价位而定。用作住宅，其价格一般可以定为1楼住宅的30%～50%。用作商铺，其价格为1楼商铺的40%～60%。

（2）房地产项目水平价差的确定。

1）水平价差。水平价差是指同一楼层各户之间的价格差异，通常以每平方米的单价差额来表示。通常是依据各楼层的平均垂直价格，评估同一楼层之间朝向、采光、私密性、格局等因素之优劣程度，写出同层平面中各户的单价。

2）制定水平价差的依据。楼座位置朝向、所在单元位置、采光、视野观景效果、户型布局、面积大小、客户的消费心理等。

3）制定项目水平价差过程。

①先确定建筑栋数。只有单栋建筑，则以同一楼层的不同户别制定水平价差；有多栋建筑，先制定各栋之间的水平价差，再分别就同一栋同一楼层的户别制定价格。

②确定各楼层的户数与位置是否有差别：如果建筑物各个楼层的户数相同，而且相对位置相同，则只需制定一个楼层的水平价差，其余楼层均可参照。楼层之间户数不同或位置不同，则需各自制定不同楼层的水平价差。虽然户数与位置相同，但临近的环境不同，例如外部景观等，水平价差也各自制定。

③单一楼座定价。根据以上定价依据来排出定价次序，先定出第一位户型基价，然后同一户型根据不同位置制定出第一个价差，再根据采光制定出第二个价差，以此类推，综合计算价差。再根据不同楼座的价格排定顺序的价差，最终制定出楼座价格。

（3）四种房地产常用定价方法。

1）成本导向定价法。成本导向定价法是以产品的成本为中心，制定对企业最有利的价格的一种定价方法。房地产成本导向定价法主要有以下四种：

①成本加成定价法。这是一种最简单的定价方法，即在产品单位成本的基础上，加上预期利润作为产品的销售价格。采用这种定价方式，一要准确核算成本（平均成本）；二要确定恰当的利润百分比（即加成率）。

②变动成本定价法。即在定价时只计算变动成本，而不计算固定成本，在变动成本的基础上加上预期的边际贡献。用公式表示为：单位产品价格＝单位产品变动成本＋单位产品边际贡献。

③盈亏平衡定价法。即根据盈亏平衡点原理进行定价。盈亏平衡点又称保本点，是指一定价格水平下，企业的销售收入刚好与同期发生的费用额相等、收支相抵、不盈不亏时的销售量，或在一定销售量前提下，使收支相抵的价格。

④目标利润定价法。这是根据企业的总成本和估计的总销售量确定一个目标利润，作为定价的标准。

2）需求导向定价法。需求导向定价法是指企业在定价时不再以成本为基础，而是以消费者的认知价值、需求强度及对价格的承受能力为依据，以市场占有率、品牌形象和最终利润为目标，真正按照有效需求来策划房地产价格。需求导向定价在实际运用中又有认知价值和差异需求两种不同的形式。

①认知价值定价法。认知价值定价法也称理解价值定价法、觉察价值定价法，是根据购买者对房地产的认知价值定价，以消费者对产品价值的感受及理解程度作为定价的基本依据。认定价值的形成一般基于购买者对有形产品、无形服务及公司商业信誉的综合评价，它包括实际情况与期望情况的比较、待定物业与参照物业的比较等一系列过程。品牌形象好的物业往往能获得很高的评价。只要实际定价低于购买者的认知价值，即物超所值，购买行为就很容易发生。这种"以消费者为中心"营销理念运用的关键在于与潜在购买者充分沟通、掌握调查数据，并对其进行整理分析。将买方的价值判断与卖方的成本费用相比较，定价时更应侧重考虑前者。因为消费者购买产品时总会在同类产品之间进行比较，选购那些既能满

足其消费需要，又符合其支付标准的产品。消费者对产品价值的理解不同，会形成不同的价格限度。这个限度就是消费者宁愿付房款而不愿失去这次购买机会的价格。如果价格刚好定在这一限度内，消费者就会顺利购买。为了加深消费者对产品价值的理解程度，从而提高其愿意支付的价格限度，定价时首先要搞好产品的市场定位，拉开与市场上同类产品的差异，突出产品的特征，并综合运用这种营销手段，加深消费者对产品的印象，使消费者感到购买这种产品能获得更多的相对利益，从而提高他们接受价格的限度，企业则据此提出一个可销价格，进而估算在此价格水平下产品的销量、成本及盈利状况，最后确定实际价格。

②需求差异定价法。需求差异定价法是以不同时间、地点、产品及不同消费者的消费需求强度差异为定价的基本依据，针对每种差异决定其在基础价格上是加价还是减价。

3）竞争导向定价法。竞争导向定价法是以企业所处的行业地位和竞争定位而制定价格的一种方法，通过研究竞争对手的产品价格、生产条件、服务状况等，以竞争对手的价格作为定价的依据，确定自己产品的价格。主要特征是随竞争状况的变化确定和调整价格水平，主要有随行就市定价和主动竞争定价等方法。

①随行就市定价法。其是竞争导向定价方法中使用最为普遍的一种。定价原则是使本企业产品的价格与本行业的平均价格水平保持一致。这种定价方法的目的是：易为消费者接受；试图与竞争者和平相处，避免有害的价格战；一般能为企业带来合理、适度的盈利。这种定价适用于竞争激烈的均质产品，在完全寡头垄断竞争条件下也很普遍。

②主动竞争定价法。与通行价格定价法相反，它不是追随竞争者的价格，而是根据本企业产品的实际情况及与竞争对手的产品差异状况来确定价格。因而价格有可能高于、低于市场价格或与市场价格一致。一般为实力雄厚或产品独具特色的企业所采用。定价时将市场上的竞争产品价格与企业估算价格进行比较，分为高于、一致及低于三个价格层次。将本企业产品的性能、质量、成本、式样、产量与竞争者进行比较，分析造成价格差异的原因。根据以上综合指标确定本企业产品的特色、优势及市场定位，在此基础上，按定价所要达到的目标，确定产品价格。跟踪竞争产品的价格变化，及时分析原因，相应调整本企业产品价格。

4）比较定价法。比较定价法就是将房地产项目与其周边几个同等竞争对手的项目进行全方面对比，根据对比情况对本项目进行定价。一般选取多个类似房地产项目，即用途相同、规模相当、档次相当、建筑结构相同、处于同一供需圈的实例，通过综合比较，可以给出目标产品的定价。

（4）房地产常用定价方法的比较。

1）成本导向是计划经济时代的"科学管理方法"。由于它仅在"知己"的基础上定价，对交易环境、交易对方、交易实现的必要条件都缺乏了解，所以只能制定出基于卖方利益的价格，而不容易与市场消费需求相吻合，一般很少使用。

2）竞争导向以"取得赛跑中的胜利"为经营理念，注重行业相对价格，比成本导向更贴近市场供求，但交易的实现取决于交易双方的利益吻合，只研究如何在供给群体中合理定位，忽视购买群体的反应，其定价难免一厢情愿。竞争导向定价法一定时期内虽有助于制定有效的竞争策略，取得销售成果，却忽视了需求在价格形成中的重要作用，往往会导致"无效供给"。

3）需求导向定价则是从市场需求出发制定房地产价格，它能行之有效地激发潜在需求，使房地产产品从根本上实现交易的可能。而且它能使房地产价格"一步到位"，避免价格的剧烈波动，减少投机。

4）成本导向定价要求对企业自身生产能力有准确的把握，竞争导向需要明智的行业定位，而需求导向则跨越了供方的思维定式，从供求双方的互动关系中寻找解决问题的思路。策划人员必须牢牢把握项目自身特点，结合公司经营优势，顺应房地产市场行情，通盘策划，理性抉择，才能取得好的营销效果。

4. 房地产项目定价策略

（1）新产品定价策略。新产品定价是对新开发产品的定价，关系到新产品能否顺利地进入市场，能否站稳脚跟，能否获得较大的经济效益。房地产新产品的定价策略，主要有以下三种：

1）取脂定价策略。取脂定价策略又称撇油定价策略，是指企业在产品寿命周期的投入期或成长期，利用消费者的求新、求奇心理，抓住激烈竞争尚未出现的有利时机，有目的地将价格定得很高，以便在短期内获取尽可能多的利润，尽快地收回投资的一种定价策略。如新能源楼盘定价采用该方法。

2）渗透定价策略。渗透定价策略又称薄利多销策略，是指企业在产品上市初期，利用消费者求廉的消费心理，有意将价格定得很低，使新产品以物美价廉的形象，吸引顾客，占领市场，谋取远期的稳定利润。如超大型普通住宅项目定价常采用该方法。

3）满意价格策略。满意价格策略又称平价销售策略，是介于取脂定价和渗透定价之间的一种定价策略。由于取脂定价法定价过高，对消费者不利，既容易引起竞争，又可能遇到消费者拒绝，具有一定风险；渗透定价法定价过低，对消费者有利，对企业最初收入不利，资金的回收期也较长，若企业实力不强，将很难承受。而满意价格策略采取适中价格，基本上能够做到供求双方都比较满意。如一般住宅项目定价常采用该方法。

（2）心理定价策略。心理定价策略是针对消费者的不同消费心理，制定相应的商品价格，以满足不同类型消费者的需求的策略。其可分为以下五种：

1）尾数定价策略。尾数定价也称零头定价或缺额定价，即给产品定一个零头数结尾的非整数价格。大多数消费者在购买产品时，乐于接受尾数价格，如 8 721 元/m^2、5 639 元/m^2 等。消费者会认为这种价格经过精确计算，购买不会吃亏，从而产生信任感。同时，价格虽离整数仅相差几十元或几元钱，但给人一种低一位数的感觉，符合消费者求廉的心理愿望。这种策略通常适用于单价较低的项目。

2）整数定价策略。整数定价与尾数定价正好相反，企业有意将产品价格定为整数，以显示产品具有一定质量。整数定价多用于单价较高的房地产项目，以及消费者不太了解的项目，对于价格较高的高档项目，顾客对质量较为重视，往往把价格高低作为衡量产品质量的标准之一，容易产生"一分价钱一分货"的感觉，有利于销售。

3）声望定价策略。声望定价策略也称品牌定价策略，即针对消费者"便宜无好货、价高质必优"的心理，对在消费者心目中享有一定声望，具有较高信誉的品牌项目产品制定高价。不少高级品牌项目和稀缺产品，如豪宅、景观房等，在消费者心目中享有极高的声望价值。购买这些产品的人，往往不在乎产品价格，而关心的是产品能否显示其身份和地位，价格越高，心理满足的程度也就越大。

4）习惯定价策略。有些产品，如普通住宅，在长期的市场交换过程中已经形成了为消费者所适应的价格，称为习惯价格。企业对这类产品定价时要充分考虑消费者的习惯倾向，采用"习惯成自然"的定价策略，不宜轻易变动。降低价格会使消费者怀疑产品质量是否有问题；提高价格会使消费者产生不满情绪。在不得不需要提价时，应采取改换产品内容或品牌等措施，减少抵触心理，并引导消费者逐步形成新的习惯价格。

5）招徕定价策略。这是适应消费者"求廉"的心理，将产品价格定得低于一般市价，个别的甚至低于成本，以吸引顾客、扩大销售的一种定价策略。如在一个项目中，将位置最差、结构最不合理套型的房屋拿出几套定个超低价吸引顾客。采用这种策略，虽然几种低价产品不赚钱，甚至亏本，但从总的经济效益看，由于低价产品带动了其他产品的销售，整个房地产项目还是有利润的。

（3）差别定价策略。差别定价策略是对不同的顾客群规定不同的价格。该方法可为制定项目全盘价格策略和多层次供房价格体系提供决策参考。

1）差别定价的形式。

①因地点而异，位置优越的地点定价高。

②因时间而异，如五一、国庆长假日，制定促销价。

③因产品而异，套型不同、面积不同、配置不同则价格不同。

④因顾客而异，主要根据项目的目标客户的经济实力强弱定价，经济实力强的客户定价高。或者按不同顾客感受定价，让顾客先看房感受，后面通过拍卖或与顾客直接谈判定价。

2）实行差异定价的条件。

①市场能够根据需求强度的不同进行细分。

②细分后的市场在一定时期内相对独立，互不干扰。

③高价市场中不能有低价竞争者。

④价格差异适度，不会引起消费者的反感。

（4）折扣定价策略。折扣定价是指对基本价格做出一定的让步，直接或间接降低价格，以争取顾客，扩大销量。房地产开发商为了加速资金回笼，往往会给予客户一定的价格优惠，它是通过不同的付款方式来实现的，如购买数套房优惠、首购优惠、购房抽奖、一次性付款优惠等。

1）直接折扣定价。

①现金折扣。现金折扣是对在规定的时间内提前付款或用现金付款者所给予的一种价格折扣。其目的是鼓励顾客尽早付款，加速资金周转，降低销售费用，减少财务风险。采用现金折扣一般要考虑三个因素：折扣比例，给予折扣的时间限制，付清全部货款的期限。现金折扣的前提是产品的销售方式为赊销或分期付款，分期付款条件下买者支付的房款总额不宜高于现款交易价太少，否则就起不到"折扣"促销的效果。提供现金折扣等于降低价格，在运用这种手段时要考虑产品是否有足够的需求弹性，保证通过需求量的增加获得足够利润。

②数量折扣。数量折扣指按购买数量的多少，分别给予不同的折扣，购买数量越多，折扣越大。其目的是鼓励大量购买，或集中向本企业购买，即团购。数量折扣包括累计数量折扣和一次性数量折扣两种形式。累计数量折扣规定顾客在一定时间内，购买产品若达到一定数量或金额，则按其总量给予一定折扣，其目的是鼓励顾客经常向本企业购买，成为可信赖的长期客户。一次性数量折扣规定一次购买某种产品达到一定数量或购买多种产品达到一定金额，则给予折扣优惠，其目的是鼓励顾客大批量购买，促进产品多销、快销。

③季节折扣。为了调节供需矛盾，便采用季节折扣的方式，对在淡季购买产品的顾客给予一定的优惠，使企业的生产和销售在一年四季能保持相对稳定。季节折扣比例的确定，应考虑成本、基价和资金利息等因素。季节折扣有利于加速产品销售，迅速收回资金，促进企业均衡生产，充分发挥生产和销售潜力，避免因季节需求变化所带来的市场风险。

④功能折扣（推广折扣）。中间商在产品分销过程中所处的环节不同，其所承担的功能、责任和风险也不同，企业据此给予不同的折扣称为功能折扣。对生产性用户的价格折扣也属于一种功能折扣。功能折扣的比例，主要考虑中间商在分销渠道中的地位、对产品销售的重要性、完成的促销功能、承担的风险、服务水平、履行的商业责任，以及产品在分销中所经历的层次和在市场上的最终售价等。功能折扣的结果是形成购销差价。鼓励中间商大批量销售，争取顾客，并与企业建立长期、稳定、良好的合作关系是实行功能折扣的一个主要目标。

2）间接折扣定价。其形式有两种：一是回扣。回扣是间接折扣的一种形式，它是指购买者在按价格目录将房款全部付给销售者以后，销售者再按一定比例将房款的一部分返还给购买者。二是津贴。津贴是企业为非凡目的，对非凡顾客以特定形式所给予的价格补贴或其他补贴。例如，当中间商为企业产品提供了包括刊登地方性广告、设置楼盘陈列沙盘等在内的各种促销活动时，开发企业给予中间商一定数额的资助或补贴。

（5）过程定价策略。过程定价策略也称"试探性"定价策略，是房地产项目全营销定价，采用以售看价的定价技巧。房地产经营企业在出售商品房时，先以较低价售出少量商品房，如果买房的人多，就可以将价格提高一些；如果提价后仍供不应求，以后还可以将价格再提高。策略有以下三种：

1）低开高走策略。就是随着施工进度，每到一个调价时点，按照预先确定好的调价幅度调高售价策略。这种价格策略是大多数开发商经常使用的一种方法，并且这种方法特别适用于"期房"销售，由于运用这种方法，造成前期物业一种"假增值"，实际上是开发商让利给前期业主。低开高走定价，要预先设计好价格上调的频率和幅度。

2）高开低走策略。就是高价开盘，然后降价。这种价格策略适合于以下两种情况：

①高档商品房，市场竞争趋于平缓，且通过高价开盘实现了预期的销售目标，剩余少量的房源以低价售出，回笼资金。

②项目处于宏观经济的衰退期，或者是由于竞争激烈，高价开盘没有达到预期的销售效果。导致开发商不得不调低价格，回收投资。高开低走定价，要预先设计好价格下调的频率和幅度，处理好与前期业主的关系。

（6）稳定价格策略。稳定价格策略就是在整个项目的销售期，价格始终保持相对稳定，既没有大幅提价也没有大幅降价，这种方法适用于房地产状况比较稳定的区域内的项目。

5. 房地产项目价格控制与调整策略

（1）房地产项目价格控制。

1）价格控制方案与指标。有序控制房地产项目价格，应预先慎重设计价格控制方案，安排控制指标。一般的价格控制方案主要设置以下四个控制价格，即开盘价、封顶价、竣工价、入住价。同时，控制方案还要设置与此价格相适应的销售比例，一般达到30%、30%、30%、100%。

2）价格控制的基本原则。

①逐步渐进提高。让消费者感觉越早买越好，不买还要涨，代价会更高。

②留有升值空间。让消费者感觉买得不吃亏，财富还会升值。

3）价格控制的三种情况应严格避免。

①价格下调。对前期已经购房者不利，造成其已购房屋贬值；对以后销售也不利，造成潜在购房者观望情绪更浓。

②价格做空,会造成有价无市。

③升值太快缺少价格空间,会让消费者感觉买得不划算,以后还有机会买。

(2)房地产项目价格调整。

1)房地产价格调整。房地产价格调整是指在销售过程中,按预想的情况或者预想的情况与实际情况出现偏差,做出的价格调整。

2)房地产项目的价格调整策略。房地产项目的价格调整策略是指在房地产项目整体定价确定的前提下,在销售过程中,根据房地产项目及市场的发展情况,引导价格发展走势的价格方案。在不同的房地产项目中,由于房地产项目自身的各项素质差异很大,加之市场状况不同,每个房地产项目会根据自己的特点采取不同的价格调整策略,以正确引导房地产项目价格走势。房地产项目定价与其调价策略从性质上讲,并不属于同一概念。准确、合理的价格调整策略是出色销售工作的基础和前提,调价策略来源于房地产项目市场定位,而最终服务于销售策略。

(3)房地产价格调整过程。

1)市场验证。房地产价格在调整前需要进行市场验证,就是对房地产项目预先的整体定价方案通过市场进行验证,如果市场销售状况好,则定价方案通过验证;否则,就没有通过市场验证,需要采用分析方法查找原因,然后进行调整价格。

2)市场价格分析。对没有通过市场验证的价格需要进行分析,分析方法:一是价格敏感度分析。营销人员通过一般市场调查、成交客户分析、售楼现场调查等方法,找出目标客户的理性价格区间,作为价格敏感度分析的依据。二是难点户型价格分析。一般情况下,销售户型单位比较均匀,基本上可以判断市场接受方面可能并没有难点户型,但如果一种户型单位特别难以消化,此种户型可作为难点户型处理。

3)调整价格。

①根据市场反馈信息,验证预先的设想,如果设想通过验证,价格可按预先设想实现调整。

②如果设想没有通过验证,就需要根据市场反馈信息,重新制定价格策略。

③调整策略包括难点户型的均价的调整,难点户型的层差和朝向差的调整,难点户型的重点推荐,如广告突出、样板房优化、附送装修等变相降价行为。

(4)低开高走调价策略。

1)低开高走调价策略。就是项目在开盘时价格较低,但随着销售的推进,售价不断调高。

2)适用情况。在房地产项目综合素质较高,但初期优势不明显,而市场状况不好或市场发展趋向不明朗的情况下,为取得市场认同,适宜采用低开高走调价策略。房地产项目应低价入市,根据销售工作的开展,视具体销售进展的好坏情况适时调价,决定每次价格提升的幅度。当然,如果项目的确综合素质较低,市场认同感差,且市场状况不好、竞争较为激烈,房地产项目一般只能采取低报价,低价成交,以价格取胜的"低开低走"策略。

(5)高开低走调价策略。

1)高开低走调价策略。高开低走调价策略就是项目在开盘时价格较高,但随着销售的推进,售价不断调低。

2)适用情况。在房地产项目综合素质高,而市场状况不好,竞争又较为激烈的情况下,房地产项目为树立房地产项目形象和知名度,适宜采用高开低走调价策略。房地产项目应高报价入市突出项目优秀品质,根据销售工作的开展,视具体销售进展的好坏情况适时调价,决定每次价格下调的幅度,以较低成交价格争客户和市场份额。当然,如果市场状况好,竞争不激烈,而且项目自身规模又不大的情况下,项目完全可以采取突出房地产项目优秀品质,大规模营造房地产项目形象和知名度,高价报盘,高价成交,在短期内迅速获得市场认同,即"高开高走"策略。

(6)波浪螺旋调价策略。

1)房地产价格"低开高走""高开低走""低开低走""高开高走"和"平稳推进"都是一种较为理想的价格策略,在现实的营销工作中很难维系。实践证明,很多项目的各楼座品质因为位置、景观、交通等因素的影响而差异较大,而且市场状况的好与坏在很多的情况下也是很难判断的,所以,"波浪螺旋"的调价策略应运而生。

2)"波浪螺旋"调价策略。"波浪螺旋"调价策略是一种结合房地产市场周期波动而调整价格,发生同步的周期性波动的房地产调价策略。

①调价周期以房地产市场周期、项目的销售速度和最终利润的回收作为判断标准;

②根据工程进度及销售情况,对提价幅度及周期进行进一步细化调整;

③应考虑不同楼座在销售速度上的差异,分别调整提价幅度,避免"一刀切"的做法。

3)适用情况。在房地产项目素质一般,规模较大,而市场发展趋势不很明朗的情况下,多数项目应该采取"波浪螺旋"的调价策略,可以最终给整个项目营销工作带来快速销售速度和良好业绩。

(7)房地产项目调价技巧。

1)提价技巧。引起提价的主要因素是供不应求。当产品不能满足顾客的需要时,它要么提价,要么对顾客限额供应,或者两者均用。提高"实际"价格的方法有:减少折扣。减少房屋销售常用的现金和数量折扣。统一调价。指示房地产项目销售人员不可为了兜揽生意争取销售额不按目录价格报价。采用延缓报价。企业决定到产品建成或交付使用时才制定最终价格,这对开发周期长的房地产建筑来说相当普遍。使用价格自动调整条款。企业要求顾客按当前价格付款,并且支付房屋交付前由于通货膨胀引起增长的全部或部分费用。在施工较长期的房地产项目中,许多合同里都有价格自动调整条款规定,根据某个规定的物价指数计算提高价格。一般情况下,每种提价方法都会对消费者产生影响,房地产企业可以采取一些必要的方法来应对不必提价便可弥补高额成本或满足大量需求。如使用便宜的建筑材料或设计做成代用品;减少或者改变房屋特点以降低成本;改变或者减少服务项目,如取消精装修、免费送阳台等。

2)降价技巧。在产品价格调节的过程中,有升当然也有降。当产品降价时,可能引起消费者的观望情绪或对产品质量的猜疑,消费者的这些心理对降价的销售会带来不利影响,可能会增加销售量,也可能会减少销售量。这就需要在降价时,要注意方法的选择和技巧的运用以及时间的把握。

①直接降价法。直接降价法是指直接降低产品的价格,它包括一次性出清存量房和自动降价销售。在很多情况下,这种降价方法不宜采用。因为直接降价很难达到预期的目的。

②间接降价法。可供采用的间接降价方式很多,主要有:增加额外费用支出;馈赠物品;在价格不变的情况下,提高商品质量,即用相同的价格,可买到质量更好的商品,也就降低了价格;增大各种折扣的比例。

③准确把握降价时间。降价时间有早晚之分。早降价的优势:可以在市场需求活跃

时，就把商品销售出去；降价幅度较小，就可以销售出去；可以为新产品腾出销售空间；可以加速项目资金周转，使现金流动状况得以改善。晚降价的好处：可以避免频繁降价对正常产品销售的干扰；可以减少项目由于降价带来的毛利的减少。选择降价时机，关键要看降价的结果。如果产品能顺利销售，项目可以选择晚降价；如果降价对顾客有足够的刺激，可以加速商品销售，可以采用早降价的政策。

3）在同质产品市场上对竞争者的降价行动，企业可以选择的对策主要有：维持原价，但改进产品、增加服务等；追随降价；推出价格更高的新品牌攻击竞争者的降价品牌；推出更廉价的产品进行竞争。在异质产品市场上，竞争者一般不会追随企业的调价。

9.5 房地产推广与公关活动策划

1. 房地产销售推广理解

（1）销售推广的概念。销售推广也称营业推广和销售促进，是指通过采用不属于公关促销、广告促销、人员促销的那些促销活动，用以刺激目标顾客，使其对企业的销售活动产生有利促进或响应，即企业人员对销售有积极性、购买者对产品有强烈购买欲望和要求。

销售推广运用的范围非常广泛，形式多种多样，在很短的时间内可产生立竿见影的效果，甚至引起轰动的销售效应，因而在房地产营销中，被众多企业所重视。

鉴于销售推广手段复杂多样的表现以及销售推广的发展，房地产企业在进行销售促进工作以及对销售促进进行策划时，必须将其进行分类，从而明确销售推广的特点，为企业销售推广策划提供基本准备。

（2）销售推广的类型。

1）刺激购买欲望的销售推广。刺激购买欲望的销售推广指针对购买者的销售推广方式，通常有有奖销售、分期付款等，这种类型的销售推广冲击力强，市场影响大，针对性强。但这种销售推广类型物质利益明显，相对来说，方式单一，企业以让利为代价，副作用大，且管理困难。

2）建立客户信任的销售推广。这是以扩展企业影响，解答客户疑虑，促进客户依赖和增加购买的销售推广类型，如房展会。其优点是销售隐蔽性强、规模较大，购买者信任；缺点是销售推广的冲击力弱，见效慢。

3）调整中间商销售的销售推广。由于中间商可以代理多家开发商的产品，为了尽快销出去有时会损害开发商的信誉，因此，也应该对他们进行必要的激励，以调动其销售的积极性。其优点是有利于开发商同代理商之间的协调和合作；缺点是管理工作困难。

4）消除销售障碍的销售推广。开发商的销售障碍可能来自多方面，如销售员积极性不高，项目内各小组之间缺乏应有的配合等。为此，企业可以开展以消除这些障碍为目的的销售推广，如销售收入与销售额挂钩，这些方式激励性强、针对性强，企业管理较方便；缺点是销售成效标准单一，缺乏周全性，费用投入较大。

（3）销售推广的优缺点。

1）销售推广的优点：

①即期效应。销售推广历时短暂，影响也是短暂的，其活动的着眼点是立即引起顾客的反应，开发商通过向目标顾客提供短暂的强烈诱惑，诱导顾客迅速采取购买行为。虽然

在影响期间具有强烈的刺激和促进，但这种影响很快就会消失。

②形式多样。销售推广是由各种各样的促销活动组成的，如样品派送、售价折让、竞赛抽奖、联合促销、服务促销、满意促销等。这些方式各有其优点和缺点，开发商应根据不同的房地产特点、不同的营销环境、不同的顾客心理等条件加以选择和运用。

③非连续性。销售推广一般是以让利为代价专门开展的一次性活动，同时开展销售推广活动的费用很高，不能连续不断地经常采用。一般来说，对于大盘的一期工程，开发商往往投入很多促销费用，以提高楼盘和开发商的声誉，树立楼盘和企业的品牌。

④冲击效应。销售推广的种种手段通常是精心策划的，它对目标顾客、企业营销人员的刺激是非常强烈的，它能使销售推广的对象有强烈的驱使动力去实现企业期望的目标。尤其是对于持币待购的现实顾客具有很强的冲击效应。

⑤抗争性强。销售推广已不仅是解决销售困难的应急之策，而是进行竞争的必要手段。尤其是在房地产市场竞争日趋激烈的今天，它的抗争性非常强，是开发商增强竞争力的重要方式。

⑥灵活性强。对于销售推广的应用和实施，开发商可以根据企业自身情况、市场情况灵活运用，可以对内、对外一起使用，可以短期进行，也可以长期进行。

2）销售推广的缺点：

①损害楼盘自身形象。一般来说，顾客有买涨不买跌的心理。尤其是房地产，如果一个楼盘长时间使用一种促销方式，更会使顾客认为楼盘因质量问题，或者功能、滞销等问题而降价，反而损害楼盘自身形象。因此，销售推广方案推出的时机非常重要，推出的时间不宜太长。同时，加强宣传，消除顾客"便宜没好货"的心理，让顾客了解本楼盘是真诚让利。

②被竞争者模仿。正因为销售推广的效果非常显著，对市场能产生较大的冲击波效应，也最容易被竞争者模仿，各国法律还未见到对销售推广模仿的限定。因此，销售推广的策划，应有创意，先机而得，先声夺人，整合企业的有效资源，力求在短期内取得成功。

③伤害老顾客。销售推广的实质是降价或变相降价。对于后期推出的楼盘，如果采用此促销手段，会使先期购买者的心理产生不平衡，甚至有可能找开发商要求赔偿或退房。本来效果很好的销售促进活动，反而产生很大的副作用。因此，开发商应采取间接的销售促进手段，来达到促销的目的。

（4）销售推广的原则。销售推广策划除遵循营销策划原则外，还应该遵循下列原则：

1）销售手段的差异性。销售手段的差异性是指本楼盘要与其他楼盘的营销手法区别开来，避免盲目跟风，重复别人的销售手段，使销售推广策划无创意。

2）主题思想的统一性。在广告宣传上，无论是硬性广告还是文字包装，都要有一个明确而统一的主题。一个大主题可以分解为若干个小主题，小主题内容可以不一样，但都是为说明大主题服务的。因此，销售推广策划的主题思想要与项目的主题思想一致。

3）操作手段的连贯性。操作手段的连贯性首先是操作思想不能断，前后不能自相矛盾；其次是时间上不能断，两次宣传间隔的时间不能太长。

（5）销售推广策划程序。销售推广策划必须按照规范而科学的程序进行，它依赖策划工作中各个步骤的完成，涉及这项工作的企业内部人员有企业营销策划人员、管理负责人、财务人员、市场研究人员、销售人员、人事管理人员等。所有这些人员都是推进销售推广策划按正确方向发展的保证，销售推广方案正是这个活动过程的结果。所以，与其努力追求策划方案，不如认真完成销售推广策划的程序，从过程来保证销售促进策划的结果。这样的策划才有针对性、逻辑性和方向性。

一般来说，销售推广策划程序包括市场情况的分析和预测、销售推广目标的确定、销售推广方式的选择、促销费用预算、销售推广方式中创新的策略、销售推广策划方案的制定、销售推广策划方案的检验、销售推广策划的执行和控制、销售推广策划的效果评估。

1）市场情况的分析和预测。要结合项目前期的市场调查，进一步对目标顾客群、市场需求变动进行分析，了解顾客的消费心理、特征、动向，了解主要竞争者的促销策划和竞争者行为。

2）销售推广目标的确定。市场分析和预测为确定销售推广的目标提供了依据。确定销售推广的目标即对谁促销，是最终顾客还是代理商，达到什么促销目标等。当目标确定后，新的市场分析和预测就要服从这个目标。在房地产营销中，销售推广的目标常有以下几种：

①开盘促销。就是通过开展销售推广活动，来吸引顾客，聚集人气，形成热销势头。

②滞销促销。就是通过开展销售推广活动，来摆脱滞销局面，使楼盘由滞销变成畅销。

③清盘促销。就是楼盘销售已近尾声，剩下不够理想的房子，通过开展销售推广活动，争取早日脱手，结束销售工作。

3）销售推广方式的选择。达到同一目标可以有多种方式供选择。选择的主要原则如下：

①要以顾客的感受来取舍，而不是以企业的好恶、习惯和费用节省与否来取舍。

②根据市场的变动来调整销售推广的方式。

4）促销费用预算。根据企业选择的销售推广方式，合理预算销售推广方式的活动费用。

5）销售推广方案的创新策略。销售推广方案的创新就是要告诉购买者得到什么实惠，而不是告诉购买者企业采取何种促销方式。如为您全程服务、有奖销售等方式，这是告诉购买者：企业在怎样销售，而不是告诉购买者将获得什么利益，当然没有诱惑力。

6）销售推广方案的制定。在销售方案的创新确定后，就要按一定的规则将其文案化，便于指导和检查。一项完整的房地产销售策划内容通常应该包括：市场调查报告、销售目标体系、进入市场的时机与姿态、确定销售方式、销售促进计划、促销人员培训、推广成本预算、干扰销售推广的因素分析、执行监控。

7）销售推广策划方案的检验。销售推广一般都有很高的期望值，并且影响很大，一旦出现失误，调整和挽救都非常困难。因此，销售推广活动在正式实施前应进行事前检验。销售推广策划方案的检验包括以下几种：

①销售促进目标检验。检查销售推广目标是否与楼盘总体营销目标相一致，检查销售促进目标是否与阶段性营销目标相一致，检查销售推广目标定得是否高或低，能否完成。

②销售推广方式检验。检查销售推广方式是否是最佳的，销售推广的诱因是否合适，销售推广的内容和方式是否违反政策或法律。

③销售推广创意检验。检查销售推广创意是否能为目标对象所理解和接受，销售推广的信息传递方式是否有效、到位，检查销售推广进入市场的时机与姿态如何。

④销售推广方案检验。检查其方案是否可操作，检查让利幅度是否符合奇特经营方针，销售推广的费用是否经济，人员准备情况如何。

8）销售推广策划的执行和控制。销售推广的执行必须按策划方案进行，也就是说，应该按照具体操作方案来实施，这项工作是以工作组为单位来组织实施和控制的。同时，对执行中出现的各种问题应注意收集、分析和向上汇报，以便及时调整策略并加以控制。有效的控制是关键，是使销售推广工作完善、周全的手段。

9）销售推广策划的效果评估。销售推广活动效果事后评估是销售推广活动的一项重要

工作,从中可以总结经验和不足,为下一阶段工作提供有价值的依据。房地产销售推广活动效果事后评估的方法主要有两种:

①直接观察法。通过观察、记录促销活动推出后售楼处来电、来人的次数,顾客对此活动的态度、评价,来分析顾客对促销活动的评价。

②前后对比法。即将开展促销活动之前、之中、之后三个阶段的销售额(量)进行比较,来测评效果。一般来说,可能出现的情况有以下四种:

a. 促销活动初期见效,但时效短;
b. 促销活动效果明显,而且对以后有积极影响;
c. 促销活动对顾客没影响,促销费用浪费;
d. 促销活动对顾客不但影响不大,而且会带来负面作用。

(6) 商品房销售推广方式。

1) 让利型销售推广方式。对于大众住宅,由于购买群体主要为中低等收入者,其消费心理是实惠性的,因此,对这类群体的销售促进方式主要是使用面积、价格及付款方式上的优惠和实惠,切合他们的现实需要和心理特点。目前,大众住宅销售促进方式具体有以下几种:

①买房送面积和买房(若干年)免楼盘管理费。买房送面积是指一些开发商承诺,顾客买房赠送阳台或厨房或卫生间,即买房时不计算阳台或厨房或卫生间的面积,实际上变相降低房产的价格。

买房(若干年)免楼盘管理费是指顾客买房(若干年)免交物业管理费,从而使顾客减少了买房后的一些支出。

其他如买房免公共分摊面积、买房送花园等都是让顾客看到这种优惠是实实在在的。

②买房免(代缴)相关税费。买房免(代缴)相关税收是指房产商为顾客代缴买房相关税费,使顾客减少一定的买房费用,提高开发商的得房率,以方便顾客。

③抽奖促销。抽奖促销指只要顾客购房,即可参加抽奖,奖品有参加旅游、附赠家电用品等。比较受顾客欢迎的是现金奖项,或者是用作抵冲房款的现金。

④定向让利和限量让利。定向让利是指对特定对象的购房者大幅度让利,由此既可加速资金回笼,又可控制让利范围。限量让利则指限制一定数量的房产,公开优惠出售,先购买者可得到一定的实惠(如送家具套餐、装修套餐等),以造成抢购热潮,吸引顾客购买。

⑤一次性付款。一次性付款是在卖方市场时最为常见的销售方式,在买方市场时一般多见于那些低价位、小单位的楼盘销售,通常情况下,一次性付款都有优惠。对于开发商来说,一次性付款是解决资金危机的最好方法。

⑥分期付款。分期付款又可分为免息分期付款和低息分期付款。对于客户来说免息分期付款最合其心意,而且越长越好,但对开发商来说很不利,损失点利息是小问题,资金回笼却是大问题,这是在淡市比较吸引人的销售方式。

⑦银行按揭。银行按揭的正确名称是购房抵押贷款,是购房者以所购房屋之产权作抵押,由银行先行支付房款给开发商,以后购房者按月向银行分期支付本息。银行按揭的成数通常由五成到九成不等,期限由5年到20年不等,在国外还有长达30年的。银行按揭业务在国内才开始不久,但发展非常迅速,这是因为它符合工薪阶层的支付能力,使得市场潜在需求能够迅速转化为有效需求。银行按揭是促进房地产市场活跃的最有效的手段。

⑧先租后售。客户可以先租住,到客户认为有能力买下房屋产权时,开发商将如数退还此前的租金总额,并且按租住时议定的房价出售。这是在淡市下常用的有效手段。先租

后售的另一种情况是，租住者不一定就是购买者，开发商可以先将物业出租，而后再找购买者，购买者购买后，开发商此前所收的租金总额连同对租额的权利和义务一并转交给购买者，此种情况下的购买者一般都是投资者。写字楼的行销经常采用这种方式，因为已经有了租金回报，投资者很容易算账，因此可以很快做出决定，效率极高，同时，一栋物业可以有两批客户，市场承受面宽广。

⑨以租代售。以租代售是指有意购房者的客户先租住，按月交租金，等租金总额达到当初议定的房屋总价（连本带息）时，房屋产权归该客户所有。这种销售方式对开发商不利，但另一方面其市场承载面极其广泛。

⑩先试住，后买房。有意购房的客户可以先试住一段时间，等满意了再买，如果不满意，分文不收，只管搬走。这一销售方式是颇得人心的，尤其对于那些硬件、软件都过关的项目，用这一销售方式正好是向客户证明他们所不相信的事情。消费者在试住期任何时间若想购买，即可将前期所交纳的全部月供房款抵作首期房款，补齐首期后，即可办理产权过户手续，并进入正常的银行供款阶段。

2) 非让利型销售推广方式。

①承诺型。开发商对顾客购买房屋做出有保证的、讲究信誉的承诺，使顾客放心购房。例如某开发商开发的高档楼盘实行三卡承诺，具体如下：

a. 按时交房保证卡。

b. 工程质量信誉卡。

c. 物业收费承诺卡。

②教育型。现代社会每个家庭最为关注的事情是孩子的成长。如果住宅小区配套能提供优良的教育设施，会有力地吸引一批购房顾客。

③环境型。有专家认为，楼盘居住环境的景观绿化投资可以带来5倍左右的收益并产生热销；也可在现场售楼处旁边先建造一片与楼盘环境总体设计相吻合的景观绿地，使顾客感受到建造好的楼盘良好的居住环境。

④健康型。健康是人生最大的财富，买房同时能得到一份健康的馈赠，这是顾客非常乐意接受的。某楼盘提出健康家园的概念，住户的健康是整个小区规划设计的重点之一，比如每年一次邀请资深医生为住户进行健康检查，小区进行住户健康管理。

⑤物业管理型。对于居住型客户来说，买了房子要长期甚至一生都在这里居住，因此，物业管理也是楼盘的卖点和消费者的买点。

⑥投资型。投资活动有两个最为重要的因素，即收益与风险。投资风险越高，收益也越高。如果能为投资者提供一个高回报、低风险的投资方式，自然会赢得一批顾客。同样，低投入的投资方式也是投资者尤为欢迎的。这种方式比较适合于商铺、酒店等营利性物业。

非让利销售推广方式除上述几种外，还有会所型、评奖型等销售推广手段，其目的是让客户感受楼盘的品级，引发顾客购房兴趣。

2. 房地产宣传推广策划要诀

(1) 报纸媒体：

1) 报纸广告的特点。报纸是房地产广告最常用的主流媒体。报纸广告的特点是：覆盖面广，读者稳定，遍及社会各阶层；时效性强，反应及时；信息量大，符合房地产广告信息传递的特点要求；覆盖一定的区域或行业，针对性强；制作灵活，费用相对较低。其缺点是：时效短、传播读者少。

2) 报纸媒体的选择。报纸种类繁多，各有不同的阅读人群，会产生不同的效果。广告投放者一般不会选择全部本地区的各大报纸，而是通过广告费用与广告效果的比较来选择发行量较大的报纸。策划人一般用每千人（户）成本、目标顾客群的特点来确定主要的投放报纸，取其低者。

3) 报纸媒体的具体操作要点：

①明确广告目的。主要确定广告的类型、广告欲达到的目标和有关建议。

②根据广告目标确定广告的具体报纸类型。通常开盘期和强销期为造声势，广告涉及面广，投放报纸种类多。在持续期内一般只在发行量大的报纸上投放，在保证一定效果的同时降低成本。

③广告频率和日程安排通常是一个星期、一个月内做一次同样的广告或者是微变的广告，反映该时段内的楼盘动态、营销状况或卖点，出现的次数和日程安排都要严格控制，少了不奏效，多了浪费。

补充知识：报纸广告日期的排布应从属于项目的营销周期。

1) 开盘期。开盘期以告知型为主，配合现场 POP 广告和户外固定性广告的制作。开盘期报纸广告范围扩大，表现为数量多而且刊登报纸种类多，伴随着开盘期庆典活动和促销活动，此时应以告知型和促销型为主，广播、杂志、直接邮寄等其他媒体广告开始出现。

2) 强销期。当强销期来临时，大量的报纸广告继续推进，各种类型都有展现，同其他各种广告媒体互相配合，促销攻势全面拉开。

3) 持续期。持续期相对较长，广告量较平稳，其间随着工程进度的推进、SP 活动的开展及节庆日的到来会有一些大的广告配合，直至销售完毕。此时多采用间歇型和脉动型，软硬广告兼施。

需要注意的是，持续期内即使销售已完毕，为迎接下一期开盘或公司的另一个新盘问世，广告还要平稳继续，但多以软广告形式出现。

4) 广告版面、投放位置和版面的考虑。广告版面主要有整版、半版、1/4 版、直版、通栏和半通栏。位置主要在新闻下和报头，广告版还有上下之分，同时涉及具体的版面。这些都要根据广告目标和成本来决定。

5) 广告设计和表现所有的策划终将落实在具体的画面、文字和言语中。因此，其设计和表现要真实，一期广告只能有 1 个主诉求点和 1～2 个次诉求点，不能太多。

补充知识：广告设计和表现要突出以下几点：

1) 标题要醒目、表达清晰。广告效果 50%～100% 是大标题的力量。

2) 文案要主次分明、言简意赅，且突出重点，语言流畅。

3) 色彩易识别。色彩可以是企业色或楼盘的专用指定色，贯穿在该楼盘的整个营销周期内的报纸广告中。

4) 画面要真实，不能引起消费者歧义的联想，在建中的楼盘广告应注明是效果图。

(2) 电视媒体：

1) 电视媒体的特点。电视以其视听双重功能的特性，成为发展速度最快、竞争最激烈的广告媒体。电视广告的优点有：覆盖面广，收视率高，诉求能力强；表现手段灵活多样，具有很强的吸引力和视觉冲击力；其信息不受时空限制，及时迅速；选择性强，可以在不同地区、不同时期、不同时间段播放电视广告。其局限性主要是：费用高昂，诉求重点不够明确。

2）电视媒体的选择。为了丰富观众的业余生活，各地电视台都推出了很多电视频道，各有不同的收视率，产生不同的广告效果。广告投放人一般会选择收视率高的电视频道，通过赞助某热播连续剧、某一活动、主持人采访等形式来插播房地产广告。其广告片时间一般是10秒、15秒、30秒、45秒或60秒，时间越长费用越高。广告一般放在中午、晚上等收视率高的时间段。同时，还可以把广告刻成光盘与楼书、单页及礼品等派发给目标观众。

3）电视媒体的具体操作要点。

①明确自己的重点。项目的卖点很多，如环境、户型、园林、位置等，切忌什么都想张扬但最后什么也表现不出来。因此，只有项目的卖点少，广告才能有穿透力。一般来说，5秒的广告只能有一个诉求点，15秒的广告只能有一个主诉求点、一个次诉求点，而30秒的广告只能有一个主诉求点、两个次诉求点。

②开发商与制作公司通力合作。当开发商或代理商确认了脚本和报价后，要积极参加拍摄中的各种会议，保障后勤协调工作。

③有效是广告的唯一标准。不要认为高雅的广告片就能受到观众的欣赏，通俗就会引起反感，要根据消费者的兴趣爱好来确定广告片的雅俗、直白和含蓄。要选择合适的电视台和时间段，加强对目标受众的捕捉，提高广告的效果。

补充知识：电视广告的制作分工很细，一般由广告人负责构思，由制作公司负责拍摄、剪接、配乐、配音、计算机特技、动画等工作。大致如下：

①构思文稿和脚本。一般来说，在接到客户服务部的新工作演示文稿后，策划总监会指派文案与美术指导共同负责。

②客户确认。有的叫作卖桥，是指创作人演绎自己的作品，让客户认可。有的会像演戏般演绎自己构思的作品，有的会用大量图画或视频参考材料，甚至会将构思剪辑或拍摄成广告片，让客户更易明白。

③报价。构思的点子很多时，由于预算的制作费昂贵而令广告夭折。预算的制作费主要包括拍摄费、后期制作费（包括剪接、计算机效果、配乐、配音等）及广告公司费用。

④制作会议。会议由创作人、导演与客户参加，由导演就广告片的处理手法、选角、服饰、道具、拍摄地点、灯光、配乐等与之沟通讨论，待意见统一后才正式开拍。

⑤送检。由电视台自行审查通过后，再交由客户审片。

⑥拍摄与后期制作。拍摄完毕后，后期制作初步校色，剪片师先剪出毛片，待创作人满意后再加上音乐及配音样本，然后送客户批阅，通过后进行正式的配乐、配音，最后再就配乐、旁白及音效进行混音，成片后再经电视台和客户最后审批，才可与观众见面。

（3）售楼书。一般开发商在开始对外预售商品房时都制作印刷精美的资料，用来介绍楼盘特点、交通、规划设计、房型、配套、装饰、设备等情况，市场上称之为"售楼书"。

1）售楼书的制作原则。从性质上说，"售楼书"是一种宣传资料。上海市房地产转让办法明确规定，广告宣传应真实、准确，否则，造成他人损失的，应当承担相应的民事责任。因此，售楼书对房地产开发企业是有约束力的，企业实际交付给购房者的房屋必须与其提供的售楼书内容相一致。

①真实可信的原则。作为成功的开发商，首先应该对自己的项目、自己的客户群体、自己的信誉负责任。所以，售楼书的内容必须真实。从法律角度看，售楼书是开发商对客户在某种意义上的承诺，其内容、数据都应该是严肃认真的，任何夸张、虚伪和差错都是不明智的和不允许的。售楼书设计完成后，开发商不妨请自己的律师审查一遍，防止出现法律偏差与纠纷。

②全面翔实的原则。项目质量是最基本的,开发商应首先创造一流的信誉与项目,其次才是制作一流的售楼书。

售楼书是楼盘销售信息的集合,它主要面对的是客户,客户希望了解楼盘全部的和详细的信息,开发商也应借此将楼盘的卖点信息通过楼书传达给消费者。因此,楼书所告知的信息必须全面翔实。

楼盘的地理位置、项目的规划设计、小区的配套内容、物业楼盘的景观、楼盘的结构特点、楼盘平面图、户型平面图、价格表、车位与车库情况、楼盘各种设备的说明、搂盘的装修标准、特别说明。

2) 售楼书的内容要点。从开发商宣传自己楼盘和客户的购买心理及成功的售楼书文案等各种角度来看,售楼书大致应包含12项内容。具体在制作售楼书时,这些内容并非全部都有,要根据实际情况酌情增减。

3) 售楼书的制作要求。

①设计考究。售楼书不仅是销售信息的载体,更是沟通开发商与消费者的桥梁。怎样捕捉客户的目光是开发商普遍关心的问题。因此,楼书的设计要精美、考究、有个性、有特色,这是吸引客户的重要手段之一。成功售楼书的语言应该是优美、朴实、深刻的,切忌广告色彩太浓;楼书的插图、照片要精练、到位,切忌漫无边际、张冠李戴、过分夸张。

②携带方便。售楼书要开本大小适中、便于携带、字体清晰,与纸张颜色的反差大。很多开发商花了相当多的资金来制作售楼书,售楼书的确也很精美,可是有一点被忽视了:售楼书开本做得很大,公文包装不下,客户携带非常困难;有的开发商甚至选择用很大的单页铜版纸来印制楼书,很像广告画。

总之,开发商要努力通过售楼书宣传自己的项目,尽量满足客户了解楼盘与社区各种情况的需求。

(4) 户外广告。房地产户外广告主要包括路牌、霓虹灯、招贴、灯箱、宣传条幅及车身广告等,企业常将这些户外广告布置于城市的主要交通路口、人群汇集地、产品所在地等处。

户外广告的优点是:广告展示时间长;表现手段灵活,针对性强;可以利用光电技术使户外广告更吸引人,费用比较低,不太受竞争对手干扰。经调查了解,在房屋预购总体中,34.1%的预购者经常注意户外广告,这说明户外广告对有购房倾向的人群具有较好的广告效果。

(5) 夹报、传单与海报广告。房地产传单海报广告主要指通过人员散发关于企业或楼盘介绍的印刷品,散发地点常根据房地产目标消费者层次的不同,选择闹市街头、商店门口、办公楼聚集地及住宅区等地。

夹报、传单与海报广告的优点是:费用低廉,比较灵活;由于通过人员散发,广告触及面较广,且广告带有一定的强迫性,对加强宣传印象有相当的效力。其缺陷为:由于夹报、传单与海报广告一般不为人重视,尤其是传单,常常是拿了就扔,因此,广告宣传品的散发要有一定的连续性和持久性;传单和海报广告的散发也会受到市政及环卫部门的限制。

(6) DM广告。DM广告又称为"直接邮寄广告",即通过邮寄、赠送等形式发放楼盘介绍书、房源说明书、宣传小册子等广告,将宣传品送到消费者手中、家里或公司所在地。

1) DM广告的特点。

①针对性强。传播对象完全可以根据自己的意愿决定,即可以有针对性地选择目标对象,以提高广告的针对性,做到有的放矢,减少浪费。

②"一对一"地直接发送。DM是对事先选定的对象直接实施广告,减少信息传递过

程中的客观挥发,使广告效果达到最大化。

③灵活性大。在广告内容上不受广告发布时间、媒体面积等方面的限制,可以对楼盘或房源进行详细的介绍,可以自主选择广告时间、区域,灵活性大,更加适应善变的市场。

④广告制作简便、费用较低。相对于售楼书和其他广告媒体,DM派单制作简单、费用较低。在设计上,从信封到内部的印刷品均应做到准确、形象、美观,有鲜明的个性,减少目标消费者对此类广告的排斥心理。

⑤广告效果客观可测。可以根据派发的DM广告数量,以及消费者来访和来人量进行统计分析,广告效果预测比较客观,广告投放人可根据这个效果重新调配广告费和调整广告计划。

2)DM广告具体操作要点:

①广告内容。要真实向客户传达的楼盘质量、品位、景观等内容不要过于夸张。

②选择广告对象。选择的广告对象要与目标顾客一致,要与邮政部门配合好。

③DM广告要与其他媒体配合使用。DM广告形式不拘,有利于第一时间抓住消费者的眼球。但必须与其他媒体配合,才能达到最佳的广告效果。

(7)售点广告。房地产售点广告主要是指房地产销售处或楼盘销售现场的广告,可分为室外售点广告和室内售点广告。室外售点广告包括广告牌、灯箱及售楼处和楼盘上拉的横幅、条幅等;室内售点广告包括售楼处内的楼盘、小区模型、照片及电子显示屏等。

售点广告能有效引导和促进消费者对本楼盘特色的认识,树立售点及楼盘的形象,加深消费者的印象,是最重要的广告促销媒体。售点广告已经引起开发商或代理商的重视,开发商或代理商努力制造售点广告强力诉求的效果,引发上门或路过的消费者产生了解楼盘的欲望,提升售点的现场媒体效果。

(8)网络媒体广告。网络媒体广告主要是指利用计算机联结而形成的信息通信网络作为广告媒体,采用相关的电子多媒体技术设计制作,并通过网络传播的广告形式。其传播内容是通过数字技术进行艺术加工和处理的信息,广告活动主体通过互联网传播广告信息,从而使人们对其产品、服务或观念等得以认同和接受,并诱导人们的兴趣和行为,以达到推销其产品、服务和观念的目的。

与传统媒体和传统媒体广告相比,网络媒体广告最大优势不在技术上,而在心理上。对网民的研究表明,消费者之所以点击广告,心理因素是主要动因。网络广告是一种以消费者为导向的个性化的广告形式。消费者拥有比传统媒体更大的自由。他们可根据自己的个性特点,根据自己的喜好,选择是否接收,接收哪些广告信息。一旦消费者做出选择点击广告条,其心理上已经首先认同,在随后的广告双向交流中,广告信息可以毫无阻碍地进入消费者的心理中,实现对消费者的100%的劝导。

1)网络媒体广告的特点:

①覆盖范围广泛。网络联结着世界范围内的计算机,它是由遍及世界各地的各种网络按照统一的通信协议组成的一个全球性的信息传输网络。因此,通过互联网络发布广告信息范围广,不受时间和地域的限制。从广告角度看,作为广告媒体,其传播信息的范围越广,接触的人越多,广告效应越大。从广告用户市场看,用户市场遍及世界各个角落。

②信息容量大。在Internet上广告主提供的信息容量是不受限制的。广告主或广告代理商可以提供相当于数千页计的广告信息和说明,而不必顾虑传统媒体上每分每秒增加的昂贵的广告费用。网络上一个小小的广告条后面,广告主可以将自己的公司及公司的所有产品和服务,包括产品的性能、价格、型号、外观形态等,认为有必要向自己的受众说明一

切详尽的信息，都可以制作成网页放在自己的网站中。可以说，在费用一定的情况下，广告主能够不加限制地增加广告信息。这在传统媒体上是无法想象的。

③视听效果的综合性。网络是伴随着新科技发展起来的。网络广告由于先进的科技，具有传统媒体在文字、声音、画面、音乐、动画、三维空间、虚拟视觉等方面的一切功能，实现了完美的统一。与传统媒体相比，网络广告在传播信息时，可以在视觉、听觉、甚至触觉方面给消费者以全面的震撼。

④实时性与持久性的统一。网络媒体具有随时更改信息的功能，广告主可以根据需要随时进行广告信息的改动，广告主可以 24 小时调整产品价格、商品信息，可以即时将最新的产品信息传播给消费者。并且网络媒体也可以长久保存广告信息。广告主建立起有关产品的网站，可以一直保留，随时等待消费者查询，从而实现了实时性与持久性的统一。

⑤广告投放准确。网络广告的准确性包括两个方面：一方面是广告主投放广告的目标市场的准确性。网络实际是由一个一个的团体组成的，这些组织成员往往具有共同爱好和兴趣，无形中形成了市场细分后的目标顾客群。广告主可以将特定的商品广告投放到有相应消费者的站点上去，目标市场明确，从而做到有的放矢。而信息受众也会因广告信息与自己专业相关而更加关注此类信息。另一方面体现在广告受众的准确性上。上网是需要付费的，消费者浏览站点时，只会选择真正感兴趣的广告信息，所以，网络广告信息到达受众方的准确性高。

2）网络媒体广告具体操作要点：

①确立网络广告目标。网络广告的目标应建立在有关目标市场、市场定位，以及营销组合计划的基础之上，通过对市场竞争状况的调查分析，确定明确的广告目标。当然，在公司的不同发展时期有不同的广告目标，如对于产品广告，在产品的不同发展阶段，广告的目标也可以区分为提供信息、说服购买和提醒使用等不同形式。

②确定网络广告预算。除交换广告等免费推广方式外，网络广告通常是要付费的，在某些情形下，费用还很高。因此，为实现一定的广告目标，需要认真做好广告预算。常用的广告预算模式有量力而行法、销售百分比法、竞争对等法、目标任务法等。

③广告信息决策。即根据广告的目标、公司的发展阶段、产品生命周期、竞争者状况分析等信息，确定广告诉求重点，设计网络广告。

④网络广告媒体选择。做出了广告信息决策之后，就要为广告投放做准备，其中最主要的任务就是选择网络广告媒体。主要步骤包括确定所期望的送达率、频率与效率，选择需要的媒体种类，决定媒体的使用时机及特殊的地理区域等。

⑤网络效果监测和评价。它不仅可以对前一阶段广告投放的效果做出总结，还可以作为下阶段调整和改进广告策略的重要依据。而网络广告效果的最直接评价标准是显示次数和点击率，即有多少人看到了此广告，并且又有多少人对此广告感兴趣并点击了该广告。

④通栏广告。为了适应房地产广告信息发布量大的特点，现在比较流行的房地产网络广告是大的横幅广告，这种横幅广告要比一般的 480×60 大小的广告大得多，一般是横贯整个网页页面，高度也一般达到了 120 像素。

⑤擎天柱广告。这种广告与通栏广告有异曲同工之妙，同样是为了满足房地产广告信息量比较大的特点。只是这种广告是竖着位于网页的某一边。

（9）短信广告。短信广告，顾名思义，就是通过发送短信息的形式将企业的产品、服务等信息传递给手机用户，从而达到广告的目的。它是基于通信服务商直接提供的短信接口实现与客户指定号码进行短信批量发送和自定义发送的目的。随着中国手机用户的快速增长,手机短信作为"第五媒体"的地位,已经得到广泛的认同,与传统的媒体广告相比,短信广告拥有庞大的受众群体。因此,短信广告正在越来越受到商家企业的青睐。

1)短信广告的特点:

①速度快。其传播不受时间和地域的限制,全国任意省市都一样;发送数百万手机用户,均可在发送完毕后马上接收到广告信息。而且发布广告内容可以随时更改,保证最新信息在最短的时间内传播给消费者。

②分众性、回报高。短信广告直接影响到最有消费力的一族,且同一产品可根据不同的接收对象轻松传递不同的广告信息,以求最大限度地激发客户的购买欲。

③精确性。可以直达接收者手机进行"一对一"传递信息,强制性阅读,时效性强,阅读率高,在媒介与人接触的有限时间中,能提高人与广告的接触频率。

④蔓延性。其散播性强、速度快,一分钟即时发送,一瞬间万人传播。接收者可将信息随身保存,随时咨询广告主,需要时可反复阅读,并可随时发送给感兴趣的朋友。

⑤灵活性。广告主可根据产品特点来选择广告投放时间,甚至可具体到某个具体的时间段内发布。

⑥互动性。可以让机主与销售终端互动,与大众媒体互动,通过这些使短信用户参与到商业互动中,短信广告使人们参与互动的机会大增。

⑦低成本。短信广告的发布费用非常低廉,与传统媒体动辄上几十万甚至上千万的广告费用相比,短信广告的成本几乎可以忽略不计。而通过短信平台提交短信广告,比直接用手机发短信息更便宜,大大降低了广告主的广告发布成本。

2)短信广告具体操作要点:

①制作短信广告内容。短信广告以1条短信容量为最佳,因此,在选择短信广告时,应注意设计短信内容,做到重点突出、内容全面,吸引力较强。

②选择较好的服务商或软件提供商。在这里,要确定服务商提供的目标人群数据库是否精准、服务商短信发送到达率是否有保障等因素。

③选择发送时间。通常是上午的11:00—12:30、下午的17:00—18:00、晚上的20:00—21:30三个时间段为最佳。

④评估短信效果。在短信发送后,及时做好短信效果统计,即统计多少受众是被短信吸引而关注公司业务的,为公司下次决策提供经验。

3. 房地产公关活动的理解

(1)房地产公关活动的概念。房地产营销公关策划中,"公关"一词是公共关系的缩略语。"公共关系"一词源于英文 Public Relations,简称 PR,也可以译作"公众关系"。公共关系主要要素是社会组织、传播和公众。公关或公共关系策划一般含义是社会组织通过信息传播,以一定的方式和活动协调、发展、完善与公众的关系。

房地产营销公关策划和广告策划相比,公关策划具有双向沟通的特征。房地产广告发布信息明确,传播广泛,但广告发布者与接受者信息的反馈有一定的限制,双向沟通有相当的阻碍。公共关系活动信息传播反馈性强,便于企业与公众的双向沟通,容易达成双方的信任、谅解。房地产营销公共关系中顾客是基本公众,但还包括其他方方面面的公众。它涉及各方面的关系,牵连到各方面的利益,需要各方面的相助。房地产营销在多维复杂的营销环境中应该运用良好的公共关系,与各方面保持沟通,促使企业与社会公众相互之间的理解和合作,从而使营销业绩更上一层楼。

（2）房地产公关策划规则特征。

1）信息传播与双向沟通。

①房地产营销公关策划。实质上策划企业所要销售的楼盘信息与公众的传播和双向沟通。信息传播可以分成信源，即信息的发布者，也就是传者；信宿，即接受并利用信息的人，也就是受者。房地产营销公关策划强调信息传受双方是在传递、反馈、交流等一系列过程中传播获得信息。因此，这不是一般意义上单向性信息传递，而是通过双向性的信息沟通，使双方在利益限度内最大限度上取得理解，达成共识。房地产营销公关策划主要类型有两种：第一种是单独性的，即是为了一个或几个单一的公关活动进行策划，就是单独性公关活动的"若干层面"；第二种是综合性的，即是规模较大的，时间较长的，一连串的，为同一目标所进行的公关活动的组合。无论是单独性还是综合性的公关活动策划，都必须符合信息传播的有关规则。信息传播是一个有计划的完整过程，所谓"有计划"，是指传播活动必须按公关活动的目的或目标有步骤地进行。"完整"，是指传播过程必须符合传播学的"五W模式"。即 Who、What、Which、Whom、What。

②信息传播的反馈机制。信息传播要达到双向沟通，必须重视反馈机制的建立。反馈，这里是指受者对传者发出信息的反应。在传播过程中，这是一种信息的回流。传者可以根据反馈检验传播的效果，并据此调整、充实、改进下一步的行动。美国学者施拉姆提出控制论传播模式相当重视信息传播的反馈机制，这种模式是一种双向的循环式运动过程。它与传统线性传播模式的根本区别在于：第一，它引进了反馈机制，将反馈过程与传受双方的互动过程联系起来，将传播理解成为一种互动的、循环往复的过程；第二，在这一循环系统中，反馈还对传播系统及其过程，构成一种自我调节和控制，传受的双方要使传播维持、发展下去，达到一定的目的，就必须根据反馈信息，调节自身的行为，从而使整个传播系统基本上始终处于良性循环的可控状态。

③信息传播信道的选择组织。信道，是指信息传播的途径、渠道，也就是媒介。房地产营销公关策划信道式媒介的形式有公关广告、房产展销会、顾客联谊会、自编楼盘通信刊物、专题展示会、征文、研讨会等。房地产营销公关策划中信道的选择组织实际上也是楼盘公关推广的过程。

2）房地产营销公关策划的基本特征。

①以长远为方针。在房地产营销中，企业与公众建立良好的关系，楼盘的信息有效地在公众中传播反馈。房地产营销公关策划是一种持续不断的过程，它是一种战略性的长期工作。成功的获得并非一朝一夕的努力，也不是一曝十寒的推广。

②以真诚为信条。房地产营销公关策划需要奉行真诚的信条。企业传播楼盘的信息必须以真实为前提，企业与公众的沟通必须以诚恳为基础，任何虚假的信息传播、夸大的沟通方式都会损害企业和楼盘的形象。唯有真诚，才能取信于公众，赢得合作和认可。

③以互惠为原则。房地产营销公关策划，力求形成良好的公众关系，它不是靠血缘、地缘或空洞说教来维持，而是以一定的利益关系为纽带。企业在公关活动中既要实现自身的目标，又要让公众得益，包括精神和物质的利益。只有企业和公众互惠互利，与公众各方面的合作才能长久圆满。

④以美誉为目标。房地产营销所有的工作最终目标指向都是为了卖楼，但就某一部分的工作来说又有自身特定的目标。公关策划信息传播和双向沟通的主要目标是树立企业所推出的楼盘的美誉度，不是直接卖楼。所谓楼盘美誉度，是指楼盘具有良好营销形象普遍受到公

众的赞誉。楼盘美誉度的建立和楼盘的知名度、印象度是紧密联系的。楼盘的知名度，是指楼盘在公众中的知晓程度。楼盘的印象度指楼盘在公众中的印象包括大致上的认识和感受。在楼盘知名度、印象度的基础上才有可能产生楼盘的美誉度。房地产营销公关策划在提高扩大楼盘知名度、印象度，特别是提升楼盘美誉度有特殊的功效，楼盘"三度"也有利于促销。

4. 房地产营销公关策划注意事项

（1）房地产营销和媒介公共关系。媒介公共关系简称媒介关系，是指社会组织与新闻传媒单位和新闻记者编辑的关系。在房地产营销公共关系中，媒介关系有着不可替代的特性，它传递信息迅速，影响面广，威望度高，可以左右社会舆论和影响政府机构。在欧美，新闻传媒被看作继立法、司法、行政之后的"第四权力"。房地产营销务必要重视媒介关系，因为和房地产企业其他职能部门工作相比，它是直接面向社会各界的，所以特别需要媒介关系助一臂之力。

建立良好的媒介关系应：

1）将新闻单位和新闻界人士列为必须厚待的公众。房地产企业可以有计划地邀请新闻界人士参观楼盘，通报情况，但切忌以纯功利主义的态度对待媒介关系。可以在平时适当时机与新闻界人士举办各种联谊活动，争取理解和增进友谊，为相互之间的合作奠定较好的基础。

2）必须掌握新闻媒介的工作特性。新闻界重视的是新闻，即新近发生的有报道价值的事与人。对于价值高的新闻，各新闻单位就会有兴趣去了解、采访和报道，甚至连续追踪报道。不要勉强记者刊发一些纯粹是楼盘软广告的。事实证明，楼盘的新闻价值越高，记者就乐于报道，读者会用心阅读，楼盘促销效果也就明显。

3）应当熟悉各种媒介的特点和新闻体裁的形式。要有针对性地向记者提供新闻稿件或请记者采访。房地产企业营销部门应善于抓住时机，从不同角度和层次发掘售楼过程中有价值的新闻。提供新闻稿件做到切题规范，回答记者提问应言之有物。楼盘和营销新闻在可能的情况下力争在传媒上早报道、在显著位置上报道和连续报道。房地产营销和媒介公共关系比较高的操作层面是善于"制造新闻"。"制造新闻"又称"新闻事件"或"媒介事件"，是指在真实发生事件的基础上，经过推动挖掘，运用正当手段主动安排筹划具有新闻价值的事件或活动，吸引记者采访报道。

（2）对待公关中的赞助活动。房地产企业常常会遇到一些单位前来联系赞助事宜，希望企业能对某些活动进行经济上的支持，企业和楼盘因此而得到相应的宣传。

赞助是房地产营销公共关系的重要组成部分，有计划、有目的地赞助一些社会活动，是企业和社会公众沟通的有效手段。房地产营销公关策划，既是回报社会又是能扩大企业影响传播楼盘信息的手段。赞助要达到一定的公关效应关键是如何操作。

国外企业在提供赞助时，多遵循以下原则：

1）赞助的单位是非营利性组织。

2）赞助的社会活动要有利于本企业的生存和发展。

3）视企业的经营状况量力而行确定赞助的额度。

房地产企业按照国际惯例对一些社会活动提供赞助时，特别要注意以下几个问题：

①选择好赞助对象。在众多的赞助要求中，准确遴选最佳的赞助对象，是保证赞助达到预定目标的前提。通常的赞助对象从类型上分，有文化、艺术、教育、体育、公益、慈善事业等。企业所赞助的对象，应该是社会公众最感兴趣的活动，或者是社会公众最乐于

支持的事业而且是最需要支持的事业。否则，赞助对象被认为有误。选择好赞助对象还要尽量注意企业、楼盘与赞助对象的有机联系。

②详细了解赞助活动的具体情况。企业所赞助的活动的开展涉及方方面面，比做常规广告复杂得多。一些企业进行赞助往往没有取得相应的效果，通常是赞助活动展开的某些方面出现偏差。

③搞好赞助活动的宣传。企业出资赞助某项活动理所当然有被宣传的权力。国际商界将赞助和捐赠区分开来，前者有明显的商业目的，寻求社会和企业的共同利益。搞好赞助活动的宣传，要注意适用新闻大众传媒扩大传播企业信息量。国外企业赞助某些活动用于新闻媒介的传播费用一般都高于直接用于活动的经费，并从媒介覆盖面、公众视听率等进行测算。搞好赞助活动的宣传，还要注意不要搞直接的促销宣传。房地产企业赞助活动的宣传主要是扩展信息渠道，显示企业的社会责任感，扩大企业和楼盘知名度、印象度、美誉度，密切客户和潜在客户的联系，争取软性长远的宣传效果。

（3）公关危机的处理。房地产营销会出现公关危机，主要是由于顾客投诉、媒介曝光等突发事件，面临强大的公众舆论压力和危机接连而起的营销环境，楼盘销售无法正常进行。出现这样的公关危机引发点，往往是顾客认为销售承诺明显失信或具有欺骗性，例如，在楼盘配套、入住日期、建材标准等问题上大打折扣。

造成这样的局面有多方面的原因。外在原因是楼盘存在的问题确实有着不可抗拒的客观因素；内在原因是房地产企业疏忽、失误甚至是违规操作的主观因素。另外，也有可能是顾客对销售承诺的误解，某些同行不恰当的说法所致。

对待房地产营销中的公关危机应遵循以下原则：

①预测的原则。房地产营销人应该将预测营销中的公关危机作为营销工作的一部分。特别要清楚了解楼盘潜在的问题，正确对待顾客反映的意见，沟通融洽方方面面的关系。公关危机的引爆虽具有突发性，但任何事物都有一个量变到质变的过程，尽可能将各种危机事件的苗子消灭在萌芽状态中。对公关危机的征兆主动查处，认真防范，大多数危机事件是可以避免的。

②及时处理的原则。公关危机一旦出现，极易出现急速扩展的状况。应迅速掌握所需信息资料，制订实施处理危机的计划。这方面的计划内容一般包括：分析产生危机的背景和症结；顾客和其他公众卷入危机的状况和发展趋势；危机传播的主要内容和渠道；解决危机的条件和方法；与各类公众沟通对话的形式和途径；当事人纠葛的解决。

③真实真诚的原则。房地产企业在处理公关危机时，无论是对当事人、新闻媒介、上级领导以及内部职工，首先要以事实为依据，尽可能公布危机事件真相。尤其是内在主观因素引起的危机事件，必须真诚地承认错误，勇于改正错误，设身处地为当事人和公众着想，绝不能玩弄舆论，敷衍了事。

④缓和矛盾的原则。房地产企业在处理公关危机过程中，由于矛盾双方利益、立场、角度的不同，危机事件常常不会立即轻易了结。对当事人应避免冲撞，努力缓和对立情绪。对新闻媒介的正确批评报道，应持欢迎态度；即使出现失实的报道，也该运用适当的方式进行弥补，没有必要抓住新闻报道的某些枝节问题纠缠不放，更没有必要站在新闻媒介的对立面。

⑤形象修复原则。公关危机处理得当可以坏事变好事，使公众在关注舆论的情况下看到企业的责任感，应抓住企业在危机事件中知名度大增的契机，平息风波，挽回影响，使企业形象及早修复，促进销售。

(4)公关促销"三部曲"。其包括制定公关分目标、确定目标公众和设计相应活动方案。

一般来说,房地产营销公关策划明确公关整体目标并不困难,总的来说,公关促销活动第一个步骤是提高销售业绩,关键问题是制定分目标,这是整体目标得以实现的基础。

制定公关分目标的要求是分目标必须明确、具体。明确是指分目标清楚、单一,不会产生误导。具体是分目标细节化,不是抽象的。

分目标具有可行性和可控性。可行性是分目标的可操作性,经过一定的努力是可以达到的。可控性是分目标具有弹性,条件变化时能灵活应变。

公关促销活动第二个步骤是确定目标公众。制定公关分目标的过程中实际已在确定目标公众,二者是对应的。确定目标公众的意义是公关活动有了主要的工作对象,有了主攻的方向。公关活动成功与否,都离不开对目标公众的分析和研究,例如了解推出的公关活动基本公众是否收到了与他们有关的信息,基本公众的情感、态度、行为有什么变化。在每个分目标的实施过程中,都必须区分轻重缓急,优先对目标公众投入人力、物力和时间。

公关促销活动第三个步骤是确定目标公众以后设计相应活动方案并加以实施。公关活动成功的体现是一系列相应的具体活动的有效推出。

9.6 房地产销售渠道策划

9.6.1 房地产营销渠道的作用

在房地产营销活动中,多数开发商在生产领域开发出的房地产产品,都是要通过流通领域,即各种不同的营销中介,将其产品出售给最终消费者,以实现房地产产品的价值和使用价值。在房地产市场中,房地产产品的这种运动是由位于开发商和最终消费者之间的、执行不同职能、具有不同名称的营销中介机构承担的,这些营销中介机构就形成了营销渠道。

所谓营销渠道,就是将房地产商品及其所有权从开发商手中转移到消费者手中的途径。取得或帮助实现房地产商品及其所有权转移的所有企业和个人,统称中间商(或称营销中介机构)。

各种房地产商品或同一种商品的营销渠道可以相同,也可以不相同。只要是实现从开发商到最终消费者之间房地产商品及其所有权的转移,任何一组与此交易活动有关的营销中介机构,都可称作一条营销渠道。

其作用主要表现在以下方面:

(1)完成了房地产商品向消费者转移这一过程。房地产商品只有通过营销渠道,进入消费领域,才能实现其价值。

(2)有利于社会资源的有效利用。房地产能尽快售出,既满足了顾客的需求,又迅速回笼了资金,可以转向下一个项目的开发。

(3)有利于提高企业的市场效率。房地产在流通领域中停留的时间越短,销售越快,资金周转越快,经济效益和社会效益越高。

(4)具有信息渠道的作用。营销渠道能帮助房地产商收集、传递消费者的需求,以便开发商对进一步的开发建设做出修正。另外,还能帮助开发商收集竞争对手的信息,使企业做到知己知彼,在竞争中占得优势。如某开发商从营销渠道中得知毗邻竞争者特别看重小区绿化信息后,马上修改了小区的规划,减去原规划中的两栋高层,增加了近万平方米的绿地,大大促进了销售。

9.6.2 房地产营销渠道流程

房地产产品及其所有权从开发建设领域进入消费领域,必须经过销售这一环节,以完成房地产商品及其所有权的转移。这种转移过程就是渠道的流程。

整个营销渠道流程工作是由不同角色的中间机构或个人承担的,主要包括"实体"流程、所有权流程、促销流程、服务流程、付款流程及信息流程。

(1)"实体"流程。由于房地产的不可移动性,也就没有房地产产品的"实体"流动,当然也就不存在任何运输方式。这里的"实体"流程是指顾客购买了房地产商品(实体)从开发商(或业主)手中直接或间接地"转移"到消费者(业主或租赁者)手中的过程。

(2)所有权流程。所有权流程是指房地产所有权从开发商手中直接或间接地转移到消费者(业主或租赁者)的过程。

(3)促销流程。促销流程是指广告、人员推销、宣传、促销等活动由开发商流向中间商或消费者(业主或租赁者)的过程。

(4)服务流程。服务流程是指开发商或中间商为了加快实体流程和所有权流程,而最大可能地为中间商或最终消费者(业主或租赁者)提供一系列服务的过程。如开通看房直通车、代办房地产产权证件、代办银行按揭手续等。这种流程是"实体"流程、所有权流程的派生。

(5)付款流程。付款流程是指消费者购买实体商品的款项从消费者(业主或租者)流向中间商或开发商的过程。

(6)信息流程。信息流程包括两层含义:一是指开发商和中间商之间相互传递信息及向消费者(业主或租者)传递信息的过程;二是消费者了解开发商和中间商的信誉和有关房地产产品、价位、物业所处的周边环境信息的过程。

在上述流程中,"实体"流程、所有权流程、促销流程及服务流程是正向流动的;付款流程是反向流动的;而信息流程则是双向流动的。

9.6.3 房地产营销渠道的形式

从房地产营销的具体方式来看,主要有直接营销渠道形式和间接营销渠道形式两种形式。

(1)房地产直接营销渠道(即开发商自行销售)。直接营销渠道是指开发商自己直接将房地产商品销售给顾客,其交易过程为:房地产开发商→消费者(业主或租者)。

1)直接营销渠道具有以下优点:

①降低或减少营销成本。开发商自己销售,既可以减少营销成本费用,又可以控制房地产的销售价格。

②了解和把握顾客的需求。产销双方直接见面,有利于了解顾客的需求、购买特点及市场变化趋势,及时调整改进企业的工作。

③控制营销策划的执行过程。由于开发商熟悉自己的楼盘情况,在宣传和沟通时能较好地把握分寸,不会过分夸耀自己的楼盘,同时可以控制营销策划的执行过程。

④有利于提升产品和企业品牌。优良的品牌会树立企业良好的知名度和美誉度,进而

提高销售业绩。

2）直接营销渠道有以下缺点：

①由于开发商推销经验、推销网络的不足，资源不能有效利用，往往会影响销售效果。如开发商直接销售，会分散企业的有限资源和决策层的精力，在分配人手进行销售策划时，往往会顾此失彼，难以有好的销售业绩，导致其资源不能有效利用。

②开发商内部一般缺乏既懂房地产营销知识，又懂相关法律的高素质营销队伍，不易制定出全方位、完善的营销策略。

直接营销渠道形式既有优点也有缺点，但由于委托物业代理要支付相当于售价1%～3%的佣金，从成本角度来讲，有时开发商更愿意自行租售。

通常，大型房地产企业、房地产市场为卖方市场时，开发商采取直接营销方式。

（2）房地产间接营销渠道。房地产间接营销渠道是开发商经过中间环节将房地产商品销售给消费者（业主或租者），其交易过程为：房地产开发商→中间商→消费者（业主或租者）。

1）间接营销渠道有以下优点：

①有利于发挥中间商的营销专业特长。中间商往往对本地房地产市场有详尽的了解和研究，拥有一支专门从事销售策划、物业推广，具有丰富销售和管理经验的专业化队伍，从专业上可以保证开发商所开发的项目销售成功。

②有利于开发商选择合适的中间商，创造更多的销售机会。

③可以缓解开发商人力、物力和财力的不足，便于开发商合理配置有限的资源，重点致力于项目的开发和工程方面的工作。

2）间接营销渠道有以下缺点：

①目前我国房地产中间商专业素质和职业道德水准差异很大。若选择了素质差的中间商，不能创造较好的销售业绩，还会影响开发商的声誉。

②增加开发商的营销成本，降低了自己的利润。间接营销渠道有其优缺点，在我国一线大城市和二、三线城市的房地产营销中已普遍使用。

随着社会的发展，社会分工越来越细，它已成为我国房地产营销的重要渠道。

另外，还有"第三种"渠道可供选择，如联合一体销售。由于流通是沟通生产和消费的桥梁和纽带，流通受阻使建成的商品房不能及时销售出去，同时又使有购房要求的居民不能及时买到满意的商品房。因此，鉴于直销和间接营销渠道方式各有优缺点，实际操作中开发商和中间商的配合也存在着不少问题，所以，业内人士开发出了第三种营销渠道。第三种营销渠道要求中间商发挥自己的专业特长，对所销售的房地产产品进行全程营销策划，优化营销渠道，而开发商则对销售也给予较大的投入和重视，二者真诚相待，形成利益共同体，这样可集中发挥开发商和中间商的长处，利用整体优势，树立品牌，规范服务，弥补直接营销渠道和间接营销渠道的不足，共同提高房地产商品的销售业绩。如北京望京新城某区的营销工作，就成功地运用了这种渠道模式。

9.6.4 房地产营销渠道设计与管理

所谓营销渠道设计，是指为实现分销目标，对各种备选渠道结构进行评估和选择，从而开发新型的营销渠道或改进现有营销渠道的过程。

从决策理论的角度来讲，要设计一个合理、有效的渠道系统，须经的步骤：首先要确定渠道模式；其次要了解渠道选择中的限制因素；再次要选择具体的中间商；最后要规定渠道成员的权利和责任，并对各种可能的渠道方案进行评估。

（1）确定渠道模式。确定渠道模式即确定渠道长度。所谓营销渠道长度，是指产品从开发企业到消费者所经过的环节的多少，即营销渠道层次的多少。顾客的需求正是开发企业渠道设计的目标，而合理、有效的渠道设计，应以确定开发企业所要达到的市场为起点。企业决定采用什么类型的营销渠道，是直接营销方式还是间接营销方式，是一层渠道还是两层渠道，要视具体情况而定。从开发商观点来看，渠道层次越多，渠道长度越长，利润越少，控制渠道所需解决的问题也会增多。当然，选择渠道模式又与确定所需中间商的类型不可分割。总之，渠道设计的中心环节就是确定到达目标市场的最佳途径，即确定渠道模式。有利的市场加上合理有效的渠道，才可能使企业的成本最小化、利润最大化，并符合企业的长远目标。

（2）了解渠道选择中的限制因素。每一个开发商在渠道决策中并不是随心所欲的，而要受种种因素的影响和制约。这些限制因素包括以下几项：

1）房地产产品特性。在项目开发建设过程中就要对产品设计的时尚性、环境优化、市政设施等产品特性方面，与消费者进行很好的宣传、沟通，直接向顾客推销或利用原有营销路线展销，使消费者产生购买的兴趣，则该楼盘的销售已成功了一半。

2）顾客特性。顾客特性包括现实顾客和潜在顾客的数量、顾客的购买习惯、对服务的要求及销售的阶段性、市场竞争等因素。这些因素均直接影响分销路线。

3）中间商的特性渠道设计时，还必须考虑执行不同任务的营销中间机构的优缺点。同时，开发商选择中间商的过程，实质上也是中间商选择开发商的过程，二者是双向选择的。因此，中间商的信誉、资质、所拥有的资源优势及以往的销售业绩等都会影响到渠道选择。

4）环境特性。环境特性包括社会文化环境、经济环境、竞争环境等。从微观环境看，开发企业大多尽量避免使用与竞争对手相同的渠道，当与竞争者开发的房地产商品（区位、交通、商品特性、价格、售后服务等）相近时，竞争就会激烈，这时渠道选择尤为重要。但在现代同质化商品程度高的情况下，就要挖掘其差异性，实施差异性营销。事实上，绝对没有完全相同的产品。即使是同一楼盘，也存在着楼层、朝向、采光、通风面积等方面的差异，差异性决定了顾客购买时可能会货比三家、权衡再三。

5）开发商自身的因素。开发商自身的信誉高，财力雄厚，具备经营管理销售业务的经验和能力，在选择中间商方面就有更大的自主权，甚至可以建立自己的销售队伍而不依赖中间商的服务，这种"短而窄"的渠道会降低成本、增加企业利润，提升企业的品牌影响力；相反，对于资源贫乏、实力薄弱和营销管理较差的小型企业，应当充分利用中间商，采用较长的销售渠道。

另外，宏观经济形势，新的法令、法规的颁布，或者原有法令、法规的修订，都会直接或间接影响到企业对销售渠道的选择。需要说明的是，上述营销渠道的限制因素只是相对而言的，决定渠道选择的最终因素还是开发商的营销成本和效益。

（3）确定中间商数目。确定中间商数目即渠道宽度决策。渠道宽度是指销售渠道的同一层次中使用中间商数目的多少。同一层次中使用中间商数目多，就是宽渠道；反之，同一层次中使用中间商数目少，就是窄渠道。企业在确定每一层次所需中间商的数目时，有以下三种策略可供选择：

1）广泛销售策略。即企业在同一销售层次中选择较多的中间商来推销产品。这种策略的重点是扩大市场覆盖率或加速进入一个新市场，使众多的消费者能随时随地买到这种产品。

2）选择性销售策略。即企业在一定市场范围内选择少数最合适的中间商推销产品。它对住宅物业市场较为适用。一方面，它比独家分销面广，有利于企业扩大市场，展开竞争；另一方面，它比密集分销节省费用，并较易控制。

3）独家销售渠道策略。即企业选择一家中间商来独家推销产品。这是企业经常采用的方法之一。通常双方协商签订独家销售合同，规定不得经营第三方的产品，特别是竞争对手的房地产产品。该策略的重点是控制市场和价格，控制中间商，或者彼此充分利用对方的商誉和经营能力，便于提高服务质量，提高企业的声誉。中间商最喜欢独家销售，因为它排除了竞争，可以得到房地产开发企业的支持，利润较高。但若运用不当，风险也较大。

（4）规定渠道成员的权利和责任。制定渠道成员的权利和责任时必须慎重，并要得到有关方面的配合响应。在具体操作时，渠道成员拥有哪些权利、承担哪些责任，开发商如何配合中间商等问题，要视各地的实际情况而定。

例如，对于开发商的权利和责任应包括给予中间商的房地产产品供应保证（按时交房、入住、产权及其他相关手续办理等服务）、产品质量保证、银行按揭保证、市政配套设施以及物业管理、价格折扣、广告促销协助等；中间商的权利和责任包括应向开发企业提供市场信息和各种业务统计资料，保证实行价格政策，不片面夸大和美化所销售的楼盘，达到服务标准等。

9.6.5 房地产营销渠道方案评估

（1）评估标准。对房地产营销渠道一般采用经济性、控制性、适应性三个方面来评估。

1）经济性评估。每条渠道的销售情况及其运作成本都会有所不同。这可从经济性的角度来进行评价。从销售渠道的运作成本来看，大型的开发商大多采用直销方式而不选择间接营销方式，其主要原因在于中介机构收取的费用太高，企业利润会被中间商分享。开发商若采用间接营销方式，由于间接营销渠道拥有的销售人员较多，营销经验丰富，且有自己的营销网络，其佣金的高低取决于销售业绩，因此其销售量有可能比采用直销方式大，但中间商的费用（佣金）往往比开发商自己的营销员薪酬要高，这就增加了开发商的营销成本。

2）控制性评估。使用中间商意味着有很多管理控制的问题需要解决。如由中间商代理销售时，中间商是否有欺骗消费者和损害开发商声誉的行为等。另外，开发商与中介机构的冲突如何协调。如开发商认为中间商要求的佣金太高，销售业绩不理想。而中间商则认为开发商期望过高，不了解市场行情等问题，都可以从控制性的角度进行评估。

3）适应性评估。对于开发商来说，在处理与中间商的关系时，还有一个适应性的问题。当二者发生冲突或合作不愉快时，除控制事态的发展，不至于太恶化外，还要积极地与中间商协调和彼此之间相互适应，遇到问题及时沟通。

在以上三个标准中，经济性最重要。因为企业的目标是追求利润而不是追求控制性和适应性。判别一个方案好坏的标准，不是其能否导致较高的销售额和较低的成本费用，而是在达到开发商、中间商和消费者三赢的良好格局下，开发商能否取得最大利润，并树立企业良好的商誉。

（2）评价指标。在实际操作中，确定选择一种渠道方式，要从房地产业、开发商、中间商经营状况、服务水平等方面进行分析，在此基础上提出供选择的销售渠道形式，最后，从定性、定量两个方面评价，据此选出最优的营销渠道形式。有关房地产营销渠道形式评价指标，可参照表9-4的规定进行。

表9-4　房地产营销渠道形式评价指标

定量方面	定性方面
单位面积房地产开发成本	不同类型的房地产市场竞争情况
单位面积房地产销售成本	与中间商合作、冲突情况
单位面积房地产积压成本	中间商的发展情况与趋势
房地产商品积压率	中间商的资质、信誉、管理水平
呆死账的百分比	中间商投入力量的大小
销售预测的准确性	中间商对新技术的利用情况
顾客电话询问的人次数	中间商拥有的客户资料
顾客来访、访问的人次数	中间商拥有的社会资源
预订登记的正确性	房地产产品特征
降价销售数量比例	房地产产品定价结构
营销信息传递的能力与速度	开发商、中间商销售推广手段
顾客抱怨的数量比例	中间商的销售业绩
中间商销售成功率	可能提供的服务

9.6.6　房地产营销渠道成员的选择与管理

（1）房地产营销渠道成员的选择。
1）房地产中间商的选择标准。一般情况下，要选择具体的中间商，必须考虑以下条件。
①中间商的实力与信誉。其包括专业人员素质水平、所占有的市场信息资料、所拥有的设备、经济和社会关系资源，以及中间商的信誉等综合实力。因此，所选择的中间商应具备多方面的专业知识和经营能力，还须有一定的经营方向和经营范围。
②中间商的人品和信誉。其负责人和主要职员是否有良好的职业道德和信誉，对于开发商来说至关重要，其中包括能否为委托方保密，工作过程中是否具有客观、真实、真诚的作风，在房地产交易过程中除佣金外，是否还有其他利益等。例如，一些代理商采用保底价按比例收取代理费，超出保底价部分按另外的比例分成，就是一种严重违反职业道德的做法。
③中间商的业绩。看它以往的销售业绩，主要是看其所代理的项目成功率有多大，而不是看其共代理了多少个项目或成交额有多少。同时，还要看其代理每一个项目的平均销售周期。一般来说，代理商成功代理、分销、策划的小区或楼盘越多，则其从事的楼盘销售成功的可能性就越大。
④中间商可投入营销工作的资源。对于地方性的代理商，由于其人员、经验和销售网络的限制，一般没有能力代理大型综合性物业项目的销售工作。但大型综合性代理商也未必就能代理所有的大型项目。
⑤中间商的管理和沟通、协调能力。房地产营销涉及的环节很多，中间商应该有一套严密有序的管理制度和管理方法，才能保证工作中不出差错，如遗失顾客合同等。另外，

开发与中间商的沟通、中间商与顾客的沟通尤为重要，因此，中间商应具有一定的信息收集、储存、传播交换的能力和较强的公关能力。

另外，还要针对房地产类型来选择中间商。如住宅物业的销售，由于中间商对当地市场及潜在的买家或租客有较详细的了解，常选择当地的代理商代理；对工业和商业物业来说，常委托全国性或国际性代理公司，因为他们通常对大型项目有更丰富的代理经验，且与大公司有更直接、更频繁的接触，当地的代理商有时参加，有时不参加，要具体问题具体分析。

2）房地产中间商的选择答辩。在选择中间商的过程中，可根据要委托销售的房地产情况要求中间商答辩。下面提供某楼盘的部分答辩内容，仅供参考。

①（开发商问）根据您（中间商）的经验，您认为本楼盘开盘时，开发商应具备哪些条件？

②您判断，本楼盘开盘价是多少？至结构封顶时，楼盘的阶段销售均价能达到多少？

③本楼盘开盘后，价格走势如何？与别的楼盘相比有哪些优势和劣势？

④您估计，本楼盘的促销费用（如广告）将是多少？这些费用大致上如何支配较合理？

⑤根据您的测算，本楼盘至结构封顶时销售率会达到多少？

⑥您推断，本楼盘的销售会有哪些大的障碍和困难，是否有其他措施可以弥补？

⑦根据您的计算，在顾客分期付款的前提下，本楼盘至结构封顶时可回收的资金总量有多少？实际能到位多少？

⑧根据您的计划，本楼盘的销售人员以多少为合适？现场售楼处需要多大面积，如何布置才能使顾客多留驻点时间？

⑨根据您的方案，若聘请您为本楼盘的销售总代理或策划，您的最大优势在哪里？如何来实施您的计划？

（2）房地产营销渠道成员的管理——开发商与中间商的双赢。渠道内部，由于利益冲突，会存在开发商与中间商之间的矛盾，冲突若不及时协调和解决，往往会消耗双方的资源，影响开发商经营目标的实现。因此，开发商要注意使中间商的目标和经营方向与自己相一致，共同满足顾客需求，实现开发商与中间商的双赢。

1）制定渠道控制标准。控制标准应当是评估营销渠道中各营销中介工作绩效的标准体系，具体的指标有销售目标、市场份额指标、宣传效果、信息反馈指标等。同时，还要考虑中途退出或增加的中间商数量和比例、顾客抱怨的数量和比例、中间商对房地产商品的最优控制情况、中间商对新技术的利用等。总之，指标要制定得切实可行，不能脱离实际。

2）激励中间商。与中间商达成协议后，要经常激励中间商使之尽职，能按时完成任务的，要按照有关协议进行物质奖励和精神奖励。但是，开发商应避免激励过分与激励不足两种情况。当开发商给予中间商的优惠条件，超过他取得合作与努力水平所需的条件时，就会出现激励过分的情况，其结果是销售量提高，而利润量下降；当开发商给予中间商的条件苛刻时，则会出现激励不足的情况，其结果是销售量降低，利润减少。所以，开发商必须确定应花费何种力量和多少力量来激励中间商。一般来说，对中间商的基本激励水平，应以交易关系组合为基础。

3）支持、协助中间商，提高营销效果。开发商可以利用多种方法支持中间商。如开展促销活动，对中间商提供强大的服务、广告支持，利用广告宣传推广产品，塑造产品和企业的形象。开发商还应为中间商提供各种补贴措施，如焦点广告补贴，以换取他们的支持与合作，达成利益的统一体。这一点很重要，开发商必须制定详细的措施，争取中间商的广泛参与、积极协作。这既提高了自身品牌的知名度，又帮助分销商赚取利润，激发他们的热情，引导他们正当竞争，从而减少各种冲突，实现开发商与中间商的双赢。

另外，还可以给予中间商资金支持，开展多种营业推广活动，提高中间商推销产品的积极性。

4）做好中间商的绩效估量工作。开发商除激励渠道成员外，还必须定期评估他们的绩效，了解销售中出现的问题，及时消除营销渠道中的障碍，保证销售渠道的畅通。评估的目的是鞭策后进，激励先进。若某一渠道成员没有完成任务，要找出主要原因，并考虑可能的补救措施。如果是由于所定指标太高，导致没有完成任务，就要及时修正指标；如果是宏观不可控因素引起的，如经济衰退，购买力下降，则开发的项目决策失误；如果是中间商没有尽力，要按协议进行相应的处罚，并要求其在一定的时间内有所改进，否则就要终止合作，更新营销渠道。

9.6.7 房地产中介代理

（1）房地产中介代理的类型。所谓房地产中间商，是指处在房地产开发商和顾客之间的，从事房地产商品流通业务，促进买卖行为发生和实现的企业或个人经纪人。房地产中间商对于间接营销渠道的建立和扩展优化都具有十分重要的作用。其类型主要包括以下几种：

1）房地产包销商。房地产包销商是指拥有房地产商品的所有权和处置权的中间商。这些中间商实力较强，采用的方式是一次性或分期付款买断整栋、整片开发商所开发的商品房，随后再分单元出售给顾客，以赚取买入价和卖出价的差额为利润（扣减经营成本）。他们购置房地产具有投资的性质，经营风险大，销售利润回报也高。

2）房地产代理商。房地产代理商是指接受开发商或经销商的委托，从事销售业务但不拥有所有权的中间商。其销售处主要在销售现场，而且具有整盘营销策划能力和现场销售能力。代理商一般和开发商共同承担营销风险，以获取楼盘销售佣金为利润。

房地产代理商是间接营销渠道的主要形式，可分为企业代理商和个人代理商两种，合称房地产中介。企业代理商是指由多人组成的具有法人资格的代理机构；个人代理商俗称经纪人。

3）房地产经纪人。房地产经纪人是指具备经纪人条件，取得房地产经纪人资格证，经工商行政管理部门核准登记并领取营销执照，从事房地产经纪活动的组织和个人。这里的房地产经纪人主要是指个人，他们为买方寻找卖方，为卖方寻找买方，通过居间活动，实现交换，从中获取交易中介佣金。

4）房地产中介商。房地产中介商是针对散盘（个别单元楼盘），采用网络营销、店铺式营销或上门推销的方式，对顾客介绍楼盘的基本信息并进行简单的包装，以获取楼盘销售佣金为利润。这种方式能否成交，在很大程度上依赖销售人员的个人突破。房地产中介商可以作为开发商或代理商的分销商。

5）房地产策划公司（或策划工作室）。房地产策划公司是房地产代理公司（或策划工作室）与业主（卖方）合作的另一种主要方式，仍属于直接营销渠道。一般是开发商委托代理商进行全程营销策划，由开发商出资提供办公场所及所有宣传推广费用，开发商参与并利用代理商所提供的营销策划方案及拥有的客户网，共同组建一个房地产项目的"销售中心"，进行营销推广。其主要业务是受开发商委托，为其所开发的楼盘提供市场调研、营销策划、销售人员培训、顾问服务等服务工作。现阶段，一般是房地产代理商与房地产策划公司合二为一。

（2）房地产中介代理的流程。房地产中介代理的范围包括二级市场上的增量房地产，也包括三级市场上的存量房地产。与开发商或小业主的合作形式有独家代理、分销代理.不同的业务范围和不同的合作形式，其工作流程不尽相同，下面主要介绍二级市场上的增量房地产代理的流程。

1）二级市场上增量房地产分销代理（联合代理）流程。开发商将欲租售项目给多家中介代理公司，请他们作为分销代理商，以扩大销售面，并与之签订《分销代理合同》。其运作流程如图 9-7 所示。

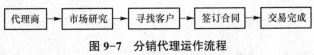

图 9-7　分销代理运作流程

一般来说，分销代理商的工作相对简单，他们不承担营销策划设计工作，只负责寻找客户与促成交易。

2）二级市场上增量房地产独家代理的流程。这个流程又称为全程营销，也有相当一部分情况是房地产设计、开发建设后接受委托代理销售的，则其流程开始于本流程的"设计、开发建设"之后，如图 9-8 所示。

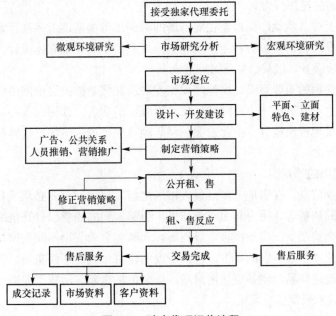

图 9-8　独家代理运作流程

第 10 章　房地产促销活动策划

10.1　房地产促销活动策划概述

1. 房地产促销的目的和意义

（1）房地产促销的目的。所谓房地产促销是房地产开发企业以企业经营方针、目标为指导，通过对企业内、外部经营环境、资源的分析，找出机会点，选择促销渠道和促销手段，经过包装创意将物业与服务推向目标市场，以达到占有市场、促进和引导房地产开发企业不断发展目的的经济行为。

从某种目的上讲，房地产促销是在对市场的深刻理解的基础上的高智能的策划。它蕴含在企业生产开发经营的全过程，由市场调查、方案制定和建筑总体设计、价格定位、广告中介服务、售后服务，以及信息反馈等组成。

（2）房地产促销的重要意义。房地产促销发展商在楼盘推出之前网络促销策划，先为楼盘树立一个概念，营造出一个品牌的形象，以吸引消费者，并深入人心，整合促销，之后画龙点睛，隆重地推出楼盘，由此造成一种轰动效应，抢占市场。这样就不会使楼盘销售陷入平庸、一般化。

2. 房地产促销的作用

（1）提供商业信息。在房地产产品进入市场之前，房地产企业必须把有关的产品情报传递到目标市场的消费者、用户和中间商那里，引起人们的注意以打开销路，从而解决在房地产市场不健全情况下，房地产企业寻找顾客和顾客握着货币不知去何处买房的矛盾。同时，房地产企业要了解顾客的要求，包括房屋的建筑形式、平面布局、装修标准、色彩等，摸清规律，改进产品，使其更适销对路，扩大市场份额。房地产促销可以使房地产企业形成有效的传递和反馈信息系统。

（2）突出产品特点，提高竞争能力。房地产企业通过促销活动，宣传本企业产品的特点，努力提高产品和企业的知名度，增强用户的信任感，以提高企业和产品的竞争力。在房地产促销活动中，预付购房款、期房成交的情况较多，顾客只能从房地产企业以前的产品及其在社会上的形象和信誉决定是否购买其房地产产品。房地产开发企业通过促销活动，可以宣传本企业产品的突出特点以及它给消费者或用户带来的特殊利益，并让更多的潜在顾客了解企业的规模、特征、地点、主要产品类型和所取得的成绩，以提高企业知名度，开拓更大的市场。

（3）强化企业形象，巩固市场地位。房地产企业通过促销活动，可以树立良好的企业形象和商品形象，培养和提高消费者"品牌忠诚度"，增强产品的市场竞争力，扩大市场份额。在竞争激烈的环境下，通过促销活动，房地产企业能够锁定细分市场中的目标客户，从而稳定销售，即使是规划、配套设施、交通等方面完全相同的两个竞争性楼盘，也能通过促销使目标消费者认识到它们在价格、质量、档次和其他方面的不同之处，并以这些不同属性满足消费者的需求，使产品更有竞争性。

（4）影响消费，刺激需求。通过促销沟通可以引起顾客的购买欲望，引发他们的购买行动，从而增加老产品的销售量，同时扩大新产品的销售。由于房地产产品的相关信息具有较强的专业性，通过促销，可以告诉消费者什么才是适合他们的商品，从而改变不合理的消费行为，使消费者的需求能够适应时代的发展，如节能住宅的推广、住宅郊区化的引导等。

因此，形象设计是塑造品牌的首要工作，只有鲜明的个性形象，才能体现相应的身份地位，才能激起目标消费者的美好联想和购买冲动，才能吸引消费者。楼盘既然是商品，当然也只有品牌才更具有竞争。

3. 房地产促销方案示例

（1）活动目的：提高××品牌知名度及市场占有率，拓展新的销售渠道以扩大销量。

（2）活动主题：购××品牌家厨，创造美好新生活。

（3）活动前期准备：包括宣传品制作，如条幅、海报、××展架、DM宣传单页、楼层贴、帐篷、售后服务联络卡。可以增加厂家与消费者的感情，提高企业的美誉度，引起消费者信赖。

小区选择：首先对小区的总体情况做调查，了解希望合作小区的管理制度并与物业人员沟通，再与房地产开发商签订合作协议。

直销活动宣传方式：在进入小区直销活动前，组织人员进入小区内以地毯式发放宣传单页，在各小区楼道内贴上楼层贴，提高影响力。

导购员培训：导购员必须全面熟悉产品结构和特点，了解产品知识。

另外在终端布置和推销技巧上也加以培训：活动条幅悬挂和海报张贴应在醒目位置，产品应做到整齐摆放并做堆头，吸引消费者注意，导购员看见消费者后，应主动微笑相迎。导购员积极地向前来观看的消费者发放DM宣传单页。

（4）直销活动内容：现场演示是一个简单且效果明显的方法，比导购员口头介绍效果要好，"耳听为虚，眼见为实"，这样不仅引起消费者兴趣，也提起消费者购买欲望，更增加了消费者的购买信心。

同时为加大直销活动力度，必须附加赠品和开展其他活动，吸引消费者，让消费者真正感觉到现场购买确实能够得到实惠。

10.2 房地产促销活动策划流程

一般来说，销售促进的实施过程包括以下五个步骤。

1. 确定销售促进的目标

房地产企业运用销售促进策略，对于消费者而言是鼓励购买，对于中间商而言是加强对本企业产品的销售力度，对于销售人员而言则是努力推销或开拓新的市场。对象不同，目标应有差别，但最终目的都是扩大销售。

2. 选择销售促进的工具

选择销售促进工具，要充分考虑销售促进的目标、市场环境及各种工具的特点、成本和效益等因素。适用于消费者的工具主要有现场展示样板房、赠品、价格折扣、先租后售或若干年后还本销售、包租售房、展销会等；适用于中间商的工具主要是价格折扣、推广津贴、合作广告、推销竞赛等；适用于销售人员的工具主要是销售竞赛和奖品等。

3．制定销售促进方案

一个完整方案的内容包括确定该方案的成本费用，明确受众范围的大小，选择销售促进的媒体，确定合理的期限，确定总预算等。初步制定的方案应在小范围内进行测试，以确保效果。

4．实施和控制销售促进方案

销售促进方案的实施过程包括两个阶段：一是前置时间，即实施前的准备；二是销售的延续时间，即从开始实施优待方法到大部分商品已经为消费者购买为止的时间。在实施过程中，房地产企业应做好控制工作，即考虑选择的方式是否合适、期限是否合理，同时要注意中后期宣传，不能弄虚作假等。

5．评价销售促进的效果

可以采用多种方法对销售促进策略实施的效果进行评价，最简便的方法是比较策略实施前后的销售结果。

促销的最大目的是在一定时期内，以各种方式和工具来刺激和强化市场需求，达到销售促进的目的。直接目的如下：

（1）促销活动的主题。
（2）促销活动的计划和实施监督。
（3）促销活动与销售执行的引导、建议。
（4）促销活动的效果评估和市场反应的总结。

10.3　房地产促销活动目标确定

公司已经知道问题所在，并要作为与目标有关的基本决策，这些目标将指导随后的策略与行动方案的拟订。

房地产促销活动目标有财务目标和市场营销目标两类。

1．财务目标

每个公司都会追求一定的财务目标，企业所有者将寻求一个稳定的长期投资的概率，并想知道当年可取得的利润。

2．市场营销目标

财务目标必须转化为市场营销目标。例如，如果公司想得到 180 万元利润，且其目标利润率为销售额的 10%，那么，必须确定一个销售收益为 1 800 万元的目标，如果公司确定每单元售价 20 万元，则其必须售出 90 套房屋。

目标的确立应符合一定的标准：各个目标应以明确且可测度的形式来陈述，并有一定的完成期限；各个目标应保持内在的一致性；如果可能，目标应分层次地加以说明，应说明较低的目标是如何从较高的目标中引申出来的。

10.4 房地产促销活动主题与表现手法

10.4.1 房地产促销活动主题

（1）以房价来组织一些活动，将房价划分为若干档次，然后每月组织某个价位的展销。如2 000元左右每平方米的，在报纸上做重点宣传，那么一些低消费群体可能就会去关注，参与到这个活动中，这样，客户群集中也更方便宣传，更容易联系开发商。

（2）商铺网点策划：一方面，联系开发商推出活动展销；另一方面，在报纸上刊登一些广告，告诉读者最近要举办的活动，这也间接地吸引了最近商业网点的广告投放。

（3）景观地产（绿色、园林、生态主题）：在季节好的时候，一方面联系以景观作为其主要诉求点的楼盘举行连展；另一方面可以组织百姓乘车去看房。

（4）商业地产（写字间、公寓、酒店、商铺）。

（5）物业综合评价（安全、环境等各个方面分析）。

（6）家居装修主题策划，建筑装修材料展销会等。

（7）各式风情展：中式、欧式、法式等。然后在报纸上做一些专题。

（8）户型展：主要是针对年龄层次来分，小户型针对年轻人策划一些活动，大户型可针对中老年人策划一些活动。

10.4.2 房地产促销表现手法

以下六类促销手法在楼盘的操作过程中常常综合使用，根据不同楼盘的不同特性，在不同的销售阶段根据具体情况采用相应的促销方式和操作方式，力求快人一步，奇兵突起，与众不同，做到"人无我有，人有我优"，这样方能达到促销的根本目的——楼盘销售和形象宣传。

1. 单刀直入式

方式：折扣优惠、特价单位、送车、送车位、送保险、现场抽奖、有奖游戏、送装修、送电器、送管理费、有价票券等。

最为直接，也最为常见。这一类的促销方式在中低档楼盘中常被综合使用，高档楼盘和大盘在内部认购期和尾盘期也常用这一类促销手段。

以小博大，通过给消费者以一定的实惠，以较小的代价，拉开与周边楼盘的价差，加快销售速度，加快资金的回笼。

折扣优惠和特价单位在楼盘销售过程常被使用，在内部认购期间，折扣优惠往往是最吸引购房者的因素，而在尾盘期，特价销售往往能起"四两拨千斤"的效果，通过少数特价单位的销售带动其他单位的销售。

2. 细水长流式

方式：会员卡、贵宾卡。

这类促销方式适用于知名发展商和大盘，一些实力雄厚、后续开发能力强的发展商往往通过使客户成为俱乐部成员或贵宾的形式，发展潜在消费群，这类促销方式的效果是非常明显的，而且客户忠诚度较高。

第一种会员卡或贵宾卡是发展商的会员卡或贵宾卡，会员经常会收到发展商的楼盘销售信息和一些活动信息，会员购买发展商开发的物业可获得优先权或折扣优惠，可以吸引潜在消费者购买和业主的二次置业，如万科的万客会、招商的招商会，这一类会员对发展商的忠诚度较高，对发展商的企业文化有较高的认知度和认同感，往往出现二次购买，甚至多次购买。

第二种是消费会员卡或贵宾卡，知名开发商往往与一些比较知名的商场或饮食娱乐场所结成战略联盟，形成双赢，常见于商业面积较大、配套较齐全的楼盘。消费者在成为业主后到指定消费场所消费可获得一定的折扣优惠，如好又多量贩、万佳百货、新一佳百货、高尔夫俱乐部、西餐厅、咖啡厅等。这类会员对发展商品牌认知度和忠诚度明显不如上类会员，但对盟友的品牌认知度和忠诚度较高。

3．温火靓汤式

方式：长期展销厅、巡回展示。

这类促销方式适用于开发量较大的知名开发商和多期开发的大盘。

通过长期展销厅或巡回展示的方式，发布楼盘销售信息，展示楼盘形象和开发商的实力，培育目标市场和品牌知名度，长期展销厅一般设置在消费力较强的城市和人流比较集中的商业中心，如万科的建筑展示中心、招商的售楼中心、红石的建筑师走廊、百仕达、雅居乐、碧桂园的香港长期展销厅、奥林匹克花园等。

运用此类促销手法的开发商实力雄厚、品牌意识高，有意识地培育目标市场，宣扬企业的经营理念，在消费者心目中已形成较高的品牌知名度。

4．文化侵略式

方式：社区文化、冠名赞助各类社会活动，如音乐会、电视剧、专栏节目等。

这类促销方式多用于大盘和开发量较大的开发商。

在销售过程中，通过组织一些社区活动，如联谊会、运动会、酒会等，增加销售气氛，有利于增强已购买业主的信心和忠诚度，挖掘潜在客户，向外宣扬一种社区文化，树立楼盘的良好形象，如万科、金地、中海、卓越等。

冠名赞助一些文化品位较高或与楼盘特质比较相近的社会活动，如音乐会、电视连续剧、财经节目、体育比赛等，针对目标客户群的喜好，有目的地发布楼盘销售信息，有利于宣扬楼盘形象和提升楼盘的含金量。

5．盛装舞会式

方式：房地产展销会，如春交会、秋交会、港交会、住交会。

这是目前影响最为广泛的促销方式，效果也比较明显。

展销会就像一个大超市，会形成聚光灯效应，为各个楼盘的集中展示提供一个展示平台，方便消费者一次性参观多个楼盘。各个楼盘在展销期间粉墨登场，八仙过海，各显神通，通过展位的精心布置和各种各样的优惠措施，充分展示楼盘形象和企业品牌，吸引参观者前往楼盘现场参观选购。

从近年各地的房地产展销会的效果来看，均取得了比较明显的效果，展销期间有大批置业者前往参观，展销会的影响力越来越大。港交会期间，深圳楼盘为吸引港人来深置业，组织单位专门组织了一批素质较高的楼盘前往香港集中展示，并配备深港直通车，方便港人前往深圳看房。

6．温馨节日式

方式：各种节日，如情人节、妇女节、母亲节、国庆节、中秋节、圣诞节等。

师出有名，特定的节日往往是促销的良机，各发展商充分利用各个节日的特定含义举办各类促销活动，以"师出有名"，在特定的节日给予特定的对象以一定的优惠，吸引客户购买。

使用频繁，效果一般。利用节日促销体现了发展商对购买者的人文关怀，对于楼盘的形象宣传和销售不无帮助，尤其是一些中小楼盘或小户型楼盘，往往能起到"奇兵突起"的作用，因此，节假日促销常被使用，但由于节假日一般较短，因此，短期内效果并不十分明显。

10.5 房地产促销活动媒介选择与运用

房地产促销活动媒介选择与运用是宣传媒介组合。

1. 开盘前期

以软性新闻及广告进行全新"财富投资，稳定回报"理念的深度挖掘，媒体以报纸为主，电视为辅。

2. 开盘后的强势推广期

开盘后的强势推广期即项目营销推广的重要时期，宣传媒介以"报纸、电视、户外广告牌三位一体"为主，配以相关杂志、直邮广告等形式。

3. 开盘后的形象展示期

为了展示形象，以软性深入挖掘为主，媒介选择主要是电视和报纸，重点辅以论坛公关、促销活动、项目招商说明会等形式。

10.6 房地产促销活动设计与创意

1. 活动前期准备

（1）宣传品制作：

1）条幅：保证每个小区悬挂3条，可挂在小区外墙、路边树干及小区内主干道上。内容可为：××品牌家厨义务维修服务点；××品牌创造舒适健康新生活；新生活，新家厨——××品牌家厨，条幅作为现场的促销广告，内容为××品牌企业标准色，蓝底白字，以吸引消费者注意，形成强烈的视觉冲击力。

2）海报：张贴于小区宣传栏或小区门口、外墙、现场咨询台或产品上，以引起消费者注意，达到宣传的目的。

3）××展架：内容主要是产品形象、企业形象Logo及促销活动内容和服务内容等。

4）DM宣传单页：由导购员或临时导购员在小区门口，人流量大的过道交叉路口，主要干道及小区活动现场向消费者散发大量的宣传品、DM宣传单页，向消费者传递信息应直接、完整，因此DM宣传单页包括公司简介及公司理念等，适当印上产品型号、尺寸及简介。另增加售后服务承诺及售后服务联系电话，免除消费者后顾之忧。

5）楼层贴：制作楼层贴张贴于各个小区的每层楼道内，颜色为××品牌企业标准色，如蓝色和白色，蓝底白字或白底蓝字，内容以公益性质宣传语为主：如××品牌集团与您共创全国文明城市；争做文明××人；××品牌集团祝您身体健康，步步高升等。

6）帐篷：帐篷统一印刷企业CI形象，并于小区直销活动开始前运送至小区活动现场，增加企业和产品知名度，提升品牌形象。

7）售后服务联络卡：增加厂家与消费者的感情，提高企业的美誉度，引起消费者信赖。

（2）小区选择：

1）对小区的总体情况做调查，了解小区的开发商背景及住宅楼的开发规模，并且对业主的背景进行分析，围绕目标消费者进行信息收集，确定合作伙伴。

2）了解希望合作小区的管理制度并与物业人员沟通，了解对方对小区活动的看法，探讨合作模式，以便更好地开展小区活动，避免不必要的麻烦。

3）在与房地产开发商签订合作协议，以开发商品牌和××品牌共同活动的方式进行，以提高各自销量。如"××、××品牌与您携手共创美好新生活。"

（3）直销活动宣传方式：

1）在进入小区直销活动前，组织人员进入小区内以地毯式发放宣传单页，做到家家户户均看得到××品牌的宣传单页。

2）在各小区楼道内贴上楼层贴，提高影响力，悬挂横幅于各小区内，增强品牌知名度，扩大影响。

3）在现场摆点直销时，不仅发放DM宣传单页，另可附加奉送一系列小礼品扩大宣传的影响力。

4）在小区现场销售过程中，可发动现场的消费者参与，以引起其他消费者对××品牌产品和促销活动的注意，利用他们之间的信任和喜欢"凑热闹"的心理来宣传活动，以拉动销售。

5）利用房地产开发商展览大厅，放置××品牌DM宣传单页或联合促销广告单页。

6）借助售楼小姐进行推介，如购房一套，赠送××品牌优惠券××元或凭××品牌的DM宣传单页可享受×折优惠，或免费清洗一次。

（4）导购员培训。导购员必须全面熟悉产品结构和特点，了解产品知识。公司营销部门针对此次活动，有针对性地从各个产品中提炼出卖点，组织专业售后服务人员和技术人员对导购员加以培训，让他们了解各零部件的作用和功能，使导购员真正对产品全面了解，使他们能够在向消费者介绍产品时更有说服力。

2．活动中注意事项

导购员要统一说辞、统一口径、统一着装，始终保持友善、热情、微笑的工作态度，积极主动，耐心细致地对消费者讲解活动内容，处处体现出导购员的专业素质，以点燃消费者的购买欲望。

另外，在终端布置和推销技巧上也加以培训：

（1）活动条幅悬挂和海报张贴应在醒目位置，活动赠品也应整齐合理摆放，以吸引消费者的注意，引起消费者的购买欲望，也烘托出现场的热烈气氛。

（2）产品应做到整齐摆放并做堆头，吸引消费者的注意，烘托产品热销的情景。赠品也应做堆头，并在赠品上张贴赠品贴。

（3）导购员看见消费者后，应主动微笑相迎，并积极介绍促销活动方式，增强成交率。

（4）导购员积极地向前来观看的消费者发放DM宣传单页，当消费者显示出购买欲望后，积极加以引导，促成销售。

（5）同时在活动期间，导购员应在每天下班前主动统计销量情况，并及时将信息反馈给经营部，以便经营部做出决策调整。

3. 房地产促销活动形式选择

为树立企业良好的品牌形象，积累并收集客户资源，吸引人气传达项目的卖点信息，实现快速销售，大多数的房地产开发商都要举行各类形式的房地产推介活动（开盘促销、展销会）。可以采取以下形式（各有优缺点）：

（1）邀约明星参加，或者为明星举办演唱会：这是很常见的形式，"简单暴力"，利用明星强大的粉丝团体和超高的人气，来获得大量的媒体曝光度和众多追捧者的参与。从而达到很好、很强大的宣传效果与成交量。但它可能会存在资金花费相对过高，时间限制性较大，极度依赖明星的档期来举行活动的问题。

（2）举行各类现场表演活动：如舞狮、小品、相声、歌舞等各类娱乐节目。以喜庆、欢乐的形式来达到宣传目的。此种方法较大众化，普遍化。吸引眼球的力度不大，缺乏一定的创新性，宣传效果不明显。

（3）举办相关性的展会：在举行房产推介活动的同时举行各种家具展、车展等，这种方法相关性大，买房买车买家具一条龙，为购房者省时省力。

（4）利用时装走秀等方式的"美女营销"：此种方式能很好地吸引眼球，时尚大气，潮流，宣传效果也较好。此种方式的缺点就是宣传效果不明显，参与人群有一定的局限性，毕竟时尚往往掌握在少数人手中。

（5）利用节日做文章：例如，"浓情圣诞嘉年华"通过节日来策划活动很温情地达到宣传效果，充满节日气氛。同时它和第一种类似，受时间的限制性较大，毕竟值得利用的节日一年就那么几次。参加人员也相对较少，过节大家都忙着其他的活动。

（6）举办各种比赛：篮球赛、足球赛、轮滑赛、书画赛、摄影赛、攀岩赛等比赛，在竞技的过程中体现丰富的社区活动，此种方法极具体验性，参与性高，资金花费相对较低，缺点就是宣传效果不够明显，媒体曝光度不够。

（7）酒会、派对、焰火晚会等形式：以轻松、不拘谨的和谐气氛达到宣传效果，针对性强，易完成交易。由于此种方法的策划导致参加人数有限，也由于针对性强，所以覆盖面稍窄。

（8）对于展会，还有很多商家流行的恐龙展。此种方法之所以很多房地产商家运用，因为它有较多的优点。它兼具游乐场、动物园、博物馆等性质，具有很高的科普性、知识性、趣味性；目标群体范围大，可携带小孩边看房边游乐；影响范围广，互动性也较强，可以拍照、乘坐恐龙坐骑、恐龙蛋等；时间不局限于节日，可随房地产厂商自由选定；活动举行周期较长，商家可按整个房产情况决定周期长短，宣传效果显著；维护简单，可操作性高，只需恐龙展商家（如自贡龙晨时代艺术文化有限公司）进行短期的安装、拆除工作。总之，它是一种潮流性趋势性活动。

4. 直销活动内容

现场演示是一个非常简单且效果明显的方法，比导购员口头介绍效果要强，"耳听为虚，眼见为实"，这样不仅能引起消费者兴趣，也能提起消费者购买欲望，更增加了消费者的购买信心。现场的演示从产品的特点功能出发，让消费者知道产品的核心卖点，以引起消费者注意，更利用现场演示吸引更多的消费者。

同时为加大直销活动力度，必须附加赠品和开展其他活动，吸引消费者，让消费者真正感觉到现场购买确实能够得到实惠，因此，可开展以下活动：

活动方式一：以旧换新活动。内容：购买台式灶，旧台式灶更换新灶，旧台式灶抵现金××××元；购嵌入式灶，旧灶抵现金××元；购买热水器，旧热水器抵现金××元。

活动方式二：赠品活动。内容：购台式灶，送围裙一条；购嵌入式灶，送砧板一块；购热水器，送不锈钢鸣笛水壶一个，另可以根据实际情况增加套餐制产品。

活动方式三：免费维修活动。在消费者越来越理性、消费心理越来越成熟的今天，售后服务尤为重要，售后服务不仅要及时、规范、完善，更要做到超前，想用户之所想，急用户之所急，为消费者解决一切后顾之忧，开展免费维修活动，进一步提高品牌效应和企业美誉度。

5．活动中应注意的问题

（1）注意天气变化，避开下雨、狂风等不利于开展直销活动的天气。

（2）防范不怀好意的人捣乱，应加强与小区保安联系。

（3）避免不愉快的事情发生，不要与消费者争吵，特别是售后服务方面，导购员应做到交代清楚，不得误导消费者，心中要谨记"顾客永远是对的"信念。

（4）如逢竞争对手也在摆点，不诋毁对方，不得为争抢客户而与竞争对手发生争吵。

（5）做好货物、赠品的保管和销量统计工作，防止货物和赠品的流失。

6．活动总结及效果评估

针对小区开展的直销活动，不仅可以拓展新的销售渠道，同时可避免与竞争对手直面相接，既抢占了先机，也起到意想不到的效果，使品牌知名度得到大大增强，销量也得到提升。

另外，要对小区直销活动效果做出评估及做出费用预算进行存档备案。

10.7　房地产促销活动安排与预算

1．房地产促销活动安排

（1）市场预热与内部认购。

1）开盘前的市场预热。

①市场预热的方式。楼盘在正式入市前，需要一段时间进行市场预热。多数楼盘都是开盘前两个月左右开始预热，这样可以集中企业优势资源猛烈轰炸，使有限的宣传资源投入不至于分散而造成浪费。楼盘预热的方式一般有两种：一种是通过硬广告预热，如工地围墙、户外路牌广告等；另一种是通过软广告预热，即利用新闻炒作、系列报道的手法做宣传。

②市场预热具体操作要点。首先，把握市场预热的节奏。预热可慢慢热，从微风细雨到狂风骤雨，这样做的效果是递增的。但不能忽冷忽热，否则就会使效果冲减。如有的项目一开始就先声夺人，轰轰烈烈地宣传一阵子之后，忽然就销声匿迹，等到一年半载之后再卷土重来，消费者心目中的印象早已淡漠又需从头开始，那些前期宣传费用效果为零。

其次，通过活动的方式进行市场预热。这种方式容易吸引消费者的注意力。再次，预热期不能太长久地等待，否则会使潜在的消费者慢慢流失。多数消费者认为，为了可以一生享受的好房子，值得再等三个月，但如果让消费者等两年、三年，则许多人会掉头去寻找其他楼盘，毕竟好房子并不是独此一处。

2）内部认购活动。

①内部认购活动的意义。近年来，很多开发商在还没有获得"商品房销售许可证"等有关证件前，在正式开盘销售之前，经过一段时间的市场预热之后，在小范围内推出"内部认购"的方式来销售商品房，一方面可以筹集资金；另一方面可以试探市场反应，它对制定价格和销售策略有极其重要的意义。

②内部认购活动具体操作要点。首先，收取诚意金。所收诚意金从几千元到上万元不等，豪宅项目一般收两万元，一般住宅只收3 000～5 000元，开发商只开收据，不开发票，且写明这笔钱可以退还。但近年来常见的做法是：如果消费者决定正式购买，则预交的诚意金五千元可以折抵购房款两万元。其次，为正式开盘销售打基础。内部认购期间，销售人员一般会告诉消费者一个较高的含糊价位，以此来试探市场。如果市场反应激烈，认为不能接受，则开发商会斟酌再三，正式开盘时的价格通常会稍低于这个试探价；反之，如果市场反应平淡迟钝，或者表示可以接受，则开发商通常都会略高于这个试探价开盘。最后，优惠政策要到位。为鼓励更多的消费者认购，一般开发商都会制定很多优惠政策，给内部认购期交足诚意金的客户以相当的优惠措施。所以，现在的购房客户都在内部认购期踊跃认购。

（2）开盘庆典活动与新闻发布会。

1）开盘庆典。

①开盘庆典活动的意义。在楼盘建设中，开发商在取得了"销售许可证"之后，可以合法对外宣传与销售了，为正式推向市场需要开展一个盛大的活动。开发商都极为重视开盘庆典活动，项目在这一天公开亮相，关系到项目营销的成败，也直接影响到开发商的品牌声誉。

②开盘庆典活动的具体操作要点。

a. 造势活动。近几年来的开盘活动形式多样。如举办新闻发布会、招待酒会、歌舞晚会、请名人到场。另外，还有如领导讲话、舞狮助兴、揭幕剪彩之类等。如深圳碧海云天项目开盘时，请来美国前总统克林顿发表一席演讲，轰动一时；某楼盘开盘时举行大献血活动，由总经理带头，人人为社会作贡献。这种活动既吸引了眼球，又不花钱，而且充分体现了开发商的社会责任感。

b. 重视开盘活动的细节。开盘活动的细节是零乱而琐碎的，需要具有极强责任心的人去落实，项目的开盘是对销售系统、广告系统、行政后勤系统的一次检验，需要开发商、代理商、建筑公司、广告商等多个部门的协调配合。如果配合不好，容易闹出一些笑话，严重的会影响销售。

c. 活动要有创意。开盘庆典活动有创意才能吸引眼球，才能引起消费者的注意。

d. 维持好解筹选房现场。开盘当天除庆典仪式外，最重要的就是解筹选房。解筹现场是个比较混乱的场面，客户选房、交定金、签购房意向书、领取礼品……这些环节要充分考虑操作细节。如选房时让客户按顺序分批进入售楼处里选房，每批少则五人，多则十人，客户在买了房之后，会向售楼人员了解更多的信息，这样，前面的客户没有走，后面的客户又一批批涌进来，造成现场拥挤。因此，在制定销售执行方案时，一般应规定每批客户在售楼处里停留的时间。

e. 销控板的填写要内外协调。当售楼大厅里某个客户选定了一套单元之后，大厅内的销控板要及时填写售出记录，大厅外面等待区的销售板也要立即将这个信息反映出来，因为外面等候的大量客户必须掌握这些信息，一旦他们原先准备买的单元已被别人买走，他们就得退而求其次，另外选择一套。否则，就会延长选择的时间。

2）新闻发布会。

①新闻发布会的特点。新闻发布会又称记者招待会，是一个组织直接向新闻界发布有关信息，解释组织重大事件而举办的活动。它具有形式正规隆重、沟通活跃、传播面广（报纸、杂志、电视等）、集中发布（时间、人员和媒体集中）等特点。作为一种常用的发布信息的手段，它常和楼盘的封顶仪式或开盘庆典结合起来使用。有的楼盘甚至以此作为主要的宣传手段，不定期举行，节省了很多广告费用。

②新闻发布会具体操作要点。

a. 地点与时间选择一般在高档宾馆的宴会大厅举行，有些楼盘在项目售楼大厅举行。发布会时间不宜过长，否则参加者容易疲倦。内容紧凑、形式生动的新闻发布会，能给人留下深刻的印象。

b. 内容要做精心准备，包括发给各媒体的新闻通稿、记者自由提问时哪些问题要做标准答案、请柬的格式文字、红包等，任何一个细节都不能疏忽。一般做法是开发商做开场白，规划师讲解小区总体规划的基本思路，建筑师讲解外立面的造型风格和内部户型平面结构，然后园林设计师讲解景观园林的艺术魅力，物业管理公司阐述自己的管理手段。

c. 充分准备好记者的提问内容。开发商组成一个团队来回答记者的提问，成员有规划设计、建筑设计、工程施工、园林景观、物业管理甚至按揭银行等，事先和主流媒体的记者沟通好，了解提问的方向和回答的路径。这样，无论记者提哪方面的问题，都有专人负责解答，有条不紊。

d. 营造氛围。氛围营造和主持人的关系很大。要邀请既精通房地产专业，又具有鼓动性，能够将新闻发布会的气氛搞得热烈而隆重的人士主持，才能够吸引人。否则，如主持人老气横秋、态度保守，会议会没有生气；如主持人不懂房地产，满口外行话，也会将会议搞得变了味儿。

2. 房地产促销活动预算

房地产促销活动的大致预算可以参见表10-1。

表10-1 房地产促销活动费用预算示例表

活动项目	规格	数量	单价	金额	投放时间	备注
DM单						
DM单夹报						
学生（兼职）游行						
学生（兼职）小区推广						
腰鼓队						
货车游行						
小车、客车接送						
临时公交广告						
临时站台广告						
（　）小区摆点						

续表

活动项目	规格	数量	单价	金额	投放时间	备注
（　）小区摆点						
（　）小区摆点						
（　）小区摆点						
（　）小区摆点						
（　）小区摆点						
吊旗						
邀请函						
乡镇墙面喷绘						
充气拱门						
×展架						
电视广告						
报纸广告						
短信广告						
小礼品						
演出						
其他						
费用合计						
备注	以上项目可根据实际情况调整					

10.8　房地产促销活动效果与反馈

一份完善的促销活动总结分十二部分：

（1）活动目的：对市场现状及活动目的阐述。市场现状如何？开展这次活动的目的是什么？是处理库存？是提升销量？是打击竞争对手？是新品上市？还是提升品牌认知度及美誉度？只有目的明确，才能使活动有的放矢。

（2）活动对象：活动针对的是目标市场的每一个人还是某一特定群体？活动控制在多大范围内？哪些人是促销的主要目标？哪些人是促销的次要目标？这些选择的正确与否会直接影响到促销的最终效果。

（3）活动主题：在这一部分，主要是解决两个问题：确定活动主题和包装活动主题。

降价？价格折扣？赠品？抽奖？礼券？服务促销？演示促销？消费信用？还是其他促销工具？选择什么样的促销工具和什么样的促销主题，要考虑到活动的目标、竞争条件和环境及促销的费用预算和分配。

活动主题是促销活动方案的核心部分，应该力求创新，使活动具有震撼力与排他性。

（4）活动方式：这一部分主要阐述活动开展的具体方式。有两个问题要重点考虑：

1）确定伙伴：拉上政府做后盾，还是挂上媒体的"羊头"来卖自己的"狗肉"？是开发商单独行动，还是和中介联手？或是与第三方联合促销？和政府或媒体合作，有助于借势和造势；和中介或其他厂家联合可整合资源，降低费用及风险。

2）确定刺激程度：要使促销取得成功，必须使活动具有刺激力，能刺激目标对象参与。刺激程度越高，促进销售的反应越大。但刺激也存在边际效应。因此，必须根据促销实践进行分析和总结，并结合客观市场环境确定适当的刺激程度和总的费用投入。

（5）活动时间和地点：促销活动的时间和地点选择得当会事半功倍，选择不当则会费力不讨好。

在时间上尽量让消费者有空闲参与，在地点上也要让消费者方便，而且要事前与城管、工商等部门沟通好。不仅发动促销战役的时机和地点很重要，持续多长时间效果会最好要深入分析。持续时间过短会导致在这一时间内无法实现重复购买，很多应获得的利益不能实现；持续时间长，又会引起费用过高而且市场形不成热度，并降低顾客心目中的身价。

（6）广告配合方式：一个成功的促销活动，需要全方位的广告配合。选择什么样的广告创意及表现手法？选择什么样的媒介炒作？这些都意味着不同的受众抵达率和费用投入。

（7）前期准备：前期准备分三块：人员安排；物资准备；试验方案。

1）在人员安排方面要"人人有事做，事事有人管"，无空白点，也无交叉点。谁负责与政府、媒体的沟通，谁负责文案写作，谁负责现场管理，谁负责礼品发放，谁负责顾客投诉。要各个环节都考虑清楚，否则就会临阵出麻烦，顾此失彼。

2）在物资准备方面，要事无巨细，大到车辆，小到螺钉，都要罗列出来，然后按单清点，确保万无一失，否则必然导致现场的忙乱。

3）尤为重要的是，由于活动方案是在经验的基础上确定，因此有必要进行试验来判断促销工具的选择是否正确，刺激程度是否合适，现有的途径是否理想。试验方式可以是访问消费者、填调查表或在特定的区域试行方案等。

（8）中期操作：中期操作主要是活动纪律和现场控制。

1）纪律是战斗力的保证，是方案得到完美执行的先决条件，在方案中应对参与活动人员各方面纪律做出细致的规定。

2）现场控制主要是将各个环节安排清楚，要做到忙而不乱，有条有理。

同时，在实施方案过程中，应及时对促销范围、强度、额度和重点进行调整，保持对促销方案的控制。

（9）后期延续：后期延续主要是媒体宣传的问题，对这次活动将采取何种方式在哪些媒体进行后续宣传？

（10）费用预算：没有利益就没有存在的意义。对促销活动的费用投入和产出应做出预算。当年爱多VCD的"阳光行动B计划"以失败告终的原因就在于没有在费用方面进行预算，直到活动开展后，才发现这个计划公司根本没有财力支撑。一个好的促销活动，仅靠一个好的点子是不够的。

（11）意外防范：每次活动都有可能出现一些意外。如政府部门的干预、消费者的投诉，甚至天气突变导致户外的促销活动无法继续进行等。必须对各个可能出现的意外事件做出必要的人力、物力、财力方面的准备。

（12）效果预估：预测这次活动会达到什么样的效果，以利于活动结束后与实现情况进行比较，从刺激程度、促销时机、促销媒介等各方面总结成功点和失败点。

10.9 房地产促销活动策划应用案例

在商业地产销售发展日益成熟的今天,房地产营销策划在商业地产的销售与招商过程中越来越重要,商铺要想卖得好,前期的营销策划必不可少,而且必须做到位。下面是房地产促销活动方案,欢迎参阅。

10.9.1 房地产营销活动策划书1

××商业城项目是××房地产开发公司开发的精品物业,将成为××市北区的新型休闲地产商业的经典作品。

××商业城坐落于××市城区北部的××广场旁,是××地产开发公司的新建项目。本项目占地 7 000 m^2,根据目前的建筑设计建议方案,项目由三层裙楼(含负一层)和两栋塔楼(分别高四层)组成,总建筑面积约为 15 000 多 m^2,地下车库及设备用房建筑面积为 1 500 多 m^2,商业裙楼建筑面积约 8 500 m^2,塔楼建筑面积约为 6 500 m^2。项目总投资约 1 800 万元。

经过前期的市场调研分析,本项目初步确定为现代化、多功能的休闲购物商城。根据这个初步设想,结合目前的项目现状,本营销企业方案对本项目做了比较系统的市场定位及营销可操作性分析,从营销策划的角度出发,对项目的整体形象包装、营销组织运行、市场推广、广告策略安排、销售促进等方面都做了全局性和可操作性的论述。

1. 项目营销总体策略

营销总体策略是仔细分析、科学划分并准确切入目标市场,通过全方位地运用营销策略,最大限度提升项目的附加价值,获取项目的最大利润,并全面树立和提升企业形象及项目形象。概括本项目的营销总体策略,可以简述为"五个一",即树立一个新锐概念、倡导一个财富理念、提炼一个鲜明主题、启动一个前卫市场、酝酿一场热销风暴。

2. 项目营销目标方针

根据本项目"五个一"的总体营销策略,拟订本项目的营销目标方针如下,作为本项目营销工作纲领的完善和充实。

(1)树立一个新锐概念:休闲式购物商业。

(2)倡导一个财富理念:创投性商业、休闲式购物、稳定性回报。

(3)提炼一个鲜明主题:产权式商铺、休闲式商业。

(4)启动一个前卫市场:崇尚"创投性商业、休闲式购物",摒弃传统商业的纯购物环境压抑与约束,主要面向年轻新锐、有自己个性的消费群体,让其体验到休闲模式的商业环境,购物主题明确。

(5)酝酿一场热销风暴:本项目将传统商业行为上升为现代全新的休闲商业,力争推动商业房地产市场开发的全新变革,避开传统商业的竞争,在一个全新市场里掀起一场热销风暴。

3. 销售目标及目标分解

(1)销售(招商)目标。

(2)销售目标分解。

4．营销阶段计划

根据项目的定位及施工进度计划，将营销工作分为四个阶段，各阶段工作重点见表10-2。

表 10-2　营销工作阶段重点工作

营销阶段	地段阶段	概念包装阶段	产品素质阶段	泛地产复合阶段
重点工作	只看地段，尤其是市中心的位置更为开发商所看重	赋予房地产一个附加的东西，形成一种概念	将楼盘的完美性提高，造出精品	通过两元或多元复合形成多种新型楼盘

5．项目销售时机及价格

为了更好地在后续营销过程中充分体现总体营销策略和达成目标方针的实现，综合项目要素资源和营销推广传播要素，结合项目定位，确定以下销售时机及价格：

（1）项目入市时机及姿态。

1）入市时机：根据规划与工程进度及营销准备，在2008年5月份房交会期间开盘（或2008年9月），可以抓住2008年春季房交会、五一国际劳动节等机会掀起第一个启动高潮；在国庆节、2008年秋季房交会、元旦等重要时期掀起新的销售高潮。

2）入市姿态：以全市乃至西北地区"财富地产、休闲购物"形象登场，开创全新休闲商业投资经营理念。

（2）价格定位及价格策略。

1）价格定位的原则：采用比价法和综合平衡法。

2）价格定位：整个商业项目的销售均价为 3 580 元 /m²，其中起价为 3 328 元 /m²，最高价为 4 000 元 /m²。

3）价格策略：采取"低开高走"型平价策略，开盘后半年作为第一阶段的价格调整（略升），均价为 3 380 元 /m²，尾盘销售变相略降。

6．宣传策略及媒介组合

（1）宣传策略主题。

1）个性特色："××商业城财富地产投资商业"是我市首家也是唯一一家将商业开发从"建造建筑产品"上升到"营造全新休闲购物方式"，倡导"投资财富地产、获取稳定回报"的投资理念。

2）区位交通：本项目地处××广场旁，地段绝佳，高尚居住区地标建筑，交通便捷，是北部区域首选的理想商业地产投资环境。

3）增值潜力：处于政府规划重点发展区域的核心区域，发展前景好，购置成本低，升值潜力大，是投资置业的首选。

（2）宣传媒介组合。

1）开盘前期：以软性新闻及广告进行全新"财富投资，稳定回报"理念的深度挖掘，媒体以报纸为主，电视为辅。

2）开盘后的强势推广期：项目营销推广的重要时期，宣传媒介以"报纸、电视、户外广告牌三位一体"为主，配以相关杂志、直邮广告等形式。

3）开盘后的形象展示期：为了展示形象，以软性深入挖掘为主，媒介选择主要是电视和报纸，重点辅以论坛公关、促销活动、项目招商说明会等形式。

10.9.2　房地产营销活动策划书 2

1．营销概况

房地产系不动产的商品概念，与其他商品有着本质截然不同的区别，不同于买件衣服那样随心所欲，这是因为买房价位高，耐用性强。买主务必经过审时度势、权衡利弊的反复斟酌才能做出决定，而且反弹心理很强，稍有不称心就会改变主意，买主思考的问题，内容丰富，错综复杂，既要考虑得天独厚的地理条件，又要考虑优雅舒适的自然环境，涉及楼质、交通、分贝、污染、安全等方面的要慎之又慎。由此可见，房地产营销深度广、难度大、负荷重，企求在房地产营销上取得卓然显著的成效，并非轻而易举、弹指一挥间，必须加强重视大脑智力投资的力度，具备冰冻三尺非一日之寒的韧劲和毅力。

2．创意理念

房地产营销策划方案要达到尚方宝剑的强大韧劲和力度，必须在创意理念上形成：

（1）具有高度的自信野心；

（2）富于竞争，且乐此不倦；

（3）头脑敏锐，不拘传统；

（4）感性认识和理性认识相处融洽；

（5）注重历史，尊重现实，瞵重未来。

3．构思框架

（1）以塑造形象为主，渲染品味和意念；

（2）展现楼盘的综合优势；

（3）体现楼盘和谐舒适生活；

（4）直切消费群生活心态。

4．实战流程

（1）形象定位。对楼盘的综合素质进行整体概括，揭示楼盘从地理位置、物业档次到设计思想、具体细节等方面的高起点定位。所谓高起点，完全可以从楼盘的整体设计中体现：吸取园外、境外高档物业经验，处处顾及住户需要，大到小区环境规划设计和公共空间的审美安排；小至空调机位、公共过道采光以及住户户型设计等，都进行精雕细琢，力争完美。

好东西总有不同之处，因而"不同"二字构成了楼盘这一高档物业的形象基础，使它有机会从众多物业中脱颖而出。如地理位置不同，交通条件不同，物业品质不同，发展商信誉不同，人均拥有空间不同，升值潜力不同，车位数量不同，小区规划不同。这"八种不同"的明知故问句子成为开发商向楼盘消费对象阐述物业优势的重要线索。

（2）主要卖点。对楼盘进行全面分析研究，概括为四个方面的卖点构成：地理位置；楼盘设施结构；楼盘做工用料；户型设计。突出明显优势，这是楼盘消费者最关心的物业指标。

（3）绘制效果图。根据开发商的条件和推广需要，分别绘制整体效果图、多层单体效果图。绘制效果图要强调公共空间开阔、细节丰富、品位高，因为楼盘的销售，需要启动购楼者对未来的想象，无数事实范例证明，精美的效果图对营销起到了事半功倍的决定性作用。

（4）广告诉求点。阐述楼盘的位置；阐述楼盘所在地的历史渊源；阐述楼盘交通条件；阐述楼盘人口密度情况；阐述楼盘的升值潜力；阐述楼盘开发商的信誉；阐述楼盘的背景；阐述楼盘的舒适温馨；阐述楼盘的实用率；阐述楼盘的付款计划；阐述楼盘的品质；阐述楼盘的深远意义；阐述楼盘的物业管理有什么不同。

（5）广告阶段划分。对楼盘的品牌推广是一个长期的行为，应有战略的考虑，从而使每一期广告都变成一次品牌的积累。都成为对楼盘形象的一次重要投资。其广告推广大致划分为以下三个阶段：

第一阶段（预期到首期交楼入住）：此阶段广告宣传以建立品牌知名度和促进销售为目标，从而尽快奠定楼盘在人们心目中的品味、档次和形象。此阶段广告费用投入相对较大。

第二阶段（开盘后的强势推广期）：即项目营销推广的重要时期，宣传媒介以"报纸、电视、户外广告牌三位一体"为主，配以相关杂志、直邮广告等形式。此阶段广告费用投入最大。

第三阶段（开盘后的形象展示期）：为了展示形象，以软性深入挖掘为主，媒介选择主要是电视和报纸，重点辅以论坛公关、促销活动、项目招商说明会等形式。此阶段广告费用投入较低。

10.9.3 房地产营销活动策划书3

1. 前言：营销理由

传统经济学认为，商品的价值取决于凝集在商品中的有效劳动，而商品的价格取决于供求关系。按这一理论，一个物件的价值是个客观、可度量的值。人们只要理智地度量生产某种商品所需要的有效劳动，就可以了解一个商品的内在价值，并以此作为交换的依据。在这一理论的框架内，消费者能够客观地掌握一个商品的价值，因而是理智的，也就不存在市场营销概念了。

然而，西方经济学则认为，商品的价值取决于商品的Utility。所谓Utility，是指商品的服务带给人们的效用，或说好处。而这个效用的评价标准是一个主观的概念：同一商品在不同的消费者看来有不同的效用，南方人认为米饭好，北方人认为馒头好，谁也不能将自己的价值取向强加给对方。由于认识到了商品的价值是个很主观的东西，因此产生了西方经济学的市场营销概念。营销的目的就是要影响消费者的价值认同，使之心甘情愿地付出更多的成本购买某一品牌的商品，而不是具有同性质的其他品牌。

现在已经步入了知识经济时代，"华翠"内部必有一个创新系统来不断审视、破坏现有流程，代之以更好的流程，以使自己跑得更快。以下是房地产营销策划书的具体内容。

2. 促销：点石成金

现在的竞争，已不仅仅是某一个层面上的竞争。一个企业如果仅仅在某一层面占据优势，而在整体上还存在这样或那样的短板，那么，就有可能在新一轮的竞争当中，被更具综合优势的竞争者淘汰，这是新时期的基本市场法则。有远见的人总试图看清原本看不清的东西，一成不变的思维方法是最容易失败的。在房地产市场饱和的现状下，必须打破常规、标新立异，充分运用创新思想，设计出多种全新的营销模式。做到多点齐发，连点成面，面面俱到；多线共拉，布线为网，一网打尽。

（1）立异：以租代售。房地产开发商对其所开发的项目都期望尽快销售出去，但往往事与愿违，欲速则不达。尤其是中高档的住宅物业，在买方市场的情况下，要想靠急功近利的方式获取高额的投资回报，更是难上加难。因此，市场上出现了一种带租与销售的营销模式，不仅适用于商业物业的销售，也被引入中高档住宅的销售。目前高明住宅的销售市场竞争十分激烈，市场明显供大于求。在此情况下，如果华翠园沉住气，以"不变应万变"（价格方面），倒也可以在高明独树一帜。但不能满足于此，必须尽快将部分尾楼处理掉，以加快资金的运转速度。所以，房地产营销应当调整思路，改变策略，在不"变"中求"变"："千变万化"（营销手段方面），采取"租售结合"的营销策略。

"租售结合"房地产营销策略和方法的基本内容包括：当市场发生变化，供给过度，造成楼房难以销售时，应改变营销策略：先设法将手中的物业租出去；然后将营销目标锁定在投资型买家这一目标消费群体，让其在有较高投资回报保障的前提下，成为该物业的拥有者。这样，即使房子暂时未售出，也可以获得一定的租金，而且，随着高明经济的发展导致消费推动的房价上涨空间巨大，这样，公司可以得到双面的回报。房地产行业特别注重资金的快速运转，但是，人们可以用出租之房到银行抵押进行贷款，以缓解再开发的资金压力，充分调整资金运转率。

这样，就可以做到有大利而无小害、有多得而无少失。另外，通过对荷城现有打工族的租房市场调查发现：随着大佛山的启动及招商成绩的显赫，吸引到了大批外来者，出租屋一直出现紧缺，并愈演愈烈。房屋租金也出现很大的上涨。所以，本策略很具可行性，市场空间大，大可一试！

（2）困中创"圆"（园）。众所周知，顶楼几乎成了所有开发商的心头病，绝大部分避免不了"滞销"的命运，开发商须费很大力气才能将其出售，有些甚至逃脱不了一直空置的状况。追本溯源，必须找出导致其独特命运的原因：人的消费思想是理性的，同时，他们的消费行为也是私利的，在决定高消费品时，他们都会"挑三拣四""小心翼翼"，特别是左右自己全家命运的物产时，他们更是"铢铢校量""顾前怕后"。

其实顶楼最要命的就是夏天过热，热的人喘不过气来。具体问题具体分析，一切从实际出发，针对这种现状，人们在顶楼建好可以隔热的"花园"，它虽是隔热层，但它并不同于一般的其他隔热层，相比前者隔热效果更好，其房内正常温度几乎跟其他非顶楼一样；再者，它的材料及铺设形式有异：直接在原有隔热层上铺一定厚度的土层，然后于土层栽花种草，这样，除可以防热外，还可以起到美化环境及净化空气的作用（土坯本身具有非一般的吸热功能）。

并且，人们投入也不大，$100 m^2$ 大概只需 2 000 元，同时，人们的大量建设又可以产生规模效应，进一步降低"花园"建设成本。至此，顶楼的困境就可以"圆"满解决了（具体操作方法可以到"永安新村""取经"）。

阻碍顶楼销售的难题还有过高和容易漏裂。在这里，要解决过高的问题唯一可以做的就是对其进行精细化的市场细分，目标群定位于年轻阶层；另外，还必须采取低价，甚至成本价销售，在价格上对其固有的缺点以一定的补偿，以弥补其不足。对于顶楼容易产生漏雨及墙壁裂缝问题，在建造的过程中如果严把了质量关，是不会发生这样的质量问题的，但是既然现在房已建好，唯一要问的是开发商对自己的产品有信心吗？如果有，那在售房时，可以大胆对消费者以"三包"承诺，并签订附外质量保证合同。这样，顾客们在购买时就会很放心了。（其实，这样的营销要以高要求的产品质量为基础，因为营销是"末"，而产品是"本"；营销是"术"，而产品是"道"。）

（3）中楼：以旧换新。俗话说"没有不好的产品，只有不好的定位"，市场如战场，"凡战者，以正合，以奇胜"。市场不同情弱者，在产品同质化严重、营销手段单一化的竞争市场中，没有领先的、具有创新推广手段的企业，就没有长久的生命力与市场占有率；而将过去固化、单一的策略手段奉为"尚宝"的企业，必定走不出恶性竞争的阴影，最后也逃离不了失败的厄运。因此，企业只有永远保持创新的头脑，不断将其新思想转化为独特的、适应现实要求的模式，并成功付诸实践，才能稳固并拓展市场，在与己激烈竞争的强手之林中胜出。

目前，作为弹丸之地的高明，已有大量建成、在建、筹建的楼盘存在，市场形势更趋严谨。必须采取差异化的市场策略，努力创造与对方的差异，以正确的市场定位加上强有力的执行去甩开跟随者，从而获取成功。经过苦苦寻思，本人又"鲁莽"献上一计：随着高明低层消费群的成熟及社会普遍存在的"2·8定理"（社会中80%的钱掌握在20%的人手中，而其余80%的人只控制着20%的财富。在这里，本人将这80%的人认定为低层消费者），二手房市场异常火爆，有些时日甚至赶超新房成交量。跟随本区农村人口的继续大量转移及外来人口的消费涌动，这种市场结构状况必定还将延续甚至加深。

二手楼交易已成为一种发展潮流，不可逆转。有时，机会就出现在市场的变化中，跟随于雷声轰隆的雨后。成功者善于并敢于抓住市场，而失败者之所以失败就因为他"茫然"于机会。我们必须抓住这大好时机，毫不畏缩地推行楼房"以旧换新"的销售模式。交换时用新楼固定价减去顾客旧楼协商价，然后由消费者支付这个结果值。

关于这个手段，是有一定的市场依据的。高明旧楼多分布于市区西面，即荷香路以西，这里，多以散楼布局为主；而新楼绝大部分为花园形式，设有保安及其他物业管理服务人员，安全系数更大。再加上老区环境污染严重及人们的喜新厌旧心理作祟，在有一定经济条件下，市民多有"卖旧买新"的冲动，而我们开展的"以旧换新"策略在多种宣传方法的基础上（后面提到），一次又一次地激发着他们的购买欲望，调动着人们的冲动感。在这样的作用下，成交是迟早的事。记住：市场上的成功者的确是那些最能适应现行环境要求的公司——它们向真正需要的"东西"（销售模式）而付出。

（4）绿化：诗意栖居。"诗意栖居"是人类居住的最高梦想。古人云"无水则风到气蔽，有水则气止而风无。其中以等水之地为上等，以藏风之地为次等"，有山水怀抱之地才为风水宝地。于是人们诗意栖居在水一方契舍了文化、审美、心理和生理需要，遂流行于市井贩夫、商贾巨富、文人骚客中。至今，人们对于物业的绿化要求更高一层。花园者，人文、自然与建筑对话的灵性空间，于其中，人性获得升华。建筑为园林让路，生活回归自然。本人今天考察过贵园，微觉不妥，完美当中有那么一丝丝不足：花园外围绿化带未建立，从外看，给整个花园婀娜的身段"扎"上了一道深深的疤痕。请尽快将其"整容"一番。至时，必将带给你们更多的"选票"。

满眼的绿色意味着宽阔的视野，洞察市场才能开山立业；氧气如同良好的运营机制，保证置身其间的人力、资金、技术圆满运转；阳光是花园的远景，吸引更多市民"埋单"。

（5）物业："和谐"民主。现代消费从一般消费转向体验消费，由理性消费发展为感觉消费。以前叫作消费者买得放心、用得称心；如今变为消费者买得开心、用得满心，再加上人都是有感觉的动物，在享受服务时，必须受到特别的待遇、绝对的尊重，消费者买单时才满意，以后也高兴再次光临；在购买商品时，人们需要的是热诚的售后服务。在这方面，海尔集团的品牌建设可算上乘。

海尔产品的核心价值就是"真诚"，品牌口号是"真诚到永远"，其星级服务、产品研发都是对这一理念的注释和延展。因此，海尔的空调、冰箱、洗衣机等产品多次被列为消费者最喜欢的品牌之一。物业管理好坏也直接影响到房楼的社会认同度。只有人们的认同度高了，才会受到更多消费者的追捧。具体操作：引进一家富有实力的物业管理公司来接盘，为现有业主提供优质的服务，带来人性化、亲情化的先进服务管理理念，同时，最主要的是在安全管理上受到业主的赞誉。这样，老业主带动新客户，必将提升"华翠园"销量。

3. 推广：多管齐下

一个成熟、成功的品牌，到最后所拥有的，并不仅仅是强势的知名度和优秀的形象，而是与消费者形成牢固的心理上的联系。最高境界的品牌，并不是消费者有意识认定的"好品牌"，而是存在于消费者认知"无意识"中的一种自然的状态。强的品牌并不气势压人，而是以亲和友善的姿态向市民的一种虔诚的诉求及博取消费者的认同和好感。市场营销的战争其实就是借助广告对"品牌好感"的争夺。

（1）广告：媒体打压。广告宣传主要以《高明信息报》、街巷横幅条为主，以高明有线电视台为辅。其中，电视台广告尽量少放，一是减少广告投入费用，最大限度地提高广告资金的回报率；二是高明电视台上映时间短暂，又没有自己固定的频道（只是在黄金时段插播少次），收视率低下，再者，电视广告是最招致观众反感的媒介。其实，采取任何活动都一样，在行动之前应先在自己心中琢磨，通过自己的逻辑考核看它是否"经济"。

如果广告后收益大于广告费用，则是经济的、可行的。可是，学过甚至关注、了解过经济学的人都知道，企业是营利组织，它的这一本性决定了其在参与所有行动时都必须是以最小的投入而创造利润的最大化。既然人们在酝酿广告投入时，必须将其费用投入结构最优化，以达到花最少的费用而获取诉求的最大化。举个例子，如果在平静的池塘里投一个小石子，激起的涟漪就能让你看得清清楚楚，这是效果；而你往大海里扔一块大石头，激起的浪花可能还没有海风吹起的浪花大，这是无效的，而扔大石头的成本要远大于扔小石头的成本，石头不在大小，关键要扔对地方，而将大石头扔在池塘里，那就更好了。正是因为同样的费用投入前者必定大于后者的效益，所以做出上面的结论。

特地针对区内各乡镇农村市场的实际，建议采取"过时""落后"的墙体广告进入农村的"心脏"，更快、更准、更优地抢占农村市场。墙体广告给人的感觉是比较低档、缺乏公信力的，通常只有卖农村用品的厂商如饲料厂商才会使用。特别是在现今媒体不断出新的情况下，一般的公司是绝对与墙体广告划清界限的。但其实，企业这种拒绝墙体广告的态度可能是一个错误的决策。据调查，墙体广告是观众回忆度最高的广告，我能回忆到的也只有几个，"中国移动""新飞冰箱""创维电视""农业银行"等。时代进步、经济发达，并没有完全将旧式的媒体淘汰掉，反而给了一些旧式媒体更多的空间。广告虽是艺术，讲究外表舒适、品位高雅。但是，企业所追求的是实用、实惠的双"实"原则。

（2）造势：声势浩大。比较欣赏《孙子兵法》对"势"的阐述："流水之激，至于漂石者，势也；故善战者，求之于势，而不求之于人。"造势主要靠进行一个辅助媒体广告的宣传会、展销会。目的是进一步巩固消费者的印象度及刺激冲动消费的潜能。因为广告是一个很抽象化的东西，给人以一种虚幻感。推广过于单调容易产生品牌的空心化，即单纯的符号化，有广泛的知名度而没有差异化的忠诚度，品牌无一个个性化的内涵，它对消费者购买决策的影响力非常有限。这时，人们必须借助一两个推介会将原本"虚"的"意识"转化成"实"的"物质"。

具体推介有多种操作方法：

1）利用突发事件（包括国内外甚至小到本省、市、区发生的有影响力的事件）来进行炒作。商场如战场，作战不是只凭胆量就能取胜的。借助突发事件宣传自己，对于知名度不高的品牌来说，会有出其不意的广告效果，而对于知名品牌来说，更是具有拉动力。

2）必要时可以在荷城广场展开一场展销会，将商品主动送到人的生活中。这样的好处有两个：一个可以提高推销力度跟效率，因为这样的活动进行时，推销员跟顾客之间是一对多的关系。相比在售楼部的一对一模式而言更省力、更有效。另一个是最主要的一点，这样可以补充广告的不足，使消费者更充分、更全面、更真实地了解我们的产品。为其冲动购房时打了一剂强心针；让产品在消费者的意念当中构筑了一个清晰的模型；令其在决定购买意识时给产品下了一个重重的砝码。

（3）补漏：瞻前顾后。特别要注意的是，在执行计划、进行活动时尽量兼顾后来新楼盘的品牌力及知名度，全面贯彻可持续发展战略，在广告中，可以顺便提起后来楼盘开发的信息（如名称、地址、性质等），其实在推介新有楼上，可以随便找个借口（理由、原因）进行，如可以是"推陈出新"（"陈"是指华翠园的楼盘；而"新"则指即将推出的新楼盘）。

（4）收尾：殷诚期待。在市场经济条件下，只有饱和的思想，没有饱和的市场。市场无处不在，缺的是"发现"二字。缺的是独具匠心、别具一格的思想，如何将思路与财路紧密地联系起来，必须有以下三个关键，即勇于打破思维定式；善于另辟蹊径；敢于抓住机遇。

第 11 章　房地产广告策划

广告的本质就是信息的沟通。广告是企业促销中最重要、使用最广泛、效果最明显的促销手段。其是以促销为目的，需要支付一定的费用，通过特定的媒介传播商品或服务等经济信息的大众传播活动。

房地产广告是指房地产开发企业、房地产权利人、房地产中介机构发布的房地产项目预售、预租、出售、出租、项目转让，以及其他房地产项目介绍的广告，不包括居民私人及非经营性售房、租房、换房广告。房地产开发商要加强广告意识，不仅要使广告发布的内容和行为符合有关法律、法规的要求，而且要合理控制广告费用投入，使广告能起到有效的促销作用。这就要求开发商和代理商重视与加强房地产广告策划。但实际上，不少开发商在营销策划时只考虑具体的广告的实施计划，如广告的媒体、投入力度、频度等，而没有深入、系统地进行广告策划。因而，有些房地产广告的效果不尽如人意，难以取得营销佳绩。随着房地产市场竞争日趋激烈及代理公司和广告公司的深层次介入，广告策划已成为房地产市场营销的客观要求。

11.1　房地产广告策划概述

11.1.1　房地产广告策划的概念

房地产广告策划是在广泛的调查研究基础上对房地产市场和个案进行分析，以决定广告活动的策略和广告实施计划，力求广告进程的合理化和广告效果的最大化。房地产广告策划不仅能够进一步明确开发商的目标市场和产品定位，而且能够细化开发商的营销策略，最大限度地发挥广告活动在市场营销中的作用。

11.1.2　房地产广告的类型

根据广告的目的，房地产广告大致可分为以下四种类型：

（1）促销广告。大多数的房地产广告属于此类型，广告的主要目的是传达所销售楼盘的有关信息，吸引客户前来购买。

（2）形象广告。以树立开发商、楼盘的品牌形象并期望给人留下整体、长久印象为广告目的所在。

（3）观念广告。以倡导全新生活方式和居住时尚为广告目的。例如，"广州后花园"概念盘就是传播一种在繁忙紧张工作之余去郊外居所里享受轻松生活的新观念。

（4）公关广告。通常以软性广告的形式出现，如在大众媒介上发布的入伙、联谊通知，各类贺词、答谢词等。

11.1.3 房地产广告策划遵循的基本原则

开发商可根据营销战略的需要将几种广告类型结合起来考虑,组合运用。在进行广告策划时应遵循以下原则。

1. 时代性

策划观念具有超前意识,符合社会变革和人们居住需求变化的需要。

2. 创新性

策划富有创意,能够塑造楼盘的独特风格,体现"把握特色、创造特色、发挥特色"的策划技巧。

3. 实用性

策划符合营销战略的总体要求,符合房地产市场和开发商的实际情况,具有成本低、见效快和可操作的特点。

4. 阶段性

策划围绕房地产营销的全过程有计划、有步骤地展开,并保持广告的相对稳定性、连续性和一贯性。

5. 全局性

广告、销售促进、人员推销和宣传推广是开发商促销组合的四种手段,广告策划需兼顾全局,考虑四种方法的综合效果。

11.1.4 房地产广告策划的内容

房地产广告策划内容丰富,步骤众多。策划者各有各的做法,繁简不一,没有统一模式。大体上可分为广告策划流程、广告目标确定、广告主题与表现、广告媒体选择与应用、广告设计与创意、广告预算与安排、广告效果与反馈等。

11.1.5 房地产广告策划的目标

(1)为楼盘正式公开销售做好必要和详尽的准备。
(2)进行入市前的信息预告,预热市场,制造局部供不应求的楼盘形象。
(3)展示一个成熟、稳健和专业的发展商业形象。

11.2 房地产广告策划流程

好的广告对于房地产项目的成功运作起着非常重要的作用,在这里,广告并不单指在媒体上发布的广告,其范围涵盖了看板、宣传海报、电视电台广告、报纸杂志广告、售楼处包装、工地包装、促销活动等。如何做出一个成功的房地产广告来大大推动项目的销售呢?这是开发商非常关心的一个问题。通常,一个项目的房地产广告运作与项目本身进程结合得越密切效果就越好,沟通和信任是开发商和广告公司(广告部)成功合作的关键。

房地产广告从其筹备到真正落实是一个非常复杂的过程，只有切实掌握好其中每一步的关键，才能最终得到理想的结果。其流程通常可分为以下四个阶段。

11.2.1 准备阶段

1. 拿地，规划产品

此阶段最主要做的是拿地和规划出产品，一般来说，从拿地到规划出产品都是开发商的事，广告公司在这一阶段是不介入的，但若是开发公司本身就有广告部，广告部的创意总监从一开始就介入项目的运作，包括土地拿下前后的前期市场调研，产品的规划与设计等，由于广告部在项目初就紧密参与，因而对项目的了解是非常透彻的，非常利于项目以后一系列的推广。

2. 确定预算

（1）广告预算内容。常见的房地产广告预算内容包括广告调查费用、广告制作费用、广告媒体费用和其他相关费用。

1）广告调查费用。包括广告前期的市场研究、广告效果调查、广告咨询费用、媒介调查费用等。

2）广告制作费用。包括照相、制版、印刷、录音、摄影、录像、文案操作、美术设计、广告礼品等直接的制作费用。

3）广告媒体费用。购买报纸和杂志版面、电视和电台播出频道和时段、租用户外看板等其他媒体的费用。

4）其他相关费用。其他相关费用是与广告活动有关的公共活动、SP活动、直效营销等费用。

（2）确定广告预算的方法。如果是对外寻找广告公司，开发商会在产品出来后根据项目的大小和性质来初步确定广告推广的预算。广告预算的制定还受到其他一些因素的影响，如市场竞争程度、广告投放频率的选择、销售速度的制定、企业品牌的知名程度等。广告预算测定常采用量入为出法、销售百分比法、竞争对等法、目标任务法等。通常大的房地产开发商会将销售百分比法和竞争对等法结合来确定广告预算，一般广告预算大致控制在楼盘销售总额的 1%～3%；而小的开发商则会根据销售状况阶段性地滚动执行，销售结果一旦不如意，广告预算便会停止。

3. 寻找广告公司

通常，广告代理公司的选择会采取广告招标或经验选择两种方式。不同项目会根据其大小性质来选择不同方式寻找广告公司，有很多公司会和广告公司达成长期合作关系，这种模式也为开发商节省了很多甄选方面的时间，并且长期的合作关系也有利于广告公司和开发商就项目进行透彻的了解和合作。

11.2.2 实施阶段

1. 广告公司了解项目及购买对象信息

只有透彻地了解项目后才能制作出成功的广告作品。广告公司在接到项目后需要对产品进行彻底研究，内容包括项目周边情况、楼盘分析、近期楼市动向、项目地理位置分析、小区规划、设计特色、价格策略、竞争对手分析、消费者调查等。开发商会向广告公司提供大部分资料，但出于对项目的把握程度，大部分优秀的广告公司会就已给的资料进行更深入的调查，只有在吃透了整个产品及消费对象后，广告公司才会进行下一步的工作。

2. 广告公司出媒体计划

（1）确定广告目标。房地产广告的成功与否，关键在于它能否在恰当的地点以恰当的方式传达给恰当的人。广告目标不能泛泛而谈，包括开发商在内经常会走入误区，将广告目标制定为提高知名度、促进销售、建立品牌等。事实上以上这些目标是一个房地产广告或多或少必然会达到的效果，要想对广告公司进行有效的指导，必须使广告公司明白一个确实可行的广告目标。

（2）主题确定及创意表现。房地产广告策略的出发点是引起消费者的注意和兴趣，激发消费者的购买欲，并最终促使消费者购买该产品。因此，房地产广告一定要充分表现产品的优点，易于消费者理解、记忆和接受。首先是主题的确定，在深入了解产品后，广告公司就项目本身的卖点进行提炼，最后组织主题。一般来说，一个楼盘总有几个主要诉求点、几个次要诉求点，这些诉求点需要有其特别的地方，最好具有不可复制性，是其他竞争楼盘所不具备的。但是通常大部分项目很难做到这点，所能做到的是几个诉求点互相加起来才能呈现其楼盘的特殊性和不可复制性。其次是创意表现的确定。房地产广告创意表现应该根据项目特质及消费者性质来确定，在这里，开发商与广告公司之间沟通的程度是一个创意是否成功的关键。

3. 广告投放时间的确定

一般来说，小型项目的广告期间以1～2个月最多，中、大型的项目（营业额在2亿元以上）时间会长一些，有的甚至达到了一两年，而房地产广告时间的节奏通常可分为集中型、连续型、间歇性、脉动型四种。

广告时间的安排即广告周期的拟订，通常可分为以下三个期间：

（1）引导期。初期的信息传播，重点是引起消费者的好奇与期待，吸引购买者的注意和行动。

（2）公开期。楼盘被正式推向市场，一切媒体运作及印刷资料皆已准备就绪，一旦开盘，随着强销期的来临，大量的报纸广告结合强有力的业务推广，如人员拜访、电话追踪等立体的促销攻击全面展开。

（3）续销期。为公开期后的续销行为，将广告后期所余的房屋产品重新修正广告策略，改变已不适合或不当的广告方向，做最后的冲刺，以达到最圆满的成绩。

广告公司在拟订广告时间，即制定广告节奏安排的同时，要预先估算每段时间需要投入的费用。

4. 媒体选择

房地产广告媒体是用来传播房地产广告信息的工具，通常接触的媒体有报纸、杂志、广播、电视、户外广告、售点广告、传单海报、网络、空中飞行物等。选择不同的媒体及如何正确组合不同媒体是极其重要的。一般广告公司会根据项目的大小、楼盘的档次、目标客户的定位、项目的区域、开发商的资金实力来选择媒体。大多数房地产的广告媒体会采用户外媒体、印刷媒体和报刊媒体三种形式。户外媒体因为位置固定，比较偏重于楼盘周围的区域性客源；印刷媒体可以定向派发，针对性和灵活性都比较强；报刊媒体和广播电视则覆盖面广，客源多。为了更好地发挥媒体的效率，使有限的广告经费收到最大的经济效益，应该对不同类型的媒体在综合比较的基础上加以合理的筛选、组合，以期取长补短，以优补拙。

11.2.3 传播阶段

在此阶段，前期各项准备工作已经非常具体、充沛，一旦项目开始运作就启动整个广告计划。在这个阶段需要注意的是，虽然前期工作已经准备得非常充分，但是市场是不断变化及不可预知的，因此在这个阶段，广告公司需要和销售总监密切配合，根据销售第一线及时反馈的情况来进行广告计划的修改。若销售情况基本符合当初的预制，则广告计划改动不大；若有一定的差距，可以就内容和推广节奏根据客户反馈的情况加以修改；若销售情况极差就需要及时更改广告计划，不要使失误更大。若广告效果不佳，有些开发商会采取更换广告公司的形式。其实如果问题不是出在广告公司业务水平的话，更换广告公司既劳神费力，同时，也不见得会换到称心如意的公司。在这种情况下，有可能是产品本身有问题，另外，就是当初广告公司和开发商就产品沟通得不够，因此可以根据市场反馈对产品进行相应的修改，同时就产品及目标客户进行更为详尽的研究，将项目重新包装上市，争取打个翻身仗。

11.2.4 评估阶段

营销学上，广告商们都知道自己投放的广告里有一半是无效的，但是谁也不知哪一半是无效的。房地产广告也是如此，房地产广告和日用品广告效果反馈的最大不同点就是：房地产广告可以在广告投放后的当天就能直接在来电来访上得到体现。大部分的房地产项目已经能够通过客户的第一次来电的渠道建立广告效果跟踪制度，来电数量也成为广告投放效果的重要标准。在不同项目的反复实践中发现，来电数量的确能在一定程度上反映广告投放效果，但是过分强调来电数量就像完全忽视来电数量一样，走向另一个误区。房地产广告的效果体现有三种层次：一是直接到访；二是电话询问；三是留下印象。因此，电话数量就成了广告销售力的直接体现。但是检测不同项目，可以发现同样都是非常优秀的广告表现，同样都是无可挑剔的媒体选择，甚至同属于同一档次的项目，但是两者正常的广告后来电数量也不同。可以看出，相对于广告表现来说，产品本身更为重要。其中最重要的因素是地理位置、价格、销售时间段。通常来说，主要干道附近的项目来电量低，因为容易描述，容易到达，客户更多会选择直接到达；高档项目（别墅，TOWNHOUSE，高档公寓）来电率低，因为目标客户群总量低；进入销售后期的老项目低，因为市场认知度高，电话询问不再是最主要的了解手段。只有根据不同项目的特性做好来电，来人给人留下的印象程度以及与最终成交量相结合的评估，才能正确测定一个广告的成果与否，使得广告公司能够更好地配合项目进行相应的调整与修改。

11.3 房地产广告目标确定

要保证广告有效，关键在于广告目标的确定。房地产广告目标是指房地产广告在一定的时间内，对特定的目标消费者所要完成的沟通任务和销售目标。广告目标的确定，必须以既定的营销决策为基础。如要求在半年内销售达到开发量的80%，这时，广告目标就应以如何达到80%的销售量为目标，如要求在1个月内让30%以上的市民知道将要推出的新楼盘的名称，此时，企业的广告目标就应以如何让30%的市民知道楼盘为目标。另外，所面对的目标消费者的情况对广告目标的确定也有重要影响。不同的消费者对企业及房地产的认知深度不同，企业不可能让一个对自己所开发的楼盘一无所知的消费者来买房。因此，确定广告目标时，也要考虑消费者的认知深度和认知过程的阶段性，确定分阶段的广告目标。

1. 广告目标的内容

房地产广告成功与否，要看它是否能将想要传达的信息与态度在适当的时候花费适当的成本传达给目标消费者。制定一个切实可行的广告目标应考虑六个方面内容：一是所要卖的房子的特点是什么；二是最重要的特点是什么；三是目标消费者是谁；四是消费者为什么买或不买；五是要传达给消费者的信息是什么；怎样才能使这些信息有效地传达给消费者；六是用什么样的准则来测定传达信息的效果？

2. 广告目标的误区

房地产广告目标的误区常见的有以下几种：

（1）提高知名度。如果一家广告公司对于开发商来说，此次广告的目标仅仅在于提高项目的知名度，就等于没有找到目标。因为只要有广告，就自然会产生知名度。知名度可以说是广告附带的结果，却无法对创作有指导意义。

（2）促进销售。这是最常见的广告目标，也是最空洞的广告目标。每个房地产广告的最终目标当然都是为了促进销售。即使是广州碧桂园早期的品牌广告，也是为了后期的销售服务的。要实现促进销售的目标，必须明确具体依靠的手段，一定要具体，否则广告容易落空。

（3）建立品牌。这是广告公司最喜欢讲的广告目标，一个无比美丽却又很容易落空的希望。品牌内涵是什么？靠什么来支持？有足够的广告费吗？这些问题不搞清楚，广告就犹如石子投入大海，只能溅起一点浪花，然后就消失得无影无踪。

认清上述广告的误区对房地产企业是很重要的，但每一个广告都有其特定的目的，这个目的可以很清晰地表达出来，例如，可以这样表达：传达降价的促销信息；传达带给住户生活的好处；传达度假式生活的具体内涵；传达项目是国家示范小区等。唯有具体、清晰，看广告的人才会清楚广告想要说什么。如果信息对买家有吸引力，广告的效果就会水到渠成地实现。

广告目标又可以分阶段实现。如以大连海昌欣城首次公开发售为例，广告可分为三个阶段，其传达给消费者的广告信息目标分别是：铺垫期：以系列广告形式传达海昌欣城的主要特点——国际化社区，具体传达海昌欣城如何荟萃世界的精彩；发售期：通过价格与形象之间的落差来推动销售；发售后：建立、巩固海昌欣城大连明星楼盘的地位，主要以销售业绩、专家评价、媒介报道为依据。

这样的广告目标清晰、易懂，广告评判一目了然。

11.4 房地产广告主题与表现

房地产广告策略的出发点是引起消费者的注意和兴趣，激发消费者的购买欲望，并最终促使消费者购买房地产商品。因此，房地产广告设计一定要易于理解，易于记忆，易于接受。要达到上述目的，必须在房地产广告设计上下功夫。从广告的内容上看，任何一个完整的房地产广告作品都包含题材、主题、标题、正文、插图五个部分。

1. 广告主题安排

一般来说，一个楼盘总有几个主要诉求点、几个次要诉求点，除说明书外，几乎任何一种媒体形式的每次内容表现都是以一个主要诉求点结合几个次要诉求点来加以展示的。在实际操作中，归纳总结出几个主要诉求点往往轮流作为广告主题来强打，而且，当其中的一个主要诉求点被选为广告主题时，其他几个主要诉求点则与次要诉求点一样，有选择地作为广告主题的专一表现，可以最大限度地吸引目标客源。精心安排的广告主题轮流展示，则可以保持楼盘的常新常亮。

有时会发现，广告主题的选择好像并没有涉及产品的主要诉求人，而是和都市的四季变化、热门话题和生活习俗等密切相关。其实，这样的广告不是没有主题，而是主题相对隐蔽，创作者试图以亲和的姿态和近距离的角度来吸引客户，间接地引导大众对产品的兴趣。广告主题的轮流安排也不是无序的，它是和广告周期的安排和广告诉求点的内容紧密相连的。在产品引导期和公开期，广告是紧密相连的，广告主题多以产品的规划优势、楼盘的地段特征为主，通过形象的着力介绍，让一个新兴的事物尽快为客户所注目和了解。到了楼盘的强销期和持续期，除非产品有特别的优势，价格攻势往往成为广告的主要内容。在客户对产品了解的基础上，通过价格上的优惠折让和某些服务方面的承诺促使成交迅速扩大。

2. 房地产广告的标题

21世纪房地产广告战烽火连天，如何让消费者在众多的广告中关注自己的楼盘广告，开发商和广告公司无不绞尽脑汁。

广告标题也称标语，它是广告文稿的精髓。广告标题的作用是概括和提示广告内容，帮助消费者一目了然广告的中心思想，既起到提示作品主题实质的作用，又起到引起消费者的兴趣及活泼和美化版面的作用。据美国广告专家调查，读者阅读标题的概率是文案的5倍，广告标题决定广告效果的80%。

一般来说，购房者可能每天都很忙，而且阅读广告的时间也很短，阅读广告时常心不在焉等。为了让顾客一眼就明白广告意图，最好能在标题中一语道破广告能为消费者带来什么好处。也有些标题间接宣传产品的特点和功能，用词讲究，具有艺术性，达到使人过目不忘的目的，给读者想象或回味的余地。

好的广告标题语能积累企业或楼盘的无形资产，如一听到"运动就在家门口"人们会想到广州奥林匹克花园，听到"五星级的家"就会想起广州碧桂园。

在房地产广告方案中，确定标题是广告写作的主要工作程序之一。在确定标题时，首先要做到掌握材料，仔细阅读稿件，分清主次，抓住中心，精心创意，对每一个字都要仔细推敲、反复权衡。

（1）坚持广告标题的准确性是撰写广告文稿的基本要求。标题一定要与文稿相符，深圳招商海月花园的一句"海风一路吹回家"，不仅预示深圳滨海大道的开通使从市区到该项目无比便捷，更让人体验到沿着深圳湾吹着海风回家的幸福和温馨。

（2）揭示广告主题是撰写标题的主要任务，也就是说，标题要体现主题思想。如广州丽江花园的"一方水土养一方人，美善相随丽江人"体现了丽江花园高素质的住户和人性化的社区居住环境。

（3）撰写广告标题要开门见山，画龙点睛。尽管标题只有几个字，但是要利用点睛之笔给人以丰富的联想、深透的意境。这类广告的阅读率往往要高于无标题的广告。如深圳怡乐花园的"远看山有色，人来鸟不惊"，以如诗如画的生活美景对购房者产生巨大的吸引力。

（4）语言要生动活泼，富于创意。用词要贴切，不要生搬硬套，更不要题不对文、故弄玄虚。深圳大世界商城"好地段＋低价格＝投资上选"，言简意赅，突出了楼盘的地段优势和价格优势，是投资的首选。

（5）标题不宜过长，最好控制在12个字以内。专家认为超过12个字的标题，读者的记忆力会降低。标题过长只会分散读者的注意力，让人费思量。

（6）最具有推销力的标题是承诺给读者能带来什么利益。在标题中要尽可能回答你的潜在顾客所关心的问题。如深圳鹿鸣园"大房、大厅、大花园，鹿鸣园大大的不一样"的三"大"满足了购房者对房子间隔和环境的要求。

（7）能为人们提供最新信息的标题是最容易引起人们注意的标题。所谓新信息，是指广告标题中加上新闻性的消息，诸如新房型的推出、新技术及新材料的使用等。如银河世纪经典的"错层，创意来自美国山地别墅"，着重宣传错层新房型的推出，极大地引起了业内外人士的注意。不久，错层概念就成为房地产市场中的新宠。

（8）标题要安排在醒目的位置上。标题的字体要区别于副标题和正文的字体，一般用大号字为宜。要将标题与图画视为一个整体，既要利用图画去配合标题，又要利用标题去配合图画，力求两者之间都起陪衬烘托的作用，以增强整个广告的效果。

3. 房地产广告卖点的多与少

房地产广告卖点是多些好还是少些好，这一问题一直是业内人士争论的话题。有些人认为多些好，理由是房地产商品属于高价值耐用性的不动产，使用期限长，涉及金额大，购买者在做出购房决定前定会慎之又慎，反复考虑清楚后才会形成购买决定，这就决定了房地产广告必须把项目的位置、价格、付款方式、物业特点、开发商售卖地点和时间等信息全部交代清楚。

而持相反观点者则认为广告不能将广告主的全部意愿不分主次、原原本本、无一遗漏地表现出来。广告内容庞杂，给人的感觉只能是杂乱无章、不得要领，这样往往会造成什么都说而实际上却等于什么也没说。由于广告对人的刺激多属于短时记忆，只有卖点数量少、内容短小才能使人们有可能在短时间内注意并记住，引发一系列的心理过程，最终导致购买行为。

另一种持折中态度者认为卖点过多令人生厌，记不住，过少又不能为消费者提供足够的产品信息而妨碍了消费者的购买决策速度和购买愿意，所以，卖点的数据不宜过多也不宜过少，以适中为宜。

以上观点有对的一面也有不对的一面。广告卖点的多少并不能由产品或消费者单方面或两方面去决定，而应考虑众多因素，应具体问题具体分析，因时因地因事制宜。具体来说，确定广告卖点的数量应考虑以下因素：

（1）媒体因素。视听媒体，如电台、电视，一般广告费用昂贵，广告时间短，信息容量小，卖点就不宜过多。印刷媒体，如报纸、杂志、说明书等信息容量大，可反复阅读，卖点可多一些。特别是索取式（即由消费者主动索取的）说明书，由于一般主动去索取者都是想全面了解该楼盘，因此卖点应以周全细密、疏而不漏为佳。

（2）主卖点影响力的大小。主卖点是指在两个或两个以上的卖点中最为重要的卖点。主卖点的影响力是指主卖点对消费者的心理所产生的影响力。如果主卖点对消费者的影响力非常大，那么其他辅助性卖点（或称次卖点）则可相应地减少到最少的限度。主卖点影响力的大小主要取决于其需求度和可信度的大小，一个主卖点的需求度和可信度越大，主卖点的影响力就越大；反之则越小。主卖点的影响力越大，次卖点必须减少，否则就会因次卖点过多而影响了主卖点的传播效果，削弱了其影响力。同时，也极有可能会遇到这样一种情况：本来主卖点的影响力可以很大，但由于模糊不清、过于朦胧而影响了效果，这时就要将它加以"放大"，使其清晰化。如顺德碧桂园在刚提出"给您一个五星级的家"的主卖点时，对学校设施的先进性、会所的高贵性等子卖点（是指为说明某一卖点的下一层卖点）粗略带过，效果并不十分理想，后来在改进广告时对这些子卖点进行了更为细致的描写，使"一个五星级的家"的丰满形象跃然眼前，令人怦然心动。

（3）报纸广告传播方式。房地产报纸广告的传播方式常有系列式和一版式两种方式。所谓系列式，是指将所要传播的广告内容先集中起来，然后像切蛋糕一样把它切成多份，每次传播一份，进行有计划、连续性的传播；而一版式则无须切成多份，仅将所要传播的广告内容集中在一个版面，有计划地反复传播。一般来说，系列式广告由于可容纳更多的信息量，总的卖点数量可比一版式的多些，而一版式的则应尽量少些、精简些。

（4）地域性因素。在广东一带，但凡有能力购买商品房的多是有一定事业基础的从商人士、白领人士，他们工作繁忙，生活节奏快，处事较果断，不喜欢拖泥带水。他们一般无暇顾及一些内容繁杂的广告，故在广东做广告能简则简，否则可能看都没人看。但到了上海一带就不同了。上海人做事大多较精细，有人说上海人处事有点像德国人，凡事都要考虑得相当周密才可行动。故在上海，广告要做得细密些，卖点不妨多些，烦琐一点也不无关，房地产这类"大件"类商品更应如此。

4. 房地产广告表现

当确定广告主题与阶段性推广主题之后，就需要借助美工、文案、插图、音乐、视频等形式生动地表现这一主题概念，使目标受众在接触广告后能产生期待的反应。

（1）广告表现技术流程：

1）表现方向的设定。

2）表现主题的检讨。

3）表现方式的决定。

4）表现基调的决定。

5）表现物的选择。

根据诉求对象、诉求区域的特点，结合项目推广不同阶段，广告创意表现可采用理性诉求策略，即通过真实、准确、公正地传达开发商或楼盘的有关信息或其带给客户的利益，让受众理智地做出决定；也可采用感性诉求策略，即向受众传达某种情感或感受，从而唤起受众的情感，以达到最佳的广告效果。

（2）创意表现的"四点"技术原则。房地产广告源于生活而高于生活，要将真实的事情艺术化地告诉大家，是基于科学调研、理性分析后的智慧的创作。判断房地产广告是否有效，一定要基于广告目标的界定与产品的相关性、可记忆性以及与受众的沟通来把握。简而言之，从一则房地产广告能否较清晰地具有记忆点（Memory）、利益点（Benefit）、支持点（Support）、沟通点（Communication），可以反映出该广告的创意表现。

1）挖掘记忆点。用李奥·贝纳的话来说："广告就是要挖掘产品内在戏剧性，让产品成为过目难忘的英雄。"一个好的房地产广告深刻洞察目标受众对家、对生活、对空间的独有理解和潜伏心底的情愫，找寻到最能代表、体现目标消费者对家与生活理解的相关创作元素，通过艺术的方式放大，形成对目标受众的强烈震撼。这个元素可能是一个场景、一个音符、一个生活片段、一个记忆，甚至是一份朦胧的向往。记忆点必须与产品有关联性，能突出产品的特性，例如 1999 年评为深圳十大明星楼盘的海月花园在 3 个月内创造出销售 500 套单位的业绩，出色的广告表现是推动其成功的主要原因之一，其广告口号"海风一路吹回家"成为深圳居民海边置业的极好的记忆点，一方面传达出滨海大道开通后蛇口与市区的交通便利，另一方面切合深圳人对海的依恋、对家在海边的向往，加之平面以一位有亲和力的金领丽人开着红色跑车在滨海大道上飞驰来表现，长发飘飘、优雅怡然，那份回家的惬意、成功的风度成为撩拨深圳人邻海而无法忘记的记忆点。

一般来说，构成广告记忆点的元素中，动态比静态更能形成记忆点，大面积图形易形成记忆点，富有戏剧性、幽默性的造型易形成记忆点，重复、对比易形成记忆点，越是创新的东西越易形成记忆点。按照伯恩巴特 ROI 广告创作理论，寻找广告的记忆点的过程也就是寻找广告创意的切入点的过程。房地产广告的记忆点要基于产品的特性（关联性，Relevance），其创作元素应是新鲜的（原创性，Originality），深入消费者心中（震撼性，Impact）。

2）找准利益点。找准利益点就是告诉买家你的房子能提供什么利益和便利。对于竞争激烈、市场发育程度高的深圳楼市而言，开发商卖的不仅是房子，还是一种生活方式，在广告中就要传递出物业所提供的，或者买家入住后所能体验的何种生活境况，这种生活境况对置业者来说具有何种意义。

找准利益点在广告文案创作中具有特别重大的意义，如何找到一个利益诉求点并概括成一句精练的广告语去说服消费者采取行动，是房地产广告创作中的难题所在。目前，房地产广告普遍显出一种浮躁心态，对项目欠缺深入理解，对置业者购买行为不做深入研究，表现为诸如"欧陆经典""至尊豪宅"的空洞口号和平面表现上的大红大紫的奢华。广州奥林匹克花园以健康住宅为项目定位，在广告推广中以"运动就在家门口"为主题创作一系列广告，清晰地告知受众，买的不仅是房子，而且是健康的社区、健康的家庭、健康的生活。明确的利益诉求让置业者心动并产生行动。

广告中一定要有利益诉求点，广告应从具体的产品特征中找寻对消费者有重要意义的利益点。利益点是房地产广告的主题，房地产广告找到一个好的利益点便成功了一半。

3）把握支持点。把握支持点就是应用科学原理或事实来说明广告中的利益承诺点，泛指房地产广告中的说明部分。深圳招商海月花园 2000 年 7 月一次广告以"海月生活，成熟之美"为利益诉求是基于项目本身的事实——小区环境美轮美奂、项目建设已成现楼、社区配套功能强大、业主会所开张营业、宽带上网成为现实等支持点的把握。

任何广告创意一定是基于产品本身的特征，同时能被受众理解，相信广告创意也必然基于事实。支持点一般作为辅助性文案出现，作为房地产广告，对项目描述性文字一定要简短、明确、易读易懂，同时要求客观、真实、科学。支持点一般是关于项目的基本事实，也可以是科学原理、权威机构的技术鉴定。

乔治·路易斯对广告有经典的定义："广告是什么，广告是让一百万看起来像一千万。"房地产广告要做到这点，必须慎重权衡项目的支持点，若把握不当很可能 100 万看起来像几十万。海月花园销售后期有多个支持点，创作广告时很难权衡，因为这些支持点都是影响消费者购买的决定性因素。考虑到海月花园已有较大知名度加之所剩单位不多，全面综合后确定了成熟生活这一主题来统率全部支持点，实践证明这个选择是对的。

一般来说，广告中若有多个支持点，则要求主次分明，一定要可信，有说服力。如果将广告中的利益点比作树干，那么支持点就是广告中的枝叶部分，好的广告就应该做到枝叶并茂。

4）创设沟通点。创设沟通点就是要建立广告活动与消费者进行双向信息沟通的通道。房地产广告发布时要知道消费者反应怎样，有什么要求，这就需要设立一个沟通的通道，最普遍的是打上一个电话号码。其实在房地产广告中创设沟通点是大有讲究的。平面广告中以设立赠品、有奖问答的形式强化受众与开发商沟通的热情。在项目推广中可利用的办法更多：建立会员俱乐部之类的客户联谊组织、举办装修讲座等方式可以有效地增加主客双方沟通接触的频度和深度。沟通所带来的收益是多方位的，通过沟通能使企业更好地改进产品，调整营销策略，更深入地回应消费者置业所关注的问题。总的来说，广告首先要解决的是定位问题。事实证明，大量的无效广告多数是由于定位模糊所致。一条好广告首先要能吸引人，引起人们的关注，然后清楚地告诉消费者利益的承诺点和支持点，最好是能创设沟通点。

11.5　房地产广告媒介选择与运用

房地产广告媒体是用来传播房地产广告信息的工具。房地产广告如何以最低的成本，通过最好的途径，向目标受众传达有关的房地产信息，是房地产广告能否达到预期效果的关键之一，也是房地产广告媒体选择所要研究的内容。

11.5.1　各种广告媒体

1．大众媒体

大众媒体是指针对最全面的人群，具有广泛社会影响力和阅读率的媒体，这类媒体发行渠道广泛，发行量大，阅读人群通盖全部阶层。由于房地产行业具有区域性特点，因此，地区党报是这个大众媒体类型的典范，综合性、民生性的电视、杂志、广播也属此类。其特点如下：

（1）发行量大，宣传面广，具有广泛的传播性。

（2）发行渠道完善，传播迅速，时效性强。

（3）阅读人群深入社会各个阶层，阅读（观看）率高，具有良好的普遍性。

2．分众媒体

当前的房地产项目在市场化的要求下广泛地应用定位理论，对消费群体进行了细分，因此，大众媒体的广泛性覆盖无法直接面对细分化的消费者，这势必会让广告效果大打折扣，在这种情况下，为了更好地针对特定的目标客群，精确深入进行广告信息传达，从而提高广告效益和效果，房产企业主开始考虑分众投户外广告和互联网广告作为其重要代表，经过了迅速发展，已经成为房产企业主媒介投放的重要手段。

3．创新媒体

创新媒体是指经过思考和发现，创造或寻找出的全新的媒介载体，这里包含两方面的创新，一种是以前没有被利用过，即没有投放过广告的载体，创新媒体由于载体的新颖，往往在第一眼就能够被大众记忆，因此具有很高的认知度，作为广告投放的空白点，甚至能开启一股投放潮流。另一种是曾经被使用过，但由于行业特点，未被房地产行业使用过的载体，如机票夹广告等。

4．自有媒体

自有媒体指的是广告主自己创造的广告载体。房地产行业鉴于自身的优势，可以是自有媒体应用得最广泛的行业。这种媒体大致上可分为以下几类：

（1）印刷类：房地产项目书、海报、户型单张、手提袋等。

（2）定点类：售楼处看板、概念样板房、工地墙及户外等。

（3）会员类：房地产企业为了更好地服务客户和打造企业品牌，建立业主数据库，并成立俱乐部或其他团体，内部发行会员卡或业主刊物等载体，如万科会、绿地会等。

（4）社区类：项目建成业主入住形成一定人气后，社区就有了广告价值，比如电梯广告、导示系统广告。

（5）其他类：还有一种也属自有媒体，就是房地产企业发行的书刊，如 SOHO 中国的《杂碎》等。

5．行业媒体

行业媒体是指行业共同营造的媒介载体及各媒体对该行业关注形成的有效载体。这种载体由于具有明确的行业性，从常规意义来看，这种媒体面向的是业内人士，其实并非如此，对于有购房意向的消费者，他们往往会高度关注行业信息，因此，这种媒体也具有较高的访问率，但是由于该类媒体限制，消费者不能深入了解项目特点，只能起到引导作用。

从以上的分析可以看出，媒介类型有着诸多媒体种类，一般来说包括印刷媒体、电子媒体、交通（流动）媒体、户外媒体、展示媒体、邮寄媒体等类别。

11.5.2　房地产媒体选择的技巧

如果项目的规模较大，开发的时间较长，则需要在公交站点、主要交通位置等处设立大型固定的广告位。在市区高大建筑物、公交车等载体发布广告会长期被人认知。如深圳万科就同时在深圳的上述几种载体上发布广告，天天与市民见面，令项目家喻户晓。百仕达花则在深圳深南大道上的两个高层建筑物顶上竖立巨大的广告牌，无论白天黑夜，令市民远远就能看见，且一立就达 3 年之久，持续效果较佳，规模较小的项目不需要选择固定广告。

楼盘的档次决定目标客户群的身份层次。大众化的楼盘消费者显然是工薪阶层，而高档次楼盘的消费者均为非富则贵一族。这样，在媒体选择上，前者只需要选择大众媒体即可；而后者不仅要选择大众媒体，还有必要选择一些富贵一族可能会涉猎的专业性较强的媒体。

项目的价值往往体现目标客户的区域，因此，要根据项目所在区域有针对性地发布广告。例如，深圳的宝安和龙岗两区大多数购楼者均为当地人，因此，两地的楼盘在做广告时就常选择当地的有线电视台和具有针对性的直邮广告，而不选择《深圳特区报》和《商报》，既节省了费用，又立竿见影。

开发商的资金实力是开展主体广告攻势的先决条件。如果实力雄厚，项目的规模又够大，就应展开主体广告攻势，尽可能地将目标客户一网打尽；如果资金有限，当然就要选择阅读或收视（听）最广的媒体重点发布广告，尽量节省费用。

在媒体的选择上，以深圳为例，绝大多数开发商首选媒体都是《深圳特区报》或《深圳商报》，因为两报的发行量均较大。一般情况下，白领阶层以上的绝大多数深圳人（包括党政机关单位公务员）都读这两份报纸，因此两报的广告效果均不错。少数楼盘为全面树立形象和扩大影响，也辅以深圳电视台、有线电视台、广播电台做些广告，但都是次要的。

11.5.3 房地产广告媒体选择组合策略

各式各样的户外媒体、印刷媒体和报刊、广播电视等媒体在信息传播的功能方面各有所长也各有所短，它们在广告活动中起着各自的作用。为了更好地发挥媒体的效率，使有限的广告经费收到最大的经济效益，应该对不同类型的媒体在综合比较的基础上加以合理的筛选、组合，以期取长补短、以优补拙。

因为房地产的"不动产"特性，所以它的常用广告媒体一般为户外媒体、印刷媒体和报刊媒体三大块。其中户外媒体因为位置固定，比较偏重于楼盘周围的区域性客源；印刷媒体可以定向派发，针对性和灵活性都较强；报刊、广播电视媒体则覆盖面广，客源多。三者取长补短，是房地产广告的"三驾马车"。

就"纵"的方面而言，一个完整的广告周期由筹备期、公开期、强销期和持续期四个部分组成。在广告的筹备期，广告媒体的安排以户外媒体和印刷媒体为主，售楼处的搭建、样板房的建设、展板的制作，以及大量的海报、说明书的定稿印刷等，占据了工作的主要内容。报刊媒体的安排则除记者招待会外几乎没有什么。进入广告的公开期和强销期，广告媒体的安排渐渐转向以报刊媒体为主。户外媒体和印刷媒体此时已经制作完工，因为相对的固定性，除非特殊情况或者配合一些促销活动，一般改变不大，工作量也小。而报刊媒体则开始在变化多端的竞争环境下节奏加快，出招频频，以灵活多变的特色发挥其独特的功效。到了广告的持续期，各类广告媒体的投放开始偃旗息鼓，销售上的广告宣传只是依靠前期一些剩余的户外媒体和印刷媒体来维持，广告计划也接近尾声。

广告媒体在"横"的方面的安排其实也贯穿于广告周期的四个阶段，且在产品强销期的时候要求特别高。某个 38 000 元/m^2 的楼盘，它的媒体组合的理想三维广告空间是这样设计的：客户坐飞机回上海，在飞机上看到东航杂志中的楼盘广告，下飞机后坐汽车回市区，在虹桥路上也看到同样内容的户外看板，晚上翻开《新民晚报》，该楼盘的广告赫然在目。第二天听早上广播新闻，同样的信息又飘然而至等。视觉、听觉的多重刺激，将在最大限度上挖掘和引导目标客源，以配合业务人员的推广行为，创造最佳的销售业绩。

11.6 房地产广告设计与创意

11.6.1 房地产广告内容构成

房地产广告要明确回答客户想了解的基本问题，具体内容包括以下几项。

1. 楼盘名称

一个好的楼盘广告应当在醒目位置标明楼盘名称及系统标识，让受众一听就知道并且能马上在脑海里留下印象，吸引其继续看下去，决不能为了画面上的其他诉求点或画面清爽、干净而将楼盘名称及系统标识摆放在不显眼的位置或将比例缩小。

2．地理位置

一般除利用图表表明其确切位置外，还要标注周边标志性建筑、重要配套设施，最好加上数据描述语言，如"距××仅300 m"，让受众有一种实实在在的感受。

3．价格

售楼广告中的一般起价即最低折后价，都是选择一个楼盘中位置、结构、朝向最差的单位的价格。而诚实的标价应在起价与最高价的范围内，或是标准价的均价，最好是将正在推出的主力户型、某一楼层、某个朝向、具体户型的面积进行罗列，并标定单价和总价，这也正是促使消费者密切留意和决定购买的关键。

4．项目的主要卖点

项目的主要卖点即最能吸引客户的地方，如地块特征、布局建筑风格、户型、结构、面积、朝向、内外景观、通风采光、交楼标准、社会环境、配套设施、建筑材料、物业管理费用等，要将这些内容以最突出的方式告知客户。

5．商品房销售"五证"齐全

"五证"即国有土地使用权证、建设用地规划许可证、建筑工程规划许可证、建筑工程开工许可证、商品房预（销）售许可证。随着购房者的日益理性成熟，其关心的问题也越来越专业化，开发商各种证照是否齐备直接影响到他们的购楼信心。因为若"五证"不全，消费者可能无法拿到房产证，购买的商品房质量就无法得到保障。

6．开发商、代理商、建筑设计、施工、物业管理单位名称及售楼电话

这是售楼广告中不可缺少的要素，一个实力强、品牌优质的开发商、代理商、建筑设计、施工、物业管理公司甚至会成为吸引购房者的一大因素。一个有长远眼光、有品牌意识的开发商会在借助宣传物业品牌的同时渲染楼盘的实力，给置业者强有力的信心支持和保障。

11.6.2 房地产广告创作风格

房地产广告作品有一定的风度格调，广告风格取决于广告制作人的业务水平及一定文化氛围下的艺术表现手法。一般来说，我国房地产广告作品的创作风格大体可归纳为以下三种类型。

1．规则式风格

规则式创作风格有点近乎公式化，在格调上比较正规、刻板，很少带有感情、艺术色彩，有人将它称为"报道式教条式风格"。

规则式风格的广告文稿在介绍楼盘时，一般只从楼盘的地段、质量、价格、房型、服务和买家可从中得到的某种好处与实惠等方面如实介绍，就像新闻报道那样，又仿佛是一份有关产品或劳务项目的报告、通知单，语言文字上一般不作太多的修饰，有一说一、有二说二地如实告诉消费者。如"××小区由××房地产公司开发，地处××中心地段，邻××商业街，设施齐全，配套完善，房型一室一厅至一厅多室多种款式，精心设计，实惠价位每平方米××元起，现场售楼处地址××，电话××"，再加一张区域位置图和一张房形图。

规则式风格的广告文稿多用于生产资料和技术服务广告，好处是内容具体，介绍比较全面，而且所提供的信息资料都要有一定的科学依据；缺点是文体平铺直叙地写出来，显得平淡枯燥。倘若在语言文字上略加修饰，又容易同客观实际情况不符，而且很难面面俱到，也难以突出产品、劳务的形象和功能特点。这种广告如果反复出现，容易引起与广告内容无关的消费者的反感。因此，广播电视中不宜做这类广告，无特定对象的全国性报纸杂志也不宜刊登这类广告。在不成熟的内地房地产市场中，这种方式可能还能行得通，但在沿海的房地产市场（如广州、上海等）已基本没有这样的广告了。

2. 理性感化风格

理性感化风格被广泛运用于广告文稿创作。其特点是大都从文学艺术形式的艺术表现力方面打动顾客的情感，通过理性的感情诉求去改变顾客的态度，要求创作者必须发挥语言文学天才，巧妙地述说，戏剧性地显示，绘声绘色地描写产品或劳务的优点与可能给人们带来的利益或好处，促使市场潜在需求变为立即购买行动。理性感化风格的广告文稿又可分为以下四种：

（1）诱导式。这种房地产广告的创作风格，其文稿表现为一种许诺性诉求，是直接从满足消费心理、需求心理和购买心理的积极因素方面通过广告语言文字表达的。为了使目标消费者感到称心如意，专门以适合楼盘目标消费者购买习惯、购买心理及其他影响购买因素的题材和信息作为广告文稿的构思依据，希望读者见到广告后产生一种能实现心愿的心情，并产生到楼盘销售现场的冲动。

（2）同情式。从字面意义看，其做法是给楼盘的目标消费者提出一种困惑或忧虑，而后再提供一种住在××楼盘就可以消除忧虑的许诺诉求，文学手法上叫"欲扬先抑"。如广州碧桂园的电视广告，通过广州市区的空气污染指数、噪声污染程度来说明市区生活环境的不理想，而后向希望改善居住环境的消费者推荐空气好、适合居住的广州碧桂园。

（3）设身处地式。其特点是将广告诉求的语言文字直接以已购买者推荐的口气来表达，使广告的诉求意愿正好同消费者的心理相一致。用这样的口气说服潜在消费者从速购买，正好抒发了目标消费者和住户发自内心的共同心声。这种方式的表达可以通过对住户的居住情况进行采访，让住户自己说出对楼盘的满意情况来作为楼盘的广告。

（4）启发式。启发式风格的房地产广告大都从不同角度摆事实讲道理，而不正面讲产品的好。这种启发式风格的广告充满对消费者和用户负责的情感，从深刻的道理、情理、事理中引起人们的关注，指导消费的思想十分明确。通过启发式诉求，向人们宣传新的消费观念，推广新的生产、生活方式，从而达到促进产品销售的目的。

3. 论证式风格

运用论证式风格创作房地产广告文稿，一般采用一点论、两点论和比较三种方法突出信息焦点。

（1）一点论是指广告只就房地产本身固有的优点来述说，引用的信息和资料都是有利于证明房地产好的事实依据。广告的立足点站在房地产企业一边，故又称为"一面之词""拣好听的说"，大多数房地产广告都是正面论证，如"交通方便、房型超前、价格低廉、管理一流"等。

（2）两点论是客观地向消费者介绍房地产商品，既讲楼盘的优点，也毫不掩饰缺点。这种广告提高了内容的可信度，也易使消费者对广告主——房地产企业产生好感和信任感，广效果比仅仅正面论证来得好。正如每个人都有缺点，正视缺点也是一个优点，这样反而使得消费者对其印象深刻。

（3）比较是就房地产本身的质量、价格、地段、房型、服务等特点与竞争对手比较，通过比较来证明它的优势。用这种创作风格撰写广告文稿必须实事求是，不能言过其实或故意贬低别的企业，如"老城区最低价""全市最靓江景房"等广告用语最好不用，避免产生争议。

11.6.3 房地产平面广告设计构成要素

平面广告泛指以长和宽两个维度存在和显露的广告媒体。房地产平面广告种类繁多，设计手法多样，主要由以下几个方面构成。

1. 图形设计

房地产平面广告的图形设计是指图片资料的选用、图片的摄影、图片的剪裁、图形的绘制等。房地产平面广告中的图形主要可分为产品图形和象征图形两类。产品图形是指和楼盘直接相关的图形。房地产平面广告产品图形包括建筑效果图、平面图、房型图、区位图、标志。产品图形直接、逼真地表现楼盘；房地产平面广告象征图形是指根据广告创意和设计要求，选用或绘制的表现性图形，其中以摄影图片为多。如花卉树木图片象征小区绿化、室内家具图片象征舒适房型、健身房桑拿浴照片象征物业会所、罗马柱象征欧陆建筑风格等。

房地产平面广告中报纸广告、杂志广告、楼书、展板等设施一般既采用产品图形又运用象征图形。灯箱、看板、条幅彩旗、手提袋、车身广告等由于受众阅读方式具有偶然性、短时性，所以一般只采用产品图形中若干图形，基本上不选用象征图形。

产品图形中具有相当表现力的是建筑效果图，又称建筑画，由专业人员绘制。但作为房地产广告策划和设计者应该了解建筑效果图的艺术处理手法，及时和建筑效果图绘制者沟通，使其在房地产平面广告中形象生动地反映建筑风貌，为营销服务。

房地产平面广告的图形还包括装饰图案。图形在广告中具有强大的冲击力，有关研究认为图形与文字在一个广告中同时出现，其注意度图形为78%，文字为22%。因此，房地产平面广告设计必须重视图形设计。

2. 字体设计

房地产平面广告字体设计是指对广告文案进行文字形象的艺术处理，加强对广告文案内容的传达，主要内容有字体类型与大小的选用、字体的排列等。房地产平面广告字体一般在电脑字库中选用。房地产平面广告标题字体选用十分讲究，字体一般宜大，应具有令人过目不忘的效果。如果电脑字库字体不能满足字体设计的要求，那么可以用手绘体来表现。

房地产平面广告选用字体类型少，恰到好处，能形成高雅、稳定的画面，但要注意字体类型少容易流于平庸。选用字体类型多，能呈现热闹、快乐的感觉，但要注意字体类型多容易造成杂乱。

房地产平面广告字体大小的选择可尝试大小差别化处理。大号字体醒目，小号字体精致，字体的大小差别可以使受众阅读负担减轻并增加阅读兴趣。由于大小字体的组合所构成的差异和视觉场均衡，可以使广告画面产生视觉韵律与视觉冲击力，广告文字出现了有弹性的点、线、面布局，为画面创造了舒畅、激动、紧凑、纤细等不同的情绪暗示效果。另外，字体的排列应考虑字与字之间适当的间距和行距。在平面广告中，文字与图形相比较，虽然图形在引起注意力上占有较重要的位置，然而人们在看完广告后，一般文字的记忆在65%以上，而图形留下的记忆在35%以下。因此，房地产平面广告设计应讲究文字（字体）与图形的相得益彰，使广告宣传更加有效。

3. 色彩

图形、文字、色彩三大设计构成要素中，色彩传播被人感知、辨识、认定最为迅速。房地产平面广告色彩设计要注意以下几个问题：

（1）整体色调的把握。整体色调是指平面广告版面上所形成的综合的色彩形象，它是由广告版面多种不同形状、不同面积的颜色所形成的色彩倾向，但其中应该有带有主导作用的基本色彩。某种颜色意味着某一特定语言，具有一定的象征意义，可在房地产平面广告色彩设计中参考。

红色：是最引人注目的色彩，具有强烈的感染力，象征热情、喜庆、幸福。

黄色：阳光的色彩，象征光明、希望、愉快。

蓝色：天空的色彩，象征和平、安静、纯洁。

绿色：植物的色彩，象征着生机、希望、安全。

橙色：秋天收获的颜色，是所有色彩中最暖的色彩。橙色象征温暖、收获。

紫色：象征优美、高贵、尊严。淡紫色高雅清新，深紫色神秘庄严。紫色与红色配合显得华丽热烈，与蓝色配合显得华贵庄重，与绿色配合显得热情成熟。紫色运用得当构成新颖别致的效果。

（2）色彩视认度的掌握。色彩视认度指某一颜色与另一种颜色搭配时颜色辨认程度。公路警告标牌用黄黑配色，这两种颜色配色视认度最高。房地产广告平面设计应满足不同类型平面广告对视认度的要求。

（3）黑、白、灰的运用。房地产平面广告主角是报纸广告，报纸广告大多是非彩色版面，这些版面黑、白、灰色调运用恰当能起到很好的效果。物理学家李政道认为："定律的阐述越简单，应用越广泛，科学越深刻。"黑、白、灰三色是对世界五彩缤纷的抽象，黑色与白色能概括对比色，涵盖广泛，灰色能概括中间色，层次丰富。黑、白、灰三色最单纯也最长久。色彩设计调动黑、白、灰三色，在很大程度上掌握了非色彩报纸广告的韵味。

4. 编排设计

房地产平面广告编排设计将图形、文字、颜色有机地联系在一起，组成为极有创造力的设计要素。房地产平面广告编排设计要注意以下几个问题：

（1）形式与内容相统一的原则。广告版面编排设计的过程，就是设计人员创造性地运用自己所掌握的版面视觉传达语言实现广告主题的过程。因此，形式必须服从内容的要求，从根本上说是服从营销内容的规定，力求达到完美的形式和准确的内容相统一。在房地产平面广告编排设计中，应该区分各种楼盘的特性和档次来寻找相应的编排形式。如写字楼广告编排设计可简洁、明快，可用色块线条装饰，追求现代感。住宅广告编排设计可温馨、细腻，可用居家照片点缀，表现亲切感。同是住宅，中档、中高档、高档之分在广告编排设计上也应体现相当档次氛围，或朴素无华，或小康人家，或典雅华贵。

（2）逻辑思维原则。广告版面编排设计，对于各传达要素之间诉求重点和主次关系的把握包括大小、虚实、轻重等关系的处理，其最终效果必须符合广告受众接受过程中的逻辑思维。房地产平面广告如果是说服性的，在编排设计中应强调广告受众推理的逻辑性；如果是情感性的，在编排设计中应讲究广告受众情感发展的逻辑性。

（3）视觉单纯化原则。现代传播学研究认为，越是单纯化信息，其诉求力就越集中、越有力。单纯化是一种有效吸引注意、强化信息强度的重要手段，房地产平面广告编排设计涉及的内容多，但不一定面面俱到。编排设计应吸收中国传统的美学原理，如"计白守黑"，编排的内容是"黑"，斤斤计较的却是虚空的"白"。空白的大小、比例、形式决定着版面的质量。

（4）形式美原则。广告版面编排设计要符合审美规律，其中形式美是重要的美的法则。所谓形式美，主要体现在均衡和对称、比例和尺度、韵律和节奏诸方面。房地产平面广告编排设计更要强调形式美，因为房地产广告所要表现的商品——建筑与环境本身就是艺术品，极具审美意味。房地产平面广告编排设计通过对广告画面、图形、字体等精心安排，对涉及的线条、色彩、色块等艺术处理，从而使广告受众领略均衡、比例、节奏、韵律乃至结构、秩序、力量、和谐等审美愉悦。

11.6.4 其他类型房地产广告设计创作

1. 电视广告

房地产电视广告以声画结合的形式来表现楼盘，从而达到售楼的目的。广义的房地产电视广告包括在电视台播放和在销售现场电视机中播放两种。电视台播放的房地产广告在广告时段播放片长有5秒、15秒、30秒几种，它强调画面的冲击力和创意性。由于播放时间短促但价格比较高昂，因此这类房地产电视广告运用很少。

电视台的房地产广告较多的是在电视台楼盘介绍专题节目中播放，片长有60秒、90秒、120秒几种，偏重于楼盘实地拍摄和情况介绍。在销售现场包括展销会现场播放的楼盘广告，内容有情况介绍型、音乐电视片型等。

2. 售点广告

狭义的售点广告是指购买场所和零售店内设置的专柜展销和专橱展销；广义的售点广告是指购物场所内外具有广告效应的所有设置的总称。售点广告以促成现场成交为目的，故又称终点广告，而其他广告相应称为起点广告、中继广告。房地产售点广告包括的项目种类繁多，其中楼盘模型是中心，通常设置在售楼处显要的位置。

楼盘模型策划设计要点：楼盘模型具有平面印刷类广告无法替代的立体展示作用，它是按照一定的建筑比例缩微的形体，以其直观性和整体性向人们展示一个多维空间的视觉形象。顾客可以通过模型直观地了解楼盘的外观、结构、座次、环境，达到身临其境的作用。由于每类楼盘有其自身的特点，模型也应该具有自己的特性，尽可能体现楼盘的品质和格调。如高层办公楼模型应强调体型和线条，低层别墅应体现精致和韵味。楼盘模型制作在遵守写实原则下根据销售的需要可适当做些艺术处理。在同模型公司具体策划制作楼盘模型时应掌握模型比例、外观质量、灯光设等问题。模型比例是实际建筑体量和模型尺寸的比例。例如，某一住宅小区总建筑面积为20万m^2，一期建筑面积为5万m^2，小区总体模型可按实际建筑体量尺寸1:200制作，一期楼盘模型可按实际建筑体量尺寸1:100制作。模型的外观质量力求真实、准确、鲜明地表达出楼盘建筑特色。模型的环境布置可选用进口草坪、树木、汽车等模型配件，也可根据总体设计需要自行制作。模型应在室内空间中安装灯光，以柔和的光照烘托典雅的气氛和温馨的情调。建筑四周还可安装造型各异的广场灯、庭院灯、路灯，灯光控制可安装调光器以表现不同的光照效果。

房地产售点广告设计制作的宗旨是调动各种手段和方法来吸引聚集人气，让顾客在销售现场全面了解楼盘，制造热烈气氛，促成顾客购买。

11.6.5 房地产广告创意

1. 广告创意的内涵

在受广告影响的社会，在风起云涌的广告界，大家都在谈广告需要创意，大有要做广告先得做创意之说。然而在一定程度上，"创意"二字却过多地被概念化、炒作化。有人认为只要有好点子就是好创意，过分地依赖点子大师、金点子，从而将创意刻意地加上了一层神秘的面纱。

广告创意的任务是与人产生沟通，感染他们，让他们的思想靠近产品，远离竞争者。如果创意不能起到沟通的作用，让人感兴趣，甚至让人笑、让人哭，那么无论投入多少钱、动用多少媒体都不会奏效，这就是很多广告并不成功的原因。房地产广告强调的是产品的功能、个性的需求，故创意更加注重与消费者沟通，注重理性的分析和感性的思维。

创意还必须具备感召力。重要的是，创意应该产生差别，将人们领入另一个区域，没有差别，一切将毫无用处，创意应该简洁明了，但不仅仅是简单，广告要注意广告消费的环境。据调查，人们每天平均要接收到 6 000 条广告信息，但能记住的只有那些独特的创见。广告不是做给广告人看的，在现实生活中，广告创意必须能够具备俘获人们心灵的感召力，在他们心中留下深刻的印象，在房地产消费区域这点尤为重要。

在做房地产广告创意时，应该理顺房地产广告和其他广告共同的特性，那就是：广告给谁看；是否对目标消费者有一定的感召力；是否能满足目标消费者的心理需求；主要诉求点是什么；能否有效建立品牌知名度，提升品牌力，项目的硬件设计与环境是怎样的。

以亚运新新家园为例，在善于概念提炼的北京房地产广告市场，亚运新新家园的广告创意可谓独树一帜。它用了一个别人从未用过、独具新意的门牌号码：NO.162，NO.162 说明什么呢？其实它只是亚运新新家园位于北京亚运村辛店路的门牌号码。但是运用门牌号码来引出案名，似乎先在受众心理上造成某种悬念与疑问，从而吸引受众继续关注下去，将主要诉求点放在一个独到新颖的角度上，用门牌号码来隐喻身份、诠释位置。门牌号码在一定程度上成了该案的标志，以此让人联想到与鲍家街 42 号乐队名有着异曲同工之妙。在表现手法上，该创意没有像其他房地产广告一样，如同说明书般从头到尾地赘述产品的功能与服务。而是用原生的、大幅漂亮的风景照片，以及十分出色的文案，引领着消费者发现亚运村有这样一片土地：有大片大片的枫林，一排排的大树如绿色的海洋，有池水澄澈透明，映着烟柳垂拂、水莲花开的池塘，有自由翱翔的飞鸟，有充满诗意的翠竹，力求打造一种天、地、人、树、湖、花草、飞鸟相融相通的原创生活。厌倦了在钢筋水泥、车流人海中生活的都市白领，崇尚绿色生活又不希望离都市太远，追求自然居住又苦于身处建筑森林中。该案创意很好地抓住了这一点，让繁忙都市和绿色自然在这里得到平衡，就产品中特点之一的地理位置的优越、周边环境的优美加以重点阐述、反复强调，以此来满足人们对理想居家的渴求。此情此景，你是否已被深深打动了呢？该广告打出后立刻得到业内外一片喝彩声。

通常创意来自人们的心灵，公式、窍门、规则、蓝图一类的东西并不能优化人们的工作。所谓创意，唯一权威的解释就是法无定法。因为法只是在重复历史，而不是创造历史。应该寻找自己独一无二的声音，并有勇气、有信心去运用这些声音。创意就是去体味你的内心世界，好好地酝酿它，勇于将你独特的东西向公众展示，发掘和创造出楼盘中与众不同或没有的东西，对楼盘优化、扩大和突出，传达给受众，让它掀起轩然大波，引起反馈，得到受众的认可与赞许。

然而房地产广告有别于一般性的广告，更深层次地说，它是一种人文化的营销，可以改变人的生活方式，更能增进和融洽亲情关系。下面以碧水庄园为例：

山清水秀，依水而居，行到水穷处，坐观云起时。这是人们向往的居住环境；别墅更加如此，水是别墅的灵性所在，别墅因水而显尊贵稀缺，两者交相辉映、相辅相成。在碧水庄园的系列平面广告中，几乎全部运用了一张独特的大幅实景照片，而设的创意点也都是围绕着实际拍摄的大幅水景照片：一汪 5 万 m^2 的碧水湖，碧水涟漪，湖边栋栋别墅与绿树青草点缀；别墅前大片的私家花园，一条蜿蜒的水岸线环绕，垂钓的人们悠闲地甩起串串欢声和笑语，几只凫的鸭子自由自在地划过湖面，朵朵白云和点点太阳伞遥相呼应。广告画面简洁、清晰，醉人的景色令人如入其中。该广告创意先是抓住了碧水庄园特有的东西——湖水，在内陆缺水的北京，水便成了居住的灵性所在；同时发掘出一个特点——私家拥有 1 700～4 500 m^2 超大花园；继而对该特点进行美化，介绍 50 000 m^2 的碧水湖，私家水岸线，7 000 m^2 的会所，4 000 m^2 的专业球馆。动静相宜的居住环境及拥有私家花园和水岸线，使潜在顾客在一定程度上对碧水庄园动心万分。同时，碧水庄园的平面广告是实景照片，不同于一般的效果图，看得见、摸得着的实实在在的产品更能打动人心。对于潜在的目标消费者来说，本广告无疑可以起到在风景秀丽的碧水庄园拥有一片偌大的碧水湖是幸福的、是享受的、是尊贵的等暗示。而其看似简约的画面却蕴含着创意者对住宅文化的深刻理解。因为人本身源于自然，是自然的一分子，别墅居住的真谛是：当大自然把最好的居住环境馈赠给人时，人也很好地回归到自然，以此达到人与自然和谐相融，人融于景，人亦是景，可谓匠心独运，很好地抓住了目标客户的心理。该广告发布后销售额比发布前提高了几倍。

真正的创意产生，是创意人员对产品认真分析及与同类产品比较后找出不同点，加以主观想象与灵感激发，感性的想象＋理性的分析，最后得出最佳方案。

没有创意的广告是没有生命力的。房地产广告创意的天职是如何用最佳方案推出一个项目或楼盘。所谓最佳方案，即如何做到广告投入与销售收入形成最佳产出比。倘若不能做到这一点，广告必将浪费广告主的大量广告火力。

近年来，房地产广告创意越来越重视产品自身的优势宣传，以及人的享受空间与自然完全融合，这必将成为今后房地产广告创意的发展趋势，未来的发展方向必定还要回归到房子与居住本身，少几分浮躁与虚无。这就需要广告人不断努力、不断创造出更有创意和创新的房地产广告来，时刻以开发商和顾客为重，以最佳创意打动人。因为优秀的广告创意不仅让受众领略到品牌创意的魅力，更能高屋建瓴地指导消费与购买。所以可以肯定的是：优秀的广告人，必将成为房地产界的一股重要力量。

2．房地产广告创意的要求

房地产广告创意关注的不能仅仅是房子，还要以人文关怀的目光去发现"家的感觉"，发现"心灵的港湾"，发现迷人的风土人情和历史足印，发现全新的更有价值的生活方式。总之，从砖瓦后面寻找诗意。

（1）房地产广告并不是建筑实体简单的推销。它的策划和推广过程实际上是继建筑师之后对楼盘的二度创造，它能增加楼盘的附加值和无形资产，它能发掘和引导一种市场需求、一种消费观念、一种时尚潮流、一种社会文化，乃至提升人的生存境界……所有这些都需要充满科学思维和艺术心灵的创意。创意是房地产广告的灵魂，它能够折射纵横数万里建筑文化的光彩，能够涵盖上下数千年人类居住的精华。它能够张扬建筑人本主义，构筑人居精神属性，缔造家园对人生的价值……房地产广告创意的基本视角：楼盘作为一种特殊的商品，触及了人类生存的广袤空间和深沉内核。在实际生活中，人们购房置业既是为了对物质生存条件进行改善，也是想借此印证自己一生的追求、业绩、理想；即使是企业购房或租房，也与企业形象、企业发展密切相关……基于这些认识，房地产广告创意拥有广阔的视野和深邃的内涵。

（2）房地产广告创意应是富有诗意的。房地产广告的诗意性不仅仅是华丽辞藻的堆砌和语句形式的诗化。诗意是艺术与人生的理想境界。房地产广告的诗意性在于营造提升一种诗意的人生境界以拨动顾客的心弦，捕捉人们心灵中某种深层的心理体验。人类在断追求新生活的同时，始终存有一种原始而温馨的情愫——对家的眷念，它本质上是诗意的，是对物质更是对精神家园的皈依，它是房地产广告诗意性的永恒主题之一。房地产广告要打动人心，它诉求的不能仅仅是房子，而是要营造一个家的氛围和情调。家虽为人的栖身之地，但更是人们情感、精神、个性的寄托和张扬。房地产广告是简单地推销一栋建筑物效用还是推广一种家的感受，这确实是房地产广告上乘和平庸的分野之一。

（3）房地产广告创意应该倡导人文关怀。从人类的历史长河来看，人是漫漫旅途中的过客，人们劳作奔波，需要躯体的寓所，也需要精神的寓所，使短暂辛劳的一生得到安顿、得到快乐。房地产广告创意涉及的主要是一种居住的商品。居住从本质上讲是人的基本生存方式。人的存在天生要求取得居所，人们对家园的依恋从根本上归结为一种生命原始的体验。胎儿在母亲的子宫里发育，人的第一个居所是母亲的子宫。人即使死亡，从传统观念上讲也需要"居住"，他将从此进入阴宅，在坟墓中永恒地回归大地。例如，一处楼盘做出了"心灵的港湾"的广告创意。都市人往往被"文明病"所缠绕，快节奏、超负荷、拥挤嘈杂的生存境遇使人产生了太多的紧张、太多的压力、太多的疲惫。"心灵的港湾"广告创意与改善人的生存境遇深层次的问题联系起来，倡导一种人文关怀，突出楼盘给予居住者的归属感。这种归属感将现代人希冀寻找精神家园、渴望返回精神故乡联系起来，心灵在其间小憩，抖落蒙尘、远离喧嚣，得到安宁和温馨，犹如同风雨搏击的船舟返回宁静的港湾。

（4）房地产广告创意的对象一般都是新楼。它不仅应该告诉顾客楼盘当时的意义和将来的意义，也应该赋予楼盘过去的历史，告诉人文历史的永恒。如林的高楼，繁忙的交通，匆匆的脚步，局促而紧张的现代都市生活方式，在笼统地代表着都市灯红酒绿和强烈乐曲的宣泄中，无意中产生对人本身存在意义的一种伤感情绪，不经意中也引发了对昔日生活那种怀旧。于是，从收集一只旧表，在房间中悬挂一张旧时的月份牌，到大街小巷寻觅石库门的踪迹……怀旧，一种特定时间、空间上文化的情感痕迹正在都市中延伸。

（5）房地产广告创意要注意卖点的聚焦。放大镜在太阳光下能将阳光聚成焦点，产生很高的温度。房地产广告的卖点也是一种聚焦，通过精心操作，将楼盘的各种优点聚焦成顾客关注的热点，引起顾客的兴趣和好感，激发和创造需求，说服顾客改变和建立消费观念，促发购买动机。顾客关注的热点从本质上来说是顾客的利益所在。房地产广告的卖点给予顾客利益的承诺，有些是直接表现，有些是间接隐含。例如，房型经济舒适的卖点是显性利益，企业实力信誉的卖点是隐性利益。另外，房地产广告卖点给予顾客利益的承诺是物质和精神的统一。房地产广告卖点聚焦的焦点可以是广告的主题，也可以是楼盘总体营销中线、面、体的基点。从房地产广告创意的角度来说，卖点的聚焦可以是创意的核心,创意的浓缩。创意可以由此展开、发展,可能达到点石成金的效果。

由于房地产广告创意是建筑在楼盘的品质基础之上,而楼盘大都属于预售性质,品质还可以不断完善提高,所以要求房地产广告人将广告创意和产品策划结合起来,甚至从楼盘开发前期就开始产品的研究,这是房地产广告创意的一个重要特性。从很大程度上说,房地产广告创意是以建筑为本体,以人文为灵魂,参与全程策划。

3. 房地产创意策略

(1) 大众媒体树品牌,小众媒体促销量。大众媒体具有覆盖面广、受众数多和权威性强的三大特点,有助于项目和企业造声势、树形象和立品牌,诉求重点在"平面表现的形式"上,属"明线"通路。小众媒体则具有低成本、针对性强、见效快的优势,在大众媒体炮火的掩护下,帮助项目实实在在地迅速消化,故该诉求重点在于明明白白的"卖点",属"暗线"通路。在实际操作中,一般明暗交替、互动推进。

(2) 大众媒体打头炮,小众媒体补充和强化。楼盘推向市场之初,启用的广告形态应该是先导性、告知性的,应使用大众媒体。根据对我国台湾10个著名楼盘推向市场之初的统计,80%首先使用报纸,20%使用电视,没有一家使用小众媒体,只是在当地市场有一定知名度后再使用各种媒体强化品牌印象。因此,楼盘在未使用大众媒体之前切忌使用小众媒体,即使免费的也不可尝试。

(3) 新闻性软文启动市场,商业广告跟进断后。市场启动是一个"煮开水"的过程,新闻性广告具有权威性和可信度两大特点,它可以轻易突破人们对广告本能的心理防线,正好适合用来"温柔"地撕开市场,在不动声色中占领消费者心智高地。如热销的黄浦国际(花园)就是采用新闻启动法,先借助《发展导报——上海楼市周刊》等新闻性广告将上海西藏南路住宅板块炒热炒熟,然后立即商业广告跟进,锁定"黄浦国际是西藏南路住宅板块的风向标和领头羊",结果市场反应火爆,推出当天狂销138套,创造了沪上十月楼市奇迹。总之,"广告未动,新闻先行"是操盘高手惯用的"必杀技"。

(4) 软性广告晚报类、硬性广告晨报类有效。软性广告以文字解说的形式出现,阅读起来较为繁杂和耗时,不太适合行色匆匆、惜时如金的"晨报式"读法。由于上班时间紧迫,晨报类是以"浏览"为主,故要以大标题或色彩跳跃的大画面(硬性广告)来抢夺瞬间眼球。相反,晚报类恰好以"休闲阅读"方式为主,人们下班后一身轻松,一茶一报慢慢品味,此时即使再繁杂、再耗时的软文都可以细细阅读。所以只有深谙其中之道,才能做到"排兵布阵"时了然于胸、以少博多,将广告的最佳效果发挥到极致。

(5) 夹报软性广告比硬性广告效果好。夹报的好处:一是费用相对较低;二是由于纸张的差异而比较突出抢眼球,但同时也给人一种非正规、低档和权威性不够的负面印象,因此,不适宜做硬性品牌形象类的宣传。充分利用它的"抢眼球"和低成本的优势,投放一些软性说教类的广告较为适合。

(6) 形象广告前半周有效,促销广告后半周有效。一般来说,前半周的报纸广告费用相对较低,且房地产广告量也相对较少,在此期间适宜投放积累型的形象类广告。而对于短平快急功近利型的促销类广告则最好放在后半周投放。根据人脑的记忆弧线图分析,3天之后记忆线陡然下跌,换而言之,记忆点在3天之内能保持在较理想区间,后半周投放促销类广告的记忆点正好吻合周末看房购房的售楼铁律。因此,促销广告在后半周投放效果最为理想。

(7) "组合拳"威力最大。根据科学测验,两种媒体作用人一次的效果,比一种媒体作用人两次的效果要高30%，例如，看"黄浦国际"这4个字，报纸、电视各1次，可记1个月，报纸上看2次只能记20天。因此，广告运行应从不同时间、不同地理空间、不同传播渠道全方位进行，全面互补。据国外资料显示：100万元广告费割裂地使用比整合使用效果低20%，也即整合广告只需80万元便可达到非整合广告100万元之功效。所以要会学会点面结合、长短兼顾地整合使用有限的广告资源。

（8）滞销的解决根本点在于找到准确的"通路"。当房子卖不动时，千万别冲动地广告狂轰滥炸一番，盲目性出击既浪费钱财又难以打动目标消费者，实践证明最好的方法是"让房子找主人"。房子本无好坏之分，每套房子天生就有爱它的主人存在，关键在于他们是否有相遇的缘分，故此时广告的"通路"准确与否尤显重要。"通路"顺畅，一石三鸟，"通路"不畅，三石难中一鸟。所以，先自问滞销的房源符合哪类消费者购买，他们在哪里？如何找到他们？通过什么渠道才能将相应的信息"送到群众最需要的地方去"？若拿捏准了对应的"渠道"，相信对楼盘的"解套"将起到事半功倍之效。

（9）节假日后3天的广告效果比节前3天更理想。广告最怕挤堆，尤其是有竞争楼盘的同台上演，效果大打折扣不说还有可能陷入被广告"汪洋"淹没的命运。节前的广告最容易"塞车"，大家都挤成一堆上演"广告暴力"，一时洛阳纸贵，价格飞涨，而节后却冷冷清清，广告价位暴跌也鲜有人问，人们都认为此阶段是节前广告的消化期，且消费高峰刚过故广告不宜出击。其实不然，人们对诸如房子之类大宗商品的消费意识不是随机性的，而是有一定的印象叠加过程，节后几天恰好是进攻的"真空"。一是众人皆睡我独醒，倍抢眼球；二是费用相对较低，可以大张旗鼓地宣传；三是由于节假日期间新闻信息的断档，节后急需补给，所以不仅报纸零售量猛增且阅读也将更加仔细，广告效果指数当然也随之飙升。

（10）大盘品牌带动销量，小盘销量树品牌。大盘一是由于销售周期长，二是广告费用总量较大，所以，具备"以品牌带动销量"的营销模式要件，依附品牌支撑走完全线销售；而小盘由于量小和宣传费用有限，适合走短、平、快的"销量"路线。当以快速的销量制造营销神话时，品牌也就自然随之而来。

11.7　房地产广告预算与安排

房地产广告目标确定后，企业即可编制广告预算。一个完善的广告预算对于广告决策、广告管理、广告评价来说都是非常重要的。

1. 广告预算的内容

制定广告预算，必须知道广告费用包括哪几项，只有清楚地了解，才能制定较准确的广告预算。常见的房地产广告预算内容包括以下几项：

（1）广告调查费用：包括广告前期市场研究、广告效果调查、广告咨询费用、媒介调查费用等。

（2）广告制作费用：包括照相、制版、印刷、录音、摄影、录像、文案创作、美术设计、广告礼品等直接制作费用。

（3）广告媒体费用：是指购买报纸和杂志版面，电视和电台播出频道和时段，租用户外看板等其他媒体的费用。

（4）其他相关费用：是与广告活动有关的公共活动、销售促进活动、直接营销等费用。

2. 广告预算的影响因素

在确定房地产广告预算前，要考虑以下因素：

（1）竞争程度。这取决于房地产市场的竞争状况，竞争激烈、竞争者数量多时需要较多的广告费用投入。

（2）广告频率。国外学者研究发现，目标沟通对象在一个购买周期内需要接触3次广告信息才能产生对该广告的记忆，接触次数达到6次一般被认为是最佳频率。当广告频率超过一定限度，一般认为8次以后，将会产生负影响。但有时也不一定受这些具体数字的约束，更有甚者企业通过这些广告频率的负面影响来提高楼盘的知名度。例如，广州碧桂园在推盘时就分别在香港有线电视翡翠台、本港台等和广东省的各大电视台每天晚上18:00—23:00的黄金时段插播30次的高频率广告，电视观众对此抱怨很大。最终，碧桂园却成了一个家喻户晓的名字。

（3）房地产的销售进度。对房地产企业要销售的某一特定楼盘来说，销售总量是固定的，卖一套就少一套。销售刚开始时，往往广告预算较高，当销售进度达到近一半时，许多企业往往投入最多的广告支出，当销售进度到尾声时，广告预算就很低了。

（4）房地产的替代性。对于使用功能来说，房地产具有替代性。对于替代性强的房地产，一般要求做大量的广告，突出其与其他楼盘的差异性。如住宅的广告费投入一般比写字楼多得多。

（5）企业的品牌。一个知名的品牌所需投入的广告费用可以远远少于一个普通企业。既然是知名品牌，就无须再为提高企业知名度而花费巨额广告费用，而只需告知消费者企业有楼卖的信息，消费者可能就会争先恐后地来购买了。

3. 广告预算方法

测定广告预算通常会采取以下几种方式：

（1）量入为出法。量入为出法即根据开发商本身资金的承受能力来确定广告预算，带有一定的片面性。

（2）销售百分比法。销售百分比法即开发商根据既定的销售额的百分比来决定广告费用的大小。

（3）竞争对等法。竞争对等法即根据竞争对手大致投入的广告费用来确定自己项目的预算。

（4）目标任务法。目标任务法即开发商首先确定促销目标，根据所要完成的促销目标决定必须执行的工作任务，然后估算每项任务所需要的促销支出，这些促销支出的总和就是计划促销预算。

通常大的房地产开发商会将销售百分比法和竞争对等法相结合来确定广告预算，一般广告预算大致控制在楼盘销售总金额的1%～3%；而小的开发商则会根据销售状况阶段性地滚动执行，销售结果一旦不如意，广告预算便会停止。在初步确定广告预算后，开发商也会在找到广告公司后与广告公司再次协商，根据广告公司方面对产品的定义和见解也会做出相应的调整。预算费用的编排最后会由广告公司与开发商一起协商制定。

4. 广告预算费用的编排

大公司因为有充足的资金保证，往往是根据计划来确定预算的。而大部分中小型公司，因为财力有限，广告预算基本上是量力而行，有时甚至是阶段性地滚动执行，销售结果一旦不尽如人意，广告预算便停止执行。

通常，一个完整的营销周期由筹备期、公开期、强销期和持续期四部分组成。在销售的筹备期，因为包括接待中心、样品屋在内的大量的户外媒体，印刷媒体设计制作的工作量是相当大的，再加上其他的准备工作，所以广告费支出较大，一般占总预算的30%～50%。到了公开期，报刊媒体的费用开始上升，其他销售因为已全部制作完成，很少再产生费用。进入广告强销期，报纸杂志、广播电视的广告密度显著增加，广告费用又陡然上升；另一方面，为了推动销售上台阶，穿插其中的各项促销活动又免不了，因此，大量的广告预算是必不可少的。这个时期的广告预算约占总量的40%。接近持续期，广告预算慢慢趋近于零，销售也开始结束。

在所有的广告支出中，若从相对节约、比较常规的角度来分析，销售前期的接待中心、样品屋等的设计和建设费用是一大块，贯穿销售始终，持续性的报纸杂志的发布费用则是另外一大块。这两大块预算项目占总的广告预算的70%～80%。

有广告预算的安排，便有广告效果的评判，对投入和产出的认真计算是企业应有的基本准则。在具体的产出还未实现以前，广告预算的编排是否科学、是否经济应该依从市场调研而来的营销决策来决定，并且在执行过程中不断地进行回馈和调整。

11.8 房地产广告效果与反馈

11.8.1 房地产广告质量评价标准

对一个广告作品有五项标准，只有符合标准的广告才能呈交给客户。

1. 视觉的注目性

报纸广告要贴在报纸上，与其他广告放在一起看，通过这种比较，才能知道视觉效果。除广播等极少的媒介外，主流广告（报纸、电视、户外等）都是通过视觉来吸引人的，不抢眼、不夺目、不吸引人是不行的。如果广告放在报纸上是一幅被淹没的广告，那么必须重做。

每个广告人都知道这样一句话：广告标题决定广告效果的80%。而很多广告公司却错误地理解为标题越大越怪就越好。广告的注目性仍然是靠总体视觉构成的，正如看人是看整体一样。以"芳草园"的广告为例，第一期广告以叶子为主视觉，第二期广告用版画风格，第三期广告采用人物绘画方法，都是考虑到要与常规广告手法相区分，要令视觉的注目率更出色。

2. 内容清晰易懂

没有人会有很大的兴趣去详细看广告，大多数人是翻广告，觉得视觉吸引、信息适合才会仔细阅读。广告内容的清晰易懂非常重要，但在实践中常常以"太白了，没有广告感"等理由被否决。广告公司时常有一种倾向——喜欢用比喻，例如，用许多苹果比喻成熟的社区，这种方法不是说一定不好，但会承担较大的风险。

有时候，会高估买家的理解力而过分刻意营造气氛。例如，南景园早期广告"水木清华，庭园人家"，意境优美，但内涵不清，大家对"水木清华"的理解也各不相同，与买家的购买心理很难发生直接共鸣，所以现场客人很少。而换成"百米林阴，万方庭园"之后，效果则发生了根本性变化。原因很简单：广告清晰易懂，与买家购买心态发生有机联系，让购房者产生兴趣。

3. 提供现实的购买理由

有些广告做得不错，看完之后对项目也有一定好感，但却无法将买家"推"到售楼部，甚至连打电话咨询的简单行为也无人问津，这种浪费是严重的。同一个市场，由于有很多项目在推出，信息的遗忘率很高，所以广告必须能够为售楼部带来现实的可观人流。最常用的方法是增加一些限时的措施，如仅限本次展销会的特价单位，一些促销方法，如送礼和让利。总之，要让市场感到项目正处于物超所值的阶段，现在购买正是时候，而不能过分玩情调。要打动买房者，总要有点真实的东西。

4. 整体的美感

美感不仅有助于提高视觉的吸引力，还有助于提升项目的第一印象，甚至影响市场对项目的评价。如同一名服装设计师设计时装，无论创意如何变化，宗旨是美。美也是广告设计的重要标准。如果只是满足于将事情讲清楚，又何须广告公司呢？美就是一种裁剪，就是一种包装。有这样一种现象，内地许多有钱人宁愿多付钱也愿意请广东师傅来装修新房。其实这些师傅也来自内地，到了广东之后水涨船高，眼界开阔了，水平自然提高。沿海广告公司的优势正在于此，凭借资讯和经验丰富的领先，令他们超越内地同行。

5. 一致的风格

在信息社会中，项目保持一致的风格而让受众留下印象是非常必要的，而风格的形成主要依靠广告。广告风格主要体现在色彩、版式、图片等方面。广告风格的稳定不是绝对的，通常只适用于一个阶段（如 2～3 个月）。以荔港南湾为例，前期诉求点为"教育文化社区"，基本版式为一本摊开的书，左边放图片，右边放文字。这种相对固定的版式加强了公众对项目基本形象的认知。在达到目的之后，荔港南湾发动以"无理由退房"为主题的大型促销活动，持续约 2 个月，广告风格也随之进行调整。但在此 2 个月相对稳定，对销售产生了积极的效应。

11.8.2 房地产广告效果评价内容

针对不同的广告目标，房地产广告效果一般可以分为两类，即信息传播效果（也称沟通效果）和销售效果。信息传播效果是指由于广告的作用，消费者对房地产企业或房地产商品的认知程度的变化情况或消费者接触广告后的反应。销售效果是指通过广告对房地产销售量所产生的影响。对于不同的广告效果，可以采用不同的广告效果评价。

1. 信息传播效果的评估

信息传播效果的评估，就是评估广告是否将房地产广告信息有效地传递给目标受众。这种评估在事前和事后都应进行，事前，可以邀请顾客代理或广告专家对已经准备好的广告进行评估，了解他们是否喜欢这则广告，广告信息中是否存在一些问题；事后，企业可以再邀请一些目标顾客，向他们了解是否见过或听到过这一广告，是否还能回忆起该广告的内容，广告突出的地方及其信息是否易记易懂等，另外，还可用一些科学手段进行测试，如实验室、群组等。

2. 销售效果的评估

销售效果的评估，就是评估房地产广告使销售额增长。这种评估很困难，因为房地产销售额的增长不仅取决于广告，还取决于许多其他因素，如经济发展，顾客可支配收入的增加，房地产产品本身质量的提高和功能改进，销售效率提高，价格合理调整，其他促销方式的效果提高等。因此，单独衡量房地产广告对销售额的影响比较困难。

营销学上通常说，广告主们都知道自己投放的广告里有一半是无效的，但是最让人头疼的是，到底是哪一半，谁也不知道。房地产广告也是这样，人们通常按照既往经验和个人的直觉判断来投放广告，但是在数十万元的广告费之后，广告主到底获得了多少回报是一个难以量化的问题，也是一个需要持续探索研究的课题。房地产广告与其他日用品广告在效果反馈上一个最大的不同就是：日用品通常是在广告投放后的一段时间内甚至很长时间之后效果才逐渐在销售量上体现出来，而房地产通常是在广告投放后的当天就能直接在来电来访上得到体现。这种不同或许是因为当前的房地产还未像日用品一样进入品牌时代，广告的着眼点通常是以产品为中心，是急功近利的表达方式。

尽管这种方式在广告专家看来很初级，但是它吻合了国内很多区域的房地产市场发展阶段，在某种程度上也是合理的。大部分房地产项目都已经能通过客户第一次来电的渠道建立广告效果跟踪制度，来电数量也成为广告投放效果的重要标准。在不同项目的反复实践中发现来电数量的确能在一定程度上反映广告投放效果。但是，过分强调来电数量就像完全忽视来电数量一样，将走向另一个误区。

11.8.3 房地产广告效果评价指标

广告计划制定出来以后，接下来策划者可能会担心的问题是：广告究竟能否达到预期目标？预期目标实现程度如何？怎样的广告才能更好地实现广告目标？投入不菲的广告，值不值？……要回答这些问题，必须对广告效果进行技术测定。赫伯特·克鲁门的"三打理论"是广告效果监控的参考依据。

1. "三打理论"原理

克鲁门认为，消费者对广告的反应有三个阶段：第一次看到广告的反应是"这是什么"；第二次产生好奇，并对广告消息产生熟悉感；第三次产生确认感，并起到强化与提醒的作用，甚至会促使其采取行动。3次以上，可能会产生浪费，低于3次，则难以跨越门槛效应，但这3次，必须是有效接触。

2. "三打理论"相关的要素指标

视听率、毛评点、到达率、接触次数、有效到达频率、千人成本、点击率、转化率等为"三打理论"的主要指标。

（1）视听率。视听率也叫作视点、收视率，是指在一定的时段内收看某一节目的人数（户数）占总观众人数（总户数）的百分比。如电视观众、收音机听众、报纸杂志发行量、户外媒体交通流量等均为评估的基础。收视率分为家庭收视率和个人收视率，一般来说，家庭收视率大于个人收视率。

（2）毛评点。毛评点为由一系列的特定个别广告媒体所传达的收视率总数。与收视率相同，毛评点为一百分数。毛评点提供说明送达的总视听众，而不关心重叠或重复暴露于个别广告媒体之下。毛评点＝到达率×接触次数。

（3）到达率。在一定时间内至少看过或听过所播放的广告一次或一次以上的人或家庭数占总目标人口的百分比。到达率为不同的个人或家庭在特定期间中暴露于媒体广告排期表下的人数，一般以百分数表示。到达率的运作适用于一切类别的媒体。就广播、电视媒体而言，通常到达率用4周期间表示。就杂志、报纸而论，到达率通常以某一特定发行期经过全部读者阅读的寿命期间作为计算标准。

（4）接触次数。个人或家庭暴露于广告信息的评价次数。

（5）有效到达频率。因接收到的广告频次，而知道某一广告信息并了解其内容的人数占特定人口百分比。有效到达频率为在一特定暴露频次程度，由一广告媒体排期所达到之个人或家庭数目。有效到达频率也称为有效暴露频次。

（6）千人成本。将销售信息计划每传递给1 000个目标视听众所需要的成本，以"元"表示。千人成本＝累计成本×1 000/累计接触度或总成本/视听众暴露度或人数。

（7）点击率。点击率是网络广告最基本的评价指标，也是反映网络广告最直接、最有说服力的量化指标。随着视频网络一体化，即电视、电脑、广播连为一体，点击率将成为广告效果的新宠指标。

（8）转化率。转化率是指受网络广告影响形成的购买、注册或者信息需求，被用来反映那些观看而没有点击广告所产生的效果。随着时间的推移，由点击广告形成的转化率在降低，而观看网络广告形成的转化率却在上升。

11.8.4 房地产广告效果评测方法

广告效果评测方法包括事前测试、事中测试、事后测试。

首先，当广告设计制作出来以后，它的主题概念、表现手法能不能吸引目标消费者的注意力，能不能正确传递项目产品，这必须在广告推出市场之前就进行测试。这种测试一般是在人为的环境下进行的，有一定的失真性，但仍然可以从中发现广告本身存在的问题，以便及时进行修改。其次，在广告执行过程中也要对广告效果进行跟踪研究、动态监控。借助事中测试，可以直接了解目标消费者的反应，得到的结论会更加准确可靠。最后，在整个广告活动结束之后，要对其整体效果进行事后全面评估。一方面衡量广告活动的成效及其对销售的促进程度，对广告效果进行绩效定论；另一方面也可明确广告流程管理策略的得失，积累经验，以指导广告的成功率。

1．事前测试

在广告尚未制作完成之前，对广告可能获得的沟通效果进行评价。根据事前测试中出现的问题及时调整广告计划以适应广告目标，改进广告制作，提高广告的成功率。事前测试主要有以下方法：

（1）专家意见法。最不客观，需掌握好评分及配对比较的技巧。

（2）消费者评判法。抽样具有代表性，费用少，时间短，易操作。

（3）检验表。归纳规则作为标准，涵盖广，简单易行，费用低。

（4）直接信函法。

（5）心理测试法。

2．事中测试

房地产市场变化迅速，出自对竞争反应的需要，在广告执行过程中要随时对广告效果进行测定与评估，以便有效地加以修正，目的是使广告战略能按照预定的广告计划执行。事中测试的主要方法有以下几项：

(1)销售地区试验。比较直接的方法,通常在不同城市测验不同广告的销售力。广告运动前一个月,记录所选楼盘销售情况,开展新广告运动,然后比较反应及测定实际广告的销售力,时间短则结果不客观。

(2)直效广告法。提供优惠而让消费者立即反应。

3.事后测试

事后测试的主要目的是求证原定广告目标是否已经达成。此时,判断广告效果好不好的标准是看其是否达到了先前所制定的广告目标,也就是说,要以预先设定的广告目标作为衡量标准。例如,如果广告活动的目的是提高知名度,那么就必须以知名度的提高来测定广告是否成功;如果做广告是为了产生直接销售,那么就必须以销售量的变化来测定广告的结果。一般来说,主要通过对传播效果与销售效果两个方面进行测试。

房地产广告策划应用案例

第 12 章 房地产策划报告

12.1 房地产策划报告的重要性及编制原则

房地产项目的前期策划是起辅助决策的综合性活动，房地产公司可以根据前期策划的预定目标，对房地产市场现状进行研究和分析，并对即将进行的项目进行详尽的经济论证，房地产前期策划的目的是协助房地产开发公司提升决策的准确性，更好地规避市场风险。房地产前期策划是项目开发的基本原则，对整体的房地产项目的具体实施和管理起到决定性的作用，可以直接影响房地产项目的经济效益。

为了提高策划报告撰写的准确性与科学性，应首先把握策划报告编制的原则：

（1）逻辑思维原则。策划的目的是解决企业营销中的问题，按照逻辑性思维的构思来编制策划书。首先是设定情况，交代策划背景，分析产品市场现状，再将策划中心目的全盘托出；其次是进行具体策划内容详细阐述；最后是明确提出解决问题的对策。

（2）简洁朴实原则。要注意突出重点，抓住企业营销中所要解决的核心问题，深入分析，提出可行性的相应对策，针对性强，具有实际操作指导意义。

（3）创意新颖原则。要求策划的"点子"（创意）新、内容新、表现手法也新，给人以全新的感受。新颖的创意是策划书的核心内容。其中有些要素是具有共同性的。

12.2 房地产策划报告的编写要求

（1）客观性原则：数据真实可靠，切忌主观臆断。
（2）针对性原则：围绕需要解决的核心问题进行阐述。
（3）创新性原则：实现观点、手段、措施等创新。
（4）可操作原则：编制的策划书是要用于指导营销活动，其指导性涉及营销活动中的每个人的工作及各环节关系的处理。因此，其可操作性非常重要。不能操作的方案创意再好也无任何价值。不易于操作也必然要耗费大量人、财、物，管理复杂、显效低。
（5）准确性原则：报告的表述要严谨，不能模棱两可。
（6）逻辑性原则：报告须反映策划活动的逻辑过程。

12.3 房地产市场策划报告

房地产市场策划是房地产项目策划的基础性工作，为进一步的房地产投资策划和房地产设计策划从市场的角度提供专业性意见，使项目的发展符合市场的要求。房地产市场策划报告主要包括以下几项。

1. 房地产宏观环境分析

（1）区域环境：研究区域环境要注重区域概况、面积、人口、交通、通信、旅游等。

（2）经济环境：经济环境研究通常包含国民经济情况、财政收支、产业结构和主导产业、家庭收入和支出、消费结构和消费水平、对外贸易，以及经济发展规模、趋势、速度和效益等。

（3）政策环境：即与地产市场相关的房改政策、房地产价格政策、房地产金融政策、土地制度和土地政策、税收政策等。

（4）行业环境：有关国民经济社会发展计划、发展规划、土地利用总体规划、城市建设规划和区域规划、城市发展战略等。与此同时，在地产开发过程中，资本流动量、项目的分析和评估手段、投资价值与决策、交易规模和交易过程、货币信贷情况等方面也应该做系统的研究。

2. 房地产项目所在地房地产市场状况分析

（1）城市房地产市场发展描述：主要通过数据的统计，进而对供应量与需求量、价格走势进行客观、到位的描述。

（2）市场现状剖析：通常通过对比近3～5年的成交量、供应量及成交价格，结合当地居民的居住观念及开发商的开发模式，对当地市场现状进行深层次的剖析。

（3）未来走势预测：在现状剖析的基础上，就与项目相关的方面，如郊区住宅发展趋势等，做出预测（3～5年）。

3. 房地产项目所在地板块市场分析

（1）板块总体规划：主要包括其住宅规划、配套规划、道路规划、绿地规划等。

（2）板块功能定位：是CLD还是CBD等都是要加以区分的。

（3）板块开发动态：已建、在建和即将开发的项目都要有个全面、扼要的认识。

（4）板块物业价格水平分析。这是制定价格策略的基础，因此一定要收集准确、全面的资料，并进行归类、分析。

4. 房地产项目地块环境研究分析地块环境研究报告一般结构

对开发地块周围1～2 km范围内，以及开发地块未来在城市发展走势中的地位研究分析。

（1）生活配套。生活配套主要包括交通状况、商业网点状况、休闲、体育场所、医疗、教育设施分布及未来发展预测。

（2）交通状况。交通状况包括各种交通工具的通勤半径、停车设施状况研究、各种公路交通工具维修点状况等。

（3）周边景观。周边景观包括自然景观、历史人文景观等。

（4）污染状况。污染状况包括空气质量、水质状况、土质状况、辐射物辐射状况、能见度状况、水气及腐蚀状况及未来变化。

（5）社会治安。

（6）未来发展状况。未来发展状况包括交通未来发展状况研究、教育及医疗未来发展状况研究、购物及休闲未来发展状况研究、体育及旅游景点未来发展状况研究。

5. 项目地块特性分析

（1）项目地块的基本情况：主要包括地理位置、占地面积、规划用途、规划指标（容积率、建筑密度、绿化率、建筑限高）及其他一些基本情况。

（2）项目地块 SWOT 分析：从区位、时机、政策及经济环境、自身条件和外部可利用资源等对项目进行优势、劣势、机会和威胁分析。

12.4 房地产设计策划报告

房地产项目规划设计策划是以项目的市场定位为基础，以满足目标市场的需求为出发点，对项目地块进行总体规划布局，确定建筑风格和色彩计划，紧紧围绕目标客户选定主力户型，引导室内装修风格，并对项目的环艺设计进行充分提示。主要包括以下几项。

1. 总体规划

（1）项目地块概述：项目所属区域现状，项目临界四周状况，项目地貌状况等。

（2）项目地块情况：分析发展商的初步规划和设想，影响项目总体规划的不可变的经济技术因素，土地 SWOT 分析在总体规划上的利用和规避，项目市场定位下的主要经济指标参数。

（3）建筑空间布局：项目总体平面规划及其说明，项目功能分区示意及其说明。

（4）道路系统布局：地块周边交通环境示意，地块周边基本路网，项目所属区域道路建设及未来发展状况，项目道路设置及其说明，项目主要出入口设置，项目主要干道设置，项目车辆分流情况说明，项目停车场布置。

（5）绿化系统布局：地块周边景观环境示意，地块周边历史，人文景观综合描述，项目所属地域市政规划布局及未来发展方向，项目环艺规划及说明，项目绿化景观系统分析，项目主要公共场所的环艺设计。

（6）公共建筑与配套系统项目所在地周边市政配套设施调查，项目配套功能配置及安排；公共建筑外立面设计，会所外立面设计，营销中心外立面设计，物业管理公司、办公室等建筑外立面设计，其他公共建筑（如巴士站、围墙）外立面设计，公共建筑平面设计，公共建筑风格设计，项目公共建筑外部环境概念设计。

（7）分期开发：分期开发思路，首期开发思路。

（8）分组团开发强度。

2. 建筑风格定位

（1）项目总体建筑风格及色彩计划：项目总体建筑风格的构思，建筑色彩计划。

（2）建筑单体外立面设计：商品住宅房外立面设计，多层、小高层、高层外立面设计，不同户型的别墅外立面设计，针对屋顶、屋檐、窗户等外立面局部设计，其他特殊设计，商业物业建筑风格设计。

3. 主力户型选择

（1）项目所在区域同类楼盘户型比较。

（2）项目业态分析及项目户型配置比例分析。

（3）主力户型设计、一般住宅套房户型设计，跃式、复式、跃复式户型设计，别墅户型设计等。

（4）商业物业户型设计，商业群楼平面设计，商场楼层平面设计，写字楼平面设计。

4. 室内空间布局装修概念

(1) 室内空间布局。

(2) 公共空间主题选择。

(3) 庭院景观。

5. 环境规划及艺术风格

(1) 项目周边环境调查和分析。

(2) 项目总体环境规划及艺术风格构想：地块已有的自然环境利用，项目人文环境的营造。

(3) 项目各组团环境概念设计：组团内绿化及园艺设计，组团内共享空间设计，组团内雕塑小品设计，组团内椅凳造型设计，组团内宣传专栏、导视系统位置设定。

(4) 项目公共建筑外部环境概念设计：项目主入口环境概念设计，项目营销中心外部环境概念设计，项目会所外部环境概念设计，项目营销示范中心沿途可营造环境概念设计，针对本项目的其他公共环境概念设计。

6. 公共家具概念设计

(1) 项目周边同类楼盘公共家具摆设。

1) 营销中心大堂；

2) 管理办公室。

(2) 本项目公共家具概念设计。

7. 公共装饰材料选择指导

(1) 项目周边同类楼盘公共装饰材料比较。

(2) 本项目公共装饰材料选择指导及装修风格构思房地产全程策划方案。

(3) 项目营销示范单位装修概念设计。

1) 客厅装修概念设计；

2) 厨房装修概念设计；

3) 主人房装修概念设计；

4) 儿童房装修概念设计；

5) 客房装修概念设计；

6) 室内其他（如阳台、玄关、门窗）装修。

(4) 项目营销中心装修风格。

(5) 住宅装修标准提示：

1) 多层、小高层、高层装修标准；

2) 跃层、复式、跃复式装修标准；

3) 别墅装修标准。

8. 灯光设计及背景音乐指导

(1) 项目灯光设计：

1) 项目公共建筑外立面灯光设计；

2) 项目公共绿化绿地灯光设计；

3) 项目道路系统灯光设计；

4) 项目室内灯光灯饰设计。

(2) 背景音乐指导：

1) 广场音乐布置；

(2）项目室内背景音乐布置。

9. 小区未来生活方式的指导

（1）项目建筑规划组团评价。

（2）营造和引导未来生活方式：住户特征描述、社区文化规划与设计。

12.5　房地产投资策划报告

项目投资策划可对项目进行定价模拟和投入产出分析，并就规避开发风险进行策略提示，还对项目开发节奏提出专业意见。

1. 项目用地周边环境分析

（1）项目土地性质调查：包括地理位置、地质地貌状况、土地面积及红线图、土地规划使用性质、七通一平现状。

（2）项目用地周边环境调查：包括地块周边的建筑物化景观、自然景观、历史人文景观、环境污染状况。

（3）地块交通条件调查：包括地块周边的市政路网以及公交现状、远景规划，项目的水、路、空交通状况，地块周边的市政道路进入项目地块的直入交通网现状。

（4）周边市政配套设施调查：包括购物场所，文化教育，医疗卫生，金融服务，邮政服务，娱乐、餐饮、运动，生活服务，娱乐休息设施，周边可能存在的对项目不利的干扰因素，历史人文区位影响。

2. 区域市场现状及其趋势判断

（1）宏观经济运行状况：包括国内生产总值、房地产开发景气指数、国家宏观金融政策、房地产按揭政策、居民消费价格指数、商品住宅价格指数。

（2）项目所在地房地产市场概况及政府相关的政策法规。

（3）项目所在地房地产市场总体供求现状。

（4）项目所在地商品住宅市场板块的划分及其差异。

（5）项目所在地商品住宅平均价格走势及市场价值发现。

（6）商品住宅客户构成及购买实态分析：包括各种档次商品住宅客户分析，商品住宅客户购买行为分析。

3. 土地SWOT（深层次）分析

（1）项目地块的优势。

（2）项目地块的劣势。

（3）项目地块的机会点。

（4）项目地块的威胁及困难点。

4. 项目市场定位

（1）类比竞争：包括楼盘调研类比竞争楼盘基本资料、项目户型结构详析、项目规划设计及销售资料、综合评判。

（2）项目定位。

（3）区域定位。

（4）主力客户群定位。

5．项目价值分析

（1）商品住宅项目价值分析的基本方法和概念。

（2）项目可实现价值分析。

6．项目定价模拟

（1）均价的确定。住宅项目均价确定的主要方法包括类比价值算术平均法，有效需求成本加价法，运用以上两种方法综合分析确定均价。

（2）项目中具体单位的定价。模拟商品住宅定价法、确定基础均价、确定系数、确定幅度、具体单位定价模拟。

7．项目投入产出分析

（1）项目经济技术指标：模拟项目总体经济技术指标，首期经济技术指标。

（2）项目首期成本模拟：成本模拟表及其说明。

（3）项目收益部分模拟：销售收入模拟、利润模拟及说明、模拟说明、利润模拟表、敏感性分析。

8．投资风险分析及其规避方式提示

（1）项目风险性评价。

（2）资金运作风险性。

1）减少资金占用比例，加速资金周转速度，降低财务成本；

2）对销售节奏和开发节奏进行良好的把握，以尽量少的资金占用启动项目，并在最短的时间内实现资金回笼。

（3）经济政策风险。

9．开发节奏建议

（1）影响项目开发节奏的基本因素：政策法规因素，地块状况因素，发展商操作水平因素，资金投放量及资金回收要求，销售策略、销售政策及价格控制因素，市场供求因素，上市时间要求。

（2）项目开发节奏及结果预测：项目开发步骤，项目投入产出评估，结论。

12.6　房地产营销策划报告

房地产项目营销策划是房地产企业对未来将要进行的营销推广活动进行整体、系统筹划的超前决策，是房地产全程策划营销的重头戏，是营销策划水平与销售技巧的高度结合，需要高度的专业化运作。主要研究确定的内容：确定目标市场与产品定位；销售目标是扩大市场占有率还是追求利润；制定价格政策；确定销售方式；广告表现与广告预算；促销活动的重点与原则；公关活动的重点与原则。

1．市场状况分析

要了解整个市场规模的大小及竞争者对比的情况，市场状况分析必须包含下列13项内容：

（1）整个产品在当前市场的规模。

（2）竞争品牌的销售量与销售额的比较分析。

（3）竞争品牌市场占有率的比较分析。

（4）消费者群体的年龄、性别、职业、学历、收入、家庭结构的市场目标分析。

（5）各竞争品牌产品优点、缺点的比较分析。
（6）各竞争品牌市场区域与产品定位的比较分析。
（7）各竞争品牌广告费用与广告表现的比较分析。
（8）各竞争品牌促销活动的比较分析。
（9）各竞争品牌公关活动的比较分析。
（10）竞争品牌定价策略的比较分析。
（11）竞争品牌销售渠道的比较分析。
（12）公司近年产品的财务损益分析。
（13）公司产品的优劣与竞争品牌之间的优劣对比分析。

2. 策划书正文

一般的营销策划书正文由以下七大项构成：

（1）公司产品投入市场的政策。

（2）企业的产品销售目标。所谓销售目标，就是指公司的各种产品在一定期间内（通常为一年）必须实现的营业目标。

销售目标量的优点是为检验整个营销策划案的成败提供依据；为评估工作绩效目标提供依据；为拟订下一次销售目标提供基础。

（3）产品的推广计划。策划者拟订推广计划的目的，就是要协助实现销售目标。推广计划包括目标、策略、细部计划三大部分。

1）目标。策划书必须明确地表示，为了实现整个营销策划案的销售目标，所希望达到的推广活动的目标。一般可分为长期计划、中期计划与短期计划。

2）策略。决定推广计划的目标之后，接下来要拟订实现该目标的策略。推广计划的策略包括广告宣传策略、分销渠道运用策略、促销价格活动策略、公关活动策略四大项。

①广告宣传策略：针对产品定位与目标消费群，决定方针表现的主题，利用报纸、杂志、电视、广播、传单、户外广告等。要选择何种媒体？各占多少比例？广告的视听率与接触率有多少？

②分销渠道策略：当前的分销渠道的种类很多，企业要根据需要和可能选择适合自己的渠道进行，一般可分为经销商和终端两大块，另有中间代理商等形式。在选择中遵循的主要原则是"有的放矢"，充分利用公司有限的资源和力量。

③促销价格策略：促销的对象、促销活动的种种方式，以及采取各种促销活动所希望达成的效果是什么。

④公关活动策略：公关的对象，公关活动的种种方式，以及举办各种公关活动所希望达到目的是什么。

3）细部计划。详细说明实施每一种策略所进行的细节。广告表现计划：报纸与杂志广告稿的设计（标题、文字、图案），电视广告的创意脚本、广播稿等。媒体运用计划：选择大众化还是专业化的报纸与杂志，还有刊登日期与版面大小等；电视与广播广告选择的节目时段与次数。另外，也要考虑CRP（总视听率）与CPM（广告信息传达到每千人平均之成本）。促销活动计划：商品购买陈列、展览、示范、抽奖、赠送样品、品尝会、折扣等。公关活动计划：股东会、发布公司消息稿、公司内部刊物、员工联谊会、爱心活动、同传播媒体的联系等。

（4）市场调查计划：市场调查在营销策划案中是非常重要的内容。因为从市场调查所获得的市场资料与情报，是拟订营销策划案的重要依据。另外，前述第一部分市场状况分析中的 12 项资料，大都可通过市场调查获得，由此也显示出市场调查的重要。

然而，市场调查常被高层领导人与策划书人员忽视。许多企业每年投入大笔广告费，而不注意市场调查，这种错误的观念必须尽快转变。

市场调查与推广计划一样，也包含了目标、策略及细部计划三大项。

（5）销售管理计划。

（6）财务损益预估。

（7）方案的可行性与操作性分析。

12.7　房地产广告策划报告

1．市场分析

（1）区域市场分析。

（2）定向市场分析。

（3）项目分析。

（4）竞争对手资料分析。

（5）项目周边配套状况。

（6）项目企划思路。

2．项目市场定位

（1）市场定位。

（2）项目形象定位。

（3）目标客户定位。

3．宣传策略

（1）媒体选择建议。

（2）宣传主题。

（3）广告创意及诉求。

（4）广告宣传推广策略。

（5）媒介的组合策略。

4．房地产营销策划方案注意事项

好的计划是成功的一半，只有做好计划才能更好地指导工作的开展，并且因为有了计划才能在工作开展过程中及时地纠偏最终实现目标。在房地产行业中前期策划也是至关重要的，一个好的项目要靠良好的前瞻性策划做导引才能有序地开展，作为国家重点项目，房地产业一直以来备受关注。

随着人们对住宅要求观念的转变，人们的要求不再仅仅是普通意义上的拥有一套简单的住房能住就可以了，现代人对房子的户型、设计理念、功能等都比较关注。想要满足业主们的要求，房地产开发商就必须充分地做好前期的策划才能吸引买家的眼球，同时还能帮助开发企业做出合理的定位决策，有效地控制和减少风险的发生。通过房地产专业知识了解到，要做好营销策划方案，重点要注意以下几个方面：

（1）及时地抓住国家最新的政策要点，并全面充分做好市场调研和分析。很多开发商在进行房地产投资时往往关注单一方面，例如，地理位置或者消费需求等而忽视了市场和政策的因素，最后导致销量不好或者投资失误。在制定房地产策划方案时，一定要全面地分析国家相关的政策引导，从中抓住其中的关键点，并且一定要观察敏锐分析透彻；同时要注重市场调查，重点考察即将开发项目所在的地理位置的消费水平和经济状况、周边的楼盘开发情况、竞争对手的实力、市场供求情况、项目所在的区位的各项条件、人文因素、人口和年龄结构、宗教信仰等。

（2）要迅速钻空找到最佳投资点。策划方案最忌讳千篇一律，一定要时时创新，结合当下最流行的元素和时代印记，充分考虑本土化优势制定最佳的方案。策划的主题一定要突出个性，有自己标新立异的东西，最好是能够引领时尚。

（3）策划方案一定要符合市场定位，和用户的需求保持高匹配性。就像经常去一家餐厅消费一样是被这里独特的口味所吸引。开发商的策划方案一定要保证适合当地用户的需求，充分将风格、价格、布局、配套设施、环境、户型、产品功能等多种因素考虑在内，不同的人群关注点不一样，有的楼盘希望有好的物业，有的希望体现个性化，一定要吻合当地住户的需求。同时，及时地预测那些潜在的需求帮助其更好地制定可行的方案。

（4）方案的策划一定要体现战略定位。不能将眼光只是关注在近期或者一年，要综合考虑长远，人们在选择住房时也会考虑学校、医院及未来的市场政策，所以也要顺应时代发展。

拓展阅读：物业管理策划

（5）要保证方案可行便于操作。再远大的目标再美好的设计也要落实到行动上，一定要根据实际情况不断地修改和谨慎地行动，确保方案的时效性、简单性、可行性和合理性。

参 考 文 献

[1] 黄福新，等．房地产策划师职业培训教程［M］．2 版．北京：机械工业出版社，2016．
[2] 张沈生．房地产市场营销［M］．大连：大连理工大学出版社，2009．
[3] 刘薇，束慧敏，等．房地产营销策划［M］．北京：化学工业出版社，2012．
[4] 朱德义．房地产项目营销——策划·模式·方案［M］．北京：化学工业出版社，2020．
[5] 祖立厂，王召东，等．房地产营销策划［M］．北京：机械工业出版社，2019．
[6] 中国建筑学会经济分会全国房地产经营与估价专业委员会．房地产营销与策划［M］．北京：中国建筑工业出版社，2015．
[7] 中汇城控股（集团）房地产研究中心．房地产精细操盘营销策划［M］．北京：化学工业出版社，2014．
[8] 余洁．房地产营销策划与执行［M］．2 版．北京：化学工业出版社，2018．
[9] 天火同人房地产研究中心．房地产营销策划分步实解·客户开发［M］．北京：化学工业出版社，2015．
[10] 陈林杰．房地产营销与策划实务［M］．2 版．北京：机械工业出版社，2017．
[11] 应佐萍．房地产营销与策划［M］．北京：中国建筑工业出版社，2016．
[12] 郭仕明．房地产营销实战兵法［M］．北京：化学工业出版社，2016．
[13] 吴翔华，等．房地产营销策划［M］．3 版．北京：化学工业出版社，2018．
[14] 应佐萍．房地产营销策划实务［M］．大连：东北财经大学出版社，2018．
[15] 汪吉，汪豪．房地产营销 30 讲［M］．北京：企业管理出版社，2019．
[16] 唐安蔚．房地产渠道营销一本通［M］．北京：中国建筑工业出版社，2017．
[17] 张嘉卿．房地产传统营销与网络营销实战全案［M］．北京：化学工业出版社，2018．
[18] 汤鸿，纪昌品．房地产策划技术与案例分析［M］．南京：东南大学出版社，2017．
[19] 刘贵文．全国房地产优秀案例［M］．北京：中国建筑工业出版社，2019．
[20] 朱德义．房地产项目全程策划实战全案［M］．化学工业出版社，2018．
[21] 刘向宁．房地产开发项目市场定位研究［D］．北京建筑大学，2016．
[22] 李向秦．西安高科绿水东城项目前期策划研究［D］．西安建筑科技大学，2013．
[23] 罗晓密．试论环境艺术对建筑设计的重要性［J］．美与时代（城市版），2019，795（04）：26-27．
[24] 张祺．建筑、环境、人的共融与共生［C］．中国国际城市化发展战略研究委员会，2017．
[25] 赵叶春．住宅建筑设计与居住环境设计的探讨［J］．华南热带农业大学学报，2005，11（37）：55-58．
[26] 李美玲．以人为本的居住建筑环境设计研究［D］．长安大学，2010．

［27］陈思吟，徐钊，徐忠勇．探析中小户型住宅的室内空间复合设计［J］．艺术科技，2015（6）：223-224．

［28］张璐．浅议住宅空间设计［J］．美术大观，2017（5）：108-109．

［29］兰峰．房地产项目策划［M］．西安：西安交通大学出版社，2009．

［30］汤鸿．房地产策划技术与案例分析［M］．南京：南京大学出版社，2008．

［31］吴春颖．浅析大数据环境下广告策划的变革发展［J］．传播与版权，2018（1）：73-74．

［32］阮小华．关于房地产开发项目前期定位策划的探讨［J］．知识经济，2017（8）：81+83．

［33］范晓江．新形势下房地产内控控制存在的问题与对策研究［J］．中小企业管理与科技（中旬刊），2017（2）：16-17．

［34］张先琼．房地产企业税收策划与综合竞争力的提升探析［J］．财会学习，2016（23）：167+169．

［35］赵嘉馨，吴冬艳．浅谈旅游房地产项目前期策划运作与管理［J］．经营管理者，2016（32）：347．

［36］丛苏莉．房地产项目前期策划研究［J］．山东工业技术，2016（21）：243．

［37］权建军．房地产企业市场营销策划存在的问题及对策［J］．辽宁经济，2016（9）：54-55．

［38］刘忠秀．房地产项目策划课程案例教学探索与实施［J］．大学教育，2016（9）：39-40．

［39］李赛．房地产项目策划阶段的投资可行性研究［J］．科技创新与应用，2016（24）：276．

［40］蔡勋武．如何策划开发一座好楼盘［J］．中华建设，2016（8）：38-39．

［41］李玉萌，郭奕婷，申琪玉．成本策划在房地产企业中的应用研究［J］．工程经济，2016（8）：72-77．

［42］高丽君．当前房地产市场营销策划中的问题与对策研究［J］．商，2016（26）：132．

［43］杨瑛．论房地产开发前期策划定位的作用——以中星美华村项目为例［J］．住宅科技，2016（6）：14-19．

［44］符芳攀．ZX房地产公司成本管理优化研究［D］．北京交通大学，2016．

［45］贾卓．Y房地产公司R项目营销策略研究［D］．陕西师范大学，2016．

［46］谢晨．项目管理在地产广告策划中的实践与应用［D］．浙江工业大学，2016．

［47］祁小艳．基于价值链视角GTR房地产企业成本控制与优化［D］．北京工业大学，2016．

［48］陈晗．开封市MJ文化旅游地产营销策划研究［D］．华北水利水电大学，2016．

［49］王智江．房地产开发项目成本控制研究［D］．吉林大学，2016．

［50］郑际然．X公司房地产项目营销策略研究［D］．华中师范大学，2016．

［51］章颖．YC地产集团营销策划精细化管理研究［D］．广西师范大学，2016．

［52］孙浩行．营销组合模式在"天湖国际"项目中的应用研究［D］．兰州交通大学，2016．

[53] 肖凡. 基于文化策划的房地产营销策略 [J]. 企业改革与管理, 2016 (3): 104.
[54] 吴小兵. 住宅房地产项目开发前期策划及决策分析研究 [D]. 西南交通大学, 2016.
[55] 任洁. 哈尔滨宇光万和城一期房地产项目营销策划研究 [D]. 哈尔滨工业大学, 2016.
[56] 刘鹏. 房地产开发中策划设计阶段的成本控制解析 [J]. 四川水泥, 2016 (1): 98.
[57] 张志杰. 房地产税收策划的误区分析 [J]. 中国市场, 2015 (52): 168-169.
[58] 陈林杰, 张家颖. 高职高专、应用本科房地产营销与策划课程教学设计研究 [J]. 中外企业家, 2015 (36): 165+173.
[59] 薛亚琛. 西安曲江某项目前期策划研究 [D]. 西安建筑科技大学, 2015.
[60] 李丰. 湖南·新化金松商业广场项目前期策划研究 [D]. 湖南工业大学, 2015.
[61] 姜蕾. 4PS 理论在房地产营销策划中的应用研究 [J]. 商, 2015 (46): 130.
[62] 武婧. 基于岗位能力进行的《房地产全程策划》课程开发设计研究 [J]. 经营管理者, 2015 (32): 457.

网 络 文 献

[1] 房地产开发的宏观经济环境分析，https//www.docin.com/p-2071547398.html.
[2] 房地产策划创意，https：//wenku.baidu.com/view/9d18eb0a763231126edb11dc.html.
[3] 环境分析对房地产的发展有哪些帮助，https：//zhidao.baidu.com/question/1694920966457766628.html.
[4] 房地产环境分析，https：//wenku.baidu.com/view/7262e0707e21af45b307a83b.html.
[5] 环境分析对房地产的发展有哪些帮助，https：//zhidao.baidu.com/question/1694920966457766628.html.
[6] 楼市环境分析及发展趋势预判：技术环境，https：//xw.qq.com/cmsid/20181109A0CBHJ00.
[7] 房地产产品策划研究，http：//www.docin.com/touch/detail.do?id=11890815.
[8] 房地产策划 第七章 房地产项目的主题策划，https：//wenku.baidu.com/view/c9525a61182e453610661ed9ad51f01dc28157e9.html.
[9] 区位理论，https://baike.baidu.com/item/%E5%8C%BA%E4%BD%8D%E7%90%86%E8%AE%BA/8681138?fr=aladdin.
[10] 房地产策划师职业培训及实践培训教程，https://wk.baidu.com/view/76858bed9b89680203d82522?fromShare=1.
[11] 房地产楼盘形象包装技巧，https://jingyan.baidu.com/article/7082dc1c19fa5fe40a89bddc.html.
[12] 房地产投资，https://baike.baidu.com/item/%E6%88%BF%E5%9C%B0%E4%BA%A7%E6%8A%95%E8%B5%84/7416195?fr=aladdin.
[13] 区位理论，https://baike.baidu.com/item/%E5%8C%BA%E4%BD%8D%E7%90%86%E8%AE%BA/8681138?fr=aladdin.
[14] 房地产营销活动策划书3篇，http://www.xuexila.com/fwn/wenmi/cehuafangan/588944.html.
[15] 房地产策划方案怎么写，http://www.xuexila.com/fwn/wenmi/cehuafangan/4094451.html.